TEORIA CRÍTICA

FRED RUSH (Org.)

TEORIA CRÍTICA

DIRETOR EDITORIAL:
Marcelo C. Araújo

EDITORES:
Avelino Grassi
Márcio Fabri dos Anjos

TRADUÇÃO:
Beatriz Katinsky
Regina Andrés Rebollo

COORDENAÇÃO EDITORIAL:
Ana Lúcia de Castro Leite

Coleção Companions & Companions

REVISÃO TÉCNICA:
André Oídes

REVISÃO:
Bruna Marzullo
Leila Cristina Dinis Fernandes

DIAGRAMAÇÃO:
Juliano de Sousa Cervelin

CAPA:
Vinicio Frezza / Informart

ILUSTRAÇÃO DA CAPA:
Detalhe da obra de Claude Monet, "The Arrival of the Normandy Train at the Gare Saint-Lazare" (A Chegada do Trem Normandy à Estação Saint Lazare), 1877. The Art Institute of Chicago, Chicago, IL.

Título original: *Critical Theory*
Copyright © Cambridge University Press 2004
The Edinburgh Building, Cambridge, CB2 2RU, UK
ISBN 0-521-01689-4

Todos os direitos em língua portuguesa, para o Brasil, reservados à Editora Ideias & Letras, 2022.

5ª impressão

EDITORA
IDEIAS&
LETRAS

Avenida São Gabriel, 495
Conjunto 42 - 4º andar
Jardim Paulista – São Paulo/SP
Cep: 01435-001
Televendas: 0800 777 6004
vendas@ideiaseletras.com.br
www.ideiaseletras.com.br

Dados Internacionais de Catalogação na Publicação (CIP)
(Câmara Brasileira do Livro, SP, Brasil)

Teoria crítica / Fred Rush, (org);
[tradução Beatriz Katinsky, Regina Andrés Rebollo].
Aparecida, SP: Ideias & Letras, 2008.

Título original: Critical theory.
Bibliografia.
ISBN 978-85-7698-008-7

1. Filosofia 2. História 3. Teoria crítica I. Rush, Fred.

08-03   CDD-142

Índice para catálogo sistemático:

1. Teoria crítica: I. Filosofia crtítica 142

Sumário

Colaboradores – 9
Agradecimentos – 13
Cronologia – 15
Abreviaturas – 19

Introdução – 25
    FRED RUSH

1. Os fundamentos conceituais da primeira Teoria Crítica – 31
    FRED RUSH
        Horkheimer – 33
        Marcuse – 56
        Adorno – 60

2. Benjamin, Adorno e o ocaso da aura – 67
    MICHAEL ROSEN

3. A dialética do esclarecimento – 85
    JULIAN ROBERTS
        O ímpeto crítico da dialética do esclarecimento – 86
        Alienação – 87
        O *hic et nunc* – 88
        Equivalência – 90
        Poder e autopreservação – 93
        Mimese e projeção – 95
        A reflexão e a emancipação do falso esclarecimento – 98
        Conclusões – 101

4. A união de Marx e Freud: A Teoria Crítica e a Psicanálise – 105
    JOEL WHITEBOOK
        Horkheimer e Adorno – 107
        Marcuse – 117

Habermas – 125
Comentários conclusivos – 133

5. A dialética e o impulso revolucionário – 135
RAYMOND GEUSS
Revolução – 135
Dialética – 149
Razão e Revolução – 167

6. "O discurso morto das pedras e estrelas": a Teoria Estética de Adorno – 175
J. M. BERNSTEIN
A filosofia estética como uma teoria da razão – 175
Marxismo e estética – 179
Autonomia: O caráter duplo da arte – 183
Imagens sem imagens: a lembrança da natureza no sujeito – 189
Conteúdo de verdade – 196
Fragmentos – 200

7. Crítica, Estado e economia – 204
MOISHE POSTONE

8. A virada transcendental: O "pragmatismo kantiano" de Habermas – 235
KENNETH BAYNES
O "pragmatismo kantiano" de Habermas – 235
A ação comunicativa e a postura deliberativa – 240
Endosso reflexivo e reconhecimento mútuo
Interpretações racionais, normatividade e a não eliminabilidade da "perspectiva de segunda pessoa" – 256

9. A política da Teoria Crítica – 263
SIMONE CHAMBERS
A política do retratamento engajado – 264
A grande recusa – 268

A política do projeto constitucional – 275
Justiça social, ativismo e pluralismo agonístico – 279
Conclusão – 293

10. A Teoria Crítica e a análise da sociedade contemporânea de massa – 295
HAUKE BRUNKHORST
Revolução nos meios de comunicação – 295
A dialética da cultura de massa – 303
Constelações dialéticas – 311
De volta à teoria social – 321

11. A Teoria Crítica e o pós-estruturalismo: Habermas e Foucault – 329
BEATRICE HANSSEN
O discurso filosófico sobre a
racionalidade e a modernidade – 336
A crítica de Foucault: A ética da estética – 344

12. A própria ideia de uma ciência social crítica: Uma virada pragmátita
STEPHEN K. WHITE
Ciência e pragmatismo na ciência política – 364
Por que uma abertura pragmática não é forçada – 369
Ciência social, ontologia e progresso – 379

13. Uma patologia social da razão:
Sobre o legado intelectual da Teoria Crítica – 389
AXEL HONNETH

Bibliografia – 417
Índice remissivo – 431

Colaboradores

KENNETH BAYNES é professor de Filosofia e Ciência Política na Universidade de Siracusa. É autor de *The Normative Grounds of Social Criticism: Kant, Rawls, Habermas* (SUNY Press, 1992) e coeditor de *After Philosophy* (MIT Press, 1986) e *Discourse and Democracy: Essays on Habermas's "Between Facts and Norms"* (SUNY Press, 2002)

J. M. BERNSTEIN é professor emérito na Universidade de Filosofia na Nova Escola de Pesquisa Social (New School for Social Research). Entre seus livros estão *The Fate of Art: Aesthetic Alienation from Kant to Derrida and Adorno* (Pennsylvania State University Press, 1992), *Recovering Ethical Life: Jürgen Habermas and the Future of Critical Theory* (Routledge, 1995), e *Adorno: Disenchantment and Ethics* (Cambridge University Press, 2001).

HAUKE BRUNKHORST é professor de Sociologia na Universidade de Flensburg. Seus escritos recentes incluem *Hannah Arendt* (Beck, 1999), *Einführung in die Geschichte politischer Ideen* (Fink/UTB, 2001), e *Solidarität* (Suhrkamp, 2002. Seus livros em inglês incluem *Adorno and Critical Theory* (University of Wales Press, 1999) e *Solidarity: From Civic Friendship Towards a Global Legal Community* (MIT Press, no prelo).

SIMONE CHAMBERS é professora associada de Ciência Política na Universidade de Toronto. É autora de *Reasonable Democracy: Jürgen Habermas* e *Politics of Discourse* (Cornell University Press, 1996), e editou *Deliberation, Democracy, and the Media* (Rowman & Littlefield, 2000) e *Alternative Conceptions of Civil Society* (Princeton University Press, 2001).

RAYMOND GEUSS é *Reader* em Filosofia na Universidade de Cambridge. É autor de *The Idea of a Critical Theory: Habermas and the Frankfurt School* (Cambridge University Press, 1981), *Morality, Culture, and History* (Cambridge University Press, 1999), *History and Illusion in Politics* (Cambridge University Press, 2001), e *Public Goods, Private Goods* (Princeton University Press, 2001).

BEATRICE HANSSEN é professora de Alemão na Universidade da Georgia, Atenas. É autora de *Walter Benjamin's Other History: Of Stones, Animals, Human Beings, and Angels* (University of California Press, 1998), *Critique of Violence: Between Poststructuralism and Critical Theory* (Routledge, 2000), e coeditora de *The Turn to Ethics* (Routledge, 2000). É também coeditora da série Walter Benjamin Studies, que inclui os volumes *Walter Benjamin and Romanticism* (Continuum, 2002) e *Walter Benjamin and the Arcades Project* (Continuum, no prelo).

AXEL HONNETH é professor de Filosofia na Universidade de Frankfurt e Diretor do Instituto de Pesquisa Social (Institute for Social Research). Seus livros traduzidos para o inglês incluem *Critique of Power* (MIT Press, 1993), *The Fragmented World of the Social* (SUNY Press, 1995), e *The Struggle for Recognition* (MIT Press, 1996).

MOISHE POSTONE é professor associado de História Moderna e membro de um Comitê de Estudos Judaicos (Committee for Jewish Studies) na Universidade de Chicago. É autor de *Time, Labor, and Social Domination: A Reinterpretation of Marx's Critical Theory* (Cambridge University Press, 1993) e coeditor de *Catastrophe and Meaning: The Holocaust and the Twentieth Century* (University of Chicago Press, 2003), assim como de *Bourdieu: Critical Perspectives* (University of Chicago Press, 1993).

JULIAN ROBERTS é professor de Filosofia na Universidade de Munique. Seus livros incluem *Walter Benjamin* (Macmillan, 1982) e *The Logic of Reflection: German Philosophy in the Twentieth Century* (Yale University Press, 1992).

MICHAEL ROSEN é membro do Lincoln College, Oxford. É autor de *Hegel's Dialectic and its Criticism* (Cambridge University Press, 1982) e *On Voluntary Servitude: False Consciousness and the Theory of Ideology* (Harvard University Press, 1996).

FRED RUSH é professor assistente de Filosofia na Universidade de Notre Dame. Escreveu vários artigos sobre Kant, Hegel, Teoria Crítica e Estética. Está escrevendo um livro sobre o significado filosófico do primeiro romantismo alemão e sua relação com Kant e Kierkegaard.

STEPHEN WHITE é professor de Política na Universidade da Virgínia. Entre seus livros estão *The Recent Work of Jürgen Habermas* (Cambridge University Press, 1988), *Political Theory and Postmodernism* (Cambridge University Press, 1991), e *Sustaining Affirmation* (Princeton University Press, 2000). Editor do periódico *Political Theory* e do *The Cambridge Companion to Habermas*.

JOEL WHITEBOOK está na Faculdade do Centro de Treinamento e Pesquisa Psicanalítica da Universidade de Columbia (Center for Psychoanalytic Training and Research, Columbia University) e é psicanalista praticante. Escreveu *Perversion and Utopia: A Study in Psychoanalysis and Critical Theory* (MIT Press, 1995), bem como inúmeros artigos sobre a Teoria Crítica e sua relação com Freud e Marx.

Agradecimentos

Gostaria de agradecer primeiramente aos colaboradores deste volume sua boa vontade em dedicar seu tempo de pesquisa pessoal para escrever textos essencialmente explicativos e de tornar um prazer a edição dos capítulos. Agradecimentos especiais são devidos a Karl Ameriks e Gary Gutting por me permitir usufruir sua sabedoria como editores dos volumes anteriores da série *Cambridge Companion to Philosophy*. Eu sou grato também a Hilary Gaskin, que foi além de seu papel de editora, fornecendo conselhos incisivos e muito encorajamento em pontos cruciais. James Hebbeler traduziu dois dos capítulos e forneceu apoio editorial, e ele gostaria também de agradecer a Susanne Zorn sua assistência. Angela Smith ajudou com o índice. A tradução dos capítulos originalmente escritos em alemão foi apoiada financeiramente pelo Instituto de Apoio às Artes Liberais da Universidade de Notre Dame.

Cronologia

1918   Fim da Primeira Guerra Mundial. Revolução socialista alemã. Ernst Bloch (1885-1977), *O Espírito da Utopia*.

1919   Tratado de Versailles. Criação da República de Weimar. Walter Benjamin (1892-1940), *O conceito de crítica de arte no romantismo alemão*.

1923   O Instituto de Pesquisa Social é criado em Frankfurt, financiado pela doação particular de Hermann Weil, importador multimilionário e comerciante de grãos. Carl Grümberg, "Pai do Socialismo Austríaco", é instituído como seu primeiro diretor, com Friedrich Pollock (1894-1970) como seu assistente. O *Arquivo de História do Socialismo e do Movimento Trabalhista*, que Grünberg fundou em 1910, é transferido para Frankfurt e torna-se o órgão sede do Instituto.
Karl Korsch (1886-1961), *Marxismo e Filosofia*.
György Lukács (1885-1961), *História e Consciência de Classe*.

1926   Leo Löwenthal (1900-1993) integra-se ao Instituto.

1928   Theodor Adorno (1903-1969) inicia sua associação ao Instituto. Benjamin, *Origem do drama barroco alemão*.

1930   Marx Horkheimer (1895-1973) integra-se ao Instituto como seu diretor. O *Arquivo* de Grünberg deixa de ser publicado. Erich Fromm (1900-1980) integra-se ao Instituto.

1932   A *Revista de Pesquisa Social* começa a ser publicada. Herbert Marcuse (1898-1979) integra-se ao Instituto.

1933   Fim da República de Weimar. Hitler torna-se ministro.
        As instalações do Instituto são investigadas pela Gestapo e transformadas para o uso da Liga dos Estudantes Nazistas. O Instituto transfere-se provisoriamente para Genebra.

1934   O Instituto transfere-se para Morningside Heights, na cidade de Nova York, informalmente afiliado à Universidade de Columbia. Horkheimer, Fromm, Löwenthal, Marcuse e Pollock emigram para os Estados Unidos. Adorno inscreve-se como "estudante avançado" em Oxford. A pesquisa empírica do Instituto é rigorosamente restringida.

1936   Franz Neumann (1900-1954) integra-se ao Instituto. Publicação da coletânea *Estudos sobre Autoridade e Família*.

1937   *Teoria Tradicional e Teoria Crítica* de Horkheimer.
        Adorno torna-se membro formal do Instituto e transfere-se para Nova York.

1939   Início da Segunda Guerra Mundial na Europa.
        Fromm deixa o Instituto. Os *Estudos de Filosofia e Ciências Sociais* substituem a *Revista de Pesquisa Social* como publicação periódica do Instituto.

1940   Fugindo da polícia nazista, Benjamin suicida-se em Port-Bou, na fronteira entre a França e a Espanha. Hannah Arendt, que cruza a fronteira no mesmo ponto poucos meses depois, entrega a Adorno uma cópia manuscrita das *Teses sobre Filosofia da História*. O Instituto as publica em 1942.

1941   Ataque a Pearl Harbor e expansão da guerra no Pacífico. Horkheimer, Adorno e Marcuse mudam-se para Santa Mônica, fora de Los Angeles, formando uma colônia de imigrantes alemães no sul da Califórnia, que incluía *inter alia* o romancista Thomas Mann, o compositor Arnold Schönberg e o poeta e

dramaturgo Bertold Brecht. Pollock e Neumann permanecem na costa leste. Surge o último número dos *Estudos de Filosofia e Ciências Sociais*, finalizando as publicações periódicas do Instituto.
Fuga da liberdade, de Fromm.
Razão e Revolução, de Marcuse.

1942   Marcuse e Neumann associam-se ao OSS *(Office of Strategic Services)*, o precursor da CIA na época da guerra, em Washington, DC. Pollock trabalha para a divisão antitruste do Departamento de Justiça dos Estados Unidos. Löwenthal é consultor do *Office of War Information*. Isso faz com que apenas Horkheimer e Adorno se dediquem ao trabalho puramente teórico.
Behemoth, de Neumann.

1945   A Segunda Guerra Mundial termina.

1947   *A Dialética do Esclarecimento*, de Adorno e Horkheimer.

1949   Horkheimer e Adorno retornam para Frankfurt para ali restabelecer o Instituto. Löwental deixa o Instituto e permanece na América, assim como Marcuse e Neumann.

1951   *Minima Moralia*, de Adorno.

1955   Adorno e Horkheimer são indicados codiretores do Instituto. Horkheimer aposenta-se em 1958. Jürgen Habermas (1929-) torna-se assistente de Adorno e membro do Instituto em 1956.
Eros e Civilização, de Marcuse.

1964   Marcuse publica o best-seller *O homem unidimensional* [ou *Ideologia da sociedade industrial*] e torna-se mentor filosófico da Nova Esquerda Americana e dos movimentos estudantis.

1966   *Dialética Negativa*, de Adorno.

1968   *Conhecimento e Interesse Humano* e *Tecnologia e Ciência como 'Ideologia'*, de Habermas.

1969   A SDC[1] protesta em Frankfurt. Adorno convoca a polícia para prender os estudantes que "ocuparam" seus escritórios. Ruptura entre o movimento estudantil alemão e o Instituto. Adorno, em férias na Suíça, falece.

1970   *Teoria estética*, publicação póstuma da obra inacabada de Adorno. Habermas recusa o convite para dirigir o Instituto e, ao invés disso, assume um posto no Instituto Max Plank, em Estarnberg, fora de Munique. Início do longo período de duas décadas durante as quais o Instituto deixa de ser o foco da Teoria Crítica. Vários temas da teoria crítica pós-adorniana são retomados nos escritos de Karl-Otto Apel (1922-), Claus Offe (1940-) e Albrecht Wellmer (1939-), entre outros.

1981   *Teoria da Ação Comunicativa*, de Habermas.

1992   *A Luta pelo Reconhecimento*, de Axel Honneth (1949-).

1997   Honneth associa-se ao Instituto.

---

[1] N.T. Uma organização estudantil de esquerda da época.

Abreviaturas

Coleções

CTS   *Critical Theory and Society.* S. Bronner e D. Kellner (ed.). London e New York: Routledge, 1989.

EFS   *The Essential Frankfurt School Reader.* A. Arato e E. Gebhardt (ed.). New York: Continuum, 1978.

Periódicos da Escola de Frankfurt

SPSS   *Studies in Philosophical Social Science*
ZfS   *Zeitschrift für Sozialforschung*

Adorno

AA   *Can One Live After Auschwitz?* R. Tiedemann (ed.), R. Livingstone *et al* (trad.). Stanford: Stanford University Press, 2003.

AE   *Against Epistemology: A Metacritique.* W. Domingo (trad.). Cambridge, Mass.: MIT Press, 1983.

AGS   *Gesammelte Schriften.* R. Tiedemann (ed.). Frankfurt am Main: Suhrkamp, 1970-1997.

AT   *Aesthetic Theory.* R. Hullot-Kentor (trad.). Minneapolis: University of Minnesota Press, 1998.

CM   *Critical Models.* H. Pickford (trad.). New York: Columbia University Press, 1999.

H   *Hegel: Three Studies.* S. W. Nicholson (trad.). Cambridge, Mass.: MIT Press, 1994.

JA	*The Jargon of Authenticity.* K. Tarnowski e F. Will (trad.). Chicago: Northwestern University Press, 1973.
K	*Kierkegaard: Construction of the Aesthetic.* R. Hullot-Kentor (trad.). Minneapolis: University of Minnesota Press, 1989.
MM	*Minima Moralia.* E. F. N. Jephcott (trad.). New York e London: Verso, 1978.
ND	*Negative Dialectics.* E. B. Ashton (trad.). London: Routledge, 1973.
NL I	*Notes to Literature,* vol. I. S. W. Nicholson (trad.). New York: Columbia University Press, 1991.
NL II	*Notes to Literature,* vol. II. S. W. Nicholson (trad.). New York: Columbia University Press, 1992.
NS	*Nachgelassene Schriften.* Frankfurt am Main: Suhrkamp, 1993.
P	*Prisms.* S. Weber e S. Weber (trad.). Cambridge, Mass.: MIT Press, 1983.
PDGS	*The Positivist Dispute in German Sociology.* T. Adorno (ed.). New York: Harper & Row, 1976.
PMM	*The Philosophy of Modern Music.* A. Mitchell e W. Blomster (trad.). New York: Seabury, 1973.
Q	*Quasi una Fantasia.* R. Livingstone (trad.). New York: Continuum, 1992.
SF	*Sound Figures.* R. Livingstone (trad.). Stanford: Stanford University Press, 1999.

Benjamin

A	*The Arcades Project.* H. Eiland e K. McLaughlin (trad.). Cambridge, Mass.: Harvard Belknap Press, 1999.
BGS	*Gesammelte Schriften.* R. Tiedemann e H. Schweppenhäuser (ed.). Frankfurt am Main: Suhrkamp, 1972-1989.
I	*Illuminations.* H. Arendt (ed.), H. Zohn (trad.). New York: Schocken, 1968.
OT	*The Origin of German Tragic Drama.* J. Osborne (trad.). New York e London: Verso, 1998.

SWI *Selected Writings 1913-1926*. M. W. Jennings, M. Jenning, e M. P. Bullock (trad. e ed.). Cambridge, Mass.: Harvard Belknap Press, 1996.

SW2 *Selected Writings 1927-1934*. M. W. Jennings, H. Eiland, M. P. Bullock, *et al* (trad. e ed.). Cambridge, Mass.: Harvard Belknap Press, 1999.

Fromm

EF   *Escape from Freedom*. New York: Farrar & Rinehart, 1941.
MCM *Marx's Concept of Man*. New York: Continuum, 1961.

Habermas

CES *Communication and the Evolution of Society*. T. McCarthy (trad.). Boston: Beacon Press, 1979.
FN   *Between Facts and Norms*. W. Rehg (trad.). Cambridge, Mass.: MIT Press, 1998.
KHI *Knowledge and* Human *Interests*. I J. Shapiro (trad.). Boston: Beacon Press, 1971.
IO   *The Inclusion of the Other: Studies in Political Theory*. Cambridge, Mass.: MIT Press, 1998.
LC   *Legitimization Crisis*. T. McCarthy (trad.). Boston: Beacon Press, 1975.
LSS *On the Logic of the Social Sciences*. S. W. Nicholson (trad.). Cambridge, Mass.: MIT Press, 1988.
MC   *Moral Consciousness and Communicative Action*. C. Lenhardt e S. W. Nicholson (trad.). Cambridge, Mass.: MIT Press, 1991.
MUP "Modernity: An Unfinished Project," in *Habermas and the Unfinished Project of Modernity: Critical Essays on the Philosophical Discourse of Modernity*. M. Passerin d'Entreves e S. Benhabib (ed.). Cambridge, Mass.: MIT Press, 1997.

PD   *The Philosophical Discourse of Modernity.* F. Lawrence (trad.). Cambridge, Mass.: MIT Press, 1990.
PT   *Postmetaphysical Thinking.* W. M. Hohengarten (trad.). Cambridge, Mass.: MIT Press, 1992.
STP   *The Structural Transformation of the Public Sphere.* T. Burger e F. Lawrence (trad.). Cambridge, Mass.: MIT Press, 1991.
TCA I   *Theory of Communicative Action,* vol. I. T. McCarthy (trad.). Boston: Beacon Press, 1984.
TCA II   *Theory of Communicative Action,* vol. II. T. McCarthy (trad.). Boston: Beacon Press, 1987.
TJ   *Truth and Justification.* B. Fultner (trad.). Cambridge, Mass.: MIT Press, 2003.
TP   *Theory and Praxis.* J. Viertal (trad.). Boston: Beacon Press, 1973.
TRS   *Towards a Rational Society.* J. Shapiro (trad.). Boston: Beacon Press, 1971.
TW   *Technik und Wissenschaft als "Ideologie".* Frankfurt am Main: Suhrkamp, 1908.

Horkheimer

BPSS   *Between Philosophy and Social Science.* G. F. Hunter, M. Kramer e J. Torpey (trad.). Cambridge, Mass.: MIT Press, 1995.
CIR   *The Critique of Instrumental Reason: Lectures and Essays since the End of World War II.* M. O'Connell (trad.). New York: Continuum, 1974.
CT   *Critical Theory.* M. O'Connell (trad.). New York: Continuum, 1975.
DE   *Dialectic of Enlightenment* (com Adorno) (trad.) E. Jephcott. Stanford: Stanford University Press, 2002.
ER   *Eclipse of Reason.* New York: Continuum, 1974.
HGS   *Gesammelte Schriften.* G. Schmid-Noerr e A. Schmidt (ed.). Frankfurt am Main: Fischer, 1987.
KT   *Kritische Theorie.* Frankfurt am Main: Fischer, 1968.

Marcuse

AD	*The Aesthetic Dimension: Toward a Critique of Marxist Aesthetics.* Boston: Beacon Press, 1978.
CR	*Counterrevolution and Revolt.* Boston: Beacon Press, 1972.
EC	*Eros and Civilization: A Philosophical Inquiry into Freud.* Boston: Beacon Press, 1955.
FL	*Five Lectures.* Trans. J. Schapiro. Boston: Beacon Press, 1970.
L	*An Essay* on *Liberation.* Boston: Beacon Press, 1969.
MS	*Schriften.* Frankfurt am Main: Suhrkamp, 1978-1989.
N	*Negations.* J. Shapiro (trad.). Boston: Beacon Press, 1968.
O	*One-Dimensional Man.* Boston: Beacon Press, 1964.
RR	*Reason and Revolution: Hegel and the Rise of Social Theory.* Oxford: Oxford University Press, 1941.

Neumann

B	*Behemoth: The Structure and Practice of National Socialism.* 1933--1944. New York: Harper & Row, 1963.

Introdução

Fred Rush

A Teoria Crítica nasceu no trauma da República de Weimar, atingiu a maturidade no exílio e alcançou aceitação cultural em seu retorno. Transmitida por seus fundadores da primeira geração – entre outros Max Horkheimer, Friedrich Pollock, Herbert Marcuse e Theodor Adorno – para o líder de sua segunda geração, Jürgen Habermas, a Teoria Crítica permaneceu central ao pensamento social e político europeu durante o período da Guerra Fria. Ela ainda é uma perspectiva filosófica e política vital e uma terceira geração de teóricos críticos, entre eles Axel Honneth, o mais proeminente, continua a expressar amplamente suas preocupações nos termos da tradição que teve início nos anos de Weimar. Juntamente com a fenomenologia em suas várias formas e com a filosofia e a teoria social vagamente reunidas sob os títulos de estruturalismo e pós-estruturalismo, a Teoria Crítica é uma voz predominante no pensamento continental europeu do século XX.

Teoria Crítica traça os temas mais significativos do desenvolvimento da Teoria Crítica desde sua concepção até os dias de hoje. Enquanto caracterizada pelo compartilhamento de certas preocupações filosóficas centrais comuns, a Teoria Crítica exibe uma diversidade entre seus proponentes que tanto contribui para sua riqueza, quanto cria barreiras substanciais para o entendimento de sua significação. Ao perseguir os elementos que a unificam, é importante não perder de vista a natureza plural do empreendimento, uma vez que os pensadores podem ser muito diferentes (algumas vezes substancialmente) em vários aspectos. Na verdade, é impossível representar precisamente a tradição da Teoria Crítica sem preservar as complicações introduzidas pelas relações das concepções dos pensadores individuais entre si. A complexidade que resulta da necessidade dessa pluralidade indispensável é particularmente assustadora para aquele que procura orientar-se no estudo da Teoria Crítica pela primeira vez. Esse efeito é ainda mais agudo devido às influências intelectuais extremamente diversas impostas à Teoria Crítica, influências que se apresentam de forma direta no desenvolvimento das posições filosóficas dos pensadores associados à Teoria Crítica, bem como no vocabulário técnico que frequentemente figura nas declarações dessas posições. O que é preciso é um tratamento da Teoria Crítica como um todo, que respeite sua riqueza sem perder seus principais pilares conceituais.

Para esse fim, esse volume enfatiza tanto os componentes históricos quanto os conceituais da Teoria Crítica. Os capítulos 1 a 8 são, grosso modo, cronológicos e mais históricos que os outros capítulos do volume, começando com os fundamentos conceituais da primeira Escola de Frankfurt, seguindo para as principais afirmações e questões de seu período intermediário e finalizando com a virada kantiana no pensamento de Habermas. Embora haja alguns capítulos dedicados a um único pensador ou a aspectos de seu pensamento, a maior parte dos capítulos, mesmo os mais históricos, são orientados pelos problemas e buscam mostrar como as múltiplas perspectivas do interior da Teoria Crítica relacionam-se com um tópico escolhido. Isso reflete um *desideratum* geral do volume, de mostrar que as diferenças significativas entre os teóricos críticos são tão importantes quanto mostrar o que eles têm em comum. Esse objetivo também está presente nos capítulos que vão de 9 a 11, os quais assumem visões historicamente menos sinópticas da consideração da Teoria Crítica sobre a cultura de massa e a política contemporâneas e suas relações com seu principal concorrente na cena filosófica europeia: o pós-estruturalismo francês. Os capítulos 12 e 13 ocupam um lugar especial nesse volume. Eles enfatizam a relação da Teoria Crítica com as preocupações filosóficas atuais. A Teoria Crítica ainda é uma força vital, particularmente na filosofia social e política e na estética. O capítulo de Stephen White apresenta e responde à questão de se ainda há algo importante na Teoria Crítica. O capítulo final de Axel Honneth faz o mesmo com relação à questão da herança da Teoria Crítica, discutindo sua importância passada, sua relevância contemporânea e as perspectivas para um futuro desenvolvimento.

Na abertura, o capítulo 1 discute vários aspectos fundamentais e característicos do aparato conceitual da primeira Teoria Crítica, quando ela é proposta nos artigos seminais de Horkheimer e Marcuse. A chave para essa discussão é considerar o contraste da Teoria Crítica com dois modelos concorrentes da explicação científica social: o que Horkheimer chama de teoria "tradicional", um modelo que considera essa explicação como um caso especial das considerações metodológicas que guiam as ciências naturais; e o "marxismo vulgar", um modelo de materialismo dialético reducionista que analisa os elementos superestruturais da formação social inteiramente em termos de suas relações causais com os elementos da infraestrutura econômica. O capítulo de Michael Rosen concentra-se na interação complexa e formativa entre Benjamin e Adorno, mostrando que há uma continuidade importante entre o pensamento anterior e posterior de Benjamin e que havia um desacordo intelectual significativo entre Benjamin e Adorno, de cuja natureza Adorno não estava completamente consciente, quer durante a vida de Benjamin, quer após. O mais importante fio condutor do pensamento de Benjamin como um todo é sua forma característica de kantismo que é, em si mesma, crítica da estreita concepção de experiência de Kant. Esse kantismo heterodoxo é também a chave do marxismo de Benjamin, pois ele é também o meio pelo qual Benjamin confronta a questão daquilo que vincula diferentes áreas da cultura, permitindo-nos visualizar a identidade em sua aparente diversidade. Rosen mostra-nos como Benjamin responde a essa questão, ao desenvolver a noção de "experiência mimética". A Escola de Frankfurt foi o primeiro grupo de filósofos que não apenas acolheu Freud, como também tentou unir seu pensamento com o de Marx. Joel Whitebook ressalta a complexidade do problema, para a Teoria Crítica, de como a teoria política marxista pode incorporar as percepções de Freud. Para isso, ele traça a história desta tentativa de união nos primeiros escritos de Horkheimer e Adorno, no relato seminal oferecido por Marcuse, e no estatuto problemático da psicanálise em Habermas.

O tratamento do segundo período da Teoria Crítica começa com a avaliação crítica de Julian Roberts dos principais argumentos da *Dialética do Esclarecimento* e, em particular, de sua tese central de que o esclarecimento é, ou pode ser, uma forma de mito. Roberts dispensa especial atenção à alegação de que a dinâmica subjacente ao esclarecimento repousa sobre uma insistência patológica na regularidade e na identidade, com o resultado de que a ciência é feita para lançar um "encanto mágico" contra o terror da desordem. O capítulo também trata do único remédio pretendido para essa situação, uma redescoberta do particular, do *hic et nunc*. O capítulo de Raymond Geuss aprofunda a consideração de Adorno e Marcuse, ao dedicar-se com grande clareza à questão da relação entre o "impulso revolucionário" e a dialética. Geuss traça as concepções de revolução desde Marx e Lênin e, então, reúne a essa análise um tratamento extenso das questões relevantes à possibilidade de revolução — por exemplo, a crença coisificada e o conceito de uma "falsa necessidade". Ele, então, investiga as fontes disponíveis em Marcuse e Adorno para responder dialeticamente aos obstáculos substanciais à revolução. J. M. Bernstein oferece uma reconstrução detalhada da teoria estética de Adorno, na qual avança além de sua preocupação manifesta com a crítica da indústria cultural para indicar a tentativa de Adorno de estabelecer que as práticas da arte moderna contêm ou apoiam implicitamente concepções de conhecimento, razão e ação que divergem sistematicamente das versões racionalizadas daquilo que se tornou hegemônico no mundo fora da arte. Moishe Postone dedica-se a um aspecto da Teoria Crítica que é frequentemente negligenciado nas considerações filosóficas sobre esse assunto: a análise do capitalismo de Estado, das leis e da economia no importante trabalho de Friedrich Pollock e Franz Neumann. Postone traça a amplitude do envolvimento da Teoria Crítica com a questão do capitalismo de Estado e questões relacionadas, situando esse envolvimento em termos dos movimentos históricos gerais presentes na Teoria Crítica e contra o panorama da recepção do conceito de trabalho de Marx.

Kenneth Baynes concentra-se na importantíssima virada kantiana no pensamento de Habermas, que inaugura o terceiro momento da Teoria Crítica. Ele mostra que a rejeição de Habermas de certas importantes características antifundacionistas e não sistemáticas do pensamento da primeira Escola de Frankfurt é crescente, assim como também é crescente sua adoção do kantismo que as substituem, argumentando que há três estágios no emergente kantismo de Habermas. No primeiro, a crítica de Habermas aos primeiros teóricos frankfurtianos, presente no *Conhecimento e Interesse Humano*, resulta em um comedido retorno metodológico a Kant. O segundo estágio envolve uma crescente importância da "virada linguística" no pensamento de Habermas e o desenvolvimento de sua "pragmática universal", culminando na *Consciência moral e agir comunicativo*. Um terceiro período revela o crescente liberalismo político de Habermas motivado pelo ainda mais especificamente kantiano conceito de justiça.

Simone Chambers fornece um panorama incisivo da teoria política e do engajamento da Teoria Crítica. Ela salienta como a experiência do fascismo formou o profundo ceticismo típico da teoria política inicial da Escola de Frankfurt em relação aos ideais do esclarecimento e, em seguida, volta-se para considerar a adoção desses mesmos ideais por Habermas. Ela argumenta que o engajamento político da Teoria Crítica sempre foi uma questão problemática para a teoria, um problema para o qual ainda há que se encontrar uma solução satisfatória. Hauke Brunkhorst discute as interpretações de Frankfurt para a cultura de massa contemporânea, traçando a ambivalência central do tópico na Teoria Crítica até Marx. Para a primeira Escola de Frankfurt e para Benjamin, a tese do "esclarecimento como engano das massas" domina a recepção da cultura de massa, contudo a questão das tendências revolucionárias dessa cultura permanecem no pano de fundo o tempo todo. Com Habermas, a análise reaproxima-se de seu ponto de partida marxista, isto é, retorna para a democracia política e para a esfera pública democrática que Marx desenvolveu em seu ensaio O *Dezoito de Brumário*. Beatrice Hanssen assume a difícil tarefa de dar sentido à relação da Teoria Crítica com o pós-estruturalismo, ao estudar cuidadosamente o caso de Habermas e Foucault. Ela apropriadamente resiste à fácil assimilação, mas considera, como o próprio Foucault, a possível reaproximação entre a primeira Teoria Crítica e o pós-estruturalismo para o qual o conceito de erística é crucial.

Nos dois capítulos finais, Stephen White e Axel Honneth examinam a questão da permanente relevância da Teoria Crítica. White avalia a Teoria Crítica como um programa de pesquisa característico tanto no que diz respeito à história quanto a seu estado atual. Ele argumenta que a primeira questão que a Teoria Crítica confronta é se há algum modo de pensar a normatividade crítica como universal, e que não se engane com a generalização excessiva de alguma perspectiva histórica particular. Ele, em seguida, considera se aquilo que uma vez foi registrado como uma teoria social "tradicional" pelo enfoque da crítica mudou de tal forma a não estar mais sujeita às acusações que lhe são tipicamente impostas. No capítulo final do volume, Honneth oferece sua visão do legado da Teoria Crítica para o futuro, ampliando seu famoso trabalho sobre este tema e acentuando, de novas maneiras, a importância do conceito de reconhecimento e de se buscar na teoria social um lugar teórico próprio para "o Outro da razão".

1 As bases conceituais da primeira Teoria Crítica

Fred Rush

A Teoria Crítica desenvolveu-se primeiramente na Alemanha, durante um período de extraordinária e complexa atividade intelectual. Se tomarmos o ano de 1930 – quando Horkheimer se torna diretor do Instituto de Pesquisa Social de Frankfurt – como um marco e olharmos para a década anterior àquela data, encontraremos vários dos mais importantes movimentos filosóficos do século XX em suas formas mais vibrantes: a fenomenologia hermenêutica de Heidegger; o empirismo lógico do Círculo de Viena e o jovem Wittgenstein; diversas correntes do neokantismo e o marxismo humanista de Lukács. Em teoria política e social, psicologia, historiografia e economia, a situação dificilmente é diferente. No período de Weimar, cada uma dessas visões ou escolas, algumas vezes combinadas com elementos de outras, rivaliza por predominância. Além disso, cada um dos participantes toma o cuidado de incorporar em cada uma delas a crítica das outras.

A autodefinição *ex negativo* pode tomar várias formas, mas uma é quase universal no período e é muito importante para a primeira Teoria Crítica. As principais divisões filosóficas e teórico-sociais das disputas dos anos vinte e trinta apontam para um grande perigo na interpretação, apropriação ou, dito de outra maneira, na avaliação da importância da história da filosofia alemã desde o tempo de Kant até o final do século XIX. Isso é verdade até mesmo para aqueles pontos de vista filosóficos que não concedem à história uma importância teórica interna principal, como, por exemplo, o empirismo lógico. Para um conjunto manifesto de visões históricas como a Teoria Crítica, a conexão entre a historiografia filosófica e a crítica de seus rivais contemporâneos como produto da história da filosofia alemã é especialmente explícita, complicada e formadora. De fato, qualquer consideração das bases conceituais da "primeira Teoria Crítica", grosso modo, os escritos dos membros do núcleo do Instituto de 1930 a 1940, seria grandemente empobrecida se não enxergasse o desenvolvimento da Teoria Crítica nessa fase como estando esta inerentemente preocupada em definir-se em oposição a outras teorias filosóficas e sociais. Este capítulo concentra-se nos ensaios seminais de Horkheimer, Marcuse e Adorno, escritos na segunda metade de 1930, e que apresentam de maneira especialmente intensa o modo como a primeira Teoria Crítica foi formada ao diferenciar-se das abordagens rivais.

A Teoria Crítica sempre foi especialmente fluida, até intencionalmente, e seria um erro tentar tratar até mesmo sua história inicial de forma unívoca. Todavia, esses ensaios dirigem-se a um grupo de questões centrais que preocupam a Teoria Crítica desde o período anterior à guerra e que continuam a exercer uma influência, em certa medida de menor grau, sobre suas formas expressivas posteriores, mais dominadas pelas concepções de Adorno e Habermas. É possível, nesse período, distinguir duas abordagens principais da Teoria Crítica. A primeira delas é associada principalmente a Horkheimer, cuja obra é vista frequentemente pelos comentadores como a força dominante na formação da Teoria Crítica. A atribuição de uma preeminência à concepção de Horkheimer da Teoria Crítica possui uma procedência bem assentada – em um momento ou em outro, a maior parte dos membros da Teoria Crítica reconheceu os escritos de Horkheimer desse período como instituindo um modelo da Teoria Crítica a ser criada. Mesmo assim, deve-se ter cautela em não enfatizar sobremaneira o efeito intelectual de Horkheimer nesse período. Seus ensaios seminais apresentam um número de ideias cujo efeito programático e retórico foi extremamente importante para os outros membros do Instituto, mas as ideias, elas mesmas, não são desenvolvidas muito sistematicamente. Em alguns casos, a ausência de unidade é causada simplesmente pela mútua incompatibilidade dos elementos em sua concepção da Teoria Crítica; em outros, o problema é a ausência de detalhamento teórico. Talvez uma outra causa seja que a gestão de Horkheimer do Instituto como um local onde fossem possíveis várias perspectivas diferentes, em assuntos afins, levou-o a deixar em aberto um espaço intelectual no qual concepções potencialmente contrárias pudessem ser desenvolvidas e até encorajadas. Uma planta de um projeto não é, apesar de tudo, um edifício. Assim, os escritos de Marcuse desde 1930 enfatizam de diversas maneiras uma base comum com Horkheimer, algumas vezes levantando também questões contrárias.

A segunda corrente na formação da primeira Teoria Crítica permanece incipiente, mas é altamente sugestiva para tendências posteriores no Instituto. Essa é a posição do jovem Adorno, que, sob a influência de Walter Benjamin, passa a articular uma visão mais "estética" e precavida do potencial sistemático da Teoria Crítica. Em uma forma muito mais desenvolvida, essa visão da Teoria Crítica começou a dominar a Escola de Frankfurt a partir da metade dos anos quarenta até a morte de Adorno, no final de 1960. Horkheimer passará do lado da primeira para a segunda corrente, sendo coautor com Adorno daquele que vários comentadores viram como o texto principal da Teoria Crítica, a *Dialética do Esclarecimento* (1944/1947).

Horkheimer

A aula inaugural de 1930 de Horkheimer, publicada um ano mais tarde como "A condição atual da filosofia social e as atribuições de um Instituto de Pesquisa Social", assinala uma mudança importante na ênfase e no escopo do Instituto. Durante os sete anos de sua criação em 1923, até a data da direção de Horkheimer, o Instituto estava preocupado, quase que exclusivamente, com a ciência social empírica politicamente engajada. Embora o amplo aspecto austro-marxista do Instituto facilitasse a incorporação de elementos de metodologias não marxistas, seus membros tinham pouco interesse nas questões filosóficas e menos ainda no projeto de fornecer uma estrutura filosófica para o trabalho do Instituto. Logo, Horkheimer está percorrendo novos territórios quando afirma:

> Se o pensamento filosófico-social concernente ao relacionamento entre indivíduo e sociedade, ao significado da cultura, ao fundamento do desenvolvimento da comunidade, à estrutura geral da vida social – em suma, concernente às grandes e fundamentais questões – é deixado para trás como (por assim dizer) os detritos que restam no reservatório dos problemas científico-sociais, após a retirada daquelas questões que podem ser antecipadas em investigações concretas, a filosofia social pode muito bem cumprir uma função social (...) mas sua fertilidade intelectual terá sido

penalizada. A relação entre disciplinas filosóficas e correspondentes disciplinas científicas especializadas não pode ser concebida como se a filosofia lidasse com problemas realmente decisivos – o processo de construção de teorias além do alcance das ciências empíricas, seus próprios conceitos de realidade e sistemas compreendendo o todo – enquanto que por outro lado a pesquisa empírica realiza seus longos, enfadonhos e particulares estudos, que resultam em milhares de questões parciais, culminando em um caos de incontáveis enclaves de especialistas. Essa concepção – segundo a qual o pesquisador individual deve ver a filosofia talvez como uma empresa prazerosa, mas cientificamente infrutífera (...) enquanto que os filósofos, por contraste, estão emancipados do pesquisador particular, porque acham que não podem esperar por este último antes de enunciar sua conclusão de longo alcance – tem sido atualmente suplantada pela ideia de uma contínua penetração dialética e pelo desenvolvimento da teoria filosófica e da práxis científica especializada (*BPSS* 8-9; *HGS* III, 28-29).

Horkheimer espera criar uma nova ciência social interdisciplinar, filosoficamente orientada, para desalojar tanto a filosofia social quanto a sociologia como eram então representadas na Europa. Em sua perspectiva, os benefícios de se incluir a filosofia social no paradigma científico social desenvolvido no Instituto iam além do esclarecimento geral da orientação da pesquisa, por mais importante que este pudesse ser. A filosofia também capacitava os cientistas sociais a identificar e explorar questões que não poderiam de outra maneira ser levantadas. Sem uma teoria social filosoficamente orientada, do tipo correto, toda uma gama de fenômenos poderia ser descartada da investigação, e o impacto político potencial da pesquisa diminuiria nessa proporção.

Mas o que é filosofia social "do tipo correto"? Superficialmente, a resposta a essa questão é simples: o tipo correto de teoria social é "crítica". Mas dada a miríade de usos do termo *crítica* desde Kant, uma resposta simples não é de forma alguma uma resposta. A questão, então, é a seguinte: segundo Horkheimer, o que significa para a teoria social ser "crítica"? O que é uma "teoria crítica"?

Prima facie, poder-se-ia ser tentado a pensar que a teoria crítica é "crítica" justamente porque ela "critica" a vida política existente. Horkheimer toma o termo *teoria crítica* de Marx, e a primeira Teoria Crítica é, obviamente, amplamente marxista. É uma consideração das forças sociais de dominação que torna a atividade teórica inseparável, na prática, de seu objeto de estudo. Em outras palavras, a Teoria Crítica não é meramente descritiva, é uma forma de instigar a mudança social, fornecendo um conhecimento das forças da desigualdade social que pode, por sua vez, orientar a ação política que visa a emancipação (ou, no mínimo, a diminuição da dominação e da desigualdade). Seguindo esse pensamento, poder-se-ia pensar que a Teoria Crítica é "crítica" apenas na medida em que torna a desigualdade social aparente, aponta alguns candidatos plausíveis para as causas da desigualdade e permite à sociedade em geral (ou, no mínimo, seu segmento oprimido) reagir de maneira apropriada. A Teoria Crítica é "crítica" porque responde ao fardo deixado pela última das *Teses sobre Feuerbach*, de Marx: "Os filósofos têm apenas *interpretado* o mundo de diferentes maneiras; a questão é mudá-lo".[1]

Mas isso ainda não é uma caracterização adequada do que torna a Teoria Crítica "crítica", pois o uso relevante do termo *crítica* deve ser entendido em oposição ao amplo e permanente cenário histórico que começa com a ideia de Kant de uma "filosofia crítica".[2] A compreensão de Kant sobre a crítica é importante para a primeira Teoria Crítica por inúmeras razões. Em primeiro lugar, ela determina o *objeto* da crítica, isto é, sobre o que a atividade crítica opera. A filosofia crítica de Kant se dirige, ela mesma, para a "razão". Um dos principais temas de Kant é de que a razão possui uma tendência inerente para buscar um uso independente do contexto cognitivo, e é trabalho da crítica circunscrever a aplicação epistêmica da razão àquilo que Kant considera ser os limites do conhecimento. Kant denomina "dialética" tanto a propensão da razão em buscar um desdobramento epistêmico incondicional, quanto os problemas metafísicos insolúveis que disso resultam.[3] Em segundo lugar, a concepção de Kant sobre a crítica também fornece à Teoria Crítica uma compreensão sobre o *sujeito* da crítica, isto é, uma especificação do agente que realiza a crítica. Segundo Kant, a razão é também aquilo que a

---

[1] Marx, *Early Political Writings*, J. O'Malley (ed.). Cambridge University Press, 1994, p. 118, original em Marx-Engels-Werke. Berlin: Dietz, 1983, [III], p. 7.

[2] Horkheimer havia estudado Kant intensivamente, escrevendo sua tese de habilitação, *Über Kants Kritik der Urteilskraft als Bindeglied zwischen theoretisher und praktischer Philosophie* (1925), sobre o tema da unidade da razão.

[3] Kant sustenta também que a dialética da razão tem um papel positivo para estabelecer fins ideais para a investigação teórica, mas não posso agora discutir isso.

crítica realiza. Kant acredita que qualquer justificação para o estabelecimento de limites sobre a demanda da razão por um escopo global, se não tiver uma origem na razão mesma, será incompatível com a autonomia racional. Para Kant, então, a crítica é necessariamente *autocrítica* e libertação da ilusão dialética, apenas possível por causa da autorregulação racional. A Teoria Crítica está preocupada também em explicar as condições da racionalidade e vê esta tarefa como uma implicação da avaliação de suas próprias limitações racionais. A estrutura reflexiva da Teoria Crítica é, dessa maneira, uma terceira herança deixada por Kant.

A Teoria Crítica diverge de alguns elementos centrais específicos desse quadro kantiano, mas permanece fiel ao modelo crítico autorreflexivo, segundo o qual nunca há equivalência entre o pensamento e seu objeto, isto é, o conceito de experiência ainda opera um papel filosófico central na Teoria Crítica. De acordo com essa complexa relação com o pensamento de Kant, a reação da primeira Teoria Crítica a ele não envolve uma refutação ponto por ponto dos elementos da teoria kantiana, baseados nos critérios internos do próprio pensamento de Kant, na medida em que questiona se o paradigma idealista que Kant estabelece, e no interior do qual ele trabalha, não é em si mesmo, em última instância, uma limitação à crítica. Esse tipo de acusação não é exclusivo da Teoria Crítica; a maior parte dos sucessores idealistas de Kant fizeram objeções semelhantes. Mas essas reações a Kant são mais ou menos proclamadas a partir do paradigma idealista e, assim, compartilham traços com a filosofia kantiana que as tornam também insuficientemente críticas. De acordo com isso, um projeto elaborado de uma reconstrução filosófica do idealismo se mantém no centro da primeira Teoria Crítica. O entendimento particular do idealismo pela Teoria Crítica foi também uma forma importante para criticar posições contemporâneas rivais, porque todos os concorrentes filosóficos da Teoria Crítica também se enxergavam como reagindo fortemente ao idealismo alemão, cada um oferecendo sua própria explicação de suas vantagens e desvantagens.

Horkheimer usa pela primeira vez o termo *teoria crítica* em seu ensaio seminal de 1937, "Teoria Tradicional e Teoria Crítica". Embora o núcleo central dos membros do recente Instituto visse esse ensaio como a afirmação clássica da estrutura e dos objetivos da Teoria Crítica, concentrar-se apenas nele fornece uma resposta simplificada e excessivamente concisa à questão daquilo que se supõe tornar a Teoria Crítica crítica. Isso porque a dicotomia tradicional-crítica é apenas uma das maneiras pelas quais Horkheimer caracteriza a natureza da teoria social do Instituto. Dois outros contrastes são visíveis nos primeiros ensaios de Horkheimer: entre (1) "idealismo" e "materialismo" e (2) "racionalismo" e "irracionalismo". Um quadro completo das concepções de Horkheimer requer a coordenação dessas tipificações com a distinção tradicional-crítica.

Idealismo e materialismo

O primeiro contraste que Horkheimer desenvolve é entre o idealismo e o materialismo. Ele distingue duas formas básicas de materialismo. A primeira delas pode-se chamar de materialismo "simples" ou "reducionista". Seu principal representante histórico é o materialismo da filosofia francesa iluminista, que reduz as características reais do mundo a uma base física. A principal exemplificação contemporânea a Horkheimer é o empirismo lógico do Círculo de Viena. O segundo tipo de materialismo é o "dialético" ou "crítico", e a Teoria Crítica tornar-se-á "materialista" neste sentido. Até o ensaio seminal de 1937, Horkheimer refere-se ao desenvolvimento da teoria social de Frankfurt simplesmente como "materialista" e não como "crítica".

O materialismo de ambos os tipos é distinto do idealismo. Da maneira como é utilizado por Horkheimer, o termo *idealismo* tem uma extensão bastante ampla. Há uma subdivisão do idealismo em dois tipos, "racionalista" e "irracionalista". O idealismo racionalista compreende não apenas teorias filosóficas que são comumente agrupadas sob o rótulo *idealista* – por exemplo, o idealismo alemão de Kant a Hegel, que já foi discutido –, mas também o racionalismo de Descartes e Leibniz e o empirismo de Locke e Berkeley. O idealismo irracionalista inclui o pensamento contrailuminista alemão do século XVIII e primórdios do XIX (inclusive o romantismo), Hume, Nietzsche, a *Lebensphilosophie* de Dilthey, o vitalismo de Bergson e Klages e a fenomenologia hermenêutica de Heidegger.

Seguindo Lukács, a estratégia básica de Horkheimer é aproveitar aspectos do idealismo racionalista, e especialmente o idealismo alemão de Kant a Hegel, com o propósito de libertar o materialismo de suas tendências reducionistas. Horkheimer analisa o idealismo como uma filosofia inerentemente burguesa que depende das concepções empobrecidas do eu, da natureza e da liberdade. Possui uma fase progressiva que culmina em Hegel, na qual há noções verdadeiramente revolucionárias de autonomia, que possuem um potencial crítico. Mas isso é inevitavelmente aprisionado em uma camisa-de-força pelas limitações da estrutura conceitual geral do idealismo racionalista. Após seu ápice em Hegel, o idealismo degenera em uma sombra progressivamente pálida de si mesmo, com aspectos intuicionistas e conservadores cada vez mais visíveis. Isso acaba culminando naquilo que Horkheimer chama de "irracionalismo" e "positivismo", e, uma vez que a doutrina idealista se dilui nas mais recentes formas de materialismo, no "positivismo".

O LEGADO DO IDEALISMO. Embora Horkheimer tome muito do conteúdo da Teoria Crítica das partes recuperáveis do idealismo racionalista, muito daquele idealismo deve ser deixado de lado. Um dos principais problemas das teorias idealistas tomadas como uma totalidade é o de que elas promovem aquilo que Horkheimer chama de "transfiguração" *(Verklärung)*.[4] Algum valor *V* é transfigurado se: (a) *V* é (corretamente) julgado valioso, mas não presente no mundo enquanto matéria geral, (b) a não presença de *V* no mundo é atribuída a traços do mundo (falsamente) pensado como imutável, acarretando (c) que a presença permanente de *V* no mundo é pensada como impossível, com o resultado de que (d) *V* é postulado como sendo atingível em uma esfera sobrenatural. Obviamente, (d) apenas segue se for deduzido que a presença geral de *V* não é de forma alguma possível. Mas, no caso, a aceitação de uma contingência desse tipo, digo, da felicidade ou do mérito de ser feliz, era inaceitável em um clima filosófico no qual os padrões deveriam assegurar o bem racional do mundo e no qual a promessa de redenção do valor em questão era tão predominante. Posto de outra maneira, um dos temas organizadores principais do idealismo é oferecer uma teodiceia, mesmo que, de preferência, em uma versão secularizada. A ideia de que o mundo está estruturado de uma maneira que assegura o bem-estar ou a felicidade humanos, e o entendimento de que parte dessa felicidade implica em que o mundo seja capaz de ser descoberto dessa maneira, surge em um tipo

---

[4] O termo é derivado de Hegel. Cf. *Enziklopädie*, § 158. Zusatz.

de epistemologia fundacionista e de filosofia moral típicas do idealismo. As Ideias platônicas, a *res cogitans*, o *Deus sive Natura* de Espinosa, o *summum bonum* de Kant e o *Geist* de Hegel são todos produtos da transfiguração (e são conceitos transfiguradores em si mesmos). Na visão de Horkheimer, esses padrões eternos não são sensíveis à indestrutível e, de fato, definidora contingência do ser humano. Além disso, a transfiguração compromete seriamente o potencial para a justiça social, uma vez que teorias transfiguradoras permitem que o alívio final do sofrimento seja alcançado somente fora dos contextos nos quais a ação humana pode ser efetiva. O falso otimismo em relação a um "além mundo", no qual a recompensa e a purificação sejam possíveis, promove a tolerância do sofrimento e o imobilismo em relação à reparação da injustiça e da privação.

Contudo, há diversas características positivas do idealismo que Horkheimer deseja preservar, com o objetivo de combater as tendências pretensamente reducionistas e instrumentais da filosofia e da ciência social europeias nos primórdios do século XX. Em algumas de suas formas, o idealismo é cúmplice desse tipo de pensamento reducionista e instrumental, mas a tradição idealista tem em seu interior recursos para resistir a essa cumplicidade, embora isso se dê de modo final apenas por meio de uma reinterpretação materialista daqueles recursos. Isso significa simplesmente afirmar que uma das coisas que Horkheimer deseja é uma forma não transfiguradora do idealismo racionalista, se isso for, de alguma maneira, possível.

Horkheimer argumenta que a maior parte da filosofia e da teoria social do começo do século XX apoia-se em visões fundamentalmente equivocadas que dizem respeito: (1) à natureza da relação entre teoria e objeto, (2) à relação entre crença e desejo, (3) às exigências sistemáticas da teoria e (4) à relevância da história para o conhecimento. Esse conjunto de afirmações enquadra-se perfeitamente na visão comum de certos neokantianos (por exemplo, Windelband, Rickert) e outros (por exemplo, Dilthey) de que há uma distinção manifesta que deve ser traçada entre a epistemologia das ciências naturais *(Naturwissenschaften)* e a das ciências sociais ou "culturais" *(Geistes-/Kulturwissenschaften)*. No primeiro caso, essa distinção é uma resposta às afirmações de que as ciências físicas fornecem um modelo geral de metodologia científica aceitável, isto é, aplicável indiscriminadamente tanto à filosofia quanto às ciências sociais. A estratégia subjacente ao enunciado dessa distinção é a de adquirir a libertação das ciências sociais das limitações dos princípios que governam as ciências naturais, por meio da argumentação em prol das diferenças essenciais entre as duas. Em si mesmo, o estabelecimento desse ponto deixa intocada a maneira tradicional de se conceber a relação entre a teoria e o objeto *no interior das* ciências naturais. E, em um sentido, Horkheimer está disposto a conceder à teoria tradicional um domínio dentro desse escopo limitado. Mesmo o empreendimento da pesquisa empírica de alto nível pode não exigir mais do que isso. Mas assim como Rickert e Dilthey, ele continua a afirmar que a relação teoria-objeto, considerada de maneira apropriada às ciências sociais, é epistemologicamente fundamental e que as concepções tradicionais da mesma são abstrações simplificadoras, geradas a partir dessa abordagem crítica mais básica e adequada.

A teoria tradicional em geral concebe seus objetos enquanto entidades autossustentáveis, que possuem propriedades que não dependem da atenção da teoria. As teorias "retratam" o mundo; elas não contribuem com ele. A controvérsia básica de Horkheimer concernente ao acima afirmado (1) é que, contrariamente à visão admitida nas ciências físicas de modo geral, as teorias são caracterizadas por uma propriedade usualmente atribuída apenas às ciências sociais e uma que, na avaliação das ciências físicas, rotula as ciências sociais como não sendo completamente "científicas" – a dependência dos objetos em relação à teoria. Qualquer atividade teórica que não tenha consciência das constitutivas contribuições dos referenciais conceituais e teorias para os objetos de seu estudo é fundamentalmente defeituosa e, com efeito, autoenganadora.

Horkheimer enfatiza esses temas baseando-se em uma linha de pensamento que tem origem em Kant. Para Kant, os traços constantes e universais da subjetividade estruturam a realidade até mesmo em relação a sua percepção.[5] Essa estruturação não acontece sem atrito – a matéria sensível é requerida a fim de ter experiências –, mas qualquer experiência será "constituída" em parte pela atividade discursiva subjetiva. Essa perspectiva kantiana é aparente nas declarações de Horkheimer de uma das mais distintivas características da Teoria Crítica: sua insistência sobre a natureza inerentemente

---

[5] Kant, *Crítica da Razão Pura*, B167.

teórica dos objetos da ciência social e da filosofia (ver, por exemplo, *CT* 19, 171, 200; *KT* I, 40, II, 121, 149-150). Horkheimer promove essa tese da "impregnação teórica dos dados" de várias maneiras, com extensão variada e nem sempre consistente.[6] A versão forte dessa tese que ele endossa é a de que *qualquer* contato cognitivo com um objeto envolverá a contribuição de crenças previamente sustentadas sobre ele. Posto de outra maneira, de acordo com Horkheimer, não existe uma formulação coerente disponível para a noção de um objeto que já não tenha sido constituída *como aquele objeto* pela atividade interpretativa, que o toma como objeto de estudo.[7]

Mas o reconhecimento de que a observação é teoricamente impregnada não é suficiente para caracterizar completamente a natureza constitutiva do pensamento, pois é dirigido unicamente à penetração *conceitual* no nível dos fatos (*CT* 158; *KT* II, 108-109). Horkheimer estende aos estados não discursivos ou disposições um papel constitutivo no pensamento, sustentando que os conceitos, eles mesmos, são guiados pré-discursivamente por uma orientação mais básica no mundo, isto é, os desejos e os interesses que eles implicam ([2] acima). Quando alguém emprega um conceito, esse alguém separa algumas características particulares de um objeto que são significativas

---

[6] Este termo está associado com as abordagens da epistemologia da ciência – por exemplo, aquelas de Norbert Hanson, Thomas Kuhn e Paul Feyerabend – desenvolvidas largamente no interior da filosofia "tradicional" da ciência no final dos anos 1950 e início de 1960.

[7] A "impregnação teórica dos dados" pode significar simplesmente que o entendimento do significado de uma palavra requer seu entendimento no contexto de seu uso teórico. E a tese de que a observação é teoricamente impregnada não precisa significar que a consciência perceptiva é conceitualmente articulada. Pode-se sustentar que a observação é mais do que mera percepção, envolvendo a extração de informações para julgamento posterior. Mas os epistemólogos têm algumas vezes achado difícil demarcar uma linha entre aquilo que é e aquilo que não é condicionado pelas capacidades de juízo. Presumivelmente, ninguém desejaria negar que, em certo sentido, os agentes cognitivos tornem-se contatos não conceituais com o mundo. Mas pode-se sentir necessidade de qualificar tal coisa afirmando que, na medida em que os objetos podem potencialmente figurar em juízos ou relatos, a percepção dos objetos já está mediada em termos de crença indeterminada. A discursividade penetraria, então, na base da experiência e toda percepção envolveria a percepção "de acordo com". Esse é o fundamento para a tese forte de que aquilo que alguém vê é afetado por suas crenças teóricas, isto é, de que pessoas com crenças distintas podem ver coisas distintas.

em termos da possibilidade de reagrupá-lo junto com outros objetos, com base nas características compartilhadas. A escolha de que qualidade tratar como saliente, dentre as muitas qualidades de uma coisa, é proposital e envolve os interesses que alguém tem em compreender o mundo como sendo de certa maneira. Esse entendimento do mundo é, de um modo geral, aquilo que Horkheimer chama de "instrumental"; os conceitos são desenvolvidos com o fim de obter controle preditivo e manipulativo sobre as coisas. A procura desse controle não é opcional, ao menos para os seres humanos na maior parte de sua história. Porque os sujeitos enfrentam largamente a natureza da qual estão alienados, a reconexão com a natureza tomará a forma de um exercício distanciado de controle sobre ela. Isso tanto reforça a divisão essencial entre o pensamento instrumental e seu objeto quanto alivia a ameaça de uma natureza que é incontrolável. Porque a mediação conceitual está presente implicitamente e indeterminadamente no nível da percepção dos objetos, aqueles contatos com o mundo serão antecipações de pensamentos instrumentais. A teoria tradicional ou ignora completamente a conexão instrumental entre desejo e cognição, ou a domestica limitando sua aplicação à pesquisa científica que é explicitamente violada pela política. Por outro lado, a Teoria Crítica questiona se o pensamento instrumental pode atingir sempre seu objetivo de vencer o medo de uma natureza distanciada, quais efeitos esse distanciamento tem, quer cognitivamente quer politicamente, e se é possível, e como o é, eliminar a alienação de base que é acusada de produzir a percebida necessidade de um pensamento instrumental.[8]

Podem-se encontrar vestígios dessa conexão entre o uso de conceitos e o pensamento instrumental em Kant (o contraste de sua epistemologia com sua teoria estética é muito importante nessa conexão), mas o aspecto pragmático dos conceitos é muito mais pronunciado no idealismo alemão tardio, particularmente em Schopenhauer e Hegel.[9] De importância mais direta para a questão da relação entre teoria e práxis, ou entre conceito e interesse, é a concepção de Hegel de que a ação e a crença somente podem ser adequadamente compreendidas holística e historicamente. Os conceitos, sua organi-

---

[8] Sobre a razão instrumental cf. Roberts, capítulo 3 desta obra.
[9] Ver, por exemplo, *O mundo como verdade e representação*, [II], §19.

zação sistemática e os interesses que eles expressam têm seu conteúdo relativo a formas de vida históricas particulares, como um todo, nas quais eles se desenvolvem e cujo desenvolvimento e persistência eles asseguram. Mesmo a ciência é "condicional" nesse sentido (*CT* 35-36; *KT* I, 56-57). Horkheimer aceita o extremo holismo de Hegel na questão do conteúdo dos conceitos no interior dos sistemas conceituais, sustentando que a única unidade de significado relativamente estável é a totalidade de um esquema conceitual de um tempo historicamente dado (*BPSS* 236, 308-309; *KT* I, 141, II, 256-257).[10] Isso equivale a dizer que qualquer objeto é concebível de muitas maneiras, muitas delas apoiadas nas fontes semânticas de teorias inteiras (*BPSS* 204; *KT* I, 261-262). Embora formas mais recentes da teoria tradicional tenham abraçado versões epistêmicas do holismo (Quine, e mesmo Carnap), e certas correntes minoritárias em filosofia da ciência contemporânea a Horkheimer também o tenham feito (Neurath), a acusação de Horkheimer é a de que a maior parte da teoria tradicional as renuncia.

Ademais, mesmo aqueles representantes da teoria tradicional que abraçam o holismo tendem a fazê-lo a-historicamente, e também nessa medida eles permanecem tradicionais. Isso significa afirmar que essas questões acerca do holismo teórico e a unidade da teoria e da práxis estão inextrincavelmente conectadas com aquelas do historicismo na versão de Horkheimer da primeira Teoria Crítica. Essa é também uma herança hegeliana, que está, por sua vez, diretamente vinculada à reformulação de Hegel da natureza do sujeito do pensamento. Assim como a concepção do sujeito transcendental de Kant desloca as explicações empíricas e racionalistas do eu, também Hegel argumenta que as formas de racionalidade social historicamente situadas determinam o conteúdo dos conceitos e a natureza dos objetos de que o conteúdo trata. Sua *Fenomenologia do Espírito* (1807) é uma demonstração e um manual para atingir essa verdade. Ela começa com formas alegadamente simples da concepção de pensamento ou razão como essencialmente separados da realidade e argumenta que, quando essa concepção é suficientemente pressionada, desmorona internamente por causa da contradição. Em seu lu-

---

[10] A única unidade estável completa é o conjunto do progresso teleológico do *Geist*, ver abaixo.

gar, seguindo diretamente a partir da contradição, haverá uma nova maneira um pouco mais sofisticada de tentar manter essa separação contra a necessidade de uma explicação adequada da realidade. Mas esse também, e, de fato, todo o entendimento dualístico da relação do pensamento com o objeto, culminará em um conflito interno insolúvel. Mas Hegel acredita que isso é uma *progressão* de maneiras – da menos adequada para a mais – de conceber a relação pensamento-mundo, uma maneira substituindo a outra de modo inconsútil e segundo uma necessidade dialética. O eixo central da progressão é aquilo que Hegel chama de "negação determinada", a percepção imanente de parte de uma forma particular de consciência, na qual a forma particular da separação do pensamento-objeto, central para sua concepção de mundo, afasta uma explicação verdadeira de sua relação com o mundo, ou seja, é "alienante" ou "negadora" (por isso Hegel, algumas vezes, chama a negação determinada de "negação da negação"). A negação determinada é então *negação*, porque o esquema em questão mostrou-se inadequado através da crítica imanente e *determinada*; porque o esquema em questão é julgado limitado em sua "verdade" a certas suposições fundamentais relativas ao esquema. Quando se atinge aquilo que Hegel chama o "ponto de vista absoluto", vê-se que não há uma distinção definitiva entre o pensamento e o mundo, existem apenas distinções relativas a esquemas que são parcialmente verdadeiros.

A explicação de Hegel da verdade e do conhecimento é historicista *e* essencialista, e Horkheimer quer preservar a primeira e descartar a segunda. O elemento historicista, para Horkheimer, abarca dois importantes componentes. O primeiro deles é epistêmico. Porque ela mesma é um artefato histórico e constituído por crenças e desejos historicamente condicionados e assim por diante, a estrutura conceitual que a Teoria Crítica carrega faz com que os objetos de seu estudo sejam relativos a uma circunstância histórica. Além do mais, porque Horkheimer aceita a ideia kantiana de que o dado está imbuído de conteúdo estrutural, a Teoria Crítica não pode reivindicar princípios estritamente universalizáveis (*BPSS* 258-259; *KT* I, 168). A Teoria Crítica é um empreendimento explicitamente interpretativo, consciente de seu próprio lugar no inventário das "coisas a serem estudadas". O segundo aspecto da concepção de Hegel que é atrativo para Horkheimer tem a ver com as possibilidades semânticas da Teoria Crítica. Segundo Hegel, nenhuma forma de consciência anterior ao ponto de vista absoluto, nem mesmo a mais remota e básica, é falsa (*BPSS* 309; *KT* II, 254-255); todas são parcialmente verdadeiras. Hegel pode afirmar isso porque está comprometido com uma progressão gradual teleológica das formas de consciência, que termina em uma abarcante forma final. A verdade de que todas as outras formas de consciência são aproximações é aquela do "ponto de vista absoluto". Hegel não acredita que as formas de consciência menores do ponto de vista absoluto sejam parcialmente verdadeiras *apenas* porque são vistas como tal retroativamente, a partir da posição vantajosa da perspectiva final. Ao contrário (e isso é uma característica da explicação de Hegel frequentemente minimizada por suas interpretações contemporâneas "não metafísicas"), o fim está indeterminada e implicitamente presente em cada estágio da progressão, e são essa presença e o grau de sua clareza presente em qualquer forma da vida que determinam o quão parcialmente verdadeira é aquela forma não final. A progressão em direção à meta final é medida em termos de uma sucessão de expressões cada vez mais adequadas de uma verdade subjacente sempre presente.[11]

Horkheimer é muito atraído pela ideia de que as concepções dos fenômenos sociais são todas parcialmente verdadeiras (*BPSS* 184ss., 308-309; *KT* I, 236ss.; II 256-257), mas permanece com um óbvio problema ao apropriar-se imediatamente dessa doutrina de Hegel. Horkheimer rejeita o essencialismo de Hegel como reminiscência de uma metafísica ultrapassada, e com ele a ideia de que há um fim para a dialética (*BPSS* 115, 239-240; *KT* I, 13, 145).[12] Isso significa que Horkheimer deve, na trilha kantiana, rejeitar a alegação de Hegel de que o sujeito e o objeto podem ser reconhecidos como idênticos

---

[11] Não estou sugerindo uma explicação de Hegel na qual a ideia dominante é o que se pode chamar de "teleologia de agente extrínseco", isto é, que a estrutura teleológica do *Geist* baseia-se em uma concepção do *Geist* agindo para impor uma estrutura orientada para fins. A concepção de teleologia de Hegel é mais bem compreendida como uma variante distintiva da noção de Kant da "propositude intrínseca", segundo a qual a direção teleológica das entidades é entendida como uma propriedade sistemática sem uma "orientação" externa. Nessa compreensão, as formas de consciência que parcial e cumulativamente constituem o todo *(Geist)* são progressivas porque fazem parte de um sistema organizado. Isso é reconhecidamente difícil de ver no caso de Hegel, uma vez que as partes do todo organizado são elas mesmas entidades-agentes.

[12] Horkheimer desenvolveu essa concepção de Hegel muito cedo. Ver "Ein neuer Ideologiebegriff?" (1930) *HGS* II, 233-234.

(cf. *CT* 27-28; *KT* II, 48-49). Apenas se essa "tese da identidade" for negada, Horkheimer pode esperar incentivar a ideia de uma dialética eterna, uma vez que o que torna possível a transição dialética é um esforço fracassado de uma forma de consciência atingir um entendimento estável da relação pensamento-objeto.[13] O problema para Horkheimer é, consequentemente, que livrar a explicação de Hegel de sua teleologia parece não deixar nenhuma medida para a verdade parcial. Isso levanta questões de relativismo. Porque não existe uma verdade "total", não pode existir nenhuma aproximação parcial dela. Toda verdade, então, torna-se "parcial" e existem questões importantes se essa é uma concepção coerente da verdade (em essência, o conceito da parte sem o conceito do Todo, do qual ele é uma parte). O movimento kantiano padrão aqui – o de interpretar o todo como uma idéia ou ideal regulador – é problemático para Horkheimer por causa do tom de transfiguração que carrega consigo, ainda que às vezes Horkheimer pareça adotá-lo (*CT* 27; *KT* I, 48). De fato, Horkheimer nunca teve uma resposta adequada ao desafio do relativismo, embora estivesse bem consciente do problema. Retornarei a esse problema com um pouco mais de detalhe na conclusão desta seção.

Horkheimer alega que a teoria tradicional é caracterizada por um desprezo total pelo papel pretensamente constitutivo da vida social no conhecimento e por um rígido viés anti-histórico. Novamente, o modelo das ciências físicas, assim como foram desenvolvidas na era moderna, dita (a) o caráter dualista da teoria tradicional, na qual a ação humana ou é alienada da natureza ou cegamente reduzida a ela, (b) sua pretensão a um estrito universalismo de metodologia e de resultados, e (c) seu caráter não histórico. Enquanto Kant é uma figura quase heroica de motivação para parte da crítica negativa de Horkheimer à teoria tradicional, é óbvio que a filosofia crítica

---

[13] Afirmar que a dialética é progressiva e perene *não* é afirmar que a ciência social é inerentemente progressiva. Segundo Horkheimer, o progresso é possível e desejável, mas isso não acontece por necessidade, depende de questões altamente contingentes que têm a ver com quais possibilidades históricas estão presentes em um tempo particular. Assim, Horkheimer escreve, em notas do período de 1926-1930, reunidas e publicadas mais tarde sob o título *Dämmerung*, que o fracasso em "provar" o socialismo (isto é, que ele é o sucessor necessário do colapso do capitalismo) não é razão para o "pessimismo" (*HGS* II, 342).

de Kant é, em vários sentidos, tradicional. Obviamente, porque Kant é um "caso limite" da teoria tradicional, seu pensamento introduz um maior auxílio dialético às inadequações inerentes à teoria tradicional. Isto é, ele adere, de modo revelador, aos três desideratos já mencionados. Hegel é igualmente um divisor de águas porque permanece em um outro limite: naquele que separa o idealismo e o materialismo socialmente e historicamente orientados. O pensamento de Hegel é ainda universalista, e isso compromete o historicismo dialético que ele introduz. Essa atração do tradicionalismo também é sentida na "solução" de Hegel para o dualismo. Ela se baseia, em última instância, no essencialismo histórico de Hegel. Enquanto que Horkheimer certamente concorda que a teoria tradicional se baseia em uma forma imprópria e alienante de idealismo, ele não acredita que a distinção entre pensamento e objeto possa nunca ser inteiramente derrubada.

A VIRADA MATERIALISTA. O materialismo "contradiz" o idealismo "essencialmente" porque, "de acordo com o materialismo, nem o pensamento puro, nem a abstração, no sentido de uma filosofia da consciência, nem a intuição, no sentido do irracionalismo, são capazes de criar uma conexão entre o indivíduo e a estrutura permanente do ser" (*BPSS* 223; *KT* I, 125). Ao substituir a justificação pela explicação, o materialismo decisivamente se afasta das tendências teológicas naturais latentes do idealismo (*CT* 23; *KT* I, 44). Mas algumas formas de materialismo retêm ainda o aspecto instrumental do idealismo racionalista e não são, portanto, críticas. A virada materialista do idealismo deve incluir uma crítica das concepções universalistas da razão instrumental e um lugar para o historicismo (*CT* 36ss.; *KT* I, 56ss.).

Como foi mencionado no princípio deste capítulo, a primeira Teoria Crítica é um tipo de marxismo, e a figura histórica central da explicação de Horkheimer sobre o tipo correto de materialismo para reformar o idealismo é Marx. Marx incrementa o potencial dialético de Hegel ao inverter seu idealismo, tornando-o um materialismo dialético, segundo o qual a atividade humana prática determina e transforma a realidade à luz dos desejos e necessidades historicamente condicionados e dos impulsos que são estabelecidos na existência física (*CT* 42; *KT* I, 62-63). A união da ênfase sobre a base material ou natural com os meios historicamente disponíveis para sua transformação permite uma variedade de interpretações, e os Marxistas de várias vertentes assumiram diferentes posições em relação à predominância de um fator sobre o outro. A crítica de Horkheimer da razão instrumental leva-o a favorecer a ênfase no elemento histórico, mas substituir o *Geist* hegeliano pelo trabalho cooperativo humano como a principal categoria da ação não requer um ceticismo em relação ao pensamento instrumental (como é evidenciado pelas próprias concepções de Marx). O marxismo "ortodoxo" concebe tipicamente a superação da alienação e da dominação de classes como envolvendo apenas o desenvolvimento dessas capacidades para manipular a natureza. Assim, enquanto que para Horkheimer a atividade humana construtiva tem como sua principal categoria o "trabalho social" e enquanto ele enfatiza a atividade material humana, ele deseja evitar um entendimento por demais reducionista e naturalista do papel da "existência sensível". Dito de outra maneira, na avaliação de Horkheimer muitas das características censuráveis que ele encontra na teoria tradicional seriam reproduzidas no marxismo. O tipo de marxismo encontrado em Engels ou Plekhanov, que é também indicativo da forma peculiar do movimento de "retorno a Kant" da Segunda Internacional, deve ser evitado.[14]

Horkheimer está interessado em solapar a primeira teoria social de Marx, que outros marxistas "humanistas", por exemplo, György Lukács e Karl Korsch, enfatizaram como importante, mas que o marxismo ortodoxo tratou como um resíduo idealista do jovem Marx, abandonado na maturidade.[15] Nesse sentido, Horkheimer mantém um papel central para o relacio-

---

[14] Horkheimer trata o pragmatismo como um parente próximo do positivismo e, por extensão, do vitalismo – todos inerentemente capitalistas. Com o tempo, ele também está preocupado em abordar a relação do pragmatismo para com Marx. A política e o pragmatismo marxista revolucionários foram reunidos no influente trabalho (inicial) de Sidney Hook. Esse casamento de Marx com o pragmatismo tornou imperativo redobrar a crítica ao pragmatismo, uma vez que Horkheimer pensa que isso é justamente uma forma americana mais branda de marxismo ortodoxo. Ver *ER* 40-57, 58-591. Uma boa discussão é Martin Jay, *The Dialectical Imagination: a History of the Frankfurt School and the Institute of Social Research, 1923-1950*, New York: Little, Brown, 1973, p. 83-85.

[15] O principal documento do Marx "humanista" são os *Manuscritos Econômico-Filosóficos* (1844). Uma versão incompleta, que Marx escreveu em Paris entre abril e agosto de 1844, foi traduzida para o russo e publicada em Moscou em 1927. Eles surgiram pela primeira vez na Alemanha em 1932. A descoberta e a publicação dos *Manuscritos*

namento dinâmico da subjetividade e da objetividade em sua explicação da alienação. Se, por um lado, é verdade que o conhecimento e até a percepção estão baseados na sensação material e natural, por outro, a sensação da *experiência* varia com as condições históricas, que não são, elas mesmas, redutíveis a uma base material (*CT* 42-43; *KT* I, 62-64).

Dois adversários contemporâneos

POSITIVISMO. O materialismo reducionista de longo alcance assume duas formas que Horkheimer está particularmente interessado em mitigar: o positivismo sociológico de Comte e o empirismo lógico do Círculo de Viena, cujos membros incluem Moritz Schlick, Rudolf Carnap e Otto Neurath (Horkheimer considera igualmente Ernst Mach e o grupo de Berlim, reunido ao redor de Hans Reichenbach, sob perspectiva). Sua consideração sobre Comte e seus seguidores é superficial e de menor importância para entender o desenvolvimento da primeira Teoria Crítica do que a crítica ao Círculo de Viena.[16]

A análise de Horkheimer do empirismo lógico é complexa. Fundamentalmente, ele objeta à doutrina central da maioria das formas do empirismo

---

acrescentaram peso à origem histórica da ênfase principalmente especulativa sobre o humanismo inicial de Marx, justificando especialmente o conhecimento prévio de Lukács na *História e consciência de classe (History and Class Consciouness)* (1923). Lênin também propôs uma reavaliação de Marx à luz da concepção de Hegel, mas seu trabalho não foi prontamente disponibilizado fora da Rússia.

[16] Comte argumenta que o comportamento humano obedece a leis que são tão exatas quanto as leis naturais. Comte trata o comportamento humano como um fato bruto estritamente divorciado da teoria, o que é inaceitável para Horkheimer. Assim como é verdadeiro para o empirismo lógico, a ciência social positivista não será emancipadora porque toma esse fato como "bem formado", isto é, não distorcido pelas pressões da servidão social. Além disso, e isso passa a ser um *leitmotif* nos períodos iniciais e intermediários da Teoria Crítica, Horkheimer alega que o positivismo de Comte recai em uma religiosidade irracionalista menor, guiada pela fé *ersatz*. Isso é uma característica real do pensamento tardio de Comte, que mostra suas raízes intelectuais no romantismo de Coleridge e Carlyle, e permite a Horkheimer anunciar uma conexão de redução à fé. Horkheimer também relaciona a limitação estrita da ciência sob o positivismo com o desenvolvimento do vitalismo, como um suplemento daquele (*CT* 39-40, 60-61; *KT* I, 60, 290-292; *BPSS* 196; KT I, 251-252).

lógico que um enunciado possui significado somente se puder ser provado verdadeiro ou falso por meio da experiência – o chamado princípio da "verificabilidade". Como discuti, o positivismo do Círculo de Viena também admite a concepção de que existe um dado conjunto de fatos, em princípio incontestáveis, que podem ser considerados totalmente separados da estrutura teórica a partir da qual são identificados (isso é pressuposto pelo princípio da verificabilidade). Horkheimer também questiona a afirmação do empirismo lógico de que este é livre de elementos metafísicos, e sustenta que ele ainda está relacionado de muitas maneiras com o idealismo racionalista, maneiras que ele não reconhece inteiramente. O empirismo lógico, não importa o quanto seja empirista, tem um aspecto residual kantiano que, por um lado, rejeita a noção de sujeito transcendental e, por outro, retém um *a priori* subrreptício na forma da "invariância formal" (*CT* 148; *KT* II, 98-99). Além disso, a concepção de que somente o conhecimento científico vale como conhecimento é uma "romantização" metafísica dos fatos e, por isso, uma forma de "irracionalismo" (*CT* 181n, 183; *KT* II, 131n, 132).

O entendimento de Horkheimer da complexidade do Círculo de Viena é superior àquele da crítica posterior do positivismo nos escritos de Adorno, mas deve ainda ser visto como um tanto insatisfatório.[17] Um problema envolve o grau em que Horkheimer reconhece o quanto alguns empiristas lógicos compartilham aspectos da epistemologia "crítica" e da política. Neurath é interessante nessa conexão. Horkheimer reconhece que Neurath diverge de uma simples dicotomia teoria-fato que Horkheimer, por outro lado, atribui de maneira geral ao Círculo.[18] O socialismo comprometido de Neurath, mais comprometido do que o de Horkheimer, se boa vontade para

---

[17] Ver Hans-Joachim Dahms, *Positivismusstreit: Die Auseinandersetzung der Frankfurter Schule mit dem logischen Positivismus, dem amerikanishen Pragmatismus und dem kritischen Rationalismus*. Frankfurt am Main: Suhrkamp, 1994.

[18] Cf. os comentários de Marcuse no *N* 76; *MS* III, 75. Ele concorda com Horkheimer que o empirismo lógico não fornece uma explicação adequada nem mesmo da ciência natural. Quanto à falta de conexão tangível entre interesse e cognição, Marcuse acredita que as concepções de Neurath levam-no somente a um reconhecimento fraco da subdeterminação teórica, o qual (1) ainda trata todo fato como "o mesmo" ou "idêntico" e (2) limita os tipos de interesses que podem influenciar o juízo cognitivo às avaliações pessoais dos cientistas individuais.

se engajar na vida política ativa com grande risco pessoal é uma indicação, não lhe pode ter escapado. A razão por que Horkheimer acredita que pode tratar Neurath como não excepcional baseia-se na visão de Horkheimer concernente à relação da epistemologia com a política que o positivismo requer. Sua afirmação é que o positivismo consistente leva ao conservadorismo reacionário, não importa qual política possa resultar, e que por isso deve haver uma firme distinção entre as concepções que os membros individuais do Círculo de Viena venham a sustentar e quais concepções políticas um positivista *consistente* sustentaria. Não é difícil traçar a origem dessa afirmação. Uma das consequências do princípio da verificabilidade é que as afirmações políticas e éticas são sem sentido – isto é, elas não são nem verdadeiras e nem falsas – e isso pode parecer condenar qualquer projeto de acordo com o qual a vida política deva ser criticada a partir de uma base racional. Na visão de Horkheimer, o fato de que alguns membros do Círculo de Viena fossem abertamente de esquerda e, em alguns casos, marxistas engajados, não exime o positivismo da crítica no cenário político. Não que o positivismo perpetue o conservadorismo político de alguma forma específica (ou qualquer afiliação política positiva). Horkheimer parece acreditar, ao invés disso, que o descompromisso político do positivismo e a neutralidade ética instigam o *status quo*, qualquer que ele possa ser, e que *isso* é conservadorismo com um outro nome. Nenhuma teoria filosófica pode ser, na verdade, politicamente neutra. Para Horkheimer, os empiristas lógicos politicamente de esquerda são, portanto, meramente radicais "acidentais". É um defeito e não uma força da teoria que os positivistas, tão próximos um do outro nas questões de filosofia da ciência, possam divergir tanto em questões políticas (*CT* 184; *KT* II, 134). Além disso, Horkheimer escreve que qualquer posição filosófica, que se identifique tão prontamente com a metodologia e o conteúdo das ciências especiais sob as condições do capitalismo, está confinada a ser uma presa das demandas do *status quo*, dado o controle econômico sobre os programas de pesquisa científica (*CT* 179; *KT* II, 129). Como pano de fundo, vale a pena mencionar que os maiores radicais contra os empiristas lógicos foram os austro-marxistas, para os quais uma analogia entre a ciência teórica e o marxismo científico era um dado. Como vimos, Horkheimer nega que o marxismo possa ser "científico" no sentido a que a analogia se refere. Com isso em vista, a disputa entre o Círculo de Viena e os teóricos críticos de

Frankfurt pode ser reenunciada como uma que tem a ver com a própria forma do marxismo – o hegeliano *versus* o científico. O fato de que o Instituto antes de Horkheimer fosse austro-marxista na origem e no temperamento apenas torna isso mais evidente.

IRRACIONALISMO. Uma segunda tradição filosófica que Horkheimer está interessado em desafiar é o que ele chama de "irracionalismo" ou "idealismo irracionalista". Este compreende a filosofia da vida de Dilthey, o neokantismo da chamada escola "Sudoeste" de Windelband e Rickert, o vitalismo de Bergson e Klages e, particularmente, a fenomenologia hermenêutica de Heidegger. Horkheimer também discute as raízes históricas do irracionalismo no contrailuminismo alemão do início do século vinte, no primeiro romantismo alemão e em Nietzsche.

Horkheimer analisa o irracionalismo como uma enorme reação a algumas deficiências do idealismo racionalista, especialmente sua tendência a desacreditar a importância das formas não discursivas de pensamento e sua vigorosa concepção racional da sistematicidade e do fundacionismo. Porque o idealismo irracionalista encontra-se em uma relação dialética com sua contraparte racionalista, Horkheimer reconhece a importância de algumas de suas críticas do racionalismo, mas evita sua reação exagerada. O irracionalismo, na melhor das hipóteses, contém os primórdios de uma crítica interessante, tanto do idealismo racionalista quanto do materialismo reducionista em seu historicismo e perspectivismo (*CT* II; *KT* I, 31-32).

A crítica do irracionalismo ao idealismo racionalista é parcial e "negativa" (*BPSS* 244; *KT* I, 150-151), e por isso o irracionalismo não é sensível a seu próprio envolvimento permanente com o idealismo. A enorme reação irracionalista ao idealismo racional consiste em uma crítica da razão instrumental e do não historicismo, a qual advoga um retorno a uma concepção de vida humana atávica, autoritária e pré-racional. Nessa concepção o indivíduo não tem um papel essencial, e a observada desintegração da cultura moderna é substituída pela mística unidade do ser que a vida discursiva não pode capturar. Ao dirigir-se à unidade da "vida" ou da "pré-consciência", o irracionalismo reproduziu o fundamento sobrenatural da existência, marca do idealismo; o irracionalismo meramente fornece um outro brilho ao projeto de transfiguração (*BPSS* 252-254; *KT* I, 160-162). Posto de outra maneira, o irracionalismo compartilha com o racionalismo um abismo entre conceito e realidade, típico do filosofar burguês (*CT* 12-13; *KT* I, 33-34). Para o irracionalista, a passagem sobre esse abismo é um salto para a fé, que carrega atrás de si mesmo uma crítica ao pensamento discursivo como falsificação da realidade. Politicamente, o irracionalismo é equivalente ao fascismo.

Como vimos, Horkheimer é favorável a uma análise crítica do pensamento discursivo como uma forma exclusiva e básica de conhecimento, distante das interferências dos interesses e orientações não discursivas no mundo, mas sua objeção *não* é a de que os conceitos necessariamente alterem a realidade, distanciando alguém de sua própria experiência imediata da pura individualidade das coisas (*BPSS* 232-233; *KT* I, 136-137). Embora nem sempre ele seja muito claro sobre esse ponto, parece que Horkheimer sustenta a mais fraca e a mais plausível concepção de que a discursividade pode pender para a imobilidade do pensamento – isto é, para não se estar aberto a outras maneiras possíveis de ver as coisas. Horkheimer não aceita a crítica da tecnologia que frequentemente segue de mãos dadas com o ataque do irracionalismo à discursividade. Do fato de que o capitalismo atrela o raciocínio instrumental à ideologia burguesa não segue que não exista um lugar importante para esse tipo de pensamento, se ele for dialeticamente posto de maneira apropriada. Embora Horkheimer termine mais perto da tese radical que ele aqui contesta, por força de sua lealdade com Adorno nos anos quarenta, sua visão durante esse período é muito mais próxima dos primeiros escritos de Habermas sobre a tecnologia.

Horkheimer também é crítico do ceticismo radical que orienta em demasia a teoria irracionalista. Na concepção de Horkheimer, o ceticismo teve dois grandes períodos liberais e cosmopolitas, o Helenístico (por exemplo, a Academia tardia, Pirro) e o século XVI francês (por exemplo, Montaigne, Bayle), nos quais uma recém-descoberta pluralidade de maneiras alternativas de viver e expressar filosoficamente a vida enfraqueceu a aceitação dogmática dos costumes herdados por meio de culturas particulares. Desde que o ceticismo se tornou intolerante e conformista, passou a ser essencialmente um veículo para o relativismo e a ironia. O ceticismo moderno não é verdadeiramente aberto e tolerante para com outras formas de vida e pensamento, pois ele é aliado a uma teoria de alto individualismo; esta que é concebida como universal e anima e é animada por uma ordem econômica altamente específica, baseada em uma concepção de individualidade. O ceticismo moderno é uma forma de falsa consciência não dialética, não importa o quão desdenhosamente magnânima: "Os céticos, que permanecem contra as doutrinas raciais e outras doutrinas perdidas sem teoria, puramente em nome da dúvida, são Sanchos Panzas que se fantasiam de Dom Quixotes" (*BPSS* 296; *KT*, II, 241).

Teoria tradicional versus teoria crítica

Uma vez feita a taxonomia dos vários ensaios que levam à "teoria tradicional e à teoria crítica", é agora possível representar esquematicamente o relacionamento da teoria tradicional com a teoria crítica da seguinte forma. A teoria tradicional inclui o idealismo racionalista e o materialismo reducionista, unidos como estão ao não historicismo universalista e a uma concepção instrumental da razão. O modelo científico que ela acredita ter aplicação universal para além de limites teóricos e históricos está, de fato, relacionado a uma forma histórica muito específica de organização humana – a forma econômica do capitalismo constitutivo do, e manifesto no, autoentendimento burguês. Certos tipos de socialismo são científicos o suficiente para serem também incluídos nessa classificação. Embora o irracionalismo compartilhe com o idealismo racionalista um apelo à transfiguração e com o materialismo reducionista uma explicação passiva, intuicionista da experiência, ele é singular. Horkheimer não o considera nem como tradicional nem como crítico. O irracionalismo tende para as formas não capitalistas da organização econômica, mas aquela sacrifica a individualidade crítica à irrefletida e mítica absorção no *Volk*. A Teoria Crítica tenta salvar do idealismo uma concepção da razão como unificada em seu emprego prático e teórico, reunida a uma explicação dialética e materialista da prosperidade humana. O ponto sobre o qual a recuperação se volta é claramente Hegel, embora um Hegel moderado de maneira kantiana. Marx é também central, mas não o Marx que se pode encaixar em uma forma de materialismo que concorda com o pensamento instrumental, mas antes disso, o Marx "humanista" dos *Manuscritos* de 1844.

No curso do levantamento do desenvolvimento do pensamento inicial de Horkheimer, certas restrições metodológicas gerais sobre a Teoria Crítica emergem, tendo a ver com a reflexividade da teoria social, sua natureza aberta e suas concepções sobre as expectativas de sistematicidade. Existem, obviamente, muitas questões sobre os trabalhos internos de certo programa, tanto questões filosóficas quanto científico-sociais. Para concluir esta seção sobre Horkheimer, dedico-me brevemente a uma dessas questões: o grau em que a formulação de Horkheimer da Teoria Crítica está aberta aos encargos do relativismo.

Se for o caso de que tanto a teoria quanto seus objetos estão sempre mutuamente relacionados da maneira como Horkheimer acredita, e são derrotáveis pela mudança das circunstâncias históricas, que tipo de aquisição crítica podem ter e que explicação podem fornecer da objetividade de seus objetos? Vimos que Horkheimer não pode derivar diretamente de Hegel sua explicação da verdade, uma vez que a relatividade da verdade à circunstância histórica, para Hegel, é mitigada teleologicamente. Sem algum tipo de fim ou fins em direção aos quais o autoentendimento historicamente constituído pode ser afirmado progredir, a crítica parece vir desancorada de qualquer norma estabelecida, e fica difícil ver como poderia haver qualquer progresso em direção ao tipo de liberdade social que Horkheimer tanto valoriza. Parece que o primeiro Horkheimer está satisfeito em negar qualquer concepção absoluta da verdade e afirmar que a verdade é relativa à circunstância histórica e conceitual. E se Horkheimer rejeita igualmente qualquer idealização da verdade absoluta (como transfiguração disfarçada), pareceria que ele exclui até mesmo uma convergência assintótica ideal da verdade. Isso requer abandonar a objetividade da crítica e qualquer ideia de verdade? Horkheimer não pensa dessa maneira; pensar que alguém deve escolher entre aceitar a ideia de uma verdade final e eterna e aceitar a ideia de que tudo tem meramente "validade subjetiva" é abraçar um falso dilema (*CT* 183-184; *KT* I, 236-237). Normas críticas que são relativas a contextos históricos podem não obstante ser objetivas – de fato, para Horkheimer, essa "objetividade interna" é o único tipo de objetividade que existe.

Têm havido, na recente filosofia ética e política, sutis tentativas para defender versões do relativismo contra as exigências da não objetividade, mas Horkheimer realmente nunca se compromete com essa tarefa necessária. Mais tarde, quando ele rompe relações com Nietzsche e se aproxima da influência da versão expressamente negativa da imanência crítica de Adorno, o problema do relativismo torna-se ainda mais urgente. Nos ensaios de 1930, a crítica puramente imanente permanece em tensão com a esperança de Horkheimer no progresso social. De fato, dizer que existe uma "tensão" entre sua teoria da verdade e sua teoria prática é uma atenuação da verdade. Horkheimer está capacitado a falar da verdade em termos inteiramente práticos, como aquilo que promove a completa racionalidade da sociedade ou como aquilo que é politicamente progressivo. Mas, obviamente, determinar o que é "mais racional" ou "progressivo" requer critérios. Como alguém vai assentar essas alegações sem um apelo à verdade não é óbvio e requer argumentos adicionais que Horkheimer jamais fornece.

Marcuse

Marcuse integrou-se ao Instituto por três anos, durante a direção de Horkheimer em 1933, após ter estudado com Husserl e Heidegger em Freiburg, onde teria submetido seu *A Ontologia de Hegel e os Fundamentos da Teoria da Historicidade* como tese de habilitação[19] sob a direção de Heidegger, que não exerceu sua melhor política de julgamento na argüição da defesa. O livro sobre Hegel mostra fortemente a influência da análise da historicidade de Heidegger e o conceito social de *Mitsein*. Mas mesmo nesse primeiro ponto, Marcuse argumenta que existe uma limitação insuperável à concepção social da *Existenzphilosophie*, tendo a ver com a base para a transformação do mundo uniformizado da inautenticidade em um mundo no qual os seres humanos são livres. Marcuse retoma Marx para completar a análise, inaugurando, talvez, o instante inicial de um tipo de filosofia do século XX – um pensador enraizado no existencialismo que tenta nele acomodar Marx.

Embora a influência de Heidegger jamais esteja inteiramente ausente no primeiro Marcuse, após se integrar ao Instituto, ele se aproxima mais de Horkheimer. Assim como Horkheimer, Marcuse está comprometido com a ideia de uma dialética permanente (*N* 86, 137; *MS* III, 84, 229), com uma

---

[19] N.T. O segundo trabalho teórico exigido nas universidades alemãs para aqueles que desejam seguir a carreira acadêmica.

relação recíproca da teoria e da práxis (*N* 77, *MS* III, 76) e com a formação de um híbrido interdisciplinar da ciência social e da filosofia (*N* 134-135; *MS* III, 227-229). Em vista de sua atração por Heidegger, é interessante notar que a ênfase preponderante que Marcuse coloca no trabalho, em seus ensaios dos anos trinta, faz dele o mais resoluto marxista, mais do que o próprio Horkheimer. Ele também passa a ter uma visão mais ortodoxa de Hegel, que é tolerante com a tese da identidade do sujeito com o objeto. Isso significa que Marcuse encontra um potencial dialético ao preservar aspectos do idealismo que Horkheimer trata como transfiguradores ou utópicos.

Os três componentes principais da primeira concepção de Marcuse da Teoria Crítica são (1) a distinção que ele faz entre essência e aparência, (2) a explicação da "razão" e da "imaginação" como capacidades críticas centrais, e (3) a conexão estrita do trabalho não alienado com a felicidade e o prazer.

Seguindo Hegel, Marcuse sustenta que qualquer forma particular de organização humana pode ser pensada no sentido de sua aparência enquanto oposta a sua essência. A "essência" é "formalmente" a "totalidade do processo social, assim como ele é organizado em uma época histórica particular" (*N* 70; *MS* III, 69). Os elementos individuais considerados isoladamente de sua totalidade são "aparências" dela, porque tratá-los de uma maneira inferior à holística ou "total" abstrai sua completa significação. Somente quando considerados à luz de um completo sistema de pensamento é que os distintos eventos e ações podem ser compreendidos corretamente. A interconexão dos diversos elementos de suas vidas (e assim, o que está conduzindo e, em certo sentido, "determinando" aquelas vidas) na maior parte não estará reflexivamente disponível aos agentes submersos em uma forma de vida. Isso se deve às representações inadequadas e subdesenvolvidas das estruturas decorrentes da própria forma da vida, cujas representações distorcem e limitam o entendimento de alguém daquilo que é verdadeiramente real (isto é, a aparência) e do que é possível (isto é, o essencial, visto como apoiando outros modos de vida possíveis e talvez superiores). A ideia reguladora é que a Teoria Crítica afasta o que não é essencial em qualquer formação social dada e revela seu potencial para a mudança. Obviamente, essa maneira de colocar as coisas tem estreitas ligações com a distinção marxista entre a superestrutura e a infraestrutura, mas Marcuse também acredita que ela represente a distinção entre o entendimento ontológico e teórico-metafísico em Heidegger.

Marcuse alega que "essência" é um conceito histórico, ou seja, que não há uma única essência imutável que suporta toda a vida social, mas ele parece cortejar a ideia de que a estrutura formal da essência/aparência é invariável (*N* 74-75; *MS* III 73-74).

Ver a potencialidade, apesar da atualidade, requer imaginação ou "fantasia". Com isso Marcuse não se está referindo à habilidade de inventar situações contrafactuais extraordinárias que sejam apenas marginalmente conectadas com o lidar com o mundo real. O sentido de Marcuse sobre um "mundo possível" está bastante próximo ao de Heidegger, em que a *possibilidade* é um conceito existencial e não lógico. A imaginação permite ao teórico crítico justapor um dado "de má facticidade" com o que é melhor e possível, dada a essência da forma social em questão. Isso está muito estreitamente vinculado à importância que Marcuse dá à razão (*N* 135-136; *MS* III, 228-229) ou à habilidade de criticar imanentemente uma dada ordem social em termos de o quão adequadamente ela se iguala aos padrões de racionalidade que ela própria pressupõe. A imaginação requer a razão porque a crítica e a distância cognitiva são uma precondição e um estímulo para imaginar as coisas de uma maneira que permaneça ligada às preocupações presentes.

O *status* social da felicidade e do prazer é um tema recorrente na obra de Marcuse. Sua abordagem inicial é distinta do tratamento que Horkheimer dá à questão. O conceito de trabalho alienado repousa no centro da análise de Marcuse sobre a felicidade, enquanto que Horkheimer sustenta que supervalorizar o trabalho tende a valorizar a racionalidade "instrumental" expressa no consumo ou no controle da natureza. A razão instrumental não é, em si mesma, uma fonte de opressão social e alienação, embora algumas de suas formas, ou seja, o capitalismo, tenham sido. Assim, enquanto Horkheimer argumenta por um permanente contraste entre o trabalho e a felicidade, Marcuse procura por sua unidade. Ele argumenta que formas tradicionais do hedonismo preservam a importante ideia de que a felicidade individual *(Glück)* desempenha um papel necessário na vida ética, mas estão comprometidas por teorias da subjetividade que reduzem a felicidade à satisfação de desejos atomísticos e egoístas. Além de restringir o entendimento daquilo que pode ser considerado como felicidade, ao limitar os tipos de desejos cuja satisfação poderia habilitar sua realização, o hedonismo tradicional não deixa também um espaço conceitual para a distinção entre os prazeres "verdadeiros" e os "falsos" (*N* 168; *MS* III, 257). Para Marcuse, a felicidade é a realização de todas as potencialidades do indivíduo e a liberdade é a habilidade, em princípio, de sua realização. As potencialidades dos seres humanos são mais ou menos bem desenvolvidas, dependendo da relativa liberdade que existe. Nas condições vigentes, o trabalho e a verdadeira felicidade não coincidem frequentemente. Mas se a sociedade é organizada para permitir a livre produção e a distribuição de bens de acordo com a necessidade, o trabalho não será penoso; a felicidade vem separada do consumo capitalista, e a aparentemente obstinada oposição entre o trabalho e a felicidade desaparece (*N* 182; *MS* III, 270). O problema da felicidade para Marcuse é então apenas o problema do trabalho alienado, para o qual a cura é econômica. Essa explicação marxista mais ortodoxa da mudança da consciência por meio da mudança econômica das condições materiais não é única no Instituto nessa época, mas é, mais uma vez, totalmente diferente da abordagem muito mais "humanista" de Horkheimer e Adorno.

Marcuse escreve que "todos os conceitos materialistas contêm uma denúncia e um imperativo" (*N* 86; MS *III*, 84), ligando a crítica negativa a uma exigência de mudança. Como seu outro companheiro de Frankfurt, Marcuse não acredita que a Teoria Crítica possa prescrever quais mudanças pontuais devem ocorrer, seu papel está limitado a mostrar as possibilidades relevantes. Mas o que se pode esperar acerca dos modos da possibilidade? Marcuse não é claro nesse ponto. Existe uma tensão utópica no pensamento inicial de Marcuse, que diminui no *Razão e Revolução* (1941) para se reafirmar de maneira mais pronunciada em seu trabalho dos anos cinquenta e especialmente nos anos sessenta – época durante a qual Marcuse é às vezes acusado ou celebrado por contribuir com "as crianças de Marx e a coca-cola".

Comparado com Horkheimer e Adorno, o pensamento inicial de Marcuse tem uma tendência marcante para buscar respostas absolutas para os problemas filosóficos e sociais. Na prática, Marcuse segue uma concepção bastante hegeliana do progresso da filosofia, na qual Kant é substituído por Hegel sem deixar traços. Essa concepção é unida a uma explicação da crítica de Marx a Hegel, que se concentra nos aspectos mais hegelianos do próprio trabalho de Marx, "materializando" inconsutilmente aquilo que já era quase materialista o suficiente. A importância de um hegelianismo consideravelmente puro é evidente em muitos aspectos do pensamento de

Marcuse: o grau em que ele endossa a tese hegeliana da identidade do pensamento e do objeto, sua concepção da unidade da razão e seu utopismo. Marx fornece o duplo serviço de traduzir os absolutos idealísticos hegelianos em absolutos materialistas e de libertar a dialética dos pressupostos teleológicos. O último ponto é notável. Enquanto Horkheimer pode explorar a concepção da razão reguladora de Kant em conjunção com Marx para vencer a teleologia hegeliana, Marcuse é capaz de tratar Marx sozinho como definitivo, tornando menos complexo o relacionamento da Teoria Crítica com suas raízes filosóficas.

Adorno

A publicação de Adorno no *Zeitschrift* durante os anos trinta é limitada a quatro ensaios sobre filosofia da música: dois sobre sociologia da música, uma coleção de *aperçus* sobre Wagner e uma crítica ao *swing jazz* (escrita sob o pseudônimo "Hektor Rottweiler"). A música foi uma preocupação central para Adorno durante sua vida (ele havia brevemente estudado composição com o compositor Alban Berg, em Viena) e sua concepção tardia da sistematicidade filosófica é declaradamente musical, de fato "atonal"[20]. Entretanto, esses ensaios iniciais não contribuem realmente para a formação conceitual da primeira Teoria Crítica.

A concepção inicial de Adorno sobre a Teoria Crítica é melhor percebida na aula "A atualidade da filosofia", apresentada para obter um posto de professor em Frankfurt, em 1931. Tendo surgido somente um ano após a aula inaugural de Horkheimer, "A atualidade da filosofia" afirma muitos dos enunciados de Horkheimer, mas o faz de uma maneira que é típica de Adorno. Assim como Horkheimer, Adorno está preocupado com o "fim da filosofia" (*AGS* I, 331) e com qual tipo de disciplina irá substituí-la. Sua resposta está inteiramente de acordo com Horkheimer. A teoria substituída será um híbrido interdisciplinar do materialismo dialético e da ciência social, que

---

[20] Por exemplo, o título do póstumo *Teoria Estética* pode significar tanto uma teoria sobre o objeto-questão "estética" quanto uma teoria que é, ela mesma, "estética".

crítica as condições culturais e políticas vigentes à luz de sua historicidade. A crítica terá feito seu trabalho mostrando as contradições internas do *status quo*; que mudanças particulares devem ser feitas para se determinar a contradição que permanecerá é um problema da ação política e não uma questão de declamação teórica. Tal crítica é infindável, ao menos no sentido de que o teórico sempre opera sob a suposição de que a crítica ulterior é possível.

Adorno molda sua explicação da tarefa da Teoria Crítica em torno do problema do legado do idealismo. Após fornecer uma investigação dos diversos desenvolvimentos do idealismo neokantiano e da *Lebensphilosophie*, marcadamente similar a Horkheimer, Adorno volta-se para a consideração de duas reações à "crise idealista": a fenomenologia e o positivismo. A concepção de Adorno sobre a fenomenologia é dividida entre seu tratamento de Husserl e de Heidegger. Adorno alega que, na mesma medida em que o não-psicologismo de Husserl e a negação de um lugar teórico para o conceito de coisa-em-si indicam um afastamento do idealismo clássico, a fenomenologia husserliana é formada em torno do paradoxo de tentar realizar, pelo uso das próprias categorias cartesianas fundamentais para o pensamento idealista, uma objetividade que o idealismo nega (*AGS* I, 327). Ao enfrentar o fracasso do idealismo, manifesto em suas extravagantes reivindicações teológicas naturais, Husserl dá uma virada e retorna a Kant, recapitulando a ideia de que o conhecimento da estrutura necessária do mundo requer uma limitação adequada do pensamento (no caso de Husserl, por meio da redução fenomenológica).

Esse tema da fenomenologia husserliana como sendo o último suspiro da "filosofia do sujeito" é ampliado em um estudo crítico de Husserl empreendido em 1934, quando Adorno era um "estudante avançado" em Oxford.[21] Além de discutir os aspectos fortemente fundacionistas e cientificamente rigorosos do pensamento de Husserl, os quais levam esse pensamento a uma improvável conexão com o positivismo, Adorno também argumenta que o

---

[21] O trabalho foi primeiramente publicado em uma versão revisada em 1956 com o título *Para uma Metacrítica da Teoria do Conhecimento (Toward a Metacritique of the Theory of Knowledge)*. Deve-se tomar cuidado em utilizar o texto como indicação das concepções de Adorno dos anos 1930, porque esse trabalho contém elementos da crítica tardia de Adorno da razão instrumental e do pensamento da identidade.

conceito fundacional de intencionalidade é politicamente suspeito, um refúgio da práxis, alienada de sua arena própria de preocupação (*AE* 55; *AGS* V, 61-62). Lições similares são extraídas da importância dada à categoria da imediação, que é o objetivo da primeira redução fenomenológica, com o fardo adicional de que a práxis alienada típica da fenomenologia de Husserl adquire sua fundação cartesiana ao preço da "xenofobia transcendental", na qual o eu e a cultura local têm uma primazia inatingível (*AE* 222; *AGS* V, 223; ver também *AE* 163-164, 196-197; *AGS* V, 167-168, 200).

A reação de Adorno a Heidegger, que ele vê como o mais ameaçador concorrente da Teoria Crítica, é filtrada através da crítica a Kierkegaard contida em sua tese de habilitação, intitulada *Kierkegaard: a construção da estética*. Adorno analisa Kierkegaard também como um idealista e Heidegger como seu seguidor. Tratar Heidegger como um Kierkegaard *réchauffé* é taticamente muito inteligente. Pois muito do pensamento de Heidegger nessa época está envolvido no diagnóstico do idealismo como uma forma de "metafísica" à qual ninguém, a não ser Heidegger, pode resistir.

Assim como Horkheimer e Marcuse, Adorno é atraído para uma versão do marxismo que enfatiza a continuidade com Hegel.[22] Não surpreendentemente, então, uma outra função polêmica do livro sobre Kierkegaard é reabilitar Hegel, diluindo a crítica kierkegaardiana, que era geralmente aceita na época e era especialmente proeminente em Heidegger e seus seguidores. Enquanto Kierkegaard está correto ao criticar a unidade do pensamento e do ser em Hegel, sua própria recolocação para aquela empreitada apela para uma categoria idealista suspeita da transcendência, via o apelo irracionalista da imediaticidade. Adorno argumenta que a concepção de Kierkegaard da vida interior do sujeito "na verdade" é uma reminiscência da subjetividade idealista e romântica. Essa afirmação é provocativa porque Kierkegaard é um crítico severo do romantismo, remetendo-o à esfera "estética" da existência e argumentando que ele degenera em um dandismo que é incapaz de fornecer

---

[22] Embora a categoria do trabalho social seja importante para ele, Marx talvez ocorra menos diretamente no pensamento de Adorno do que em qualquer outro teórico mais importante da Escola de Frankfurt. Marx é tão tangencial no fim da carreira de Adorno, que mesmo o tépido socialismo de Habermas foi visto como um retorno a Marx.

uma orientação estável da vida. Mas Kierkegaard trata a esfera estética não-historicamente e não dialeticamente, e fica assim aberto à repetição do caráter problemático dessa esfera em sua explicação dos estágios alegadamente superiores da vida ética e religiosa.²³ A renúncia da sociedade, necessária ao conteúdo do sujeito "verdadeiro" kierkegaardiano, é, em si mesma, uma ação burguesa socializada que, longe de ser um aperfeiçoamento mais "concreto" da ideia hegeliana abstrata do sujeito, deixa o conceito de "sujeito" muito mais abstrato (*K* 29, 73-78; *AG* II, 45, 106-112). De acordo com Adorno, esse resultado é absolutamente geral. Qualquer tentativa de escapar do idealismo solucionando não dialeticamente um de seus dois conceitos centrais – pensamento e ser – leva a outras combinações de abstrações. Embora Heidegger intencione negar uma filosofia da subjetividade, ele resvala numa versão atenuada dela. Assim como Kierkegaard, Heidegger confia na ideia de um salto em sua explicação de uma vida comprometida – não um salto para a fé transcendente, mas, ao contrário, para a imediaticidade deste mundo (*AGS* I, 329-330). Ao mesmo tempo em que Heidegger concorda, sem muita convicção, com a importância constitutiva da história, seu conceito de historicidade é prejudicado por encobrir o essencialismo, ao conceber a estrutura da temporalidade como eterna (*AGS* I, 330) – mais um remanescente do idealismo.

Adorno escreve que a filosofia é distinta da ciência no que diz respeito a sua atitude relativa para com seus resultados. A ciência trata seus resultados como "indestrutíveis e estáticos", sujeitos a uma rigorosa confirmação, enquanto que a filosofia tem um olhar mais cético e negativo para com suas conclusões. Eles são sempre "sinais" *(Zeichen)* que requerem uma codificação ulterior *(enträtseln)*:

> Posto claramente: a ideia da ciência é a pesquisa; a da filosofia é a interpretação *[Deutung]*. Nisso permanece o grande, talvez o eterno, paradoxo: a filosofia, em qualquer tempo e sempre, e com a exigência da verdade, deve proceder interpretativamente, sem jamais possuir uma cha-

---

²³ Essa crítica é muito parecida com a de Lukács, "The Dashing of Form against Life: Søren Kierkegaard and Regine Olsen" (1909), em *Soul and Form*, A. Bostock (trad.), Cambridge, Mass.: MIT Press, 1974.

ve segura para a interpretação: nada mais lhe é dado além dos traços evanescentes e fugidios dos enigmas decifrados *[Rätselfiguren]*, daquilo que pertence a seu extraordinário entrelaçamento. A história da filosofia não é outra coisa senão a história desse entrelaçamento. Essa é a razão por que atinge tão poucos "resultados", porque deve sempre se renovar e porque não o pode fazer sem o frágil fio que, no início dos tempos, teceu, e que talvez complete a literatura que poderia transformar os enigmas decifrados em um texto (*AGS* I, 334).

A primeira parte da distinção que Adorno está considerando aqui pode ser entendida como a diferença entre dar uma explicação de uma coisa e interpretá-la. A Lei de Boyle explica por que a minha bomba de compressão de ar funciona, mas não a interpreta. A bomba de compressão de ar não *significa* algo, quando a questão diz respeito a suas propriedades, embora enquanto um artefato cultural ela, de fato, pode significar muito. A menos que alguém conceba o mundo em todas as suas partes constituintes como produto de um propósito e, dessa forma, como importante por causa de sua origem, as explicações não tomarão os objetos cujos significados (se eles têm algum) figuram em sua explicação. Mas Adorno também não acredita que a Teoria Crítica seja uma teoria da interpretação no sentido comum. A Teoria Crítica não estuda seus objetos com apoio dos significados revelados que já estão presentes, independentemente do processo interpretativo (ibid.). Os objetos da interpretação, assim como qualquer interpretação particular deles, estão sempre sujeitos a uma interpretação ulterior. Interromper a interpretação é fixar seu significado, e Adorno iguala isso, assim como vimos em Horkheimer, à transfiguração – a tornar a vida significativa *qua status quo*, dessa maneira justificando-a.

A influência de Walter Benjamin, que Adorno havia encontrado através de seu amigo e tutor Siegfried Kracauer em 1923, é aqui decisiva. Benjamin e Adorno haviam estudado em profundidade e devotado seus primeiros trabalhos ao desenvolvimento de uma nova forma de kantismo, baseada na concepção livre de "experiência". Benjamin e Adorno reagiram com especial veemência contra a assim chamada Escola de Marburg [de estudos avançados sobre Kant], que interpretava a filosofia de Kant como extremamente preocupada em fornecer uma condição transcendentalmente necessária, no lugar da possibilidade do conhecimento científico ou da experiência. O projeto inicial de Benjamin era argumentar em favor de um entendimento mais amplo da experiência em geral, incluindo elementos subliminares e inconscientes *(Erfahrung)*, contra a experiência dos objetos da instrumentalidade consciente, ou mais abrangentemente, do conhecimento *(Erlebnis)*. Adorno estava especialmente impressionado com a noção da análise "micrológica" dos fenômenos, detalhada por Benjamin de acordo com uma metodologia que prometia impedir a preconcepção sistemática do objeto de estudo, permitindo aos fenômenos emergirem coletivamente com muitas de suas singularidades intactas.[24]

Como parte de sua resposta ao problema de um novo kantismo, Benjamin produziu uma interpretação idiossincrática da herança filosófica de Kant no romantismo alemão, unindo-a a elementos neoplatônicos e à filosofia mística judaica.[25] O resultado final de seus primeiros escritos, antes de sua tentativa de reunir este amontoado romântico-platônico-cabalístico com Marx, é seu *Origem do drama barroco alemão* (1928). Neste texto, copiosamente citado tanto na aula de 1931 de Adorno quanto no livro sobre Kierkegaard, Benjamin desenvolve sua concepção alegórica do significado das obras de arte (e, por extensão, dos produtos sociais), ao referir-se a eles metaforicamente como "constelações" *(Konstellationen)* ou fragmentos cujas estruturas são reveladas apenas no momento da dissolução dos trabalhos sob a crítica (*OT* 27-56; *BGS* I. I, 207-237; *AGS* I, 335; ver também *BPSS* I I; *HGS* III, 32; *BPSS* 182; *KT* I, 234). Empregando essa ideia, Adorno sustenta que os objetos da teoria social (e a própria teoria como tal objeto) são mais

---

[24] O misticismo de Benjamin impressionava menos Adorno, o que era fonte de frequentes disputas entre os dois. Ver capítulo 2 a seguir.

[25] A extensão da importância do misticismo judaico para Benjamin é discutida. Benjamin às vezes negava a seu amigo, o grande judaísta Gershom Scholem, um sério interesse pelo estudo cabalístico, e de fato Benjamin não esteve muito interessado pelo misticismo baseado especificamente em textos religiosos. Sua orientação principal sempre foi para a expressão da verdade esotérica por meio da arte, e seus interesses históricos eram firmemente enraizados na *Geistesgeschichte* alemã e, especialmente, na história da teoria estética. Entretanto, Benjamin ansiava pelos relatos inéditos do próprio Scholem e, aparentemente, insistia que ninguém poderia entender o dificílimo prefácio de seu livro *Trauerspiel* sem um conhecimento da Cabala. Ver Gershom Scholem, *Walter Benjamin – Geschichte einer Freundschaft*, Frankfurt am Main: Suhrkamp, 1975, p. 157-158.

bem tratados metodologicamente como construtos teóricos historicamente constituídos, que mapeiam, a partir do ponto de vista interpretativo privilegiado de uma teoria num tempo dado, a interconexão dos elementos de um todo social projetado. A ideia relevante do todo, aqui, não é aquela de um sistema fechado sob leis, mas, antes, de um sistema aberto de coisas cujas relações recíprocas podem mudar com as mudanças em sua interpretação. Em resumo, o procedimento interpretativo de Adorno no livro sobre Kierkegaard é enxertar o método alegórico de Benjamin na dialética hegeliana. Isso está muito próximo daquilo que Adorno chamará mais tarde de "dialética negativa", que incentiva o pensamento sobre a sistematicidade dos objetos do pensamento social e filosófico, segundo os modelos das obras de arte, e argumenta por uma dialética aberta, na qual o ceticismo sobre a estabilidade de qualquer sistema está sempre presente.

O livro sobre Kierkegaard também anuncia outro tema recorrente no trabalho de Adorno: sua ênfase sobre a importância do estilo filosófico. Adorno é obviamente atraído para Kierkegaard por causa deste problema – porque Kierkegaard tinha ideias muito interessantes sobre esse assunto e uma prática baseada nessas ideias, e também porque é o estilo de Kierkegaard que Adorno vê como o ponto de ataque que levará, com o tempo, a uma subversão de sua explicação da subjetividade. Com essas questões em mente, *Kierkegaard*: a *construção do estético* é escrito num estilo intencionalmente obscuro, que reflete o tipo de mosaico que Adorno acredita ser próprio da filosofia. Ele prefigura muitos de seus trabalhos posteriores, os quais são exercícios autoconscientes de incorporação do movimento de ideias da dialética negativa a um estilo de escrita filosófica.

2 Benjamin, Adorno e o ocaso da aura*

MICHAEL ROSEN

Em 1931, três anos após a publicação de *A Origem do Drama Barroco Alemão*, obscura obra-prima apresentada como sua tese de habilitação, Walter Benjamin escreveu ao editor suíço Max Rychner:

> O que eu não sabia na época de sua composição tornou-se cada vez mais claro logo em seguida: que, a partir de minha posição específica na filosofia da linguagem, existe uma conexão – ainda que tensa e problemática – com o ponto de vista do materialismo dialético.[1]

A localização dessa conexão – se é que de fato existe – permanece profundamente problemática. O que não deveria ser minimamente surpreendente. O que poderia ser mais distante daquilo que normalmente se entende por "materialismo" do que os primeiros escritos de Benjamin, com suas preferências por teorias místicas da linguagem e uma metafísica descaradamente anticientífica? Reuni-las às ideias de Marx e Engels só poderia, ao que parece, minar as últimas: a conexão somente se apresentaria plausível se o marxismo, apesar de suas pretensões científicas, repousasse sobre uma visão mística do mundo.

O debate sobre a natureza da relação de Benjamin com o marxismo não é apenas complexo e interessante, mas sobretudo implica a questão: o que

---

* Este capítulo é baseado no material contido no capítulo 7 de Michael Rosen, *On Voluntary Servitude: False Consciousness and the Theory of Ideology,* Cambridge, Mass.: Polity Press and Harvard University Press, 1996.

[1] Walter Benjamin, *Briefe*. G. Scholem e T. Adorno (ed.) Frankfurt am Main: Suhrkamp, 1978, [II], 523. [2ª rev.]. Modifiquei, com alguma frequência, as traduções inglesas dos textos alemães. As outras traduções são minhas.

é o marxismo? Um materialismo no espírito da ciência natural do século XIX, uma escatologia quase hegeliana, ou o quê? Entretanto, não são apenas as tensões internas do marxismo – para ser mais franco, ambiguidades – que tornam o relacionamento de Benjamin com este tão controverso. As questões intelectuais são elas mesmas, por sua vez, quase inextrincavelmente entrelaçadas com as circunstâncias pessoais e políticas de Benjamin.

Benjamin foi bem-sucedido, ao que parece, apenas em sabotar qualquer possibilidade alternativa que lhe foi oferecida, jamais estando em posição de conduzir uma vida de pesquisador independente, a única para a qual se considerava preparado. Conflitos com sua família, problemas financeiros, repentinas mudanças políticas vieram interromper repetidas vezes seus planos. Um efeito disso foi a criação de uma imagem de Benjamin (como Kafka, que ele tanto admirava) como uma vítima indefesa, uma espécie de borboleta frágil e exótica carregada pelos violentos ventos da Europa entre guerras. Entretanto, deve-se tratar este assunto com um grau considerável de precaução. É verdade que Benjamin era, de fato, indefeso em muitos aspectos – incapaz, aparentemente, até de preparar uma xícara de café para si mesmo. Mas, pelo menos no que diz respeito a seu trabalho, ele era autoconfiante e até mesmo calculista. Ele nunca foi aquela figura introvertida, do outro mundo, cujas fascinações com os aspectos menores e esquecidos da história intelectual poderiam levar alguém a imaginar. Desde seu tempo de estudante, ele mostrou um forte compromisso com uma atividade política radical. Embora, sem dúvida, seu caso amoroso com Ásia Lacis, a comunista soviética que ele conheceu em Capri, tenha-o conduzido a pensar mais seriamente sobre o marxismo do que antes, não há nenhuma razão para supor que, mesmo uma personalidade tão forte poderia manipular o trabalho de Benjamin numa direção que ele mesmo não quisesse tomar.

Suas dificuldades financeiras frequentemente o forçaram a pôr de lado projetos estimados para tentar sustentar-se com seus escritos e – o que é bastante confuso para quem tenta reconstruir suas ideias – também o levaram a tentar apresentar seus escritos mais sérios sob uma ótica tal que pudesse, imaginava ele, atrair mais a atenção de potenciais patrocinadores (nisso, entretanto, ele se mostrou bastante ingênuo; muito poucas dessas esperanças obtiveram frutos entre os anos vinte e trinta, e as finanças de Benjamin oscilaram do precário ao desesperador).

Trabalhar sozinho deixou Benjamin fortemente dependente da companhia intelectual de três amigos, figuras importantes por si mesmas: Gershom Scholem, Bertolt Brecht e Theodor Adorno, e o relacionamento com estes três acrescenta um nível extra de complicação à questão do marxismo de Benjamin. Inevitavelmente, foram as perspectivas deles – sobretudo as de Scholem e Adorno, os devotados guardiões do legado literário de Benjamin e incansáveis promotores de sua reputação – que dominaram as interpretações posteriores. No entanto, seu relacionamento com esses três homens, embora genuíno e próximo, não o impediu de preservar certa distância intelectual e até mesmo, algumas vezes, de jogá-los uns contra os outros. Além disso, Benjamin sabia muito bem que os três tinham reservas quanto a seu marxismo – reservas que, obviamente, apenas aumentaram sua astúcia inata.

Brecht e Scholem – que se opunham em qualquer outro assunto imaginável – eram igualmente descrentes da ideia de Benjamin como um marxista. Scholem o chamou de a "dupla face de Janus"; ele foi, afirma Scholem, apanhado em vacilação teórica: "dividido entre sua simpatia por uma teoria mística da linguagem e a necessidade, sentida de maneira igualmente forte, de combatê-la a partir do referencial de uma visão de mundo marxista".[2] Brecht foi ainda mais tipicamente cortante. No comentário sobre o ensaio "marxista" de Benjamin, a *Obra de Arte na Era da Reprodução Técnica*: "Tudo misticismo, a partir de uma atitude contrária ao misticismo. É assim que a visão materialista da história é adaptada! Isso é assustador".[3]

Ao passo que Brecht e Scholem rejeitam a ideia de Benjamin como marxista liquidado, a atitude de Adorno é muito mais complicada. É fato que Adorno não toma as primeiras ideias de Benjamin como inerentemente incompatíveis com o marxismo. Ao contrário, ele assume como sua a ideia de reconciliá-los. Entretanto, ele não estava convencido, pelas próprias tentativas de Benjamin, de aproximar os dois. Numa série de cartas escritas nos anos trinta – em sua maioria, reações ao trabalho que Benjamin havia submetido à *Revista de Pesquisa Social* –, Adorno expressou o medo de que Ben-

---

[2] Gershom Scholem, *Walter Benjamin – Geschichte einer* Freundschaft. Frankfurt am Main: Suhrkamp, 1975, p. 246.

[3] Bertolt Brecht, *Arbeitsjournal – 1938-1942*, Frankfurt am Main: Suhrkamp, 1973, p. 16.

jamin, sob a influência de Brecht, estivesse sacrificando a sutileza dialética de seu primeiro trabalho em favor de um "marxismo vulgar" e simplista. Diante disto, Adorno assumiu como sua a tarefa de "segurar firmemente seu braço, até que o sol de Brecht tivesse mergulhado, uma vez mais, em águas exóticas",[4] e de reforçar o elemento teológico nos escritos de Benjamin; somente assim, ele acreditava, a dimensão social da teoria de Benjamin desenvolveria seu completo escopo e força. "A restauração da teologia ou, melhor ainda, a radicalização da dialética no radiante coração da teologia" teria, ao mesmo tempo, argumentava Adorno, "que significar a mais extrema intensificação do tema social-dialético e, de fato, econômico".[5]

O engajamento apaixonado de Adorno com os escritos de Benjamin se tornaria, notoriamente, fonte de muitas amarguras. Quando a Nova Esquerda Alemã redescobriu Benjamin nos anos sessenta, levantaram-se suspeitas de que Adorno havia usado o pecúlio financeiro de Benjamin, no Instituto de Pesquisa Social, e de que o subsequente controle sobre o acesso aos escritos inéditos de Benjamin o teria levado a promover aspectos dos trabalhos de Benjamin que eram mais afeitos a suas próprias ideias. Embora muitas dessas acusações fossem exageradas, não há dúvida de que as relações intelectuais de Adorno com Benjamin foram marcadas por algumas das tensões (e dificuldades) entre mestre e discípulo. Escrever, como Adorno escreveu uma vez para Benjamin, alegando falar como "o advogado de tuas próprias intenções",[6] não pode ter tornado suas críticas mais fáceis de suportar.

Adorno depositou suas principais esperanças nas *Passagens* (em alemão, *Passagenwerk*; em inglês, *The Arcades Project*), nas quais Benjamin trabalhou durante os últimos treze anos de sua vida e cujos fragmentos só foram publicados nos anos oitenta. Tomando como seu ponto de partida a "mitologia latente" da arquitetura urbana parisiense, as *Passagens* deveriam fornecer uma *Urgeschichte*, uma "história fundamental" da cultura do século XIX. O que Benjamin deixou para trás, entretanto, foi pouco mais que um esboço: um conjunto de observações, citações e anotações de leitura, e nada que mostrasse como esses elementos poderiam ter sido tramados na forma de um

---

[4] *Adorno-Benjamin Briefwechsel 1928-1940*, Frankfurt-am-Main: Suhrkamp, 1994, p. 175.

[5] Ibid., p. 143.

[6] Ibid., p. 74.

trabalho final. Assim, não podemos agora dizer se Adorno tinha razão em manter o que ele chamava sua "*Passagenorthodixie*", exceto em relação aos outros escritos de ambos. Para finalizar devo argumentar, primeiro, que há importantes continuidades entre os escritos iniciais de Benjamin e seu pensamento posterior e, segundo, que qualquer que seja o veredicto sobre o caráter das relações pessoais entre Benjamin e Adorno, havia, de fato, um desacordo substancial e significativo entre eles, cuja natureza Adorno não estava completamente consciente, tanto na época quanto mais tarde.

I

A mais importante das continuidades entre o pensamento do jovem Benjamin e do Benjamin maduro é sua adesão a uma forma distinta de filosofia kantiana. Ele enuncia isso em um ensaio de juventude (escrito como um presente para Scholem em seu aniversário de vinte anos), "Sobre o programa de uma filosofia por vir". Nele, Benjamin argumenta que a filosofia de Kant deve ser aceita, mas criticada. O que deve ser aceito, ele pensou – e isto, acredito, é um assunto sobre o qual ele jamais mudou de ponto de vista –, é a inflexão fundamental dada à filosofia por Kant; o que o próprio Kant chamou de sua "revolução copernicana" – uma mudança na pretensão de investigar a realidade da natureza para uma investigação de nossa experiência desta realidade.[7] No entanto, embora Benjamin considere fundamental a contribuição de Kant à questão da experiência futura, ele é crítico daquilo que acredita ser a concepção restrita da experiência – como se a experiência fosse uma mera catalogação de imagens sensíveis sob regras formais, gerais – que o próprio Kant propõe. Este encontro crítico com Kant conduz ao que Benjamin alega ser a tarefa primeira da filosofia contemporânea: "encarregar-se da fundação de uma concepção mais elevada de experiência, sob os auspícios do pensamento kantiano" (*SW* I 102; *BGS* II. I 160). Scholem, em suas tocantes e reveladoras *memórias* sobre Benjamin, relembra uma conversa do tempo em que Benjamin descreveu seu ponto de vista mais vividamente:

---

[7] *Crítica da Razão Pura*, Bxvi.

Ele falou da amplitude do conceito de experiência que concebia e que, segundo ele, incluía laços mentais e psicológicos entre o homem e o mundo em áreas ainda não alcançadas pelo conhecimento. Quando eu chamei a atenção para que, neste caso, as disciplinas proféticas seriam legitimamente incluídas nesta concepção de experiência, ele respondeu com uma formulação extrema: uma filosofia que não incluísse a possibilidade da adivinhação na borra do café não poderia ser verdadeira.[8]

Assim, mesmo em sua formulação mais mística e aparentemente anticientífica, a preocupação central de Benjamin é kantiana; o que significa afirmar que ele quis articular a distinção de certos tipos de experiência –o mundo alegórico do *Trauerspiel*, por exemplo, ou a luta contra o mito na tragédia grega – que uma cultura cientificamente orientada descarta ou toma como insignificantes. Mas isso não significa que os apelos das experiências devam ser tratados como válidos cognitivamente; as experiências são importantes por si próprias, não como alternativas ao conhecimento científico.

A ênfase no conceito de experiência é a chave da relação de Benjamin com o marxismo, pois este é o meio pelo qual ele confronta uma questão que é básica, não apenas para o marxismo, mas para toda a tradição da história cultural. É a questão do que vincula as diferentes áreas de uma cultura, permitindo-nos ver uma identidade comum em sua aparente diversidade. Na tradição alemã, essa questão conduziu, como Ernst Gombrich declarou, ao "hegelianismo sem Hegel" – tentativas de preservar a ideia hegeliana da unidade cultural emanando de um único centro, sem recorrer à metafísica do idealismo especulativo. No contexto do marxismo, entretanto, o problema surge na forma específica da relação entre "infraestrutura" e "superestrutura": a natureza da conexão entre a vida econômica da humanidade enquanto produtora de bens materiais e o reino ideológico nela depositado, de acordo com Marx, no qual a vida econômica é tanto refletida como transfigurada.

---

[8] Scholem, *Benjamin – Geschichte einer Freundschaft*, p. 77.

II

Em um fragmento altamente significativo das *Passagens*, Benjamin propõe sua resposta a este problema da natureza da determinação da superestrutura ideológica:

> Num primeiro momento, parecia que Marx queria apenas estabelecer uma conexão causal entre superestrutura e infraestrutura. Mas sua observação de que as ideologias da superestrutura refletem relações de maneira falsa e distorcida vai além disso. A questão é, de fato: se, em certo sentido, a infraestrutura determina o pensamento e o conteúdo da experiência da superestrutura, esta determinação não é um simples reflexo; como então – deixando de lado a questão de sua origem causal – ela deve ser caracterizada? Como sua expressão. A condição econômica sob a qual a sociedade existe expressa-se na superestrutura (*A* 392; *BGS* V.I 495).

A questão da relação de Benjamin com o marxismo pode então ser enfocada na forma de um problema específico: como a existência dessa relação "expressiva" entre infraestrutura e superestrutura pode ser acomodada na estrutura de sua concepção de experiência. A solução que Benjamin propõe surge de uma maneira mais lúcida em um trabalho mais curto, "Sobre a Faculdade Mimética", escrito em 1933. Aqui, mais uma vez, Benjamin persegue seu desafio à desgastada concepção iluminista de experiência. Mesmo no mundo moderno, ele alega que os seres humanos (e, quanto a isso, Freud é testemunha tão importante quanto Marx) mostram uma disposição para estruturar suas experiências de acordo com aquilo que ele denomina "semelhanças não sensíveis", isto é, semelhanças cuja similaridade não é apenas uma questão de "mapeamento" ou correspondência visível, e que pode parecer fantástica ou mesmo oculta quando comparada com os padrões de visão do mundo para os quais este é o único tipo de experiência imaginável.

Scholem (cuja reação ao trabalho Benjamin esperou com especial ansiedade) o considerou como um outro exemplo da dupla face de Janus – um retorno (bem acolhido por sua mente) à posição mística dos primeiros escritos; faltava-lhe, ele afirmou, "a mais mínima alusão a uma visão materialista da linguagem".⁹ Mas não era dessa maneira que Benjamin considerava as coisas. Reconhecidamente, o ensaio está em franco conflito com o reducionismo científico moderno. Mas há um outro sentido no qual as intenções por trás de *Sobre a Faculdade Mimética* poderiam ser razoavelmente descritas como materialistas: o que o ensaio tenta fazer é minar a perspectiva a partir da qual certos fenômenos devem ser descartados ou, se forem reconhecidos, tratados, de alguma forma, como ocultos ou transcendentes. Em nenhum outro lugar Benjamin chega tão perto das ideias de Wittgenstein quanto aqui. Apenas porque a concepção "científica iluminada" é assumida como norma, certas experiências são consideradas sobrenaturais; elas são tratadas desse modo apenas porque vão além da perspectiva científica pressuposta.

Benjamin traçou um paralelo entre esse ensaio e o ensaio de Freud sobre a telepatia (a partir da evidência interna, parece provável que esse ensaio integra, agora, a segunda das *Novas conferências introdutórias à psicanálise,* de Freud). O que impressionou Benjamin foi que, nesse ensaio, Freud, como ele próprio, considerou com seriedade um fenômeno frequentemente desprezado; não tratando a telepatia como algo oculto, mas concebendo-a, preferencialmente, como um tipo de percepção que opera em um nível normalmente não apreciado ou reconhecido.

A experiência mimética é o que nos permite identificar "correspondências" entre áreas diferentes da vida social (ver *A* 418; *BGS* V.I 526) e torna plausível a ideia de um relacionamento expressivo entre economia e ideologia. O relacionamento expressivo vigora porque as similaridades foram transmitidas pelos membros da sociedade (sem, obviamente, que eles tivessem consciência disso), nos níveis coletivos mais profundos de sua experiência. A tarefa do teórico social é resgatar essa experiência de suas sedimentações e incrustações. Os fenômenos que parecem os mais dissonantes e obscuros – o interior exteriorizado das próprias *passagens*, a paixão pela roleta, a moda dos panoramas – podem tornar-se os mais reveladores. Aquilo que Novalis uma vez afirmou da poesia é também verdadeiro do *Urgeschichte* de Benjamin: quanto mais pessoal, peculiar e temporal um fenômeno, mais próximo ele pode estar do centro.

Desnecessário dizer que essa abordagem faz com que o conceito de experiência carregue um peso enorme, ou seja, carrega, talvez inevitavelmente, certo elemento

---

⁹ Ibid., p. 260.

de circularidade. As "afinidades invisíveis", referindo-se, como o fazem, a um nível subterrâneo da consciência, não são tais que, imediatamente e sem ambiguidade, atinjam o observador não instruído; e, no entanto, é sua existência que fornece ao conceito de experiência de Benjamin sua única verificação possível. A prova, assim, faz necessariamente referência à própria intuição do leitor – um ponto que Benjamin reconhece em uma linguagem remanescente, de modo extremamente notável, de Wittigenstein: "O método deste trabalho: colagem literária; não tenho nada a dizer, apenas a mostrar" (*A* 460; *BGS* v. I, 574). Entretanto, existe sempre a preocupação de que aquilo que é mostrado como significação latente dos fenômenos culturais nada mais seja que, de fato, associações subjetivas, tornadas plausíveis pelo compromisso político compartilhado entre autor e leitor.

Além disso, a necessária referência à intuição coloca um severo limite na maneira como o "marxismo cultural" de Benjamin pode dar expressão ao tipo de teoria discursiva orientada cientificamente, característico do "marxismo econômico" do próprio Marx. Se os escritos de Benjamin frequentemente parecem "impressionistas" ou não sistemáticos, isto ocorre porque seu propósito central – ressaltar as correspondências – não pode ser realizado de uma maneira metódica. Assim, é difícil ver como ele poderia, em princípio, responder à crítica de Adorno de que o tratamento de seu material era insuficientemente teórico: "o trabalho está localizado no cruzamento entre a magia e o positivismo. Esse lugar é enfeitiçado. Apenas a própria teoria pode quebrar o feitiço, a boa e destemida teoria especulativa".[10]

III

Para apreciar completamente o tipo de teoria que Adorno advoga – e a distância que o separa do empreendimento de Benjamin – deve-se comparar o entendimento de ambos de um dos conceitos-chave de Benjamin: o conceito de *aura*.

Benjamin introduz originalmente esse conceito como um meio de identificar aquela qualidade de numinosidade tradicionalmente reconhecida como característica da autêntica obra de arte. Segundo ele escreve em *A Obra de Arte na Era da Reprodução Técnica*: "Definimos a aura de [um objeto na-

---

[10] *Adorno-Benjamin Briefwechsel*, p. 368.

tural] como o fenômeno singular de um distanciamento, por mais próximo que ele possa estar. Se, descansando numa tarde de verão, você seguir com seus olhos uma cadeia de montanhas no horizonte ou um galho que projeta sobre você uma sombra, você experimenta a aura daquelas montanhas ou daquele galho" (*I* 224-225; *BGS* 1.2, 479).

Assim, para Benjamin, a aura é, em primeiro lugar, uma qualidade de nossa experiência dos objetos, não necessariamente restrita aos produtos da criação artística. No caso da obra de arte, todavia, essa qualidade exaltada (aquilo que Benjamin chama seu "valor de culto") está intimamente atrelada ao religioso ou ao elemento quase religioso na arte – um resquício daquela associação entre arte e religião característica da arte pré-moderna.

Entretanto, os processos "dessacralizantes" da civilização moderna – o desenvolvimento do capitalismo industrial e o concomitante crescimento das massas – diminuíram, de mãos dadas com o fato puramente técnico do aumento da reprodutibilidade mecânica da obra de arte, o poder dos seres humanos de ver e reagir a essa qualidade. Assim, a singularidade da obra de arte torna-se cada vez mais questionável e conduz ao declínio de sua função de culto.

> [A decadência contemporânea da aura] repousa sobre duas circunstâncias, ambas relacionadas à crescente significância das massas na vida contemporânea. A saber, o desejo das massas contemporâneas de se aproximar das coisas espacial e humanamente, tão ardentemente quanto sua tendência para superar a singularidade de cada realidade pela aceitação de sua reprodução (*I* 225; *BGS* I.2, 479-480).

À primeira vista, isso pode parecer simplesmente uma versão marxista do convencional lamento conservador acerca da erosão da alta cultura. Assim, é importante enfatizar que Benjamin não desaprova esse processo de dessacralização. Dado que o valor aurático da singularidade e autenticidade eram eles mesmos, de fato, uma herança perceptual da função de culto da obra de arte, segue-se que, para Benjamin, sua eliminação abrirá o caminho para uma forma política de arte, uma transição que ele acolhe de bom grado: "Pela primeira vez na história do mundo, a reprodução técnica emancipa a obra de arte de sua dependência parasítica do ritual" (*I* 226; *BGS* I. 2, 482). Benjamin fracassa, no entanto, em deixar claro o que esta forma política de arte poderia acrescentar, e é sobre esse ponto que a objeção de Adorno a sua análise é primeiramente levantada. Em um nível, a objeção é que a rejeição da aura por parte de Benjamin é muito extrema: aberta como a obra de arte tradicional é à crítica, varrer suas qualidades auráticas inteiramente para debaixo do tapete não deixa nenhuma possibilidade para qualquer distinção entre arte e propaganda. Como diria muito mais tarde Adorno em sua *Teoria Estética:* "A deficiência da magnificamente concebida *teoria da reprodução* de Benjamin permanece sendo a de que suas categorias bipolares não permitem uma diferenciação entre a concepção de arte que foi fundamentalmente *desideologizada* e o abuso da racionalidade estética para a exploração e dominação das massas" (*AT* 56; *AGS* VII, 90).

Todavia, há aqui consideravelmente mais em questão do que a preferência de Adorno por Schoenberg em detrimento de Brecht; é a atitude que Adorno adota em relação à estética idealista – e a transformação que ele acredita ser necessária para fazer a transição para uma perspectiva materialista – que fornecem a chave para seu desacordo teórico com Benjamin. Para entender seu fundamento, é necessário voltar à conexão que Adorno acredita existir entre o conceito de aura de Benjamin e a caracterização da arte pelos idealistas alemães em termos daquilo que eles denominavam *schöner Schein*. Essa conexão aparente é afirmada, o mais claramente possível, pelo aluno e colaborador de Adorno, Rolf Tiedemann (editor dos trabalhos selecionados de Benjamin e Adorno). Tiedemann escreve:

> Os trabalhos posteriores, materialistas, de Benjamin fornecem uma derivação sociológica da aura, percebendo nela "a transposição de uma resposta comum nos relacionamentos humanos para o relacionamento entre o objeto natural ou inanimado e o homem". A aura mostra-se como o investimento ideológico *[belechnung]* do reificado e alienado com a capacidade de "abrir o olhar". Ao mesmo tempo, a "bela aparência" *[schöner Schein]* como atribuída à arte pela estética idealista repousa sobre o *Schein* aurático.[11]

Schein (que significa tanto "aparência" quanto "brilho") é a característica identificadora da arte superior na visão dos idealistas: "a beleza tem sua

---

[11] Rolf Tiedemann, "Aura," in *Historisches Wörterbuch der Philosophie*, J. Ritter (ed.), Basel: Schwabes, 1971, I, 651-652.

vida no *Schein*", como Hegel expressa.¹² *Schein* é um sinal da característica da arte como uma epifania, um modo de manifestação da verdade – o *logos* subjacente à realidade, o qual Hegel chama de Ideia: "a arte tem a tarefa de apresentar a Ideia para a intuição imediata na forma sensível".¹³

A arte apresenta a verdade; ela não representa ou, de algum modo, ocupa seu lugar. Ela é, antes, um ícone *[ikon]*, um canal ou uma janela através da qual se tem acesso ao que é universal e transcendente. Isso significa que, ontologicamente (na sua maneira de ser), obras de arte não são simplesmente autoidênticas. A obra de arte também "aponta para além dela mesma", não por se relacionar a um significado ulterior bem definido e específico, mas por evocar o que é transcendente na forma não específica, mutante, do *Schein*. Nesse sentido, a obra de arte é um *símbolo* da transcendência. Goethe, que foi um pioneiro dessa teoria, expressa-a da seguinte maneira: "Os objetos apresentados [na arte autêntica, simbólica] aparecem independentemente e são, de novo, o mais profundamente significativos, isso em virtude do ideal que sempre traz a universalidade com ele. Se o simbólico profere qualquer coisa à parte da apresentação, então ele o faz de uma maneira indireta".¹⁴

Para os idealistas, essa arte simbólica, autêntica, carrega um significado intrínseco e coloca-se em contraste com a arte alegórica, a qual eles entendem como um meio artificial de introduzir significado na arte através de convenções sem vida (Benjamin, obviamente, polemizou contra esse desprezo da arte alegórica em seu *A Origem do Drama Barroco Alemão*; a alegoria não era convencional em expressão, mas a expressão da convenção). Esse conjunto de doutrinas foi desenvolvido na Alemanha, principalmente por Goethe e Schelling; entretanto, tornou-se amplamente influente na estética do século XIX. Coleridge, por exemplo, apresenta uma versão, de fato, ortodoxa – para não dizer derivada – da teoria nos seguintes termos:

---

[12] Hegel, *Aesthetics: Lectures on Fine Art*, T. M. Knox, (trad.). Oxford: Oxford University Press, 1975, I, 4-5.

[13] Ibid., I, 72.

[14] Goethe, "Uber die Gegenstande der bildenden Kunst", in *Gedenkausgabe der Werke, Briefe und Gespriiche*, E. Beutler (ed.). Zurich: Artemis, 1954, XIII, 124.

Agora, uma Alegoria é apenas a tradução de noções abstratas numa linguagem-imagem a qual é, ela mesma, nada mais que uma abstração de objetos dos sentidos; o ser principal tendo menos valor ainda do que seu procurador, ambos igualmente não substanciais, o primeiro sem forma para revestir. Por outro lado, um Símbolo (ὅ ἔστιν ἀεὶ ταυτηγόρικον) é caracterizado por uma translucidez do Especial no Individual ou do Geral no Especial ou do Universal no Geral. Acima de tudo pela translucidez do eterno através do e no temporal. Ele sempre toma parte da Realidade que ele torna inteligível; e, enquanto ele anuncia o Todo, gera a si mesmo como um ponto vivo nesta Unidade, da qual ele é representativo.[15]

Para Hegel, entretanto, é justamente essa dualidade entre finito e infinito que é a limitação da arte. Sendo limitada pelo sensível, a arte é inadequada, na medida em que a verdade nela expressa é ausente de completa clareza ou autoconsciência: "Somente certa esfera e nível de verdade são capazes de ser apresentados no elemento da obra de arte", escreve ele.[16] Como consequência, ele afirma, numa expressão famosa: "Pensamento e reflexão elevaram-se acima da arte superior".[17]

IV

Retomando agora Adorno, é importante notar que sua estética tem vários aspectos cruciais em comum com a teoria idealista acima descrita. Ele acredita que a arte autêntica tem de fato essa qualidade de "apontar para além de si mesma" e concorda, também, que essa é uma forma de manifestação do *Geist* (ou Espírito). Ele escreve: "Aquilo pelo qual as obras de arte, quando se tornam aparência, são mais do que são: aquilo é seu Espírito" (*AT* 86; *AGS* VII, 134). Além disso (embora os leitores de Adorno algumas vezes tenham falhado em apreciar o fato), Adorno compartilha a crítica de Hegel à limitação que a forma sensível da arte impõe à própria arte; a arte requer uma forma mais elevada,

---

[15] Coleridge, *The Statesman's Manual* (1816), In *S. T Coleridge: Collected Works*, R. J. White (ed.). Londres: Routledge and Kegan Paul, 1972, [VI], 30.

[16] Hegel, *Aesthetics*, I, 9.

[17] Ibid., I, 10.

teórica, para elucidar seu conteúdo de verdade: "[o conteúdo de verdade das obras de arte] só pode ser alcançado pela reflexão filosófica" (*AT* 128; *AGS* VII,193). Daí, o caráter da obra de arte como *Schein*, de acordo com Adorno, é, ao mesmo tempo, verdadeiro e falso; ele cria a ilusão de que a qualidade estética da obra de arte é uma propriedade sem relação com uma realidade não estética, mas, ao mesmo tempo (embora possa parecer paradoxal), ele é o que vincula a obra de arte a uma esfera mais ampla de significado social: "*Geist* não é simplesmente *Schein*. É também verdade. Não é apenas a imagem fraudulenta de uma entidade independente, mas também a negação de toda falsa independência" (*AT* 108; *AGS* VII,165-166). Então, a crítica de Adorno ao idealismo poderia ser resumida da seguinte maneira: para ele, não é tanto a estrutura da estética idealista que está errada, mas sua referência; os idealistas não compreenderam a natureza do *Geist*, imaginando-o original e independente. O que, para Adorno, é necessário para submeter a estética idealista à "passagem ao materialismo" é reidentificar o *Geist* para decifrá-lo como uma forma de trabalho social: "O *Geist* não é um princípio isolado, mas um momento no trabalho social – aquilo que é separado do corpóreo" (*H* 23; *AGS* V, 270).

A teoria idealista do *Geist*, assim, não representa uma simples ilusão, mas é, antes, uma reflexão precisa de certa forma de realidade social – aquela regida pela divisão entre o trabalho mental e o trabalho manual. A estrutura que ela descreve existe de fato; o erro está em atribuir seus efeitos à operação de uma Alma do Mundo neoplatônica: "a Alma do Mundo existe; mas não é isso", ele escreve na *Dialética Negativa* (AT 107; AGS VII, 164).

O propósito de uma filosofia estética é, por sua atividade reflexiva, "salvar" o *Schein* das obras de arte através de uma reconstrução teórica das camadas sedimentadas de atividades do *Geist*:

> Nenhuma obra de arte tem seu conteúdo diferente do *Schein* em sua própria forma. A [parte central] da estética deveria ser a salvação do *Schein* e a justificação enfática da arte, isto é, a legitimação de sua verdade depende de sua salvação (*AT* 107; *AGS* VII, 164).

O *Schein* não deve, como diria Benjamin, ser eliminado. Adorno alega que quaisquer que sejam suas associações com as funções cúlticas da obra de arte, o *Schein* retém um elemento progressivo: "A própria magia, quando emancipada de suas pretensões de ser real, é um elemento de esclarecimento;

seu *schein* dessacraliza o mundo dessacralizado. Esse é o éter dialético no qual a arte hoje acontece" (*AT* 58; *AGS* VII, 93).

Em resumo, a estética de Adorno – de fato, eu argumentaria, toda a sua filosofia – é baseada na transformação, através do conceito marxista de trabalho social, da doutrina idealista do *Geist*, e é isto que fornece a substância intelectual por trás de sua crítica a Benjamin. Uma carta escrita a Benjamin em 1940 torna essa ideia clara como cristal.

> Você escreveu no Baudelaire (...) "Perceber a aura de uma aparência significa investir nisso com a habilidade de elevar seu olhar". Isso difere de formulações mais antigas do uso do conceito de *investimento*. Não é uma indicação daquele aspecto que, em Wagner, eu tornei fundamental para a construção da fantasmagoria, ou seja, o momento do trabalho humano? A aura não é, talvez, o traço do elemento humano esquecido na coisa? E não é, portanto, essa forma de esquecimento relacionada àquilo que você vê como experiência? Somos quase tentados a ir tão longe quanto enxergar o fundamento na experiência, subjacente às especulações do Idealismo, na tentativa de reter este traço – naquelas coisas que, de fato, se tornaram diferentes".[18]

Esta carta – característica na maneira de tentar conduzir Benjamin para as ideias do próprio Adorno – expressa dois elementos centrais que já assinalei na teoria de Adorno: a associação da aura com as doutrinas idealistas do *Schein* e do *Geist*; e a transformação (mas não uma completa rejeição) dessas doutrinas por meio do conceito de trabalho social.

O próprio Adorno certamente considerava a carta de grande significado teórico, uma vez que a reproduziu numa coleção chamada *Über Walter Benjamin*, por ele publicada. Mas mais esclarecedora, a meu ver, é a reposta de Benjamin, escrita apenas meses antes de sua morte (embora Adorno não tenha reproduzido essa carta), pois nela Benjamin rejeita clara e explicitamente a proposta de Adorno:

> Mas se, de fato, tivesse de ser o caso de a aura ser um "elemento humano esquecido", então não seria necessariamente aquele presente no

---

[18] *Adorno-Benjamin Briefwechsel*, p. 418-419.

trabalho. A árvore ou o arbusto que é investido de aura não foi feito por homens. Deve haver um elemento humano nas coisas, que *não* é doado pelo trabalho. Nisso eu gostaria de manter minha posição.[19]

Esta carta deixa claro que Benjamin, pelo menos, estava consciente de que ele e Adorno haviam adotado respostas bem diferentes ao problema da identidade das culturas em sua aparente diversidade: para Adorno é o trabalho social – articulando-se como o *Geist* de Hegel – que produz uma unidade, nem sempre aparente, entre as esferas econômicas e não econômicas da realidade social. Para Benjamin, é o sistema de *correspondências*, as "similaridades não sensíveis" às quais indivíduos respondem sem estar conscientes, que dá expressão à vida econômica na realidade não econômica. A conclusão deve ser que Adorno (e seus seguidores) estão errados ao ler Benjamin nos termos das categorias do marxismo hegeliano: estas são incompatíveis com sua teoria e, como foi visto, ele claramente as rejeita.

V

O que dizer, então, sobre declínio da aura? Se, da perspectiva hegeliano-marxista de Adorno, a doutrina da aura deve ser lida como correspondendo ao conceito idealista do *Schein*, segue-se que a desintegração da aura implica a perda do potencial da arte enquanto significado intrínseco. Assim, a arte política, com a qual Benjamin espera que a arte aurática seja substituída, não poderia ser mais do que instrumental. Esse será puramente um meio de gerar as respostas "proletárias" emocionais apropriadas.

Mas, do ponto de vista de Benjamin – "marxista-kantiano", como poderia ser chamado –, a alternativa não é tão simples. Há aqui um paralelo com sua reabilitação da alegoria: Benjamin rejeita a oposição entre a significação "intrínseca" da arte simbólica e o significado "convencional" de alegoria, pois alegoria, ele alega, "não é técnica de jogo de imagem, mas expressão, assim como a linguagem é expressão, de fato, tanto quan-

[19] Benjamin, *Briefe*, II, 849.

to o roteiro" (*OT* 162; *BGS* I.I, 339). Similarmente, em *A Obra de Arte na Era da Reprodução Técnica,* ele atribui uma qualidade experimental distinta (que ele chama, em contraste com o "valor de culto", de "valor de exposição") da arte pós-aurática. Assim, para Benjamin, parece que a obra de arte na época da reprodução técnica pode escapar daquilo que para Adorno surge como uma alternativa exaustiva: não necessita ser nem *Schein* nem pura propaganda.

A disputa entre Adorno e Benjamin é, certamente, importante pela luz que lança sobre dois pensadores originais e influentes – ambos reconhecidos como difíceis. Mas possui, eu acredito, um significado mais amplo. Um dos problemas mais fundamentais da teoria marxista tem sido o de como conceber a natureza do relacionamento entre infraestrutura e superestrutura – principalmente porque o próprio Marx dedica à questão um tratamento muito pouco fundamentado. Apenas alegar que a superestrutura "corresponde" à infraestrutura no sentido em que a superestrutura é tal que mantém (ou, pelo menos, reforça a manutenção) da infraestrutura – que é onde muitos marxistas abandonam a questão – simplesmente não é o suficiente. O marxismo deve também fornecer uma explicação aceitável de como a infraestrutura é capaz de exercer esse poder aparentemente milagroso de gerar a superestrutura de que ela necessita (não obstante a percepção consciente dos membros individuais da sociedade). Retomando o paralelo entre Marx e Darwin, que recentemente retornou à moda: o que fez da teoria de Darwin uma descoberta científica não foi sua alegação de que as espécies tinham características que eram adaptadas a suas necessidades – que era, no fim das contas, o lugar comum da biologia do século XVIII – mas sua proposta da seleção natural no papel de uma explicação causal convincente de como essas propriedades vieram a ser adquiridas. O marxismo possui uma explicação equivalente da gênese dos relacionamentos funcionais?[20]

Desde os primeiros escritos de Lukács, é aceito pelos marxistas que o modo mais promissor de responder a essa lacuna na teoria marxista é através

---

[20] Eu trabalhei com esta questão em detalhe no *Da servidão voluntária (On Voluntary Servitude)*, principalmente no sexto capítulo.

do retorno à herança hegeliana do marxismo. Ninguém, entretanto (e isto inclui o próprio Lukács), seguiu esta estratégia com maior rigor e consistência que Adorno.

À questão de como os sistemas sociais chegam a realizar propósitos que vão além dos (ou até contra os) propósitos dos indivíduos, o marxismo hegeliano responde que devemos olhar para além do sujeito individual, para um sujeito social mais amplo, cujos fins (como a "astúcia da razão" de Hegel) são realizados por e através dos indivíduos. Para Adorno, este sujeito social – aqui, novamente, o paralelo com Hegel é válido – é a fonte, não apenas da ação coletiva, mas do *significado*. Assim, o que o intérprete dos fenômenos culturais visa é uma propriedade objetiva do objeto em questão – não, certamente, do modo como Locke pensou que tamanho e forma eram propriedades objetivas, mas emanando de um processo social que é, em última instância, nada menos do que o processo circular de autorreprodução do todo social.

A teoria de Adorno tem a atração – e a questionabilidade – típica das teorias de Hegel. Por um lado, oferece uma solução completa a uma variedade de problemas reais. Mas paga um preço – aquele de aceitar um conceito central e abarcante de trabalho social que prova não ser menos metafisicamente ambicioso que o conceito de *Geist* do próprio Hegel. Benjamin, por outro lado, é mais frequentemente visto como um aforista brilhante (talvez em certa medida místico) do que como um proponente de uma teoria social original e consistente. No entanto, seu kantismo marxista tem, parece-me, o direito de ser tratado como similar, em originalidade e significado, ao mais familiar hegelianismo marxista representado por Adorno. Não que se deva subestimar suas dificuldades. Não se pode negar que Adorno estava certo em argumentar que a objetividade da teoria de Benjamin repousa sobre a afirmação de um nível pré-discursivo e compartilhado de experiência coletiva, e pode ser que essa versão historicizada do sujeito transcendental kantiano se mostre tão problemática quanto a tentativa de Adorno de invocar o conceito de trabalho social como um representante do *Geist* de Hegel. Mas se não o hegelianismo marxista, nem o kantismo marxista, então o quê? Uma vez mais, o abismo entre "infraestrutura" e "superestrutura" se abre.

3   A dialética do esclarecimento

Julian Roberts

O livro de Horkheimer e Adorno, a *Dialética do Esclarecimento*, foi escrito nos meses finais da Segunda Guerra Mundial. Ele é comparável aos trabalhos contemporâneos de outros filósofos de língua alemã exilados, em especial com *A Sociedade Aberta e seus Inimigos*, de Popper, que ele próprio descreveu como sua "contribuição para o esforço da guerra", e *A Destruição da Razão*, de Lukács. As comparações são instrutivas.

Karl Popper foi um filósofo da ciência e residente de Londres. *A Sociedade Aberta* delineia, a partir do ponto de vista vantajoso da democracia ocidental, a maneira pela qual certo tipo de pensamento intolerante (e por isso "não científico") reproduz a si mesmo nas filosofias políticas totalitárias: Platão é o mais antigo representante dessa tradição, enquanto que seus representantes modernos Hegel e Marx são considerados, apesar de suas diferenças políticas superficiais, autores das ditaduras de todas as colorações do século XX. György Lukács, contrariamente, escreveu como residente na União Soviética e metafísico comprometido com o socialismo. Para ele Marx e, de maneira significativa, também Hegel foram a origem de um sistema político esclarecido e humano. A força do "socialismo científico" repousa precisamente em sua incorporação das percepções da filosofia dialética. *A Dialética do Esclarecimento* difere dos outros dois trabalhos, pois considera não apenas a filosofia sob o domínio dos nazistas, mas também o vergonhoso mercado livre do capitalismo nos Estados Unidos, residência temporária de seus autores. O livro é um trabalho de crítica cultural conservadora que, no nível conceitual, não é de forma alguma incompatível com trabalhos que os nazistas estavam contentes em tolerar. Isso não quer dizer que ele seja politicamente manchado. Dos três livros mencionados, entretanto, ele oferece a alternativa menos clara para os erros que ele condena.

Apesar disso, a Dialética do Esclarecimento teve provavelmente um efeito maior do que os dois outros manifestos. O livro de Lukács se dedica, de maneira prolixa, a um socialismo que mesmo então já estava profundamente descreditado. Popper, embora competente como filósofo da ciência e, apesar de sua habilidade estilística, está longe da profundidade em história da filosofia. Horkheimer e Adorno, por outro lado, são rigorosos na argumentação, sistematicamente bem fundamentados, e se apoiam judiciosamente em um vasto conhecimento empírico.

Por causa de seu conservadorismo, entretanto, o livro somente atingiu seu impacto muito tempo após o término da guerra. Foi "descoberto" pelo movimento de estudantes alemães nos anos finais da década de sessenta, quando a edição original circulou de mão em mão em inúmeras reimpressões clandestinas. A essa altura, em plena Guerra do Vietnã, os sentimentos anti-americanos do livro tornaram-se aceitáveis de uma maneira que não teriam sido em 1947, quando inicialmente surgiu. Para os próprios autores, que já estavam há muitos anos confortavelmente estabelecidos em postos acadêmicos em Frankfurt, essa repentina notoriedade revolucionária foi, ao que parece, um embaraço, e levou a uma amarga confrontação com estudantes radicais decididos a mantê-los fiéis a comprometimentos que eles agora acreditavam estarem sendo traídos. Esses conflitos indubitavelmente apressaram a morte repentina de Adorno em 1969.

Agora me detenho em quais eram esses compromissos e, em seguida, considero a extensão em que eles podem ser incorporados proveitosamente em uma visão contemporânea da cena.

O ÍMPETO CRÍTICO DA DIALÉTICA DO ESCLARECIMENTO

A *Dialética do Esclarecimento* é dirigida, acima de tudo, contra a "barbárie" da Alemanha nazista (*DE* I). A crítica toma como ponto de partida a opressão e as atrocidades físicas perpetradas pelo regime, e procura explicá-las em termos de um amplo pano de fundo filosófico.

Os males particulares identificados por Horkheimer e Adorno incluem a "mitificação" da filosofia por pensadores, como Borchardt, Wilamowitz-Moellendorff e Klages, e o uso de Nietzsche para justificar o niilismo moral dos nazistas. Além disso, a crítica dos autores se amplia para incluir, por um lado, aspectos do capitalismo americano, especialmente as falcatruas e outros abusos de monopólio, e, por outro lado, o "entretenimento", isto é, a decadência ideológica da cultura perpetrada por Hollywood e pela indústria do entretenimento. Os autores combatem essas tendências de duas maneiras. Uma delas é, como o título do livro indica, uma investigação crítica da noção de "esclarecimento". Essa discussão, que abrange uma análise geral dos perigos implícitos no esclarecimento e as investigações específicas de duas áreas em que ele fracassa, a saber, a "indústria cultural" e o antissemitismo, é a base de sustentação temática do livro. Mas, em certo sentido, seus recursos mais notáveis, mesmo que sejam descritos como "excursos", são leituras alternativas de duas fontes da cultura clássica, a saber, a *Odisseia* e Sade. A *Odisseia* é utilizada para demonstrar que, contrariamente às tentativas dos alemães de assimilar a cultura heroica do mito e da lenda, a emergência de atores sociais, do mercado de trocas e do *homo oeconomicus* já é uma preocupação consciente da cultura pré-helênica, descrita com habilidade e sutileza por Homero na *Odisseia*. O ensaio sobre Sade está relacionado com o colapso da moralidade sob o impacto do esclarecimento. Os autores procuram demonstrar que o "eu" formal imaginado pela epistemologia kantiana se reduz a um conceito de ação correta que é meramente procedimental e, no fim das contas, vazio.

O ensaio que, excetuando-se uma coleção de aforismos, conclui o livro é "Elementos do antissemitismo: limites do esclarecimento". Neste ensaio, os autores se esforçam para derivar uma ambiciosa psicoterapêutica da consciência repressiva, que eles sustentam ser responsável, em última instância, pelos diversos horrores da história contemporânea. O livro é descrito como "Fragmentos Filosóficos", e sua construção é mais aforística que sistemática. A imagem que dele emerge, no entanto, é coerente e precisa.

Alienação

O tema subjacente à *Dialética do Esclarecimento* é o da alienação. A alienação é uma noção marxista, psicoterapêutica ou romântica, de que a humanidade é estranha ao mundo natural. Alguma coisa não se encaixa; os seres humanos estão violentando a natureza e, finalmente, a si mesmos. Os trabalhadores passam suas vidas aprisionados em ocupações que odeiam, criando produtos de que ninguém precisa e que destroem o ambiente em que vivem, envolvidos em conflitos fúteis e enervantes com suas famílias, seus vizinhos, outros grupos sociais e nações. São escravizados por procedimentos e hierarquias obtusas de trabalho que os impedem sempre de se autorrealizar ou de perseguir suas próprias ideias e criatividade. Eles são desalojados da beleza do campo e excluídos das inspirações da cultura e da arte. Os valores humanos são reduzidos aos valores do mercado: você é o que você ganha. A suposta "libertação" representada pela época moderna se reduz a uma mudança de um tipo de escravidão (pertencer a um príncipe feudal) para outra (ser escravizado pela necessidade de ganhar um salário). As consequências dessa alienação são autodestrutivas: quanto mais os seres humanos lutam para manter seu inferno artificial, mais são cercados por problemas engendrados pela própria luta. A alienação não é meramente o sintoma de algo seriamente errado no mundo criado pelos seres humanos, é uma falha que levará, com o tempo, a uma implosão final de todo o sistema. O início dessa catástrofe é visível nos horrores infligidos ao mundo pelo fascismo e pelo nazismo. Mas ele também surge nas misérias da disfunção sexual e do sentimento embotado, evidentes no nível individual em todo o moderno mundo capitalista, inclusive, de modo conscpícuo, nos Estados Unidos.

O *HIC ET NUNC*

Adorno e Horkheimer veem o oposto da alienação no que eles chamam a "sacralidade do aqui e agora" (*DE* 6; *HGS* V, 32). O aqui e agora é o elemento do qual a alienação nos separa. É a inabilidade de ver ou sentir o que está aqui e agora diante de nós que caracteriza a inabilidade para realizar nossa existência. A existência, em última instância, ocorre agora. Como seres humanos, temos a capacidade de pensar sobre nosso futuro e incorporar o presente e o passado em esquemas de vida. Entretanto, nossa existência é sempre e apenas aqui e agora. Ela pode ser e é derivada do passado, que é a sequência dos *aquis e agoras* nos quais antes nos encontrávamos. Somos justificadamente confiantes de que nossa existência continuará além desse momento passado e de que essa continuação terminará apenas em um limite cuja chegada podemos antecipar. Não obstante, o "futuro" é uma ilusão baseada na generalização de nossas memórias do passado. Comprometermo-nos irrefletidamente com essa ilusão é abandonar nossas vidas a um espectro.

Perdemos tanto tempo preocupados com o futuro e com a rede de planos e propósitos com os quais esperamos assegurá-lo que nos tornamos incapazes da usufruir a única realidade genuína que temos – a saber, o momento de nossa existência justamente aqui e agora. O caráter dessa realidade genuína, na visão de Horkheimer e Adorno, é intensamente somático. Nós "nos encontramos" mais apropriadamente na riqueza imediata dos sentidos. Um exemplo particularmente mordaz disso é o senso olfativo. Quando inspiramos, estamos no reino preconceitual do prazer e da dor. Os mais diretos e poderosos órgãos da percepção sexual são o olfato e o tato. E o olfato – como Proust vivenviou com as *madeleines* – anuncia alegrias que não se apagam no futuro abstrato da gratificação concedida, mas estão localizadas em um genuíno passado recuperável.[1]

Nossas relações com essa realidade genuína, segundo Horkheimer e Adorno, são caracterizadas não pelo esforço e pela conquista de propósitos, mas pela "reconciliação". Os seres humanos *são* intencionais; eles são plenos de estratagemas e ardis. Eles também se engajam constantemente em lutas pelo poder. Essas características, além do mais, podem tornar as circunstâncias materiais da vida claramente mais seguras e agradáveis. Mas elas representam uma *hybris* que eternamente clama por um retorno à natureza que foi, de maneira ingrata, desdenhada e deixada para trás. Os seres humanos *devem* ser corpos assim como intelectos; simples usufruidores, assim como agentes intencionais. Ao se definirem apenas como intelectos, condenam a si próprios à infelicidade e ao risco permanente da autodestruição.

---

[1] A ênfase no aqui e agora, e no não discursivo "instante", é um existencialismo clássico. Ver o meu *German Philosophy. An Introduction*, Cambridge, Polity: 1988, p. 199-202. O mesmo tema é importante no trabalho de Ludwig Klages.

Equivalência

A façanha da economia de mercado (esta análise deriva de Lukács, seguindo-se imediatamente à análise do "fetichismo da mercadoria" feita por Marx) é que ela torna possível a organização de quantidades de trabalho ilimitadas.[2] Assim, isso permite aos seres humanos executarem projetos que, de outra maneira, forçariam sua capacidade produtiva ao limite. O mercado realiza isso definindo os objetos (em primeiro lugar) segundo um valor de troca abstrato. Qualquer coisa que possa ser vendida passa a ter uma relação com qualquer outro objeto vendável. A questão de se alguém *quer* adquirir ou vender um objeto particular torna-se irrelevante: o mecanismo de mercado torna possível definir e quantificar o valor de cada objeto de modo isolado de suas circunstâncias particulares. A produção, ou o incentivo para produzir, torna-se desvinculada dos desejos e das inclinações individuais. Deixa de depender de qualquer tipo de relacionamento pessoal (por exemplo, que o produtor "tenha uma relação com" a pessoa para a qual ele produz). Todos os múltiplos rituais subordinados ao trabalho em qualquer caso concreto são reduzidos a uma simples relação: o valor de troca das entidades oferecidas pelos integrantes do mercado. Isso, além do mais, abarca *qualquer* entidade negociável. Pode ser um item produzido por um artesão. Mas pode, igualmente, ser o espaço (local) ou o tempo (a força de trabalho de um trabalhador). Quanto mais aberto e fluido é o mercado – quer dizer, quanto mais participantes estejam engajados ao mesmo tempo –, mais eficiente ele se torna para determinar preços "corretos" para os itens por ele negociados. Itens comercializados num mercado com liquidez perdem seu caráter como entidades individuais e tornam-se mercadorias. Qualquer espécie de mercadoria pode ser diretamente substituído por outro; qualquer coisa negociável pode, enquanto tal, ser diretamente substituída por outra mercadoria, sem enfraquecer ou afetar contrariamente os interesses de propriedade dos

---

[2] Ver Karl Marx, *Das Kapital* (*O Capital*), [I], I, §4; Georg Lukács, "Reification and the Consciousness of the Proletariat" ("A reificação e a consciência do proletariado") em *History and Class Consciousness* (*História e Consciência de Classe*), R. Livingstone (trad.) Cambridge Mass: MIT Press, 1971, p. 83-222.

negociantes. O comerciante de *commmodities* pode comercializar café, trigo ou carne sem jamais ter visto o que ele negocia e sem a menor ideia do que possa ser o cultivo de uma safra ou a criação de gado. Algumas indicações da oferta e da procura futura são uma ajuda proveitosa para idealizar preços e ofertas, mas essencialmente o comércio de mercadorias ocorre isoladamente das situações e necessidades do mundo real.

Na moderna economia de mercado, as mercadorias não são meramente itens físicos, mas seres humanos, ou, mais precisamente, segmentos de vida humana. Os trabalhadores possuem uma constante tendência a se tornarem mercadorias: eles são mercadorias, uma vez que suas qualidades (suas "qualificações") e todas as características que os tornam interessantes ao capitalista que os adquire (especialmente sua juventude e aptidão) podem ser determinadas de acordo com normas gerais. O capitalismo necessita de mercadorias humanas previsíveis, indivíduos cuja individualidade se torne subordinada ao conjunto de habilidades específicas para as diversas áreas da produção. Assim que os indivíduos adquirem uma "qualificação", podem permitir-se serem trocados no mercado de trabalho, da mesma maneira que os objetos que eles produzem são comercializados no mercado de bens. Enormes esforços produtivos podem ser construídos com o consentimento de todos os envolvidos, em pouco tempo, e com absoluta transparência. Mas essa eficiência (afirmam os críticos do fetichismo da mercadoria) é comprada a um alto preço. A subordinação da individualidade a uma função definida no mercado não facilita meramente a organização econômica – ela também destrói a identidade e a felicidade dos seres humanos envolvidos. Não é possível alienar segmentos da vida de alguém sem aliená-lo dos meios da autodeterminação. A humanidade que resta após o mercado de trabalho ter cobrado seu pedágio não é mais do que uma casca vazia.

Os métodos organizacionais do mercado correspondem a uma técnica conceitual: a equivalência (*DE* 4; *HGS* V, 30). Em termos sintáticos, as entidades são equivalentes se uma pode ser substituída por outra sem que se perca a verdade do enunciado. No enunciado "A chuva gelada torna o campo branco", "neve" pode ser substituída por "chuva gelada" sem afetar o valor de verdade do enunciado. Logo, "neve" e "chuva gelada" são equivalentes. As duas expressões afirmam algo muito diferente, suas "intenções" são diferentes, mas ambas permitem ao enunciado exercer o mesmo papel e ser utilizado do mesmo modo. Esse passo (leibniziano), como Adorno e Horkheimer apontam, permite ao conceito dispensar a individualidade em favor da habilidade de representar uma *função* (*DE* 23; *HGS* V, 53) no interior do sistema. A função (o enunciado) é indiferente ao caráter individual das entidades que lhe permitem cumprir seu trabalho. Para a função, a única coisa que importa é o *sistema* no interior do qual ela opera. Um sistema é uma rede de enunciados autossuficientes, preexistentes. Por causa dessa preexistência, todo sistema é, como Leibniz o descreveu, "fechado". Ele alcança o mundo exterior somente por meio da funcionalidade. Do ponto de vista da eficácia instrumental, essa é sua força. Mas, num outro sentido (como argumentam Horkheimer e Adorno), é uma profunda fraqueza. No que diz respeito ao sistema, tudo já é familiar: não há abertura real para o singular e o individual. A única diferença que uma coisa concreta pode fazer, quando vinda do exterior, é disparar um valor "sim" ou "não" em alguma função. A função no caso acima é "x torna o campo branco". Se o substituto particular para a variável x "funciona" – quer dizer, permite que a função retorne a um valor de verdade positivo –, então ninguém se preocupa com os detalhes específicos. "Neve", "chuva gelada", "tinta branca", "espuma detergente" – são todos valores satisfatórios para essa "função" particular, embora muitos deles possam diferir entre si, essencialmente ou de qualquer maneira.[3]

Mas a subordinação do individual a seu contexto funcional, embora possa ser algo liberador tanto no contexto da lógica quanto no contexto do mercado de trabalho, torna a humanidade cega às irredutíveis diferenças dos indivíduos. A pretensiosa arrogância do cálculo eclipsa a genuína qualidade da existência vivida e, além do mais, empresta-se a si mesma como instrumento dos interesses do poder e da repressão.

> O Esclarecimento é tão totalitário quanto qualquer sistema. Não é que, como seus inimigos românticos têm argumentado, seu método ana-

---

[3] O projeto leibniziano foi levado a cabo no século XX por Gottlob Frege e Bertrand Russel. Adorno e Horkheimer traçam suas raízes anteriores até Parmênides (*DE* 4f.; *HGS* V, 29). Para uma avaliação do projeto leibniziano no século XX, ver meu *The logic of reflection*, New Haven: Yale University Press, 1992.

lítico, seus recursos aos elementos, sua dissolução por meio da reflexão o tornem falso. O que o torna falso é o fato de que, no que diz respeito ao Esclarecimento, o julgamento termina antes de começar. Quando em um procedimento matemático o desconhecido é convertido em uma variável de uma equação, ele é cunhado com a característica do antigo e do familiar, antes mesmo de qualquer valor derivado (*DE* I 8; *HGS* V, 47).

Poder e autopreservação

Em um sentido óbvio, a redução dos indivíduos a suas habilidades transitórias de serem "substitutos" em contextos funcionais variáveis representa um enfraquecimento radical. O capitalista, que compra indivíduos unicamente em vista da possibilidade de poderem executar o trabalho momentaneamente disponível, exerce um domínio muito mais absoluto do que aquele exercido pelo proprietário feudal sobre os servos. O que é menos óbvio é a consequência dessa alienação para o conceito de identidade pessoal. Adorno e Horkheimer perseguem esse tema em suas duas "incursões", na Odisseia e em Sade.

O comentário sobre a *Odisseia*, como já assinalei, objetiva subverter a leitura sentimental e nacionalista da cultura grega pré-helênica apregoada pelos alemães reacionários. A *Odisseia*, segundo a *Dialética do Esclarecimento*, é uma narrativa da modernidade incipiente. Ulisses luta, por meio de truques e estratagemas, contra os terrores da natureza não domesticada. Desses truques, os mais centrais são seus jogos com a identidade. A identidade envolve, entre outras coisas, o desprendimento da identidade do eu primitivo ou natural em favor de uma versão conceitual (o mito de Polifemo; "Meu nome é Ninguém"); a fundação de uma identidade baseada *historicamente*, para sustentar aquela do presente sensível (as Sereias); e a instalação de um superego repressivo para impor ordem ao eu instável que acaba de emergir (Calypso, Circe e os vários temas de disciplina sexual). O resultado dessas manobras é um "personagem idêntico, intencional e masculino" (*DE* 26; *HGS* V, 56).

Os comentários sobre a Odisseia são basicamente aprovadores. Entre outras coisas, Horkheimer e Adorno insistem que a crueldade mostrada por Ulisses em relação a Melanteu, o pastor de cabras, e às criadas que se lançaram sobre seus pretendentes é atípica e anômala. Ulisses é um ardiloso, mas ele não é o "homem cruel" aclamado pelos comentadores prussianos. O objetivo de Ulisses é voltar para casa; e essa "casa", nos termos do comentário da *Dialética do Esclarecimento*, representa uma reconciliação genuína com a natureza, nas bases da identidade individual não pervertida. Ulisses não é uma fera ariana saqueadora, subjugando a natureza e seus companheiros a alguma obsessão abstrata pelo poder; ele é uma parábola dessa desenvoltura e astúcia que vai longe apenas o suficiente para desviar-se dos perigos da existência natural, mas não vai além disso.

A outra fonte que de fato se ajusta aos apelos por uma "firmeza moral" originada por Nietzsche e seus seguidores é Sade. Aqui, a forma "capitalista" perversa da identidade individual chega a uma completa fruição em uma cruel e desumana ordem da moralidade.

Na argumentação de Horkheimer e Adorno, a moralidade genuína é, em última instância, primitiva e individual, não esquemática. Ela se articula em emoções que são – do ponto de vista de qualquer cálculo de interesses – obtusas e fúteis: por exemplo, na piedade e no remorso. "Não adianta chorar sobre o leite derramado", afirma o moralista "cruel". Mas, afirmam Horkheimer e Adorno, *é* precisamente o remorso sobre o dano causado aos outros que caracteriza o verdadeiro sentimento moral, embora ele seja "inútil" em qualquer outra perspectiva. A moralidade alienada, na concepção deles, deriva dos "pensadores das trevas" da burguesia, especialmente Maquiavel, Hobbes e Mandeville (*DE* 71; *HGS* V, 113). Esses filósofos esvaziaram o âmago natural da moralidade e o substituíram pelo poder puro. O conteúdo moral, a partir deles e progressivamente, é sempre, em última instância, arbitrário. *Cuius princeps, eius religio*. A correção moral é uma função dos interesses aos quais ela serve. O único princípio axiomático é a autopreservação. O conteúdo do "eu", que desse modo é preservado, é imaterial; seja o que for, define-se em termos de poder e articula-se na implementação de planos.

A autopreservação é claramente um dos objetivos astuciosos de Ulisses. Não é, contudo, um fim em si mesmo, mas simplesmente uma maneira de assegurar alguma continuidade do eu material. Não exclui a reconciliação entre conceito e natureza em algum ponto final. Sob o regime da equivalência de mercado, entretanto, os conceitos humanos rompem com a liberdade e adquirem seu próprio *momentum*. O objeto do mercado de trabalho é compelido agora a preservar-se em termos de atributos cambiáveis. Estes dependem de mecanismos inescrutáveis e aparentemente aleatórios: em um ano, necessita-se de programadores de computador, no ano seguinte, o desemprego entre esse quadro de pessoal é o maior de todos. As ginásticas anatômica e moral descritas por Sade correspondem a essa visão. Os objetivos são, para Sade, essencialmente neutros. A ação correta, ou o "valor" moral, reside na completude da calculabilidade que orienta a ação. Não importa o que você faz, uma vez que você o faça com a necessária polidez social. A esse respeito, as práticas sexuais que ele descreve ocupam um ponto em um *continuum* que vai de Kant ao esporte moderno. Segundo Kant, o eu se materializa por meio de seu papel como centro do sistema categorial que o cerca (*DE* 68; *HGS* V, 109). Mas não possui nenhum papel estando separado daquele. O eu é meramente essa entidade que satisfaz a função de acompanhar todas as representações. A diferença específica de qualquer eu individual é, no máximo, a "potência" com a qual ele se dedica a suas atividades ou, talvez, o grau e a sofisticação da organização que o envolve. Exatamente o mesmo se aplica à inutilidade organizada do esporte:

> O esporte, como todas as variedades da cultura de massa, é governado por uma atividade concentrada e intencional, mesmo que os espectadores menos informados sejam incapazes de supor a distinção entre as várias combinações e o significado dos eventos à medida que se desenrolam, pois estes são dimensionados por regras fixadas arbitrariamente. Como as pirâmides de ginástica das orgias de Sade e os rígidos preceitos das primeiras lojas maçônicas burguesas – cinicamente espelhadas na regulação estrita dos libertinos nos *120 Dias de Sodoma* –, a estrutura arquitetônica peculiar do sistema kantiano anuncia o fato de que a organização da vida agora dispensou, de maneira geral, os objetivos importantes (*DE* 69; *HGS* V. III).

Mimese e projeção

A moralidade, desse modo, tem uma base intuitiva, e a alienação dessa base não gera a autonomia (como diria Kant), mas um jogo abstrato cujo único conteúdo substancial é o poder. Argumentos análogos se aplicam ao próprio conhecimento.

Na concepção de Adorno e Horkheimer, o conhecimento tem uma origem "mimética". A mimese é a assimilação da consciência à realidade. Ela não envolve reprodução ou apreensão; ela é, ao invés disso, uma questão de intuição orgânica não mediada. A mimese é a "imitação física da natureza exterior". Enquanto tal, não é um processo intelectual. De fato, não é nem mesmo restrita aos seres humanos. A mimese é a resposta expressiva das coisas criadas a seu ambiente e adquire sua origem com a capacidade de *sofrer*, que é algo próprio de todos os seres vivos: "[nas] respostas de fuga simultaneamente caóticas e regulares dos animais inferiores, nas figuras criadas por seus movimentos, nos gestos convulsivos dos atormentados, algo encontra expressão, algo que, apesar de tudo, não pode ser inteiramente dominado na pobre natureza: o impulso mimético" (*DE* 151; *HGS* V, 213). A mimese se estende ao reino humano, onde pode ser encontrada no impulso para representar e atuar. É também, afirmam Adorno e Horkheimer, um componente importante do esforço da magia primitiva para confrontar o mundo hostil da natureza (*DE* 148, *HGS* V, 210).

O aspecto significativo da mimese é a mistura da percepção com o dado. A esse respeito, ela tem uma relação com os sentidos que difere daquelas outras formas de conhecimento. Enquanto a visão, por exemplo, distancia o eu do objeto e o deixa intocado pelo objeto, o olfato absorve o eu no objeto percebido e une os dois:

> De todos os sentidos, o olfato, que é atraído sem reificar, traz o mais fértil testemunho do impulso de se perder no outro e se tornar idêntico a ele. É por isso que o olfato, tanto como percepção quanto como percebido – ambos se tornam um no ato –, é mais expressivo que os outros sentidos. Na visão, permanecemos o que somos; no olfato, somos absorvidos (*DE* 151; *HGS* V, 214).

Um modo de conhecimento que não consegue reunir o eu e o objeto é aquele que, em última instância, converte tudo em "mera natureza" – em um exterior governado por regras inacessíveis. Na mimese, por contraste, o eu é levado para o exterior, e por isso mesmo é preservado ali como um ator livre. Essa preservação no, e apesar do, exterior é o modelo do que Adorno e Horkheimer veem como a "reconciliação" do eu e com a natureza (*DE* 153; *HGS* V, 216).

O outro modelo, a saber, um conhecimento que insiste na distância e na absoluta distinção entre o eu e o objeto, é atacado por Adorno e Horkheimer como um (falso) esclarecimento. O conhecimento "esclarecido" é caracterizado por sua tentativa de impelir todos os objetos conhecidos e cognoscíveis para o espartilho da "ciência" sistemática. Ele então se torna incapaz de acomodar o *hic et nunc*. Mas, como os autores argumentam, o mundo, e tudo o que nele existe, é essencialmente singular. Nenhuma coisa é a mesma que outra. Os indivíduos são verdadeiramente individuais, e não exemplares de uma espécie (*DE* 6s.; *HGS* V, 32). A classificação nada mais é do que uma *preparação* para o conhecimento, nunca sua realização (*DE* 182; *HGS* V, 250).

A origem dessa compulsão de "conhecer tudo antecipadamente" *(Vorwegbescheidwissen)* é, segundo os autores, em parte psicopatológico e em parte resultado do medo (*DE* 18; *HGS* V, 46). O medo é aquele medo primitivo da natureza, o outro hostil que traz a morte. O elemento psicopatológico é descrito como uma projeção. A projeção é, como Adorno e Horkheimer a postulam, uma tentativa animal de criar instrumentos para dominar o mundo lá fora. Ela estabiliza aquilo que de outra maneira seria caótico e disforme. Em si mesmo, isso é legitimado. Isso cessa de ser legitimado no ponto em que a insistência dogmática assume que a imobilidade não é meramente um aspecto dos instrumentos, mas uma característica do mundo em geral. Essa insistência não é mais uma resposta combativa particular às necessidades da sobrevivência; torna-se uma resposta patológica generalizada à sensação de impotência do sujeito, que diante da natureza percebe que ela é invencível. A projeção patológica ou paranoica está convencida de que tudo é sempre a mesma coisa. Somente dessa maneira ela pode lutar contra o medo que é, ele mesmo, eternamente vítima da natureza onipotente. O sujeito paranoico projeta no, e para o, mundo exterior uma convicção de que todas as coisas circulam no interior de um sistema fechado de necessidade eterna; somente assim pode sobreviver à sensação de absoluta impotência. "O encerramento do eternamente mesmo torna-se um substituto da onipotência" (*DE* 157; *HGS* V, 220).

A exclusão do eu em relação ao mundo exterior, entretanto, e a negação de que indivíduos livres possam intervir para mudar alguma coisa no tortuoso mecanismo "da natureza" é uma doença. Infelizmente é uma doença que se espalhou profundamente no pensamento das culturas modernas. Ela é particularmente evidente nas depredações causadas pela "ciência", a qual tem contribuído mais do que tudo para alienar da natureza a humanidade. A natureza como representada pela "ciência" tornou-se o objeto de um desejo paranoico de dominação, e por esse motivo os seres humanos, expulsos da participação da natureza, realmente se tornaram suas vítimas. O que Adorno e Horkheimer chamam "realismo absoluto", de fato, culmina no fascismo: é "um caso especial da ilusão paranoica que devasta a natureza e eventualmente as próprias pessoas" (*DE* 159; *HGS* V, 223). O modo específico dessa projeção "científica" é algo que eu já ressaltei no contexto da economia de mercado: ela envolve o esvaziamento do centro humano do conhecimento em favor de necessidades sistemáticas, procedimentais e "funcionais". As intuições importantes do conhecimento verdadeiro são substituídas pelas compulsões espectrais da dedução e por todas as hierarquias "lógicas" do conhecimento sistemático (*DE* 16; *HGS* V, 44). Essas compulsões e hierarquias, obviamente, espelham aquelas do mundo capitalista. Ao mesmo tempo, elas convertem os objetos materiais em valores para variáveis funcionais, em elementos da contínua "subsunção" (*DE* 21; *HGS* V, 50).

A REFLEXÃO E A EMANCIPAÇÃO DO FALSO ESCLARECIMENTO

O ponto central do livro é o uso da noção de "reflexão" para combater aquilo que ele reprova. O fracasso do "Esclarecimento" repousa em sua inabilidade para ver que a relação entre o sujeito e o objeto é aquela de um mútuo dar e receber. O modelo do falso esclarecimento é fornecido, acima de tudo, por Kant. Na filosofia kantiana, os sujeitos do conhecimento e da moralidade se tornam centros sem extensão, pontos geométricos abstratos de referência em sistemas nos quais a verdade e a falsidade são determinadas exclusivamente por considerações formais. Para Horkheimer e Adorno, a verdade envolve a consciência do papel assumido pelo sujeito, não como um tirano paranoico projetando algum sistema rígido sobre a natureza e a humanidade, mas como ator em uma troca dialogada com a reconciliação, que não considera a dominação um objetivo. A consciência, de acordo com isso, tem um "curso" (*DE* 160; *HGS* V, 224). Ela acontece no tempo e pode variar com os eventos e indivíduos únicos com os quais ela se envolve. O pensamento verdadeiro, segundo Horkheimer e Adorno, é precisamente reconhecível na possibilidade de abandonar e substituir quaisquer convicções e conclusões prévias. Ele não permanece em suas intuições imaginadas, mas é essencialmente *negativo* com suas próprias conquistas. A consciência projeta sistemas, deduções e conclusões, mas a reflexão está sempre pronta para relativizar, uma vez mais, aquelas conclusões. A reflexão conhece a individualidade daquele que conhece e a do conhecido, assim está sempre pronta para revisar um ponto de vista, assim que ela o tenha atingido. Qualquer outra coisa é "loucura".

As consequências de uma atitude reflexiva abarcariam, ao que parece, os seguintes elementos. Primeiro, ela levaria a uma sexualidade mais saudável. A sexualidade, não somente como um aspecto da perspectiva psicoterapêutica do livro, tem um papel significativo na *Dialética do Esclarecimento*. Há certo, embora talvez indistinto, ângulo crítico nos comentários sobre sexualidade. A atitude tecnicista dos nazistas, e especialmente sua substituição da discrição individual pelo coletivismo irracional, ao que parece, predispõe-os a serem homossexuais (*DE* 210; *HGS* V, 285). O próprio Hitler, entretanto, o paranoico arquetipicamente "impassível", é nessa explicação venerado pelas mulheres (*DE* 157; *HGS* V, 221). A própria atitude do livro em relação às mulheres é ambígua. Embora a razão técnica seja desdenhosamente rejeitada como "masculina", não fica necessariamente claro que a razão feminina, qualquer que possa ser, deva ser preferida. A visão de que a mulher se rendeu muito rapidamente a uma sexualidade repressiva é proeminente (*DE* 56; *HGS* V, 95). E além do mais, ao que parece, a mulher tem uma forte inclinação para compensar tal coisa, perseguindo ainda mais futilidades do que os homens: "A última oposição feminina contra o espírito da sociedade masculina cai no pântano da pequena chantagem, das convenções e dos *hobbies*, transforma-se na agressão pervertida do trabalho social e da falaceira teosófica, ou na articulação de pequenas intrigas sobre o trabalho de caridade e sobre a ciência cristã" (*DE* 208; *HGS* V, 283). A sexualidade verdadeira, ao que parece, contém a promessa da reconciliação. Entretanto, isso não deve ser mediado especificamente ou exclusivamente pelas mulheres. É uma reconciliação no mesmo espírito daquela proclamada pelo sentido do olfato, a recordação de uma primeira felicidade nas névoas do tempo (*DE* 56; *HGS* v, 95). No sexo, como na ingestão despropositada do lótus, a mais antiga e remota felicidade "lampeja" diante da consciência – como diria a frase benjaminiana do livro (*DE* 50; *HGS* V, 87). O bom sexo como uma receita para o progresso político, ainda que apresentado no livro como um argumento convincente, não é uma iniciativa particularmente nova. De fato, a filosofia de direita da época não era ela mesma contrária a promover essa rota para a saúde.

Um segundo modelo para a ação prática, mais diretamente aplicável, pode ser encontrado nos comentários sobre a justiça. A insistência no cálculo e na subsunção dos casos individuais às normas gerais é, como mostram convincentemente Horkheimer e Adorno, uma característica da maior parte da justiça moderna (*DE* 4; *HGS* V, 29). Uma justiça que se recusa a enxergar os casos individuais é de fato aquela em que, como os autores afirmam, "a justiça é tragada pela lei" (*DE* 12; *HGS* V, 39). Em um contexto legal, o desejo de igualdade termina na "repressão" e, em última instância, na promulgação da *injustiça* (*DE* 9; *HGS* V, 35). Os autores atribuem isso ao falso esclarecimento burguês (*DE* 4; *HGS* V, 29). Não é claro, contudo, o que eles colocariam em seu lugar. Como resposta, poder-se-ia, em qualquer caso, necessitar salientar que suas críticas se aplicam, num primeiro momento, não à justiça "burguesa", mas à tradição do direito civil. O direito comum não insiste na "subsunção" como o primeiro ato do juiz. Ao contrário, os juízes do direito comum são – paradigmaticamente – jurados que são deliberadamente escolhidos entre leigos, a fim de evitar o tipo de sistema limitado, o pensamento "científico" promovido pelo procedimento do direito civil. O júri é determinado para ter um engajamento direto e emocional com o caso individual, não acobertado pelo cinismo dos profissionais. O júri, no direito comum, é o juiz exclusivo do fato. Os profissionais julgam a lei, mas apenas em relação às questões que os leigos, os jurados, consignaram a eles como veredictos de fatos. Tal divisão de responsabilidades é designada para manter a supremacia dos fatos concretos e particulares, para combater falsas suposições familiares e para preservar a consciência do tribunal de que cada caso é, em última instância, único. Assim, com efeito, o sistema americano de justiça (que é puro direito comum e é bem fundamentado nos debates filosóficos do século XVIII e subsequentes) poderia ter sido um exemplo do que Adorno e Horkheimer estavam procurando, se apenas tivessem olhado na direção certa enquanto tiveram a oportunidade.

A terceira e mais concreta aplicação da "reflexão", pelo menos para Adorno, repousa em outro lugar, a saber, no campo da arte. A falsa arte, como é patente a partir do ensaio sobre a indústria cultural, é meramente um instrumento da ideologia, uma maneira de suprimir as faculdades críticas das massas. A ideologia faz uso do entretenimento e do "divertimento", cuja falsa harmonia e humor raso meramente reforçam o "ritmo de aço" da produção industrial. A arte genuína, contrariamente, recusa esse entorpecimento. Ela reconhece o "clamor pela felicidade" da humanidade (*DE* 124; *HGS* V, 181), mas não comemora a reconciliação, que nesse mundo não é nada mais do que uma imagem utópica; ao contrário, a arte apropriada enfatiza o "fracasso necessário" da luta conciliatória (*DE* 103; *HGS* V, 155). A arte se assemelha ao pensamento reflexivo quando recusar a afirmativa e acentua a "negação" de todas as conclusões estabelecidas. O divertimento procura perfidamente aliviar o povo de seu fardo obrigatório (*DE* 116; *HGS* V, 170).

A teoria da arte vai além disso, pois a arte é, ao que parece, uma forma de conhecimento (*DE* 25; *HGS* V, 56). De fato, a arte, ao invés da fé (como Kant afirmara), é o verdadeiro limite do conhecimento intencional (*DE* 14; *HGS* V, 42). A arte permite ao todo surgir na parte; como uma expressão da totalidade, argumentam os autores, a arte compartilha a dignidade do absoluto (ibid.). A totalidade nunca é factualmente alcançável ou cognoscível, mas a arte sinaliza na direção de seu lugar, ao mesmo tempo em que acentua os limites do meramente dado. A dignidade e o valor da arte, assim, excedem os da "ciência" e anunciam a felicidade e a liberdade, que são direitos naturais de todos os seres humanos.

Conclusões

A *Dialética do Esclarecimento* é um poderoso manifesto em prol da luta contra a barbárie moderna. Não fica claro, apesar disso, se ela realmente supera o conservadorismo essencial que caracterizava grande parte do pensamento alemão da época, incluindo o de numerosos pensadores apropriados pela "barbárie".

A resistência do livro ao moderno platonismo e à tirania da dedução é claramente oposta a pensadores como Frege e Russell, que estavam na vanguarda da tradição analítica e explicitamente comemoravam as possibilidades da lógica formal. Eles não eram, contudo, notavelmente influentes na filosofia reacionária política ou cultural (apesar do desagradável antisemitismo de Frege em privado). De fato, os mais veementes antiplatônicos da primeira metade do século XX eram seguidores de Nietzsche, como Ludwig Klages e, imediatamente em seguida, Martin Heidegger – e as atrações do pensamento destes para o Nacional Socialismo são bem documentadas. Estranhamente, a fonte alternativa contemporânea mais evidente do pensamento antiplatônico teria sido o empirismo florescente na Inglaterra e nos Estados Unidos. Adorno e Horkheimer parecem, entretanto, ter encarado isso como um formalismo cínico, "pragmático", ainda pior do que a tradição kantiana que criticaram minuciosamente.

Ao mesmo tempo, é notável que – apesar da lamentável *performance* de *todas* as instituições intelectuais alemãs sob o nazismo, incluindo as universidades, as artes e o direito – Horkheimer e Adorno ainda assumam a noção humboldtiana de que há mérito e estabilidade moral em instituições ideológicas monopolizadas pelo Estado (isso significa, presumivelmente, *Bildung* [*DE* 105; *HGS* V, 157]). Enquanto isso, à verdadeira maneira conservadora alemã, os problemas da época são diagnosticados como uma "doença do espírito" (*DE* 165; *HGS* V, 230), os quais, imagina-se, as bênçãos do *Bildung* irão curar. Contudo, as prescrições para uma nova iniciativa intelectual, apesar de sua rejeição da "filosofia oficial", parecem, de maneira desconcertante, fracas, apesar do apregoado clamor pela resistência "aos administradores" (*DE* 201; *HGS* V, 275). Por outro lado, Horkheimer e Adorno mostram-se refratários às alternativas culturais americanas. O humor na arte, que pode ter a mais poderosa qualidade política subversiva (por exemplo, Charlie Chaplin), é desprezado enquanto equívoco do "entretenimento": o verdadeiro prazer repousa nas questões sérias *(res severa verum gaudium)*. Aqueles que enxergam através da falsidade não podem rir: "aliás, Baudelaire é tão sem graça quanto Hölderlin" (*DE* 112; *HGS* V, 166). Enquanto que a música americana, o jazz, que é dificilmente o tipo de divertimento néscio vendido por Hollywood, é tratado sumariamente.

Concluindo, é difícil não sentir que muito do ímpeto por trás da *Dialética do Esclarecimento*, apesar de seu fôlego e escopo teórico, representa a ansiedade e o ressentimento para com as muitas indignidades do exílio. O fato é que o mundo de fala inglesa resistiu ao nazismo, tanto fora quanto dentro de casa, de uma maneira muito mais eficiente do que a Alemanha. Parte da razão para isso, talvez, repouse nas instituições intelectuais e na tradição desse mundo de fala inglesa. Este não é um julgamento moral, e ele pode até ser falso. Mas é decepcionante que dois analistas tão dotados não pudessem perder um pouco mais de tempo considerando essa questão e as lições, se existe alguma, que poderiam ter sido aprendidas com isso.

4 A união de Marx e Freud: A Teoria Crítica e a Psicanálise

Joel Whitebook

Os membros do Instituto de Pesquisa Social foram o primeiro grupo de filósofos e teóricos sociais a levar a psicanálise a sério – de fato, garantindo a Freud o *status* que é geralmente reservado aos gigantes da tradição filosófica. Além de Hegel, Marx e Weber, Freud tornou-se uma das pedras fundamentais sobre a qual o programa de interdisciplinaridade para uma teoria crítica da sociedade foi construído. Observou-se várias vezes que os teóricos críticos voltaram-se para a psicanálise para corrigir uma deficiência na teoria marxista, a saber, sua redução do reino psicológico a fatores socioeconômicos. Esta explicação, entretanto, não tem grande alcance. Com raras exceções, a esquerda não estava especialmente interessada nos movimentos culturais modernos do século passado – ou, ainda pior, denunciava-os devido a sua decadência burguesa. Embora o projeto pudesse ter sido demonstrado como impossível, a escola de Frankfurt – amplamente sob a influência de Adorno – procurou integrar o modernismo cultural com uma política de esquerda. E este é um dos lugares no qual a psicanálise veio a desempenhar um importante papel. Apesar do estilo de vida tolo e do conservadorismo estético de Freud, sua criação, a psicanálise, incontestavelmente contribuiu com a vanguarda radical que estava transformando quase todos os aspectos da cultura europeia.[1] *A Interpretação dos Sonhos* e *Ulisses* são retirados da mesma matéria-prima.

---

[1] Ver *An Unmastered Past: The Autobiographical Reflexions of Leo Loewenthal*. M. Jay (ed.), University of California Press. Berkeley: 1987, p. 41. Peter Gay, referindo-se ao *"burguês como revolucionário"* sugere que Freud necessitava da segurança e da estabilidade de seu lar burguês [*bürgherlich*] para desenvolver sua revolucionária e assustadora exploração da realidade interior. *Freud, Jews and Other Germans*. Oxford: Oxford University Press, 1978, p. 60-61.

Embora as posições de Freud sobre a sexualidade tivessem um grande impacto no público em geral, sua crítica da filosofia – tanto quanto a de Nietzsche e Marx – desempenhou um papel mais importante na morte da tradição ontoteológica e do surgimento de um pensamento pós-metafísico. Depois da intervenção de Freud na história da racionalidade ocidental, muitos dos maiores *topoi* tradicionais da filosofia – autoridade, moralidade, subjetividade, associações políticas e a própria razão – não poderiam ser abordados da mesma maneira. O sentimento de que eles se mantiveram do outro lado da divisão da *kulturhistorisch* deve ter contribuído para o elã que se nota entre os primeiros membros da escola de Frankfurt.

A intimidade entre a Escola de Frankfurt e a psicanálise era mais do que teórica. O Instituto de Pesquisa Social e o Instituto Psicanalítico de Frankfurt dividiam o mesmo edifício e davam aulas nas mesmas salas. Eminentes psicanalistas, como Anna Freud, Paul Federn, Hans Sachs e Siegfried Bernfeld, davam aulas para o público em geral, financiados pelos teóricos críticos. Max Horkheimer, o diretor do Instituto de Pesquisa Social, também fazia parte da direção do Instituto de Psicanálise. Eric Fromm – psicanalista formado e membro dos dois institutos – ajudou os críticos teóricos a entenderem os trabalhos da teoria psicanalítica.[2] Essa contribuição possibilitou os estudos inovadores, como *Autoridade e Família*, do Instituto.[3] O estudo foi a primeira pesquisa empírica interdisciplinar que usou a teoria psicanalítica – neste caso a teoria do caráter – para investigar a relação entre desenvolvimentos sociológicos e fenômenos psicológicos.

Depois da Guerra, a relação de trabalho entre a Escola de Frankfurt e a psicanálise foi restabelecida quando Horkheimer e Adorno retornaram para a Alemanha. Eles apoiaram a criação do Instituto Freud, de Alexander Mits-

---

[2] Muitos dos ensaios de Fromm dos anos trinta estão reunidos no *The Crisis of Psychoanalysis*, Nova York: Holt, Reinhart, Wilson, 1970. Restrições de espaço me impedem de examinar o importante debate de Fromm com Marcuse, o qual aparece em *Dissent* em 1955 e 1956, e seu posterior desligamento da escola de Frankfurt. Para um relato dessa história, ver Martin Jay, *The Dialectical Imagination: A History of the Frankfurt School and the Institute of Social Research, 1923-1950*. New York: Little, Brown, 1973, p. 86-106; Rolf Wiggershaus, *The Frankfurt School: Its History. Theories and Political Significance*, M. Robertson (trad.). Cambridge, Mass.: MIT Press, 1994, p. 265-273.

[3] *Studien über Authorität und Familie: Forshungberichte aus dem Institute for Sozialforschung*, Paris, 1936.

cherlich, a instituição que reabilitou a psicanálise na Alemanha depois do desastre que deixara o país completamente esvaziado de psicanalistas experientes. De novo, Horkheimer estava na diretoria do instituto de psicanálise. Nos anos sessenta, as discussões de Jürgen Habermas com Mitscherlich e Alfred Lorenzer, outro proeminente membro do Instituto Sigmund Freud, tiveram um papel importante na reinterpretação linguística dada pelo filósofo à teoria psicanalítica. De fato, os capítulos influentes sobre Freud no *Conhecimento e Interesse Humano* foram produto parcial dessas discussões.

Horkheimer e Adorno

Não há nada como uma experiência traumática para sacudir o pensamento de alguém. O choque da Primeira Guerra Mundial levou Freud a reconstruir radicalmente seu modelo do aparato psíquico, introduzir sua nova teoria do instinto – que agora incluía a pulsão de morte – e, por fim, escrever seus últimos trabalhos culturais. Analogamente, a notícia do suicídio de Walter Benjamin e a "percepção de que a barbárie de Hitler havia ultrapassado o mais melancólico prognóstico do mais melancólico dos pensadores do século XX"[4] compeliram Horkheimer e Adorno a reexaminar os pressupostos básicos de seus projetos. Certamente, o pensamento deles sempre havia sido idiossincrático. Mas antes dos anos 40, embora heterodoxos, seus trabalhos haviam permanecido basicamente dentro de uma estrutura marxista e, portanto, dentro de uma tradição iluminista, na medida em que procuravam fornecer explicações racionais dos fenômenos que investigavam, explicando-as segundo as condições materiais, concebidas grosso modo a partir dessas condições que as produziam.

Agora, no entanto, o próprio Esclarecimento – a racionalidade e o sujeito racional – parecia estar implicado na catástrofe que estava engolindo a

---

[4] Anson Rabinbach, "The Cunning of Unreason: Mimesis and the Construction of Anti-Semitism in Horkheimer and Adorno's *Dialectic of Enlightenment*", em *In the Shadow of Catastrophe: German Intellectuals between Apocalypse and Enlightenment*. Berkeley: University of California Press, 1997, p. 167.

Europa. A validade da razão como um *organum* para o entendimento dessa experiência não poderia, portanto, ser tomada como garantida. Tinha de ser criada uma teoria "não racional" – em oposição a algum tipo de teoria "irracional" –, que pudesse alcançar a região por trás da racionalidade e do sujeito e examinar sua gênese.[5] Para forjar esse novo tipo de teoria e escrever a "pré-história" *(Urgeschicte)* da razão e do sujeito, o que significava escrever os "subterrâneos da história" da Europa e a crônica do "destino dos instintos e paixões humanas que são deslocados e distorcidos pela civilização" (*DE* 231), Horkheimer e Adorno voltaram-se para a psicanálise. A natureza radical da nova tarefa os conduziu a encarar os aspectos mais controversos e especulativos dos escritos de Freud, a saber, suas teorias psicoantropológicas da cultura e civilização.

Na obra-prima da Escola de Frankfurt clássica, a *Dialética do Esclarecimento*, Horkheimer e Adorno apresentaram sua versão da explicação psicanalítica do desenvolvimento (individual e coletivo) comentando as viagens de Ulisses, tomando como ponto de partida as teorias intimamente relacionadas da internalização[6] de Nietzsche e Freud. Sua tese central é a de que o sujeito[7] vem a ser através "da introversão do sacrifício" (*DE* 55). As práticas de sacrifício derivam de um princípio central do pensamento mítico, isto é, da lei de equivalência, que para Horkheimer e Adorno representa a origem mágica da troca racional. Cada instante de boa sorte, cada vantagem que os deuses concedem aos seres humanos, deve ser pago com algo de valor

---

[5] Rabinbach, "The Cunning of Unreason", p. 85. Para evitar um erro pós-modernista comum, deve ser ressaltado que Horkheimer e Adorno eram hostis ao irracionalismo tanto quanto às razões instrumentais. Ver Rush, capítulo 1. Embora eles reconhecessem que isso os envolvia numa autocontradição, os dois teóricos críticos permaneceram "totalmente convencidos (...) de que a liberdade social é inseparável do pensamento esclarecido" (*DE* XIII). Ver também *Dialectical Imagination*, cap. 8; Wiggershaus, Frankfurt School, p. 302-349.

[6] Ver Frederich Nietzche, *On Genealogy of Morals*, M. Clark e A. Swensen (trad.), Indianapolis: Hackett, 1980, p. 56-57; Sigmund Freud, *Civilization and its Discontents*, em *The Standard Edition of the Complete Psychological works of Sigmund Freud*, J. Strachey (trad.). Londres: Hogarth Press, 1975, (XXI), cap. 7 (daqui em diante *SE*).

[7] Embora haja distinções para serem feitas entre os termos "sujeito" (*subject*), "eu" (*self*) e "ego", para o propósito deste capítulo, eu os utilizarei de modo mais ou menos equivalente.

comparável. Seguindo esse princípio, a espécie humana originária tentava influenciar o curso dos eventos naturais e humanos, oferecendo sacrifícios para os deuses na esperança de que as divindades interviessem em seu favor.

Ulisses procurou emancipar-se do mundo pré-racional e pré-individualizado do mito e dessa forma escapar da lei da equivalência. Suas provações e aventuras contam os estágios da emergência de um sujeito individualizado, unificado e intencional, o que equivale a afirmar, um sujeito esclarecido. Ulisses já era uma figura transitória, em algum momento entre o mito e o esclarecimento, pois seu ego incipiente havia se desenvolvido até o ponto a partir do qual ele podia fazer seu cálculo básico. Ele calculou que, mantendo a desordem de sua natureza interna sob o controle de um ego unificado – isto é, reprimindo sua vida inconsciente-instintiva –, poderia ludibriar a lei da equivalência e sobreviver aos inúmeros perigos que o aguardavam em sua jornada de volta para casa. Esses perigos representam os prazeres regressivos do mundo arcaico – formas de gratificação oferecidas a cada estágio do desenvolvimento – que ameaçam desviar o ego, relativamente imaturo, de seus objetivos de desenvolvimento. A tarefa principal do ego, a autopreservação, só pode ser alcançada ao manter-se no curso original. Além disso, cada ato adicional de renúncia contribui para a realidade da consolidação e da força do ego, transformando-o ainda mais num sujeito racional *qua* estratégico, que pode manipular o mundo externo. E na medida em que a natureza externa é reificada, esta é transformada em uma matéria apropriada de dominação. Horkheimer e Adorno veem a astúcia lendária de Ulisses, uma "espécie de pensamento suficientemente forte para destruir mitos" (*DE* 4), como precursora da razão instrumental e da dominação técnica da natureza.

Há, entretanto, um defeito na estratégia de Ulisses. Aquilo que se torna a "célula germinativa" (*DE* 54) a partir da qual a dialética do esclarecimento se desenvolve. Embora não seja direcionada para fora, a renúncia à natureza interior, que "o homem celebra em si mesmo" (ibid.), não é menos um ato de sacrifício do que o ritual de imolação de um cordeiro balidor. Enquanto sacrifício, permanece sujeito à lei da equivalência. Um preço deve ser pago pela sobrevivência de Ulisses, isto é, pela vitória sobre os perigos postos pela natureza externa. Esse preço é a reificação do próprio eu. Na medida em que o ego se distancia de sua pré-história e de sua vida inconsciente-instintiva, em certo sentido, ele perde sua relação mimética com o mundo. Em outro sentido, embora pervertido, a mimese é preservada no processo, pois um eu objetivado imita o mundo reificado que ele objetivou.

Porque Horkheimer e Adorno assumem que o processo que delinearam representa o único caminho para a formação do ego, eles equiparam o ego autocrático ao ego enquanto tal. Para eles, a integração do eu é inerentemente violenta: "Os homens tiveram de fazer coisas assustadoras a si mesmos antes que o eu, a natureza intencional idêntica e viril do homem, fosse formado, e alguma coisa desse tipo reaparece na infância" (*DE* 33).[8] E mais ainda, a violência envolvida na gênese do ego permanece atrelada a ele ao longo de todos os estágios de seu desenvolvimento. Para preservar sua unidade e sua identidade, o ego deve manter-se vigilante em duas frentes, contra a natureza interior e a natureza exterior, com a mesma intensidade.[9]

Esperava-se que o Esclarecimento emancipasse a humanidade do medo e da imaturidade e promovesse sua realização através do desenvolvimento da razão e do controle da natureza. Como concebido por Horkheimer e Adorno, entretanto, todo o processo de formação do ego, e, consequentemente, o projeto do esclarecimento, é autodestrutivo. Ele elimina sistematicamente a possibilidade de realizar seu próprio objetivo. O pensamento esclarecido reduz a função do ego a sua atividade de autopreservação – "mera vida", no sentido aristotélico – e o sacrifício da natureza interior torna impossível uma vida completa. A liberação do "desejo" pode não constituir a liberdade em si mesma, como muitos marcuseanos e *désiderants* franceses acreditavam dias após os acontecimentos de 68. (Devido ao lado obscuro dos desejos, isso teria resultado na barbárie.) Mas, ao mesmo tempo, uma relação íntima e ilimitada com uma vida inconsciente-instintiva é um ingrediente essencial para se viver bem. Ela não apenas aumenta a vitalidade e a espontaneidade da vida psíquica, como também permite que se preencha a experiência diária com fantasias, a partir das quais promove uma relação mais mimética com o

---

[8] Ver também Cornelius Castoriadis, *The Imaginary Institution of Society*, K. Blamey (trad.). Cambridge, Mass.: MIT Press, 1987, p. 300-301.

[9] Ver *The Ego and the Id*, em *SE* XIX, cap. 5.

mundo. "É a percepção imediata criativa, mais do que qualquer outra coisa", como D. W. Winnicott observa, "aquilo que faz o indivíduo sentir que a vida vale a pena ser vivida".[10]

A tradição psicanalítica francesa, profundamente influenciada por Heidegger, especialmente por sua crítica do sujeito cartesiano, tende a ver o ego em um sentido evidentemente negativo, como um agente da racionalização autoenganadora e como um oponente do desejo.[11] Apesar da hostilidade a Heidegger, Horkheimer e Adorno compartilham muitas dessas mesmas críticas ao ego, particularmente com respeito à questão da adaptação, mas suas posições são mais complicadas. Estas resultam parcialmente de considerações políticas. Totalmente conscientes do preço – o sacrifício da natureza interior e a perda da relação mimética com a natureza – pago pela emergência do ego, eles, entretanto, acreditavam que a formação do sujeito moderno também representava um avanço inegável. Isso marcou a emancipação do indivíduo de sua imersão na substância quase natural da *Gemeinschaft* pré-moderna e o reconhecimento da nova norma, a autonomia, que, reconhecidamente, havia sido apenas parcialmente percebida na modernidade.

Quaisquer que fossem suas deficiências, a ideia de um indivíduo autônomo tinha de ser defendida em bases políticas. Pois, ainda que seu "olhar mundano" tenha sido "treinado pelo mercado", a individualidade burguesa possui um grau de "liberdade em relação ao dogma, à estreiteza mental e ao preconceito" e, portanto, "constitui um momento de pensamento crítico" (*MM* 72). Diante do totalitarismo rude do fascismo e do totalitarismo sutil de um mundo administrado, Horkheimer e Adorno sustentavam que o "momento de pensamento crítico" da capacidade para

---

[10] D. W. Winnicott, "Creativity and its Origins", In *Playing and Reality*. Nova York: Tavistock, 1986, p. 65; ver também Hans Loewald, "Psychoanalysis as an Art and the Fantasy Character of the Psychoanalytic Situation", In *Papers on Psychoanalysis*. New Haven: Yale University Press, 1980, p. 352.

[11] Para o *locus classicus* da teoria psicanalítica pós-estruturalista francesa, ver Jacques Lacan, *The Ego in Freud's Theory and in the Technique of Psychoanalysis* (1954-1955), [vol. II] do *Seminars of Jacques Lacan*, S. Tomaselli (trad.), Nova York: Norton, 1988.

um juízo político independente, ainda que limitado, tinha de ser preservado. Eles, portanto, apostaram relutantemente todas as suas fichas no indivíduo autônomo.[12]

Na base da análise de Horkheimer e Adorno, não há maneira de romper a dialética do esclarecimento a partir de seu interior; somente uma ruptura utópica de algum tipo poderia desviar seu avanço aparentemente ininterrupto. Além disso, embora Horkheimer e Adorno acreditassem que uma visão da redenção fosse necessária para esclarecer a falsidade do mundo, eles se opunham à busca real da política utópica (*MM* 247).[13] Como resultado, eles se tornaram prisioneiros de um impasse teórico do qual jamais escapariam. Seu conformismo político – de fato conservadorismo –, que era o resultado parcial desse impasse, ficou, com o tempo, cada vez mais forte. Depois da guerra, Horkheimer, de uma maneira ou de outra, afastou-se da psicanálise, mas Adorno continuou persistindo na análise psicanalítica que ambos haviam iniciado na *Dialética do Esclarecimento*. No espírito da dialética negativa, ele utilizou a psicanálise para fins exclusivamente críticos e recusou qualquer tentativa de visualizar uma concepção não reificada do eu. Teoricamente, sua proposição de que o todo é

---

[12] Em um movimento contraintuitivo, Horkheimer e Adorno atrelaram sua defesa do sujeito autônomo aos aspectos mais biológicos do pensamento de Freud. De fato, estes dois filósofos de esquerda criticaram o progressivismo dos "revisionistas neofreudianos" que buscavam combater a antropologia pessimista de Freud, rejeitando a importância dos instintos e enfatizando a sociabilidade dos seres humanos. Contra eles, os teóricos críticos argumentavam que esse progressivismo era muito fácil. Como boa parte do esquerdismo liberalista-conservador (*whiggish leftism*) [*], tal progressivismo negava o momento da não identidade essencial entre o indivíduo e a sociedade – que é não apenas um fenômeno antissocial, mas também um fenômeno que salvaguarda a liberdade individual face à liberdade coletiva. Ao mesmo tempo, os progressistas falharam em avaliar adequadamente o perigo das forças integrativas em ação na sociedade moderna. Horkheimer e Adorno, ao contrário, acreditavam que os instintos constituíam um inassimilável núcleo biológico no indivíduo, que poderia agir como barreira contra estas forças integrativas. *[*Whiggish leftism*. De *Whig*: membro ou simpatizante de um dos maiores grupos políticos britânicos do século XVIII e início do século XIX, que buscava limitar a autoridade real e ampliar o poder do parlamento. Fonte: Webster Ninth Collegiate Dictionary. N. T.]

[13] Ver também Jay, *Dialectical Imagination*, p. 3-40, e meu *Perversion and Utopia: A study in Psychoanalysis and Critical Theory*. Cambridge, Mass.: MIT Press, 1995, p. 75-89.

o não verdadeiro o impediu de tolerar essas especulações positivas. Qualquer esforço de enquadrar "uma existência mais humana", argumentava Adorno, poderia apenas contribuir para uma tentativa de uma "falsa reconciliação com um mundo irreconciliável". "Toda 'imagem do homem' é ideológica, exceto a negativa."[14] Além disso, para ele, a celebração, por parte dos psicólogos do ego, da adaptação como o *ne plus ultra* da saúde psíquica constituía um recuo à ênfase de Freud no conflito.[15] De fato, isso contribuiu como uma razão para o conformismo social, disfarçado como uma teoria do desenvolvimento.

Como observa Albrecht Wellmer, há apenas um lugar onde Adorno descuida de suas preocupações com a falsa reconciliação e com suas proibições à especulação utópica: em sua teoria estética. Adorno declara que novas formas de sínteses, consistindo em uma relação não reificada entre particular e universal, parte e todo, já foi alcançada em obras exemplares de arte avançada, especialmente na música de Schoenberg e no teatro de Beckett. Ele sugeriu, além disso, que o tipo de integração estética manifestada nesses trabalhos poderia prefigurar um modo pós-reificado de síntese social, o qual poderia, possivelmente, ser realizado numa sociedade futura. Mas, por alguma razão, talvez um resistente preconceito marxista contra a psicologia, Adorno nunca se permitiu a mesma liberdade especulativa com respeito à síntese do eu. Isto é, ele nunca tentou extrapolar possibilidades de novas formas, menos repressivas ("não repressivas" seria utópico), de integrar o eu, a partir da "proximidade não violenta da multiplicidade" que ele acreditava perceber em obras de arte avançadas.[16] Mas esta ideia de uma forma diferente de integração psíquica poderia ter oferecido uma saída à dialética do esclarecimento.

Na própria *Dialética do Esclarecimento*, há, de fato, vários pontos nos quais Horkheimer e Adorno aludem a uma possível superação quase utópica para seu

---

[14] Theodor W. Adorno, "Sociology and Psychology", I. Wohlfatrth (trad.), In *New Left Review 47*, 1968: p. 83, 86.

[15] Para o *locus classicus* ver Heinz Hartmann, *Ego Psychology and the Problem of Adaptation*, D. Rapport (trad.), *Journal of The Americam Psychoanalytic Association Monograph Series*, [n. I], New York: International Universities Press, 1964.

[16] Ver Albrecht Wellmer, "Truth, Semblance and Reconciliation" e "Persistence of Modernity". Ambos os ensaios podem ser encontrados em seu *The Persistence of Modernity: Essays on Aesthetics, Ethics and Postmodernism*, D. Medley (trad.), Cambridge, Mass.: MIT Press, 1991. Ver também meu *Pervertion and Utopia: A Study in Psychoanalysis and Critical Theory*. Cambridge, Mass.: MIT Press, 1995, p. 152-163.

impasse. A mais sugestiva refere-se a uma "consciência *(Eingedenke)* da natureza no sujeito" (*DE* 40), que poderia servir como um antídoto contra a dominação da natureza interna e a reificação do sujeito. Infelizmente, o conceito não foi posteriormente elaborado por Horkheimer e Adorno. Uma reconsideração da relação entre o ego e o id poderia fornecer algum conteúdo a essa ideia persuasiva.[17]

Neste ponto, é necessário um exame crítico da suposição central de Horkheimer e Adorno, a saber, que o ego enquanto tal é autocrático. Tal crítica não apenas enfraquecerá uma das premissas centrais da dialética do esclarecimento, mas também irá gerar algum conteúdo para a noção da natureza mais profunda da mente. Além disso, ela nos permite prever um modo de integração psíquica "menos repressiva" sem ter de recorrer à especulação utópica. Progressos relativamente recentes na psicanálise teórica e clínica já oferecem recursos consideráveis para esboçar "uma *outra relação* entre o consciente e o inconsciente, entre a lucidez e a função do imaginário (...) uma outra *atitude* do sujeito entre ele mesmo ou ela mesma".[18]

Um apoio considerável à concepção de ego de Horkheimer e Adorno pode ser encontrado em Freud. A "posição oficial" de Freud, pelo menos até 1920, era a de que a tarefa fundamental do ego seria a defesa e que a principal função do aparato psíquico seria a de reduzir a tensão. O ego usava a repressão, o isolamento e a projeção para *excluir*, quer dizer, para "livrar-se da" excitação advinda da natureza interior.[19] O ego era considerado forte e racional na medida em que

---

[17] No capítulo sobre o antissemitismo, Horkheimer e Adorno fazem vários outros comentários que também poderiam ajudar a vislumbrar uma saída da dialética do esclarecimento. Eles identificam o fascismo, que constitui o ápice da dialética do esclarecimento, como uma "projeção patológica" (*DE* 193). Esse diagnóstico parece implicar a ideia de uma "projeção não patológica". E no mesmo capítulo eles também se referem a uma "falsa projeção" (*DE* 188), o que parece pressupor semelhantemente a noção de uma ideia de "projeção verdadeira". A noção implícita de uma forma "não patológica" de projeção aponta para uma área de pesquisa potencialmente crucial em Teoria Crítica, embora ainda não explorada. Uma tal pesquisa conduziria, necessariamente, ao exame de passagens-chave da *Dialética Negativa* de Adorno. Ver Honneth, capítulo 13 abaixo.

[18] Castoriadis, *Imaginary Institution of Society*, p. 104.

[19] Hans Loewald, "On Motivation and Instinct Theory", em *Papers on Psychoanalysis*, p.119. Sobre a crítica da exclusão, a partir de uma perspectiva diferente, ver Michel Foucault, *Madnes and Civilization: A History of Insanity in the Age of Reason*, R. Howard (trad.). New York: Pantheon Books, 1965, especialmente o capítulo 2.

mantinha suas fronteiras definidas e impedia os estímulos da vida inconsciente-instintiva de penetrar em seu domínio. A concepção de Freud do ego, ademais, estava atrelada a sua convicção de que o "homem científico", isto é, o sujeito racional – o indivíduo que renunciou ao pensamento mágico e se purificou das distorções subjetivas *(Entsellungen)* da fantasia e do afeto –, representava "a mais avançada forma de desenvolvimento humano".[20] A aceitação dessa posição equivocada por parte de Horkheimer e Adorno motivou a crítica deles ao ego.

Hans Loewald, entretanto, numa observação devastadora, nota que, ao adotar essa concepção, a psicanálise havia "inadvertidamente assumido muito da experiência e da concepção de realidade do neurótico obsessivo (...) tomando-as por certas como 'realidade objetiva'".[21] Os psicanalistas haviam, em outras palavras, equiparado um modo patológico de formação do ego, a saber, o modo obsessivo, com o próprio ego. E a aceitação dessa equiparação equivocada por parte Horkheimer e Adorno motivou a crítica deles ao ego. Mas, como Loewald também notou, um ego que é "forte" nesse sentido é, de fato, apenas "forte em suas defesas" – o que significa que ele é, na verdade, "fraco".[22] Em muitos tópicos, entretanto, pode-se encontrar uma posição "não oficial" implícita no pensamento de Freud, e isto é o que Loewald faz com respeito ao ego. Ele extrai uma concepção alternativa "inclusiva" da teoria estrutural posterior de Freud. Depois de 1924, a experiência clínica e o desenvolvimento imanente da teoria de Freud levaram-no a um novo problema. Além de explicar a defesa – como as coisas são dispensadas – ele achou necessário elucidar como as coisas são reunidas e preservadas "no reino da mente".[23]

---

[20] Hans Loewald, "On Therapeutic Action of Psychoanalysis", em *Papers on Psychoanalysis*, p. 228. Ver Sigmund Freud, *Totem and Taboo: Some Points of Agreement between the Mental Lives of Savages and Neurotics*, em SE XIII, 88-90.

[21] Hans Loewald, "The Problem of Defence and the Neurotic Interpretation of Reality", em *Papers on Psychoanalysis*, p. 30.

[22] Loewald, "Therapeutic Action of Psychoanalysis", p. 241. Ver também Sigmund Freud, *Inhibitions, Symtoms and Anxiety*, em SE XX, 97.

[23] *Civilization and its Discontents*, em SE XXI, 69. Clinicamente, Freud havia descoberto a importância da integração – a reabsorção de ideias separadas na rede psíquica de associações – durante seu trabalho sobre histeria. Mas, por razões complexas que não podem ser tratadas aqui, várias décadas se passaram antes de ele voltar a considerar a importância da função sintética do ego. Sua atividade sintética permite ao ego aumentar e integrar sua unidade, absorvendo e incorporando material inconsciente-instintivo a sua estrutura.

Em oposição direta ao modelo exclusivista, a "comunicação perfeita"[24] entre o ego e o id era tomada agora como um sinal de saúde, e o isolamento recíproco entre as duas instâncias, como um sinal de doença. Um ego verdadeiramente forte, ou seja, um ego inclusivista, pode abrir-se à "extraterritorialidade" da natureza interior e "canalizá-la e organizá-la" em "novas organizações sintéticas".[25]

Não resta dúvida de que Adorno teria tido pouca paciência com essa linha de pesquisa. Ela não apenas tenta considerar uma concepção positiva do eu em um mundo "não verdadeiro", como também enfatiza consideravelmente a noção de integração. Por causa de sua potencial ameaça ao "não idêntico", Adorno sempre desconfiou do processo de unificação. Mas ele também estava imerso na filosofia hegeliana e, portanto, devia ser-lhe familiar a distinção entre as formas "diferenciadas" e "indiferenciadas" de unificação. De fato, ele aplicou a noção de um todo diferenciado em sua discussão das novas formas de sínteses manifestadas em obras de arte exemplares. E, na medida em que o ego é exclusivista, isto é, unificado através da compulsiva exclusão e repressão da alteridade que é a vida inconsciente-instintiva no interior sujeito, ele é, de fato, uma unidade indiferenciada. Assim, as objeções de Adorno são justificadas. Mas o ponto de Loewald é que o modelo exclusivista representa uma forma patológica de formação do ego. Ele argumenta que uma unidade verdadeiramente forte do ego consiste em um todo diferenciado e diferenciador que cresce com a integração de seu Outro interior, criando desse modo estruturas sintéticas mais ricas, profundas e complexas.

Se Adorno tivesse tido a disposição de extrapolar, a partir dos modos de síntese que ele via nas obras de arte avançadas, em direção a novas possibilidades de integração psíquica, ele poderia ter alcaçado algum grau de liberdade em relação à dialética do esclarecimento. Mas novamente, vistos da perspectiva da redenção, tais avanços graduais do desenvolvimento humano – que foram tudo o que Freud ofereceu – parecem não ter importância.

---

[24] Loewald, "On Motivation and Instinct Theory", p. 108.

[25] Loewald, *Sublimation: Inquiries into Theoretical Psychoanalysis.* New Haven: Yale University Press, 1988, p. 5-13.

MARCUSE

Marcuse aceitou o diagnóstico da dialética do esclarecimento como formulado por Horkheimer e Adorno, mas onde estes suspenderam o jogo, ele estava disposto a jogar a carta da utopia.[26] Marcuse havia participado brevemente da Revolução Alemã de 1918 e estava mais propenso ao ativismo do que seus colegas mais velhos. Além disso, o fato de ter permanecido nos Estados Unidos depois da guerra e ter-se envolvido com a Nova Esquerda – os autores da *Dialética do Esclarecimento* sempre foram céticos, e na verdade até hostis em relação ao movimento estudantil – serviu para aguçar suas tendências ativistas. De fato, Marcuse, que havia completado setenta anos no fatídico ano de 1968, tornou-se uma espécie de porta-voz mais velho da nova esquerda. Seus pronunciamentos, deliberada e fortemente enfáticos em prol dos estudantes, pareciam conceder um pouco da *gravitas* da tradição filosófica alemã ao radicalismo simples desses últimos. O ativismo de Marcuse, entretanto, também estava atrelado a certa falta de limitação teórica, que é uma das razões para que ele pudesse dar o passo utópico. Em contraste com a dialética fina e sutil de Adorno, que não poderia jamais resultar num clamor para a guerra, Marcuse frequentemente escreveu num estilo declamatório que é muito mais próximo das *Teses sobre Feuerbach* do que das *Minima Moralia*.

O desenvolvimento da Teoria Crítica clássica se deu durante as décadas de trinta e quarenta, período que testemunhou a Grande Depressão, o colapso do movimento dos trabalhadores e o surgimento dos totalitarismos de esquerda e direita. Apesar das contínuas alusões de Horkheimer e Adorno à transformação radical da sociedade, esses acontecimentos os tornaram profundamente desconfiados do projeto marxista, que eles passam a ver apenas como uma variação do projeto baconiano de dominação. Marcuse, ao contrário, escreveu seus dois maiores trabalhos *Eros e Civilização* e *Ideologia da sociedade industrial – O homem unidimensional*, durante os prósperos anos do pós-guerra, quando

---

[26] Ver Jürgen Habermas, "Psychic Thermidor and the Rebirth of Rebelious Subjectivity", em *Habermas and Modernity*, R. J. Bernstein (ed.) Cambridge, Mass.: MIT Press, 1985, p. 74 e ss.

"a sociedade pós-industrial" estava em ascensão, a economia capitalista expandia-se rapidamente, o movimento dos trabalhadores parecia ter sido integrado pelo sistema e uma grande cultura de consumidores despolitizados colonizava os subúrbios. Poder-se-ia pensar que esses acontecimentos pudessem ter levado Marcuse a abandonar o marxismo. Mas isso não ocorreu. Ao contrário, ele usou categorias neomarxistas para explicar a nova constelação histórica. E as tensões em suas análises – que, poder-se-ia argumentar, refletiam tendências dentro de seu objeto de análise – resultaram de sua abordagem neomarxista da situação.

Em *Ideologia da sociedade industrial – O homem unidimensional*, Marcuse ofereceu sua versão da dialética do esclarecimento. Entretanto, ao invés de apresentá-la como uma narrativa meta-histórica da dominação da natureza e do triunfo da racionalidade instrumental, ele escreveu uma análise socioeconômica concreta do mundo totalmente administrado, isto é, a sociedade capitalista avançada como esta lhe parecia nos anos cinquenta. Todo o pensamento "negativo" significativo e a prática política radical, argumentava ele, eram efetivamente neutralizados na medida em que o sistema implantava "falsas" necessidades consumistas em seus membros e continuava a satisfazê-los através de uma contínua produção de mercadorias supérfluas. Somente uma revolução cultural que minasse essas falsas necessidades ou uma crise econômica – não fica claro qual delas – poderia interromper esse esquema. Mas, devido aos avanços no gerenciamento tecnocrático, essas crises podiam ser indefinidamente evitadas. Quaisquer elementos de negatividade que permanecessem na sociedade seriam confinados aos ciganos e minorias, e sua marginalidade os tornaria politicamente insignificantes.

No espírito da Nova Esquerda da época – e diferentemente de outros membros da escola de Frankfurt, que permaneceram visivelmente silenciosos sobre o assunto – Marcuse também apontou para as lutas do pós-guerra contra o imperialismo como uma possível fonte externa de negatividade que poderia romper o sistema econômico internacional. E ainda mais significativo para nossos propósitos é que, em *Ideologia da sociedade industrial – O homem unidimensional*, Marcuse, que mais tarde exaltou a revolta dos instintos, argumentou que a sexualidade não representava uma fonte potencial de oposição política. Pelo contrário, ela havia sido efetivamente subjugada para proporcionar o crescimento econômico. Através de sua exploração pela indústria da propaganda, a "desublimação repressiva" (*O* 56) da sexualidade forneceu um instrumento poderoso para o comércio de mercadorias relativamente supérfluas.

Mas aproximadamente ao mesmo tempo em que escreveu sua versão da *Dialética do Esclarecimento*, com seu prognóstico político obscuro, Marcuse também apresentou uma experiência de pensamento filosófico que poderia ser usada para apoiar um programa de políticas utópicas. Através de uma crítica imanente a Freud, ele procurou romper a identificação da civilização com a repressão e provar que uma sociedade "não repressiva" era, pelo menos em princípio, possível (*EC* 35). Ele sustentava que a ciência e a tecnologia haviam se desenvolvido até o ponto em que podiam, em princípio, fornecer a base material para uma sociedade comunista. Segundo o materialismo histórico clássico, "o reino da liberdade" somente poderia ser alcançado depois da transição para o socialismo, durante a qual as forças de produção seriam desenvolvidas a seu ponto máximo (*FL* 62-82). Marcuse sustentou, entretanto, que este amadurecimento já havia acontecido sob o capitalismo. Ao invés do conflito entre trabalho e capital, a tensão entre a desnecessária "repressão excedente" (*EC* 35) e o potencial para a redução radical da repressão – e "a náusea como modo de vida" – poderia fornecer a motivação para a ação política na sociedade capitalista avançada. Ou seja, a abundância, ao invés da pobreza, estaria no coração da ação política. Além disso, onde o antiutópico Marx recusava especular sobre a natureza de um "reino da liberdade" futuro, Marcuse usou conceitos psicanalíticos para fornecer algum conteúdo a esse conceito utópico (*EC* 5). Mas enquanto em *Eros e Civilização* Marcuse apenas cogita esses argumentos como um exercício de pensamento teórico, nos anos sessenta ele chega a acreditar que essas explicações haviam, na verdade, começado a se desdobrar em movimentos radicais da época (*L* I).

A estratégia de Marcuse, aquela que se tornou o protótipo para muitos freudianos (e lacanianos) de esquerda que o seguiram, era historicizar a psicanálise com o intuito de combater o ceticismo de Freud sobre a possibilidade de uma mudança radical. Freud havia argumentado que "o programa do princípio de prazer", que governava o modo de operar da psique humana, estava em desacordo com os requisitos de uma vida social civilizada.[27] Ele sustentava, ademais, que esse conflito – uma das maiores causas da infe-

---

[27] Freud, *Civilization and its Discontents*, em *SE* XXI, 76

licidade humana – não é o resultado de sistemas sociais contingentes que possam ser alterados pela ação política. Antes, o conflito está enraizado na condição biológica da humanidade – seus instintos agressivos e sexuais – e constitui um fato trans-histórico imutável.

Contra a posição de Freud, Marcuse se propõe a demonstrar que o princípio da realidade, que ele assume como o princípio que governa a vida social, é historicamente contingente e pode assumir formas diferentes sob condições sociais distintas. Ele começa por admitir que um conflito entre o princípio da realidade e o princípio do prazer sempre existiu. Em quase todos os tipos de sociedade, a escassez econômica *(Lebensnot)* forçou os seres humanos a dedicar boa parte de suas vidas à luta pela sobrevivência. Isso, por sua vez, exigiu que eles reprimissem sua vida instintiva e abandonassem a busca de uma "satisfação integral" (*EC* II). Em outras palavras, o princípio da realidade, da forma como tem existido historicamente, coincide com o que Marx chamou de "o reino da necessidade". Mas agora, sustentava Marcuse, a ciência e a tecnologia criadas pelo capitalismo podem produzir um nível de abundância qualitativamente novo, que pode fornecer a base para o salto utópico necessário, a fim de romper a dialética do esclarecimento.

Como a maioria dos liberais sexuais que fizeram uso da psicanálise, Marcuse apoiou-se no Freud inicial e no conceito de repressão. De acordo com os trabalhos iniciais de Freud, a repressão foi desencadeada por uma demanda social de censura dos impulsos inconscientes instintivos. De qualquer forma, a maioria dos liberais sexuais aceitava essa idéia e concebia a liberação como uma emancipação da vida inconsciente-instintiva – ou do desejo – das exigências historicamente contingentes da repressão social.

Freud observou que "com a introdução do princípio da realidade, uma espécie de atividade mental apartou-se (...), manteve-se livre das exigências da realidade, permanecendo subordinada apenas ao princípio do prazer. Essa atividade é o *fantasiar*".[28] Marcuse entendeu que a fantasia, que "retém as tendências da psique anteriores a sua organização" (*EC* 142), é protegida da

---

[28] Freud, "Formulations on the Two Principles of Mental Functioning", em *SE* XII, 222 (grifo do original).

influência do princípio de realidade e, portanto, representa um Outro não contaminado pela ordem social. A fantasia e as atividades com ela relacionadas, isto é, a mitologia, a perversão sexual e até mesmo a criação artística podem, então, fornecer um ponto de partida para a especulação utópica (ou fantasia) sobre "um outro princípio da realidade" (*EC* 143), no qual a vida instintiva tenha sido emancipada da repressão historicamente supérflua. Por causa de sua pureza anterior à *queda*, a fantasia, tanto quanto essas ideias e atividades com ela relacionadas, prenuncia uma forma de vida que poderia ser criada para além do princípio histórico da realidade.

Assim como Horkheimer e Adorno, Marcuse acreditava que a unidade do eu é intrinsecamente repressiva. Mas, em contraste com o compromisso ambivalente por eles assumido, Marcuse estava disposto a defender a descentralização radical do sujeito em nome da "perversidade polimórfica" da natureza interior (nisso, ele antecipou a tentativa pós-estruturalista de desconstrução do sujeito, que se baseava em suposições semelhantes a respeito da natureza necessariamente violenta de sua unificação).[29] Embora Horkheimer e Adorno não mencionem diretamente os textos relevantes, especialmente o "Luto e melancolia" e *O Ego e o Id*, eles se basearam nas ulteriores teorias da internalização e da formação do ego de Freud para argumentar sobre a unidade repressiva do sujeito. Mas como Marcuse baseou-se nos trabalhos iniciais de Freud, ele compreendeu a integração do eu mais como um desenvolvimento sexual do que uma formação do ego. Em 1905, Freud argumentava que o objetivo do desenvolvimento libidinal é colocar as pulsões parciais sob o domínio da genitália. A obtenção da genitalidade era vista como a medida da maturidade e da saúde sexual.[30] Freud também usou a mesma teoria do desenvolvimento para conceber as perversões sexuais, argumentando que elas representam a continuação "inapropriada" da sexualidade pré-genital na vida adulta. E não importa quanto Freud e outros psicanalistas tenham tentado manter-se cientificamente neutros e abster-se de julgamentos morais

---

[29] Peter Dews argumenta que, para criticar um dos defeitos básicos subjacentes ao projeto pós-estruturalista, "a suposição de que a identidade nunca poderá ser outra coisa além da supressão da diferença, deve ser desafiada". *The Logics of Disintegration: Post-Structuralist Thought and the Claims of Critical Theory.* London e New York: Verso, 1987, p. 170.

[30] Ver Freud, *Three Essays on the Theory of Sexuality,* em *SE* VII e ss.

convencionais, o que se segue dessa teoria é que as perversões devem ser categorizadas como patológicas.³¹

Marcuse criticou a submissão da "perversidade polimórfica" – isto é, o erotismo generalizado do corpo da criança – à supremacia genital como uma forma de unificação violenta do sujeito. Seguindo sua estratégia geral, ele tentou historicizar a posição de Freud. De novo, a subordinação das etapas do desenvolvimento psicosexual em relação à genitália não é a manifestação de um programa biológico inerente tal como Freud havia argumentado. Ela resulta, antes, da necessidade socioeconômica de fabricar indivíduos intencionais unificados, que sejam administráveis e possam ser capazes de levar a cabo suas tarefas no processo produtivo. Imperativos econômicos necessitam da "redução temporal da libido". A menos que se esteja fora do processo de produção – sendo ou um aristocrata ou um mendigo –, a atividade sexual deve ser restrita a um limitado espaço de tempo semanal. De maneira semelhante, a criação de sujeitos administráveis também requer a "redução espacial" da libido, ou seja, "a socialmente necessária desexualização do corpo" e a concentração da sexualidade nos genitais (*EC* 48).

Dadas essas considerações, Marcuse sustenta que as perversões sexuais apenas assumem um estatuto patológico – só aparecem como *fleurs du mal* – na estrutura normativa de nossa sociedade repressiva. Concebidas diferentemente, elas podem ser vistas como expressando "uma rebelião contra a subjugação da sexualidade" exigida pela sociedade contingente, de fato, contra seus fundamentos mesmos. Como a fantasia, com a qual estão diretamente relacionadas, as perversões permanecem leais a uma era de desenvolvimento anterior ao estabelecimento do princípio da realidade. Como tais, elas

---

[31] Apesar de Freud lutar para permanecer objetivamente científico e neutro no que diz respeito aos valores nessa questão, o próprio conceito de "perversão" parece implicar uma referência à norma e, portanto, já vincula um julgamento normativo. Ver J. Laplanche e J.-B. Pontalis, *The Language of Psychoanalysis*, D. Nicholson-Smith (trad). New York: Norton, 1973, p. 306-307. Isso não significa afirmar que, para Freud, a sexualidade pré-genital não tenha seu lugar aceitável na vida sexual do indivíduo maduro – a saber, nas carícias iniciais. Mas se a indulgência nos prazeres pré-genitais exceder certa duração nas carícias iniciais, ou se o casal não chegar a completar a relação genital, então o ato sexual cruza a linha da perversão.

também contêm uma *promesse de bonheur*, uma indicação da felicidade que poderia ser realizada sob diferentes condições.

Das três teorias sob consideração, a de Marcuse tem sido a menos bem-sucedida em resistir às intempéries do tempo. A *Dialética do Esclarecimento* e o *Conhecimento e Interesse humano* são textos vivos que ainda dialogam com os filósofos contemporâneos. *Eros e Civilização,* por outro lado, impressiona-nos como um documento de uma outra era. Por causa de seu realismo desiludido e integridade teórica, a Escola de Frankfurt acreditava que "os escritores 'obscuros' da burguesia" (*PD* 106),[32] como Weber e Freud, não poderiam ser simplesmente dispensados como frutos da classe que os produzira. O desafio desanimador que eles criaram para o projeto progressista tinha de ser confrontado diretamente. E foi isso o que Marcuse tentou com sua crítica a Freud. Quando a influência de *Eros e Civilização* estava em seu ponto mais alto, Marcuse era visto como tendo realizado um brilhante *coup de main*. Se a Dialética do Esclarecimento, formulada com a ajuda da antropologia pessimista de Freud, requer uma solução utópica, então Marcuse procurou fornecê-la através da interpretação das próprias teorias de Freud. Ele não tentou simplesmente rebater os argumentos de Freud utilizando contra-argumentos racionais, como muitos críticos perfeitamente respeitáveis, embora menos especulativos, tentaram fazer. Antes, usando a estratégia favorita da Escola de Frankfurt, a crítica imanente, ele tentou realizar uma inversão dialética que transformou o psicanalista profundamente antiutópico em um pensador utópico. Quaisquer que sejam suas deficiências, a audácia da abordagem de Marcuse tem seus méritos.

Hoje, não é apenas fácil apontar as falácias no pensamento de Marcuse; todo o estratagema parece equivocado. A falácia central do "marxismo-freudiano" de Marcuse – ou, talvez mais precisamente, da "massificação" de Freud – é a combinação da ideia de escassez material com a noção de *ananké* (realidade ou necessidade). Não há de se negar que, para Freud, a necessidade da luta pela sobrevivência material contra a natureza é uma importante razão das agruras da vida. O significado de *ananké*, entretanto, é muito mais amplo em

---

[32] Ver também Max Horkheimer, "The Authoritarian State", em *The Essential Frankfurt School Reader*, A. Arauto e E. Gebhardt (ed.). New York: Continuum, 1978, p. 95-117.

seu escopo. Através da inevitável perda, dor física e morte, a natureza sempre "se levantará contra nós, majestosa, cruel e inexorável" e nos fará lembrar nosso "desamparo e fraqueza, dos quais pensávamos ter escapado por meio do trabalho da civilização".[33] Qualquer que seja a abundância alcançada – e o bem material não é nada desprezível – os seres humanos ainda serão confrontados com o "inelutável",[34] o qual sempre proferirá um insulto a nossa autoestima.

Pode-se dispensar essas considerações como armadilhas existenciais e argumentar que, em uma sociedade que não seja tão atomizada e anômica como a nossa, a crise inevitável da vida pode ser enfrentada de uma maneira menos angustiante. E, sem dúvida, há alguma verdade nessa afirmação. Todavia, essa posição desconsidera pontos profundos, não apenas de natureza filosófica, como também de natureza política.

A objeção da psicanálise ao utopismo não somente se contrapõe a suas suposições idealistas sobre a bondade da natureza humana, mas também considera o utopismo como indesejável em princípio. A esquerda freudiana frequentemente desconsiderou o fato de que Freud não estava apenas preocupado com os obstáculos à felicidade humana, que são criados pelo conflito entre os instintos e as exigências da civilização. Depois que ele se voltou para o narcisismo, também se tornou sensível aos perigos que a onipotência colocava à existência humana. E esses perigos somente se tornaram mais manifestos com o tempo. Além da solução do complexo de Édipo, a descentralização da onipotência da criança é uma tarefa crítica do desenvolvimento (as duas estão, certamente, extremamente relacionadas). As crianças devem aprender a aceitar a existência da alteridade e da finitude da natureza da vida humana. Uma parte desse processo é assumir seu lugar na sociedade governada pela lei, habitada por uma pluralidade de outros indivíduos descentrados. Esta é uma luta do desenvolvimento extremamente dolorosa, que enfrentamos por toda a nossa vida. Se há algo que a teoria política psicanalítica, tanto de esquerda quanto de direita, ensinou-nos, na origem dos fracassos das utopias da modernidade, foi o perigo da onipotência. Agora, fica bastante claro que uma sociedade democrática requer a renúncia à onipotência *(hybris)* e a

---

[33] Freud, *The Future of an Illusion*, em *SE* XXI, 16.

[34] Paul Ricoeur, *Freud and Philosophy: An Essay in Interpretation*, D. Savage (trad.). New Haven: Yale University Press, 1970, p. 332.

aceitação da autolimitação. Dadas essas considerações, a sugestão de Marcuse de que o narcisismo primário "contém implicações *ontológicas*", as quais apontam "para um outro modo de ser" (*EC* 107, 109), e que Narciso e Orfeu deveriam tornar-se novos heróis culturais, é problemática. Certamente, dada a crise ecológica, enfrentar e cultivar relações menos prometéicas para com o mundo natural é uma questão de vida ou morte. Mas a busca da "satisfação integral" (*EC* 11), que repudia a natureza incompleta e conflituosa da existência humana, conduz-nos ao registro da onipotência, e com isso origina o espectro do totalitarismo.

Habermas

Habermas amadureceu filosófica e politicamente nos anos seguintes à Segunda Guerra Mundial. Em toda a sua carreira, sua preocupação – na verdade, uma obsessão – foi impedir o retorno da loucura que havia tomado a Alemanha. Para um jovem alemão de sua geração, o elitismo estetizado e o conformismo político não representavam uma alternativa viável. E, diferentemente de Marcuse e dos estudantes *enragé* dos anos sessenta, Habermas sempre se manteve cauteloso em relação à opção revolucionária. Ao invés disso, ele buscou um caminho de reformismo radical e tentou criar uma teoria adequada para justificá-lo. Ele tomou a crítica da razão científica de antes da guerra, articulada por Weber, Heidegger, Adorno e outros, como um ponto de partida para desenvolver uma teoria mais completa da racionalidade. Com o passar dos anos, como as promessas de socialismo foram desaparecendo do cenário, a defesa de Habermas da racionalidade tornou-se cada vez mais próxima da defesa da democracia.[35]

Habermas não teve de lutar para escapar da dialética do esclarecimento, pois ele rejeitou, em primeiro lugar, a maneira como esta foi formulada. Ele sugere que o trauma da situação de Horkheimer e Adorno os levou "a dar início a sua crítica do esclarecimento a partir de uma *profundidade* que o próprio projeto do esclarecimento corria perigo". Mas, uma vez que "não

---

[35] Ver Baynes, cap. 8 nesta obra.

compartilhamos mais" deste ânimo, ele sustenta que podemos retornar a um nível mais razoável de profundidade, o que significa dizer, mais convencional de teorização (*PD* 106, 114). O impasse de Horkheimer e Adorno, argumentou Habermas, resulta de seu monismo, isto é, de sua tentativa de conceitualizar o desenvolvimento histórico em termos de uma única dimensão, a saber, a racionalidade instrumental (*TCA* I.4; *PD* cap. 5). Para se contrapor ao monismo de Horkheimer e Adorno – e nisso consiste sua inovação – Habermas introduziu uma segunda dimensão, a racionalidade comunicativa. Filosoficamente, adotar a distinção entre uma racionalidade instrumental e comunicativa tornou possível esclarecer os fundamentos teóricos e normativos do projeto de Frankfurt, algo que a primeira geração de teóricos críticos não estava particularmente interessada em fazer. E politicamente, ao invés de acabar na imobilização que se seguiu à dialética do esclarecimento, a análise dualista menos rígida tornava possível, Habermas acreditava, elucidar tanto os aspectos progressivos quanto os regressivos da modernidade. Isso, por sua vez, permitiu-lhe identificar os pontos estratégicos em que a intervenção política efetiva é possível.

Apesar das diferenças nas várias versões da teoria durante sua longa carreira, Habermas se ateve com notável tenacidade a suas intuições básicas sobre a comunicação. Desde quando ele ingressou na Universidade de Frankfurt, afirmou que "a autonomia e a responsabilidade nos foram impostas" pela própria estrutura da língua. "Nossa primeira sentença", ele argumentava, "expressa univocamente a intenção do universal e o consenso reprimido" (*KHI* 314; ver também *TP* 142-169). Embora essa exigência possa ter ido além do que a prudência recomenda, fazendo com que ele tivesse de suavizá-la mais tarde, algumas intuições do mesmo tipo guiaram sempre seu trabalho. Hoje, Habermas argumenta que a língua é o único lugar onde a normatividade pode ser fundada, depois do legado da teologia e da metafísica.

Apesar do resíduo da retórica marcuseana presente no *Conhecimento e Interesse Humano*, o interesse de Habermas pela psicanálise era antes de tudo metodológico.[36] Ele acreditava que ela fornecia um exemplo efetivo de uma

---

[36] Ver Thomas McCarthy, *The Critical Theory of Jürgen Habermas*, Cambridge, Mass.: MIT Press, 1978, p. 195.

ciência crítica de sucesso e que poderia, portanto, servir como um modelo para a Teoria Crítica[37] – como uma teoria da "comunicação sistematicamente distorcida".[38] Isso significa que, como uma ciência crítica efetiva, a psicanálise deve ser também uma teoria da comunicação sistematicamente distorcida. A consciência falsa que a crítica psicanalítica busca dissipar – por exemplo, o conteúdo distorcido manifesto nos sonhos, nos sintomas, nos atos falhos – não constitui simplesmente um equívoco contingente. É, antes, o resultado de um processo de obscurecimento que interfere na tentativa de um indivíduo de entender a si mesmo. Além disso, por causa da natureza sistemática do processo, o acesso ao significado verdadeiro latente, subjacente ao conteúdo manifesto, é metodicamente bloqueado. O mero esforço da vontade, independentemente de sua intensidade, é geralmente insuficiente para superar o impasse. Algo mais que a mera interpretação – a técnica – é necessário para remover as barreiras.

Mas aqui há um problema que provou ser de enorme importância para a teoria de Habermas. Uma teoria da comunicação sistematicamente distorcida parece requerer um conceito de comunicação não distorcido, simplesmente para que essas distorções sejam computadas como distorções. E a tentativa de elucidar a natureza desta base normativa em sua teoria sem cair no fundacionismo, de um modo ou outro, perturbou Habermas pelo resto de sua carreira.

Habermas tinha o programa correto, mas quando ele se afastou da psicanálise, abandonou os meios de realizá-lo. Pois diferentemente de Adorno, ele almejava delinear uma concepção positiva do eu. De fato, usando sua abordagem comunicativa, ele descreveu um modo de auto-organização que, em linhas gerais, era impressionantemente próximo do modelo inclusivo de integração psíquica de Loewald. O surgimento do ego, argumenta Habermas, tem lugar através da aquisição da linguagem. Ele se desenvolve quando a criança entra em uma comunidade linguística e internaliza estruturas de comunicação da linguagem comum. Assim como com Loewald (e com o

---

[37] Ricoeur, *Freud and Philosophy*, p. 32-35.
[38] Para uma explicação sistemática, ver Jürgen Habermas, "Toward a Theory of Communicative Competence", em *Recent Sociology*, [2]: *Patterns of Human Communication*, H. P. Diesel (ed.). New York: Macmillan, 1970, p. 115-130.

Freud tardio), o objetivo do desenvolvimento do ego é maximizar sua abertura comunicativa para a vida inconsciente-instintiva, que assim se expande e se enriquece através da integração de seu Outro interno – seu "território estrangeiro interno", como Freud o chamava.[39]

Habermas sugeriu que para entender a psicanálise deveríamos concentrar-nos na prática de Freud, ao invés de no que ele tem a dizer sobre ela. Pois, quando o fundador da psicanálise tenta fornecer uma explicação metodológica do que está fazendo, seu "autodesentendimento científico" (*KHI* 246) – isto é, sua tentativa de explicar seus procedimentos em termos de energia, forças, deslocamento, descargas e assim por diante – causou uma interpretação equivocada de seu próprio trabalho. Em uma posição que se aproxima de Lacan, Habermas sustentou que a culpa não era totalmente de Freud, visto que o estado incipiente da neurologia contemporânea e o estado primitivo da teoria linguística tornaram impossível, a ele, explicar apropriadamente o que estava fazendo. Freud simplesmente não tinha acesso aos recursos teóricos necessários, os quais só se tornaram disponíveis com a maturação da teoria da linguagem na metade do século XX. Para ganhar uma perspectiva correta, a conceitualização científica de Freud tinha de, em resumo, ser reformulada com a ajuda de uma teoria da linguagem.

Afirmar que a psicanálise deve incluir os métodos da análise linguística, entretanto, não significa que ela deva ser vista como uma empreitada puramente hermenêutica, como muitos dos "linguistas reformadores" sugeriram.[40] Mais ou menos na mesma época do *Conhecimento e Interesse Humano*, Habermas havia escrito uma crítica explícita a uma abordagem puramente hermenêutica, assim como puramente positivista, das ciências sociais (ver *LSS* cap. 7-9), e agora ele a aplicava a uma interpretação exclusivamente linguística da psicanálise. Ele argumentava que, como a pura hermenêutica dos filólogos, a psicanálise pretendia preencher as lacunas no entendimento de um texto – no caso da psicanálise, o texto da história de vida de um indivíduo (se uma história de vida deveria ser vista como um texto é uma outra

---

[39] Freud, "New Introductory Lectures to Psychoanalysis", em *SE* XXII, 57.

[40] Ver Paul Ricoeur, "Image and Language in Psychoanalisys", em *Psychoanalisis and Language, Psychoanalisis and the Humanities*, J. Smith (ed.). New Haven: Yale University Press, 1978 [vol. III].

questão). Mas, diferentemente dos filólogos, os psicanalistas não acreditam que as lacunas com as quais lidam sejam acidentais. Elas não são o resultado desafortunado, assim como a destruição de um papiro importante que pudesse ter ocorrido na transmissão de um texto clássico. As lacunas nos textos das histórias de vida dos indivíduos são, em primeiro lugar, produtos de mecanismos de defesa específicos e da operação defensiva que as criou. Quando se tenta preencher as lacunas no processo psicanalítico, as defesas assumem as funções de obstáculos, isto é, de resistências. As obstruções ao entendimento, originadas no desenvolvimento do indivíduo, em outras palavras, têm um significado que deve ser entendido em si mesmo.

Freud insistia que a apreensão da informação inacessível, reprimida, não é em si mesma terapeuticamente suficiente. As próprias resistências devem também ser trabalhadas para realinhar as forças dinâmicas que as produzem. Para Freud, essa abordagem dinâmica é a única maneira em que a mudança terapêutica significativa, qualquer que seja ela, é possível. E Habermas, isto deve ser enfatizado, ressalta a necessidade do ponto de vista dinâmico, e até refere-se ao relevante *aperçu* de Freud. Freud observa que ignorar as resistências e meramente apresentar aos pacientes as informações relevantes de suas vidas inconscientes teria tanta influência sobre os sintomas das doenças nervosas quanto a distribuição de cardápios no período de fome teria sobre a fome.[41] Habermas concede, além disso, que a existência das resistências e das defesas – e a necessidade de exercer esforço para lutar contra elas – requer que postulemos os fenômenos enquanto forças, ou seja, forças da natureza *(naturwüschig)* agindo sobre a psique humana. E para apreender esses fenômenos teoricamente, a psicanálise deve empregar conceitos explicativos causais semelhantes àqueles usados nas ciências naturais.

Na crítica analítica da falsa consciência, o psicanalista deve, portanto, ser "guiado por proposições teóricas" (*KHI* 120), que possam decifrar a natureza e as fontes daquelas distorções sistemáticas para dominá-las. Mesmo se assumirmos que o objetivo da psicanálise é, em última instância, hermenêutico – e isto é discutível –, os bloqueios objetivados ao *insight* devem ser removidos para se alcançar o entendimento. Essas considerações levaram

---

[41] Freud, "'Wild' Psychoanalisys", em *SE* XI, 225.

Habermas a suavizar sua acusação de cientificismo contra Freud e a admitir que o autoentendimento científico de Freud não era "totalmente infundado" (*KHI* 214).⁴² Alinhado com sua posição geral sobre as ciências sociais, Habermas argumenta que a experiência clínica requer que a psicanálise una "*a análise linguística com a investigação psicológica das conexões causais*" (*KHI* 217). Ricoeur vai ainda mais longe e argumenta que a psicanálise ganha sua verdadeira *raison d'être* através de um "discurso misto", que combina a linguagem da energia com a linguagem do significado.

O que Habermas dá no nível clínico, ele toma no nível metapsicológico. Ao passo que, como Ricoeur, ele insiste na necessidade de combinar discursos explicativos e hermenêuticos para elucidar a experiência clínica, ele cai em um monismo linguístico em sua explicação teórica da repressão. Gradualmente, a repressão se inicia, argumenta Habermas, em situações de perigo – isto é, em situações nas quais as crianças sentem que é muito arriscado expressar publicamente certos desejos. E por "publicamente", Habermas entende a gramática intersubjetiva da linguagem comum (esta é uma maneira de reinterpretar processos secundários). Dado seus egos fracos e o poder superior da figura dos pais, as crianças não têm outra escolha a não ser a de barrar estes desejos do domínio público, inclusive o domínio público interno da consciência, e expressá-los em uma forma distorcida e privatizada. A privatização é realizada pela "desgramatização"⁴³ dos desejos, o que significa dizer, pela remoção de sua expressão da gramática da linguagem comum e por seu isolamento em um reino pré-linguístico, a inconsciência (essas expressões "desgramatizadas" são a maneira de Habermas interpretar o pensamento ilógico dos processos primários.) Desse modo, as crianças escondem suas próprias partes "inaceitáveis", não apenas dos outros, mas também de si mesmas. As lacunas que aparecem em uma história de vida individual representam os pontos nos quais essas repressões interromperam a narrativa.

---

⁴² Quase ao mesmo tempo, mas não pelos mesmos motivos teóricos, Paul Ricoeur argumentou que por que a psique objetiva a si mesma para se esconder de si mesma, o "objetivismo" e o "naturalismo" de Freud são bem fundamentados. Ver Ricoeur, *Freud and Philosophy*, p. 434; "Technique and Nontechnique in Interpretation," em *The Conflict of Interpretations*, trad. D. Ihde. Evanston: Northwestern University Press, 1974, p. 185.

⁴³ N.T. *Degrammaticizing*.

A repressão, então, é conceituada como uma ocorrência inteiramente intralinguística, consistindo em uma "excomunhão" de ideias proibidas oriundas do reino intersubjetivo da linguagem comum. A tentativa de Habermas de provar este ponto aproxima-se da tautologia: do fato de que a repressão pode ser desfeita na linguagem (na cura pela palavra), ele conclui que a repressão, na prática, é, de início, um processo linguístico. Mas, como vimos Habermas reconhecer, a tentativa de desfazer a repressão não é um processo apenas linguístico; ela encontra fenômenos como forças e resistências, que devem ser combatidos com a contraforça poderosa da prática clínica. A compulsão para pensar tudo em termos linguísticos é tão forte em Habermas, entretanto, que ele esquece suas próprias observações, assim como sua crítica ao monismo linguístico de Gadamer.[44] Isso o leva a negar uma distinção crucial na psicanálise freudiana: "a distinção entre a representação da palavra e as ideias simbólicas", argumenta Habermas, "é problemática", e "a suposição de um substrato não linguístico, no qual essas ideias excluídas da linguagem são 'usadas', é insatisfatória" (*KHI* 241). Mas a distinção entre representação da palavra e representação da coisa é uma inteira construção de Freud. Esta distinção tinha a função de ressaltar a diferença entre o pensamento racional consciente e uma forma radicalmente diferente de "funcionamento mental arcaico"[45] – isto é, da divisão essencial do eu. Negar essa distinção não apenas suaviza a heterogeneidade entre os dois reinos, mas também diminui radicalmente o estranhamento do "território estrangeiro interior" do ego.

Durante o período de estudante em Frankfurt, onde Freud era um autor canônico no programa do instituto, Habermas ocupou-se profundamente da *Auseinadersetzung*[46] com a psicanálise. Mas, à medida que se foi distanciando da primeira geração de Teóricos Críticos – especialmente de Adorno – e desenvolvendo sua própria posição, ele também se desligou da psicanálise. Em última instância, Adorno e Freud são figuras do Esclarecimento, mas, ao longo do caminho, eles certamente reconhecerem os méritos das afirmações

---

[44] De fato, a posição de Habermas é, em última análise, virtualmente indistinguível da posição de Gadamer. Ver meu *Perversion and Utopia*, p. 205-215.

[45] Jonathan Lear, *Love and its Place in Nature*, New York: Farrar, Straus & Giroux, 1990, p. 37.

[46] N.T. Discussão.

do antiesclarecimento. De fato, o conflito perpétuo entre as duas posições anima o pensamento de ambos.⁴⁷ Para Habermas, todavia, a ameaça do antiesclarecimento era tão profunda que ele tinha dificuldades em deixar que seus porta-vozes elaborassem os argumentos mais fortes para suas posições. Em suas discussões de Nietzsche, Heidegger ou Derrida, sempre se sabe o resultado desde o início. Assim, enquanto Habermas sentia-se à vontade com Freud, o *Aufklärer* – campeão da racionalidade, da autonomia e da crítica à idolatria –, ele considerava a ênfase no irracional e a antropologia pessimista de Freud inapropriados.

A interpretação de Habermas da psicanálise como uma teoria da comunicação sistematicamente distorcida plantou as sementes para seu posterior desligamento de Freud. Sua interpretação continha um dos germes que criaram a teoria da ação comunicativa e, à medida que ele desenvolvia essa teoria, a psicanálise não só se tornava cada vez mais supérflua, mas até mesmo um transtorno. Além disso, quando a defesa do "projeto da modernidade" emergiu como a peça central do programa de Habermas, as psicologias cognitivas de Piaget e Kohlberg, com suas teorias progressistas do desenvolvimento, serviram mais a seus propósitos do que a de Freud. A mudança na natureza da crítica estava também implícita neste desenvolvimento, de Marx e Freud a Kant – isto é, da crítica prática do sofrimento humano concreto para a crítica filosófica das condições de possibilidade da comunicação. A hermenêutica da suspeita foi silenciosamente transmutada no esforço de justificar os fundamentos da democracia liberal. Com a Contrarreforma Reagan-Thatcher, o declínio da Nova Esquerda e o ambíguo desenvolvimento do pós-modernismo, Habermas não confiava mais nos caprichos das lutas práticas como o meio do Esclarecimento. Ele agora se voltava para os "sistemas de aprendizagem suprassubjetivos" para executar o "projeto da modernidade".⁴⁸

Mas Habermas tornou as coisas fáceis demais para si mesmo. Em princípio, ele advoga o encontro da Razão com seu Outro como um meio de

---

⁴⁷ Ver meu "'Slow Magic': Psychoanalysis and the Disenchantment of the World", em *Journal of the American Psychoanalytic Association* 50, 2003, 1197-1218.

⁴⁸ Ver Axel Honneth, *The Critique of Power: Reflective Stages in a Critical Social Theory*, K. Baynes (trad.), Cambridge, Mass.: MIT Press, 1973, p. 284.

desfazer sua reificação – ou seja, de se tornar mais rica, mais profunda e mais flexível. Mas a medida na qual esse processo pode ser bem-sucedido é proporcional à alteridade do Outro para o qual a Razão se abre. A diminuição da Alteridade resulta em uma diminuição do potencial de crescimento. Com respeito ao ego, a extensão da categoria da "linguística" ao inconsciente diminui a estranheza do território interno do ego. Isso, por sua vez, reduz a separação presente no sujeito e a magnitude da tarefa integrativa que confronta o ego. Na mesma medida, isso também diminui o potencial de crescimento do ego. O que Derrida disse a respeito do "diálogo com o irracional" em Foucault pode também ser dito do encontro do ego com seu Outro interior em Habermas. Todo o processo é "interior ao *logos*";[49] o *logos* nunca entra em contato com seu Outro, em nenhum sentido significativo. Ao dizer isso, embora Habermas anuncie a "linguistificação" da natureza interior, ele não sugere a "instintualização" do ego (*CES* 93).

Comentários conclusivos

Em meados dos anos setenta, a Teoria Crítica e a psicanálise haviam passado a seguir caminhos separados.[50] Ao defender o "projeto da modernidade", Habermas e seu círculo se envolveram com os detalhes técnicos da teoria da comunicação, com a filosofia do direito e com os fundamentos do liberalismo de modo mais ou menos aleatório. Na medida em que a teoria da comunicação da sociedade requeria uma psicologia, a teoria cognitiva moral de Kohlberg servia. Habermas acreditava que ela fornecia credibilidade à direção fortemente racionalista e progressista de seu pensamento. De fato, quando a teoria de Habermas atingiu sua forma madura, havia se tornado notável que – apesar de seu interesse inicial por Freud – as intuições pré-teóricas que guiavam seu projeto eram, de fato, estranhas ao espírito da psicolo-

---

[49] Jacques Derrida, "Cogito and the History of Madness", *Writing and Difference*, A. Bass (trad.), Chicago: University of Chicago Press, 1978, p. 38

[50] O trabalho de Axel Honneth representa uma exceção, na medida em que ele ainda tenta integrar os resultados da psicanálise a uma teoria mais ampla da sociedade.

gia psicanalítica. Ao mesmo tempo, os psicanalistas estavam envolvidos com importantes, mas altamente circunscritas, questões de técnica, que lidavam com o tratamento das personalidades narcisistas e limítrofes. A tradição da teoria social psicanalítica – que se havia estendido desde o *Totem e Tabu* de Freud até os últimos capítulos do *Conhecimento e Interesse Humano* – fora tudo, menos abandonada.

Há alguma maneira, nos dias de hoje, de a Teoria Crítica e a psicanálise se conectarem de novo produtivamente? O trabalho da velha Escola de Frankfurt foi uma resposta ao surgimento do fascismo. "A sociedade capitalista tardia" forneceu o plano de fundo socioeconômico para a próxima geração de Teóricos Críticos. Hoje, a questão que mais nos pressiona, e que é mais perigosa, é o fundamentalismo – Oriente e Ocidente, cristãos, islâmicos e judeus. Porque a psicanálise e a Teoria Crítica cresceram a partir de Feuerbach e do esclarecimento, seu entendimento sobre a religião deixou muito a desejar. Agora que a fé na razão e no progresso provocou muitas decepções e a tese da secularização (a qual, nos anos cinquenta e sessenta, sustentava que a disseminação da cultura científica conduziria progressivamente à eliminação da religião) provou-se incorreta, um exame menos preconceituoso da religião poderia fornecer um tema frutífero para o questionamento dos "limites do esclarecimento" (*DE* 137). (Isso não significa dizer que a posição religiosa provou ser válida, mas apenas que as questões que ela levanta são muito ambíguas e profundas para serem ignoradas.) Se a Teoria Crítica vai examinar o tema do fundamentalismo de modo adequado, ela terá de novamente se aliar à psicanálise. Assim como com o fascismo, o ódio primitivo e a irracionalidade exasperada do fenômeno requerem os recursos da psicologia psicanalítica. Nada mais o fará.

5 A dialética e o impulso revolucionário

Raymond Geuss

Revolução

Conta-se uma história de que, durante o assalto à Bastilha em 1789, o rei Luís XVI, ouvindo o tumulto, perguntou a um de seus cortesãos o que estava acontecendo, uma rebelião popular *(émeute)*, talvez? "Não, senhor", conta-se que o cortesão teria respondido, "é uma revolução". Uma das várias razões para se desconfiar dessa história é que ela parece atribuir ao cortesão uma presciência sobrenatural. Os séculos XIX e XX na Europa foram a era das revoluções, e isso é, no mínimo, tanto uma alegação sobre a história intelectual, quanto sobre a real história política e social. Certamente, a história desse período, do Juramento da Corte de Tênis, no início da primeira Revolução Francesa, até a queda do Muro de Berlim, em 1989, pode ser sustentada como a história de uma série de transformações radicais das estruturas políticas e socioeconômicas das diversas sociedades europeias. Entretanto, os séculos XIX e XX não foram apenas um período de instabilidade e mudança, mas um período no qual as pessoas adquiriram certas ideias gerais sobre as possibilidades de mudança social em larga escala e sobre a habilidade humana para libertar-se e talvez controlar essas possibilidades de mudança. A violência urbana e rural mais ou menos espontânea, as rebeliões, as *jacqueries*, as revoltas das populações subjugadas e as conspirações para tomar o poder estabelecido têm sido a essência de boa parte da história humana por um longo tempo, mas eventos como êsses conjuntamente tomam um novo caráter quando os participantes efetivos e potenciais (e os oponentes efetivos e potenciais) adquirem uma estrutura conceitual geral, ainda que rudimentar, com a qual podem entender sua situação, o possível curso da ação que poderiam empreender e suas possíveis consequências.

Não significa que a revolução não possa acontecer sem que os participantes possuam o conceito de revolução, nem tampouco significa que, se eles o possuíssem, tentariam necessariamente rebelar-se contra as autoridades existentes, embora oponentes da Revolução Francesa tenham acusado diversos pensadores iluministas, especialmente Voltaire e Rousseau, de serem, no mínimo, parcialmente responsáveis por ela. Em certo sentido, isso é ridículo. O povo faminto não necessita de cópias do *Contrato Social* para sentir impulsos de violência contra seus ricos opressores, e num mundo de cidadãos satisfeitos os apelos para a revolução caem em ouvidos surdos. É verdade, contudo, que se o povo, em um mundo altamente imperfeito, possui realmente um conceito explícito de revolução – o qual, obviamente, requer que eles tenham também certo número de outros conceitos e crenças –, então "a revolução" estará na ordem do dia de uma maneira tal que não estava anteriormente. Nos duzentos anos que precederam a queda do Muro de Berlin, os atores políticos estavam obcecados com a necessidade de uma mudança social radical (ou com a necessidade de impedir essa mudança), e os pensadores políticos estavam obcecados com a necessidade de entender, explicar, prever (se possível) e avaliar o que parecia ser o fenômeno que definia a época – essa verdadeira obsessão era, em si mesma, um fato político de alguma importância.

A ideia de uma revolução teve tal apelo para a imaginação europeia que, da maneira como o século XIX a utilizou, o termo veio a ser usado cada vez mais amplamente. Assim, ele foi estendido metaforicamente para designar outro fenômeno em domínios fora da política. Começou-se então a falar na Revolução Industrial, que mudou o mundo do trabalho, embora "revolução" aqui designe um processo gradual, de longa duração, de uma mudança (na maior parte) pacífica, ao invés de um levante repentino e violento. Eventualmente se poderia falar de uma "revolução" na arte, como aquela associada a Cézanne, Kandinsky, os surrealistas, Mallarmé, Rimbaud, Wagner ou Schönberg. Hoje, algumas pessoas falarão até mesmo de uma revolução das técnicas construtivas, da tecnologia odontológica ou do *marketing*. Nesse ponto, "revolução" e toda a gama de termos que cresceram a seu redor – "reação", "reforma", "contrarrevolução" – parecem ter potencialmente se tornado uma maneira universal de pensar sobre o reino da política, da economia e da cultura humanas.

Esse é o contexto intelectual e político no qual o pensamento dos membros da Escola de Frankfurt deve ser situado. Seu trabalho teórico é uma reflexão apoiada nas revoluções do mundo moderno em toda a sua complexidade. Eles conceberam essa tarefa como parte de um processo necessário de preparação para a revolução, e pensaram que a teoria somente poderia cumprir esse papel se ela fosse "dialética". Este capítulo se concentrará nos conceitos de *revolução* e *dialética* e discutirá a relação que os membros da Escola de Frankfurt pensaram que esses dois conceitos tinham um com o outro.

"Escola de Frankfurt" é o termo utilizado para designar um grupo livremente associado de filósofos, historiadores, economistas, críticos literários, teóricos do direito, teóricos sociais e psicanalistas, reunidos ao redor de um conjunto de instituições relacionadas que foram fundadas em Frankfurt no final dos anos vinte, e que mantiveram sua identidade através de uma série de vicissitudes, pelo menos até o final dos anos sessenta. As instituições incluíam o Instituto de Pesquisa Social (fundado em Frankfurt am Main, em 1923, transferido para Nova York nos anos trinta e retornando para Frankfurt no início dos anos cinquenta) e a *Revista de Pesquisa Social*. Esse grupo incluía de maneira central as figuras de Max Horkheimer, Herbert Marcuse, Franz Pollock e Leo Löwenthal. Com o tempo, Theodor Adorno veio a pertencer ao círculo íntimo e tornou-se até mesmo uma presença intelectual dominante. Outros, como Erich Fromm, Franz Neumann e Walter Benjamin tiveram, talvez, uma relação mais distanciada e idiossincrática com o grupo central.

Os membros desse grupo usaram o termo "Teoria Crítica (da Sociedade)" para descrever o projeto intelectual com o qual estavam comprometidos. Por várias razões, entre elas, a simplicidade da exposição, concentrar-me-ei no que segue em duas figuras da primeira geração de teóricos críticos, Theodor Adorno e Herbert Marcuse.[1]

---

[1] Os dois melhores tratamentos panorâmicos da história da Escola de Frankfurt são Martin Jay, *The dialectical imagination*. Little Brown, Boston: 1973; e Rolf Wiggershaus, *The Frankfurt School: its history, theories and political significance*. M. Robertson (trad.). Polity, Cambridge/Mass.: 1994. Para a discussão do contexto mais amplo, ver Perry Anderson, *Considerations on Western marxism*. London: New Left Books, 1976. Ver também Rush, capítulo 1 nesta obra.

Mudança radical e qualitativa

É notável e extremamente peculiar que o termo *revolução* se tenha estabelecido como a maneira de se referir aos levantes políticos que resultam em mudanças de larga escala nos sistemas econômicos e políticos.[2] No sentido moderno, uma "revolução" é uma mudança *radical* no sistema das instituições fundamentais em um período de tempo relativamente curto, com a implicação de que é, arquetipicamente, pelo menos, a gênese de algo radicalmente novo e distinto do que era anteriormente. Originalmente, nas épocas antiga e medieval, "revolução" tinha um significado diferente; designava um padrão de movimento recorrente, no qual os objetos moviam-se de uma maneira constante, de tal forma que eles finalmente *retornavam* a seu lugar original. A "revolução" dos corpos celestes era pensada como um movimento circular, incorporando certa necessidade contínua. O sol nasce a cada dia no leste, movimenta-se através do céu e declina no oeste, somente para retornar a sua posição inicial na manhã seguinte, e isso não era concebido como um mero acidente, mas sim, em certo sentido bastante profundo, como a maneira como as coisas são e sempre serão. A concepção moderna característica de uma "revolução" é completamente diferente disso. Ao chamar de "revolução" os eventos ocorridos na França no final do século XVIII, as pessoas não estavam supondo, nem de longe, que o estado pré-revolucionário inicial retornaria eventualmente em seu ciclo, como o sol no leste todas as manhãs, ou que um novo *ancien regime necessariamente* restabeleceria "o sistema feudal" após um período suficiente de desenvolvimento ulterior. Após a Revolução, como sustentava a maior parte dos observadores modernos, nada seria ou poderia ser como antes – o fato de os Bourbon não terem percebido isso foi visto, inclusive na época, como um sinal de embotamento pouco comum.

---

[2] A melhor discussão da história do conceito de "revolução" é ainda a de Karl Griewank, *Der neuzeitliche Revolutionsbegriff*, Frankfurt am Main: Suhrkamp, 1969. Ver também John Dunn, "Revolution", em *Political innovation and conceptual change*. T. Ball e J. Farr e R. Hanson (eds.). Cambridge: Cambridge University Press, 1989, e Reinhart Koselleck, *Vergangene Zukunft: Zur Semantik geschichtlicher Zeiten*. Frankfurt am Main: Suhrkamp, 1979, especialmente os capítulos 1 e 3.

Embora não houvesse ideias inteiramente amadurecidas sobre a "revolução" no sentido moderno antes do final do século XVII, havia padrões de pensamento sobre possíveis transformações radicais no mundo humano, transformações que produziriam formas qualitativamente novas de vida humana. Muitos desses padrões, entretanto, eram encontrados no reino da religião. Assim, o cristianismo inicial certamente possuía a consciência de que o evento histórico singular da encarnação de Cristo havia sido o advento de uma possibilidade radical e qualitativa de um novo modo humano de ser. Essa nova forma de vida era completamente diferente de qualquer coisa que havia ocorrido antes, e, embora houvesse sido "profetizada", não poderia em nenhum sentido ter sido "prevista"; estava também completamente fora do controle humano, no sentido de que nenhuma ação humana poderia ter ocasionado seu surgimento. A encarnação significou a gênese de novos poderes humanos, novas formas de satisfação tornadas possíveis pela graça divina, mas também novos critérios para julgar o bem e o mal. A nova visão de mundo cristã, tornada possível pela encarnação, é parcialmente uma transvaloração de valores existentes – virtudes positivas da antiga ordem pré-cristã, como a dignidade, o patriotismo, a autossuficiência, a autoafirmação e assim por diante, são reconstruídas como formas do pecado humano, e traços de caráter anteriormente desprezados, como a humildade, são promovidos à posição de valores positivos – e parcialmente a invenção de "virtudes" completamente novas, como "a fé" e a "esperança". Após a encarnação, há sempre a possibilidade da "conversão",[3] que permitirá ao crente livrar-se totalmente do velho Adão e levar um tipo de vida radicalmente novo. Essa transformação é essencialmente uma transformação interna, espiritual, uma virada da alma e uma mudança de suas atitudes, poderes e possibilidades, e, enquanto tal, não será necessária e imediatamente visível para os outros. Mesmo no final do século XIX, Tolstoi levou Levin, em *Anna Karenina*, a descobrir que, apesar de sua conversão religiosa, ele continuaria a viver mais

---

[3] Para mais informações sobre o conceito de "conversão", ver A. D. Nock, *Conversion*, Oxford: Oxford University Press, 1993; Alain Badiou, *Saint Paul et la fondation de l'universalisme*, Paris: Presses Universitaires de France, 1977; Alain Badiou, *L'Ethique: essai sur la conscience du mal*, Paris: Hatier, 1998.

ou menos a mesma vida exterior de sempre e continuaria até mesmo a ficar zangado com seu cocheiro da mesma maneira de sempre. Para o cristianismo tradicional, no final dos tempos haverá uma ulterior e, talvez, paralela transformação coletiva das condições de vida humana como um todo, assim como é descrita, por exemplo, no Apocalipse. Não se pretendia que a nova Jerusalém fosse excelente ou mesmo uma "*pólis* ideal", uma construção humana social desejável, mas, ao invés disso, algo completamente diferente de qualquer outra forma de vida coletiva que os homens pudessem criar apenas com seus próprios esforços. Nem a conversão e nem a escatologia, todavia, são a revolução, porque a conversão é a transformação de um único indivíduo, e a escatologia é o resultado da intervenção divina, e não de qualquer tipo de ação humana.

As duas ideias básicas sobre a revolução, a mais antiga – um padrão necessariamente recorrente – e a especificamente moderna – a erupção histórica do radicalmente novo – são em princípio completamente distintas, mas pode-se descobrir que certos aspectos da concepção mais antiga tiveram uma notável persistência, mesmo no período moderno. Isso é fácil de entender quando se evoca os medos profundamente arraigados que os humanos têm da novidade, do desconhecido e do inesperado. Ser capaz de acomodar sublevações históricas potencialmente assustadoras em um padrão, mesmo que em um padrão retrospectivo, poderia dar a sensação de que temos, pelo menos, algum controle cognitivo sobre elas e poderia fazer com que fossem vistas como menos ameaçadoras; ser capaz de acomodá-las em um padrão de recorrência que nos permitiria prevê-las nos daria a oportunidade de nos prepararmos apropriadamente e fazer com que fossem vistas, igualmente, de um modo menos terrível e paralisante. Essa forma de aspiração é uma explicação adequada para a persistência de elementos da concepção mais antiga.

Necessidade e previsão

Se tivéssemos uma perfeita inteligibilidade da necessidade humana de tentar apreender cognitivamente o fenômeno da revolução, poderíamos perguntar o quanto e de que maneira é possível satisfazer essa necessidade. Particularmente, posto que se pensa que uma revolução (no sentido moderno) ocasiona uma mudança qualitativa na maneira como os humanos vivem, em cada caso distinta, poder-se-ia desejar saber se faz algum sentido procurar por uma teoria *geral* das revoluções, ou se cada uma delas é um evento histórico único. Talvez haja uma explicação para cada revolução particular, no sentido de uma constelação específica de fatos, mas as diferentes explicações de cada revolução particular não resultam de (ou adaptam-se para formar) uma única teoria unitária sobre as "revoluções". Uma possibilidade adicional é que a teoria geral que se pôde obter sobre as revoluções era tão fraca que ela não fornecia uma percepção real, ou era inútil como ferramenta de previsão. Suponhamos, por exemplo, que um padrão de recorrência se apresentasse apenas em um nível realmente abstrato, tal como o de uma revolução que ocorre quando "a insatisfação torna-se intolerável e leva à ação para remover as causas da insatisfação". Poderia ainda ocorrer que aquilo que conta como "insatisfação" (e como "intolerável") nos diferentes casos variasse tanto que seria impossível afirmar algo geral e esclarecedor sobre isso. Talvez, tudo o que pudesse ser feito fosse descrever a visão de mundo e a situação da população em questão com grande quantidade de detalhes, e com tanta empatia quanto possível, e narrar os eventos que levaram à sublevação. Essas narrativas, entretanto, poderiam ter apenas uma semelhança familiar com outras.

Uma questão adicional relacionada é se a revolução (ou as revoluções) pode(m) ser pensada(s) como "necessária(s)". Os teóricos modernos admitem um número de visões diferentes sobre se a revolução pode, em certas circunstâncias, ser afirmada ou ter sido afirmada "necessária", e no caso positivo, em que sentido se pode falar de "necessidade". Abordar corretamente este problema levanta questões extremamente profundas e difíceis sobre o papel da ação humana na história, sobre a intenção humana, a previsão, o controle e sobre a liberdade e a possibilidade de explicação.

Uma posição altamente determinista deriva da alegação de Marx no posfácio da segunda edição de *O Capital*, quando ele analisava as estruturas da mudança social que surgiriam "com necessidade natural independentemente da vontade, do desejo e da consciência dos seres humanos". Uma concepção mais fraca sustentaria que existem "condições objetivas" que são necessárias, mas não suficientes para a revolução. Se a oportunidade apresentada pelas condições será ou não aproveitada, essa é uma questão de política e livre ação humana, não de previsão estrita. Finalmente, algumas concepções enfatizam que "a necessidade" da revolução é, num primeiro momento, uma necessidade moral ou uma necessidade da razão prática dominante, não uma necessidade teórica ou de previsão. Isto é, a revolução é necessária porque se "deve" causá-la, no sentido em que se poderia pensar que "é preciso" atirar-se na água para tentar salvar uma pessoa que se está afogando, ou que "é preciso" planejar a aposentadoria numa sociedade capitalista, na qual as pensões são privatizadas. A análise da "necessidade prática" da revolução não é, na maior parte das concepções, desvinculada e autônoma, mas está vinculada, em primeiro lugar, a uma análise das "possibilidades objetivas" da situação e, em segundo lugar, a várias exigências preditivas, e o sentido de "necessidade" é diferente daquele de uma previsão categórica. Antes de tudo, afirmar que uma situação é ultrajante e "deve" ser resolvida depende, como muitas pessoas poderiam achar, da possibilidade de ela ser resolvida. Não há "necessidade prática", no sentido próprio, de "acabar com a fome" em um mundo no qual não existem meios para transportar o excedente de uma região para outra. A fome na América Latina ou na África, no final do século XX, é objetivamente ultrajante, de um modo que não se pode dizer da Europa Neolítica. Em segundo lugar, se alguma coisa, de fato, é suficiente e moralmente ultrajante, colidindo de uma maneira suficientemente direta e prejudicial a um grande número de seres humanos, então, eles provavelmente irão perceber e se tornarão moralmente ultrajados, e se eles tiverem condições de agir, agirão.[4] O juízo de que algo é suficientemente ultrajante para que "deva" ser mudado tem, assim, um componente preditivo indireto.

Direcionalidade

Até agora, concentrei-me na característica central da maior parte do uso que fazemos do termo "revolução": a característica da mudança concentrada e radical que produz uma novidade fundamental. Existem, entretanto, pelo menos duas propriedades adicionais que estão frequentemente associadas à "revolução" nas discussões modernas. A primeira delas é a direcionalidade (ou talvez se pudesse dizer "cumulatividade"), e a segunda, a extralegalidade (e, em caso extremo, a violência).

---

[4] Para os tipos de ações, ver Macur Olson, *The Logic of collective action: public goods and the Theory of Groups*, Cambridge, Mass.: Harvard University Press, 1965.

Com certeza, é perfeitamente possível usar o termo "revolução" independentemente para se referir a apenas alguma mudança concentrada, rápida e importante, sem comprometimento com a ideia de que a mudança em questão se ajusta a um padrão histórico mais amplo que exibe uma direcionalidade histórica geral. De fato, essa foi historicamente a maneira como o termo foi utilizado ao longo de boa parte do século XVIII, quando o uso moderno ainda estava *in statu nascendi*. Ou seja, é possível, ao menos em princípio, que a história de certa região durante um período tenha sido composta simplesmente por uma série de revoltas mais ou menos aleatórias: a monarquia tradicional, a ditadura militar, um sistema de regras por guerreiros locais e independentes, a teocracia e diversos tipos de governos civis autoritários sucedendo-se uns aos outros com períodos alternados de anarquia, de uma maneira que parecesse não mostrar um padrão geral de larga escala. Nós poderíamos, ainda, referir cada mudança como uma "revolução". Em grande parte do século XIX e início do século XX, entretanto, o termo "revolução" estava associado a uma ideia de história como se movendo cumulativamente em apenas uma direção particular. O esquema histórico que era mais comumente imposto era o esquema "progressista" da história como uma evolução gradual, pontuada por uma série de revoluções, e movendo-se cumulativamente na direção do aumento da liberdade humana, do controle sobre o mundo e assim por diante. Obviamente, é perfeitamente possível pensar que as revoluções possuem uma propriedade de direcionalidade geral ou mesmo de cumulatividade, sem que por isso estejam comprometidas em apoiar essa direção como sendo boa. Assim, poder-se-ia concordar que uma grande parte da história mostrou um movimento cumulativo para o aumento do controle sobre a natureza e a produtividade econômica, sem se comprometer com a alegação de que isso foi, em todos os sentidos, uma boa coisa. Poder-se-ia até mesmo, em princípio, pensar a história como uma série de passos sucessivos e cumulativos de queda a partir de algum bem original.

Essa visão "progressista" geral encontra-se na base das tentativas de distinguir a "revolução" da "contrarrevolução", uma distinção que tem certa importância para os membros da Escola de Frankfurt (ver em geral *CR*, e, para a dimensão cultural, *PMM*). Os nacional-socialistas descreveram a tomada de poder em 1933 como uma "revolução", e o novo regime certamente representou uma ruptura com a realidade política, social e cultural da República de Weimar. Muitos daqueles que pertenciam à esquerda política, entretanto, insistiram que não se poderia chamar o nacional-socialismo de uma "revolução" porque, embora fosse uma ruptura radical que introduzia uma mudança na qualidade de vida, era um movimento "para trás". Isto é, na direção histórica errada, distante da liberdade, da individualidade e assim por diante. Não era uma "revolução", mas uma "contrarrevolução".

A segunda característica frequentemente associada à revolução na mente moderna é a extralegalidade. Talvez a melhor abordagem a essa propriedade um tanto vaga seja por meio da reflexão sobre a distinção entre revolução e reforma. Essa distinção, muito importante para certos teóricos da revolução, é elaborada em três dimensões. Em primeiro lugar, a reforma é distinta da revolução, uma vez que é concebida como uma mudança em características relativamente superficiais, ao invés de uma mudança em características estruturais muito básicas da sociedade. Em segundo lugar, uma reforma é pensada como sendo um processo de transformação gradual em contraste com uma mudança revolucionária abrupta. Por fim, uma reforma é uma transformação efetuada pela mobilização de forças não meramente endógenas ao sistema político dado, mas reconhecidas por ele, isto é, com lugar reconhecido nele, enquanto que uma revolução frequentemente, ou até mesmo quase sempre, depende da ação de forças que não são, em certo sentido, reconhecidas como legítimas. Assim, uma Comissão Parlamentar pode reformar os Serviços Civis enquanto exerce um mandato que satisfaz todas as condições de legitimidade impostas pelo sistema político vigente; quando os soviets começaram a exercer funções judiciais em 1918, eles não tinham, para fazer isso, um mandato que fosse reconhecido pelo sistema político imperial ou czarista existente. Essa propriedade de "extralegalidade" admite diferentes graus. O mais fraco seria a afirmação de que o processo revolucionário era "extraconstitucional", isto é, que dependia de estruturas, instituições, grupos e acontecimentos que não faziam parte do regime de coisas estabelecido e reconhecido, mas que também não eram especificamente proibidas. Na maior parte dos sistemas, existem "áreas cinzentas" que não são nem proibidas e nem precisamente sancionadas, e, uma vez que a mudança é uma característica frequente da maior parte das sociedades europeias no período moderno, não é surpreendente que o sistema político e legal nem sempre mantenha o passo com a realidade e simplesmente ignore a existência de certas forças e agentes. Assim, por um longo período, os partidos políticos não obtiveram estatuto de reconhecimento; eles foram objeto de certa suspeita e desaprovação, mas não foram estritamente ilegais. A mesma coisa é verdadeira em um grau ainda maior para os partidos especificamente proletários do final do século XIX. Em alguns países, em certo sentido, eles não faziam parte da estrutura reconhecida de ação política, e talvez fossem ainda sujeitos a certa hostilidade informal, mas eles podem não ter sido estritamente ilegais. Uma visão ainda um pouco mais forte seria a de que as revoluções estão sempre vinculadas a atividades que são estritamente ilegais. A ação pode, obviamente, ser ilegal, mas não violenta. Finalmente, pode-se pensar que a revolução deve ser inerentemente extralegal e violenta. As instituições humanas, poder-se-ia argumentar, são caracterizadas por uma inércia ou um conservadorismo natural, e somente a violência permitiria a alguém fazer mudanças básicas. Se pensarmos, além disso, que a maior parte das formações socioeconômicas tem sido injusta até agora, então haverá um grupo que se beneficia diferencialmente do *status quo*. Não será, então, uma surpresa que aqueles que são assim beneficiados resistam à mudança tão vigorosamente quanto puderem.

Marx

A fim de distinguir a revolução, enquanto mudança radical, de uma reforma meramente superficial, é preciso decidir o que deve ser considerado uma mudança "radical" ou "fundamental" de uma estrutura social essencial. Os membros da Escola de Frankfurt fizeram várias críticas ao marxismo, especialmente ao que eles viam como suas formas "vulgares", mas, com algumas especificações que mencionarei mais à frente, eles aceitavam uma explicação basicamente marxista da estrutura da sociedade. O próprio Marx possuía uma explicação um tanto complexa e diferenciada, mas bastante explícita, definida e clara do que constituía a "essência" de uma sociedade particular. Ele distinguiu claramente entre o que chamou de a "infraestrutura" de uma sociedade e a "superestrutura" da mesma.[5] A parte mais importante é a infra-

---

[5] Ver G. A. Cohen, *Marx's theory of history: a defense*, Oxford: Oxford University Press, 1978.

estrutura, que compreende o setor da sociedade que é responsável pela reprodução da vida "material", isto é, o cultivo e a distribuição de mantimentos, a provisão de habitação e saúde e assim por diante. A infraestrutura é essencialmente a tecnologia disponível e o conjunto de relações sociais de controle sobre recursos econômicos básicos. A "superestrutura" compreende tudo o mais na sociedade: as leis, os fenômenos culturais, as religiões, os sistemas políticos e assim por diante. A superestrutura é, obviamente, "dependente", na medida em que as pessoas que não se podem alimentar não podem fazer música ou se dedicar a uma religião.

Assim, a essência da sociedade moderna ocidental é sua base econômica, o capitalismo, e a "revolução" é uma mudança na estrutura econômica capitalista de uma sociedade. O capitalismo, para Marx, é um sistema interconectado em três partes: (1) é baseado na produção de mercadorias (isto é, produção para a venda ou para a troca, ao invés do uso imediato); (2) é baseado na propriedade privada dos meios de produção, isto é, neste sistema, indivíduos particulares podem possuir terras e máquinas com os quais empregam outros indivíduos para cultivar ou operar, enquanto se apropriam dos produtos que estes empregados produzem; e (3) compreende um mercado de trabalho "livre", no qual as pessoas que não possuem um acesso efetivo aos meios de reproduzir suas vidas por conta própria são obrigadas a vender sua força de trabalho a outros, que as empregam para operar máquinas de propriedade privada. Uma classe é um grupo de pessoas que possui uma relação particular com os meios de produção. Uma sociedade capitalista é uma "sociedade de classes", porque ela é dividida em diferentes grupos de pessoas que possuem diferentes relações com os meios de produção; enquanto tal, é distinta das sociedades sem classes, como a sociedade primitiva de coletores e caçadores ou, talvez, alguma sociedade tribal, nas quais todas as pessoas possuem, grosso modo, a "mesma" relação com os meios de produção – todo adulto tem seu arco ou sua rede de pescador ou um pau de cavar, e cada um utiliza seus próprios meios para trabalhar. Para Marx, dessa forma, na medida em que a estrutura capitalista permanece intacta, nenhuma revolução ocorreu. Transições entre a monarquia e a democracia parlamentarista, entre formas de governo liberal ou fascista ou entre sistemas com provimento maior ou menor do bem-estar social são meras transformações superficiais, na melhor das hipóteses, reformas sem nenhuma importância histórica real.

Parte da atração teórica da posição de Marx resulta do fato de que ele tinha uma visão que era, em seu escopo, notavelmente ampla. Muitos teóricos concentram-se em apenas um ou dois aspectos da sociedade, mas Marx integrou visões de quatro áreas importantes da filosofia social. Em adição à análise da estrutura da sociedade há pouco descrita, Marx também tinha uma teoria preditiva do desenvolvimento socioeconômico, uma teoria de uma possível forma alternativa de organização econômica e uma teoria da ação para uma mudança social radical no mundo moderno.

O componente preditivo da teoria de Marx repousa em sua concepção "produtivista". Ele acreditava que os seres humanos são essencialmente "animais produtores" *(homo faber)* e que nossa autorrealização ocorre no trabalho significativo, livre e coletivo. Ele acreditava também que a história exibe um padrão geral, no qual as formações sociais que favorecem grande produtividade substituem aquelas que são menos produtivas. Finalmente, ele acreditava que o capitalismo havia atingido um limite histórico em sua habilidade de se desenvolver produtivamente ou mesmo de se manter em um estado de equilíbrio, e que havia, então, entrado em um período no qual estaria sujeito a recorrentes crises cada vez mais severas.

Em razão do que ele acreditava serem as limitações gerais do conhecimento humano, Marx rejeitava tentativas utópicas de especificar em detalhes como uma sociedade futura melhor poderia ser organizada. Mas ele também acreditava que era possível mostrar que uma sociedade moderna poderia organizar-se sem a propriedade privada dos meios de produção e sem um livre mercado de trabalho, e que era possível prever que essa forma de organização seria sem classes e também mais estável e mais produtiva do que o capitalismo.

Finalmente, Marx acreditava poder mostrar que existia na sociedade moderna um agente com o poder e a motivação para derrotar o capitalismo e introduzir o novo sistema de organização econômica. O "proletariado", isto é, a classe trabalhadora industrial que era forçada a vender seu trabalho para sobreviver. A sublevação que o proletariado poderia produzir seria uma "revolução", não uma simples "reforma", porque seria uma mudança na estrutura básica da sociedade.

A concepção de Marx sobre o papel da esfera da "cultura", das formas de consciência social e da ideologia e, em geral, sobre o que ele chamou de "superestrutura" da sociedade não é de fato totalmente desenvolvida – ele simplesmente parece não se ter interessado muito por essas questões. Mas, de qualquer forma, sua visão exotérica é a de que mudanças importantes na superestrutura seguem mudanças na base, e que uma base econômica mais avançada, isto é, que possui um nível mais alto de produtividade, implica um padrão mais alto de cultura e civilização, e mesmo a possibilidade de uma compreensão mais completa e mais correta da própria sociedade.[6]

Um marxismo vulgar desse tipo, geralmente associado aos movimentos social-democratas da Europa ocidental do final do século XIX e início do século XX, seguiu nessa direção, em geral, considerando o reino da cultura como um "epifenômeno", em certo sentido profundamente dependente de mudanças socioeconômicas "mais básicas". Essa abordagem não precisa negar a possibilidade de uma revolução na arte, na moral ou na religião, mas não a considera historicamente importante, tampouco possui algum papel causal no mecanismo básico em que a sociedade vive.

Lênin

Embora Lênin tenha seguido a linha oficial da dependência da cultura e da teoria em relação às condições econômicas, de fato, seus primeiros escritos teóricos[7] e sua prática indicaram um ligeiro desvio; ele colocou muito mais ênfase do que Marx na obtenção de uma teoria correta, que gerasse formas corretas de consciência, e na adoção de uma correta estrutura organizacional para um partido político. O jovem Lênin preocupava-se com a perda do elã revolucionário nos partidos social-democratas. Em sua visão, uma preocupação excessiva com as questões diretamente econômicas poderia levar ao desenvolvimento de um tipo de consciência sindical, que sacrificaria possíveis políticas progressistas a longo-prazo em prol de ganhos econômicos passageiros. Os escravos do capital poderiam sucumbir à tentação de aceitar um aumento mínimo imediato de suas rações de fome ao invés de abolir a escravidão como uma instituição; similarmente, nenhum crescimento da

---

[6] Reconhecidamente, há uma famosa passagem na introdução de Marx ao *Grundrisse* (Harmondsworth: Harmondsworth, 1973, p. 110-111) que parece contradizer isso, mas aqui não é o lugar para discutir essa questão.

[7] Vladimir Lenin, *What is to be done?*, New York: International Publishers, 1929.

sindicalização, da redução da jornada de trabalho, do aumento salarial ou outro benefício mudaria necessariamente a estrutura básica do capitalismo. O próprio Marx não sentiu necessidade de se preocupar com esse problema particular, porque subscreveu aquilo que veio a ser chamado de "a tese da pauperização" – a saber, a concepção de que a lógica da produção capitalista, de fato, *requer* uma redução maior permanente dos salários reais do proletariado. Assim, segundo Marx, a escolha entre ganhos econômicos imediatos e ganhos políticos a longo-prazo não era o que teria sempre se apresentado como uma séria questão. Lênin parece ter sido motivado pelo medo de que a tese da pauperização não fosse verdadeira, pelo menos a médio e curto prazos. E se o capitalismo se tornasse capaz de aumentar o padrão de vida dos trabalhadores, ao invés de diminuí-lo? Poderia então se estabelecer uma consciência sindical que não fosse inerente e irrevogavelmente revolucionária, uma que fosse, como afirmava Lênin, uma forma de ideologia burguesa, isto é, uma forma de consciência que fosse ela própria um meio através do qual a burguesia pudesse ampliar e solidificar sua dominação sobre a classe trabalhadora. Como se poderia resistir a um emburguesamento da democracia social e manter o impulso revolucionário?

A resposta de Lênin era a criação de um partido de revolucionários profissionais de tempo integral, que constituiriam um tipo de elite política que seria distinta da massa de trabalhadores. Os membros desse partido teriam um conhecimento correto da teoria revolucionária e estariam livres para o engajamento na violência extralegal; eles seriam a vanguarda da revolução, liderando, enquanto o resto da classe trabalhadora os seguiria.

Dialética

O problema

Os membros da Escola de Frankfurt compartilhavam o medo de Lênin. Se Marx estava certo sobre a economia, por que os trabalhadores eram tão dóceis? Poderia ser que o capitalismo fosse mais flexível do que Marx havia antecipado? Poderia o capitalismo chegar a prover, ao menos para um futuro imediato, algo mais do que salários de fome, cada vez menores, para seus trabalhadores escravizados, o proletariado? Poderia ser, além disso, que o poder do *status quo* residisse não simplesmente em sua força policial, exército e sistema prisional, ou mesmo em suas fábricas, ferrovias e navios mercantes, mas no poder de seu controle sobre a imaginação humana? Se isso fosse verdade, então, o reino da consciência, da cultura e da "ideologia" poderia ser uma importante arena potencial de luta política, em um sentido não claramente vislumbrado pelo próprio Marx.

Afirmar que o capitalismo tem um controle sobre a imaginação dos trabalhadores significa duas coisas complementares: que eles possuem certas crenças e atitudes justamente por causa da sociedade em que vivem, e que essas crenças e atitudes são, de alguma forma, inapropriadamente limitadas; e que os trabalhadores possuem certos desejos e necessidades justamente porque vivem em uma sociedade de certo tipo, e ter esses desejos ou necessidades limita de maneira inapropriada o que eles podem imaginar e, assim, o que razoavelmente se espera que eles possam fazer.

Crenças e atitudes

Se possuo certa crença, esta pode limitar o espaço das ações possíveis que posso visualizar a mim mesmo como executando. Se imaginar que estou trancado em um quarto, esta crença pode ser interpretada como uma limitação das maneiras como posso (razoavelmente tentar) agir. Eu acredito que não posso simplesmente girar a maçaneta e sair normalmente. Posso, é claro, não ter plena confiança em minha crença e tentar abrir a maçaneta da porta para ver se ela está realmente trancada, mas essa é uma outra questão. Não que eu não possa "imaginar" que a porta está aberta, mesmo se ela estiver trancada, ou não possa imaginar que sou forte o suficiente para simplesmente quebrar a tranca e o ferrolho, "sem esforço", girando a maçaneta e empurrando, embora eu não seja, de fato, forte o suficiente para fazer isso. Obviamente, posso "imaginar" todas essas coisas, mas isso é um tipo de especulação contrafactual vã, ao invés de um planejamento imaginativo concreto de um curso de ação real antes que nele eu me aventure. Se minha crença de que a porta está trancada é verdadeira; e se eu tenho uma base adequada para acreditar que isso é verdadeiro, então não pode haver uma objeção interna séria à limitação que ela impõe sobre mim – de fato, essa limitação pode ser vista como uma libertação, libertando-me de um esforço sem sentido que está condenado ao fracasso.

Quando os membros da escola de Frankfurt alegam que os trabalhadores nas sociedades desenvolvidas do Ocidente não se revoltam a fim de mudar o sistema econômico e político por causa de certas crenças e atitudes que eles têm, eles não querem *principalmente* dizer "falsas crenças individuais" ou mesmo falsas crenças gerais do tipo empírico comum, embora os trabalhadores possam, é claro, ter também algumas crenças desse tipo. Assim, os membros de uma classe oprimida podem ter a falsa crença individual de que a força policial em sua região é mais poderosa e eficiente do que ela na verdade é, uma crença de que os membros da força policial farão o melhor que puderem para proteger e ajudar; ou, em um nível mais banal, eles podem acreditar que o nível de desemprego em sua cidade é mais baixo do que é na realidade, ou que o alimento que adquirem nas lojas locais – quando adquirem algum – é minimamente saudável, ao invés de geneticamente modificado. Eles podem também ter falsas crenças gerais, como a de que as pessoas em qualquer parte dirigem na mão esquerda da via ou de que todas as crianças adoram chocolate. Nenhum desses erros é necessariamente desprezível, mas as "(falsas) crenças e atitudes" que os membros da Escola de Frankfurt tinham principalmente em mente eram, antes, de um tipo bastante diferente daquelas crenças empíricas mais ou menos simples que foram mencionadas. Assim, as pessoas que cresceram numa sociedade comercial vão provavelmente pensar que a tendência para "trocar e comprar" é natural e inerente a todos os seres humanos, e não algo adquirido apenas pelas pessoas numa sociedade com certas instituições socioeconômicas e certa história. Afirmar que a tendência para "trocar e comprar" é natural e inerente é fazer mais do que meramente enunciar o resultado de uma sequência de observações; é aceitar isso tacitamente como parte da estrutura inquestionada usada para pensar a sociedade. De modo semelhante, as pessoas que cresceram numa sociedade moderna, altamente litigiosa, acharão provavelmente plausível pensar que todos os humanos possuem um conjunto de direitos humanos universais, e que é natural nele permanecerem. Provavelmente essas pessoas sustentarão tais crenças de uma maneira altamente moralizante, que possui efeitos significativos reais sobre a maneira como configuram suas vidas. Os membros da escola de Frankfurt eram perspicazes para entender a diferença entre crenças empíricas "normais" (quer individuais ou gerais) por um lado e, por outro, os tipos particulares de crenças e atitudes que acreditam ser o principal mecanismo da opressão capitalista. Eles tentavam fazer isso distinguindo entre duas atitudes gerais possíveis: uma objetivante e outra reflexiva (*PDGS* 1-86). É a primeira dessas duas atitudes que eles consideram problemática, quando os agentes a adotam em relação a partes do mundo social humano.

Objetivação e reflexão

As crenças humanas podem existir a partir de diferentes tipos de coisas. Posso ter uma crença sobre o clima, sobre Gogol ou Flaubert, sobre os resultados da recente eleição geral alemã, sobre o melhor tipo de comida para os gatos de certo tipo e assim por diante. Quando adoto uma atitude objetivante, trato minhas crenças como se elas fossem completamente distintas do, e exteriores ao, estado de coisas ao qual elas se referem, e como se elas fossem inertes na prática e não tivessem nenhum efeito sobre o estado de coisas. Se acredito que irá chover amanhã, a minha crença e o clima são duas coisas distintas. O clima é aquilo que é indiferente ao que eu possa pensar sobre ele. Minha crença, em si mesma, é completamente "exterior" a ele e não será representada, de maneira apropriada, como parte do relato meteorológico. É perfeitamente natural adotarmos uma atitude objetivante em relação ao mundo não humano da natureza. A questão é se – e se for o caso, em que extensão – seria adequado adotar tal atitude em relação à sociedade da qual somos, de fato ou potencialmente, membros.

Os membros da Escola de Frankfurt adotaram uma concepção hegeliana da sociedade humana, que a interpreta como uma totalidade autorreflexiva que se desenvolve historicamente – isto é, as crenças e atitudes que as pessoas da sociedade têm sobre si mesmas e sobre sua sociedade são elas próprias uma parte integral da sociedade. Se todos numa sociedade, por exemplo, na Inglaterra do início do século XXI, pensarem que as pessoas são universalmente egoístas, então, essa crença será reflexiva de uma maneira que a minha crença sobre o clima não era. Uma vez que é uma crença sobre as pessoas em geral, ela inclui os membros da sociedade em questão, e envolvê-los terá um efeito nessa sociedade. Não é simplesmente uma opinião especulativa desincorporada, exterior. Uma sociedade é uma "totalidade" porque, em princípio, as crenças e atitudes dos membros poderiam ter um efeito sobre *qualquer* parte dela (*PDGS* 9-16).

Porque esse ponto é, ao mesmo tempo, importante e bastante abstrato, deixem-me tentar expandi-lo um pouco, discutindo as chamadas crenças "autorrealizáveis". Uma crença é autorrealizável se o fato de crer torna verdadeiro aquilo em que se crê (ou contribui de uma maneira substancial para tornar aquilo verdadeiro). Um exemplo clássico disso é a crença de que membros de um grupo minoritário são fura-greves e que, por esse motivo, não deve ser permitido que se associem a um sindicato.[8] Se muitas pessoas, especialmente os líderes de sindicatos, sustentam essa crença, então os membros do grupo minoritário serão excluídos da filiação aos sindicatos de trabalhadores e tenderão a ser marginalizados no mercado de trabalho, o que os torna vulneráveis à tentação extremamente forte de aceitar qualquer trabalho que puderem, mesmo que isso envolva a interrupção de uma greve. O resultado, então, pode perfeitamente ser que eles se tornem fura-greves.

Uma atitude "objetivante" em relação a uma crença isola seu conteúdo estritamente observacional – assim como o fato de que os membros desse grupo minoritário são fura-greves – e trata-o como se ele se referisse a um objeto na natureza, com propriedades determinadas dadas. Assim como eu determino se é dia ou noite abrindo os olhos, ou se todos os cisnes são brancos observando-os, da mesma forma eu determino se os membros desse grupo minoritário são fura-greves procurando membros do grupo e verificando se eles se engajam em atividades de fura-greve. "Fura-greve" é uma propriedade um pouco mais complexa do que "ser branco", e observá-la requer uma habilidade para reconhecer certas instituições sociais ("uma greve"), mas para uma pessoa com uma atitude objetivante o princípio básico é o mesmo.

Tratar uma crença "como se" ela fosse um mero objeto da natureza implica tanto algo sobre a maneira como se pode e deve investigá-la, quanto sobre como se pode utilizá-la para argumentar, avaliar e guiar a ação. Uma "atitude objetivante" está visceralmente associada ao uso meramente ins-

---

[8] Robert Merton, *Social Theory and Social Structure*, Glencoe: Free Press, 1957. p. 475-490.

trumental da razão.[9] Um objeto externo inerte pode às vezes ser manipulado se temos um conhecimento suficiente dele. Se eu descobrir que um sofá muito pesado tem um puxador atrás, talvez possa segurá-lo e mudá-lo de lugar, enquanto que antes disso não poderia fazê-lo. Ao fazê-lo, obviamente não preciso levar em consideração as crenças e preferências do objeto – ele não tem nenhuma. Se, por um outro lado, estou lidando com uma pessoa ou um grupo de pessoas, posso causar uma mudança utilizando meu conhecimento de formas diferentes, incluindo algumas que dependem da mudança de crenças e preferências das pessoas em questão. No exemplo acima, os membros e funcionários do sindicato têm uma atitude não reflexiva, isto é, uma atitude objetivante em relação a um estado de coisas – que os membros de certo grupo minoritário furam greves – e utilizam isso para justificar certo curso de ação – excluindo os membros daquela minoria da afiliação ao sindicato. Se eu for um observador ou um teórico social que investigou esse exemplo e o diagnosticou como um caso de crença autorrealizável, posso falar aos funcionários sobre minha conclusão e como a adquiri. Ao fazer isso, talvez possa persuadi-los a mudar sua atitude objetivante para uma atitude reflexiva, para que enxerguem o fato de que furar a greve é o resultado (indireto) de sua própria ação e que, assim, não é um fundamento que justifique a política de exclusão. Certamente, os membros da Escola de Frankfurt não são ingênuos sobre o que custaria produzir tal resultado. Afinal de contas, uma parte central de sua afirmação é que todos em nossa sociedade estão sob a máxima pressão para resistirem a se tornar reflexivos sobre suas próprias crenças. É ainda possível, em princípio, usar aqui meu conhecimento de uma maneira que é diferente da manipulação direta. O que está acontecendo, na melhor das hipóteses, é a persuasão racional; ao fazer com que uma crença seja sustentada de maneira reflexiva e não objetivante, eu não estou intervindo "instrumentalmente", nem manipulando. Ao mesmo tempo, essa é uma mudança real no estado da sociedade. Essa maneira de usar o conhecimento não é uma maneira que simplesmente apaga e ignora as crenças e as preferências das pessoas, mas, ao contrário, é uma maneira que recorre a essas mesmas pessoas como uma

---

[9] Ver Roberts, capítulo 3, acima.

base para uma mudança que elas próprias poderão concordar que está na direção de uma maior racionalidade.

O fenômeno das crenças autorrealizáveis não é uma particularidade que possa ser tratada com base em simples precauções metodológicas; contrariamente, ela nos diz algo fundamental sobre as crenças humanas em seu contexto social. Uma crença reflexiva não é necessariamente autorrealizável; ela pode ser autodestrutível ou ter outros efeitos sociais. O importante é que não se considerem as crenças como conteúdos desincorporados, mas se perceba que sustentar uma crença é, em si mesmo, um ato que terá consequências sociais, mesmo que essas consequências sejam mínimas, extremamente difíceis de detectar, difusas e indiretas. Na visão dos membros da escola de Frankfurt, todas as crenças sociais são reflexivas, e suas consequências deveriam ser investigadas. Isso é verdade tanto paras as crenças dos membros comuns, não sofisticados, da sociedade, que estão absorvidos no cotidiano de seu trabalho, quanto para as crenças dos teóricos. São as pessoas que criam seu próprio mundo social, por meio de sua ação, e seu estado de crenças é um componente central na determinação da maneira como eles agirão. Qualquer coisa que reduza o conhecimento que elas possuem de seu próprio poder de estruturar seu mundo social de uma maneira distinta, para mudar o que existe, contribui para sua opressão.

Embora o foco da Escola de Frankfurt esteja na "objetivação",[10] eles a enxergam como um exemplo do fenômeno mais geral da abstração inadequada. Uma das estruturas conceituais hegelianas básicas com a qual a Escola de Frankfurt opera é um contraste entre a "abstração" e a "determinação",

---

[10] Nisto eles seguem o legado hegeliano de Marx. Ver *Early Political Writings*, J. O'Malley (ed.), Cambridge: Cambridge University Press, 1991, p. 71-78, 132-133, e Georg Lukács, "Reification and the consciouness of the proletariat". In: *History and class-consciousness*, R. Livingstone (trad.), London: Merlin Press, 1971. A relação entre "objetivação", assim como é discutida nesta seção, "alienação" e "reificação" é muito complexa para ser discutida aqui, basta mencionar que a "objetivação" conceitual permanece em uma relação de determinação recíproca com a reificação social real. Isto é, as pessoas acham mais plausível pensar seu mundo como um objeto a ser manipulado, quanto mais elas são tratadas como meros objetos a serem manipulados; e quanto mais elas pensam o mundo nesses termos, mais fácil é para elas se encontrarem, assim, manipuladas. Ver *PDGS* 43-44; *RR* 279-282.

sendo que a "determinação" significa posicionar algo apropriadamente na totalidade social. Isolar de seu contexto social uma afirmação como "Os membros deste grupo são fura-greves" é agir *como se* isso pudesse continuar a ser verdadeiro e a ser um bom guia para a ação, mesmo sem ser explicitamente relacionado ao contexto mais geral (e assim condicionado por ele) somente no qual ela é verdadeira. Uma outra maneira de colocar a questão é afirmar que a objetivação atribui uma inadequada precedência à "imediaticidade", às aparências que se apresentam diretamente aos investigadores potenciais. O pensamento objetivante é especialmente inclinado à falsa universalização, pela razão óbvia de que encorajará os investigadores a interpretar o fenômeno local como universal. Finalmente, a objetivação inclina o indivíduo a adotar uma visão a-histórica da sociedade humana e a desprezar o fato de que as características mais interessantes e importantes da maior parte dos fenômenos sociais têm a forma que têm por causa de sua história particular, e não são inteiramente compreensíveis quando separadas dessa história. A objetivação, a falsa universalização, a abstração inadequada e o a-historicismo são deficiências relacionadas entre si.

As pessoas nas sociedades capitalistas modernas, então, são encorajadas de uma forma sistemática a ter uma atitude conceitual errada para com sua sociedade, uma atitude que inibe suas próprias possibilidades de ação. Uma forma de coerção especialmente importante no mundo moderno é o tipo de conformismo intelectual que consiste na ampla crença compartilhada, explícita ou tácita, de que não há alternativa real para o presente. Levar as pessoas a terem uma atitude objetivante em relação a suas próprias crenças e sociedade é uma maneira de reforçar seu conformismo intelectual e de impedi-las de até mesmo vislumbrar uma mudança revolucionária. Essa atitude objetivante diária que o capitalismo encoraja passa, com o tempo, a ser elaborada teoricamente em uma doutrina filosófica. O termo que os membros da escola de Frankfurt utilizam, às vezes, para resumir tudo aquilo que eles rejeitam acerca da superestrutura intelectual do capitalismo é "positivismo".

Positivismo

O "positivismo", para os membros da Escola de Frankfurt, é a ideologia do capitalismo; é a formulação explícita e a glorificação da atitude incorreta, objetivante, que as pessoas da sociedade capitalista têm para com seu mundo (*CT* 132-188; *PDGS* 1-86; *O* 170-199). O positivismo é um reflexo da maneira como as pessoas da nossa sociedade tendem a pensar – daí sua aparente plausibilidade – e também uma justificação dessa maneira de ver a sociedade. A Escola de Frankfurt vê a história intelectual, pelo menos dos últimos duzentos anos, como uma luta entre o que eles chamam de "positivismo" e as formas dialéticas críticas, negativas, de pensamento (*RR* 323-329).

O positivismo lógico tradicional[11] estava comprometido com o atomismo – a visão de que a realidade pode ser inteiramente representada por um conjunto de fatos distintos, cada um separado do outro –, com certos padrões de clareza do uso linguístico, com o uso da lógica formal como uma ferramenta básica da análise filosófica e com a afirmação da percepção direta como o fundamento último de todo conhecimento empírico. A abordagem dialética desenvolvida originalmente por Hegel e adotada pelos membros da Escola de Frankfurt rejeita todos esses compromissos. Eles rejeitam o atomismo e a concepção de que todo o conhecimento pode ser baseado na percepção imediata dos sentidos, porque acreditam que a sociedade é uma totalidade historicamente constituída. Entretanto, o que dizer dos padrões positivistas de clareza e do papel da lógica?

Leitores cuidadosos, especialmente aqueles que têm alguma familiaridade com as formas tradicionais de análise filosófica, podem, de fato, achar um pouco insatisfatória a discussão geral sobre a totalidade e a reflexividade feita acima. Ela parece carecer de rigor e definição, e estar constantemente mudando seu tópico: às vezes, o que está em questão é a crença como um conteúdo linguístico possível; às vezes, a sustentação da crença ou mesmo a ação baseada na crença; a relação entre as crenças e atitudes não é sufi-

---

[11] Os membros da Escola de Frankfurt não entendiam por "positivismo" aquilo que os filósofos analíticos contemporâneos usualmente entendem pelo termo. Seu uso é bem mais amplo, incluindo não apenas Comte e o "empirismo lógico", mas também o Schelling tardio (e Heidegger, que eles tratavam como um dependente ideológico tardio de Schelling). De seu ponto de vista, Heidegger, o marxismo de estilo soviético e Carnap eram todos exemplos de um "positivismo" que estava comprometido em ignorar a reflexão. Assim, apesar das reformas individuais que pudessem encorajar, eles eram politicamente contrarrevolucionários.

cientemente clara; às vezes, afirma-se que uma crença é "objetivante" (ou "objetivista"), às vezes, que as pessoas estão sustentando certa crença de uma maneira objetivante e assim por diante. Essa fragilidade linguística e ausência de definição formal não é uma questão de inadvertência, mas, pelo contrário, de orientação. Também a esse respeito os membros da Escola de Frankfurt seguem o caminho de Hegel, que rejeitou a concepção de que a clareza linguística é a mais importante virtude filosófica (*PDGS* 51-54, 72-73). Em parte, essa rejeição resulta do pensamento de que uma definição clara dos termos, no sentido tradicional, é impossível na discussão filosófica, embora seja, talvez, possível e indiscutível em algumas outras áreas da vida humana. As próprias concepções de Hegel sobre essas questões são bastante peculiares, inusitadas e altamente articuladas para serem interessantes em si mesmas. Além disso, elas estão tão profundamente incrustadas na própria textura básica da visão de mundo frankfurtiana, que é essencial compreendê-las se desejarmos obter compreensão bem fundamentada do projeto de Frankfurt.

Hegel

Um conjunto tradicional de assunções básicas sobre como proceder em filosofia teve sua primeira formulação na representação de Platão sobre o trabalho de Sócrates. Em vários dos primeiros diálogos platônicos, Sócrates argumenta que certo tipo de definição de termos-chave é uma precondição para uma discussão filosófica substancial. Primeiro, argumenta ele, nós teríamos de definir termos como "piedade" ou "justiça", ou "coragem", de uma maneira abstrata geral, idealmente *per genus et differentiam*, antes de levantar questões como "o que a piedade exige de nós?" Ou "a piedade é a mesma coisa ou é diferente da justiça?". Essa maneira de proceder veio, mais tarde, a associar-se a certo número de assunções subsequentes, das quais a mais importante é a de que a definição fornecerá uma "essência" historicamente invariável e atemporal daquilo que é definido. A "piedade" é "essencialmente" a mesma coisa para o interlocutor de Sócrates, Eutífron (no diálogo que leva seu nome), e para nós, e uma boa definição não fornecerá apenas o significado do termo, mas também irá circunscrever a "essência" daquilo que o termo designa e nos auxiliará a diferenciá-la claramente dos acréscimos acidentais do tempo, das aparências superficiais e das associações contingentes.

Hegel rejeita a concepção de que é importante obter uma definição formal do que se deseja discutir antes de iniciar uma discussão substancial. Ele acredita que para os conceitos filosoficamente significativos é impossível isolar uma "essência" que possa ser dada como uma definição formal e rigorosamente diferenciada de "outras" características acidentais a ela associadas. A unidade básica não é a palavra individual ou o conceito com um significado fixo, mas, ao contrário, uma unidade maior, de fato indeterminadamente maior, o argumento. Um argumento filosófico é essencialmente aquele em que o significado dos termos centrais em questão muda durante o curso da discussão; um bom argumento é aquele em que o conteúdo semântico do conceito básico envolvido muda de uma maneira estruturada.

Assim, Eutífron, no diálogo platônico anteriormente citado, faz sucessivas tentativas para definir "piedade", cada uma delas sujeita à discussão argumentativa de Sócrates, e por ele refutadas. Platão pensa, ou de qualquer modo as gerações posteriores de ouvintes e leitores pensaram que estavam sendo encorajadas por Platão a pensar, que a essência ou a definição, ou ainda o significado de "piedade" é alguma fórmula abstrata, tal como "a piedade é o serviço dos deuses", que infelizmente Sócrates e Eutífron simplesmente falharam em encontrar. Até que tenham uma definição satisfatória, não podem começar a discutir as verdadeiras questões filosóficas, como aquela que questiona se Eutífron deveria ou não acusar seu pai por ter matado um escravo. Hegel sustenta que essa forma de pensamento sobre a filosofia é equivocada. Em sua visão, grosso modo, a essência, a "definição", ou o significado de "piedade" não é uma fórmula separável que Sócrates e Eutífron poderiam igualmente, em princípio, encontrar ou deixar de encontrar. Antes, se existe tal coisa como uma definição, ela é precisamente a série inteira de argumentos que Sócrates segue através da discussão da "piedade" com Eutífron, incluindo, em particular, a refutação de todas as definições inadequadas. Ou antes, a essência da piedade é revelada não numa fórmula, mas durante um diálogo idealizado, no qual um "Sócrates" e um "Eutífron" ideais discutem e extraem as implicações de um vasto número de argumentos sobre a piedade. Essa discussão exibirá uma estrutura ou uma lógica, ou uma necessidade, ou uma racionalidade – ela não será simplesmente uma série de passos aleatórios, irrelevantes, ou apenas causalmente sequenciais. Porém, a "lógica" em questão não será uma lógica que possa de alguma maneira ser formalizada de modo interessante. A estrutura é única, isto é, ela não pode ser restabelecida de qualquer outra maneira, a não ser a simples *repetição* ou *reatuação* da discussão (ideal) em questão.[12]

A razão é inerente e irremediavelmente um processo, não um resultado. O "significado" ou a "definição" de qualquer termo nada mais é do que sua posição em tal processo idealizado, e o processo é demasiadamente cheio de singularidades (que são, entretanto, exemplos de necessidade) para ser possível resumi-lo de uma maneira que permitiria reter sua essência filosófica. Se a filosofia é uma estrutura de pensamento e argumento *em movimento irredutível*,[13] articular essa estrutura com algum grau de sofisticação e detalhe requer o uso da linguagem, isto é, *algum* uso de *alguma* linguagem; mas qualquer formulação linguística particular dela só pode ser, na melhor das hipóteses, aproximada. Há, por assim dizer, um desajuste inerente entre a linguagem e o conceito; os mesmos tipos de padrão podem ser instanciados em palavras diferentes, e o importante a ser visto é o padrão – o conjunto de passos da progressão argumentativa. A obsessão pela clareza linguística é então, em um sentido, uma parte perfeitamente compreensível da atividade filosófica. Nós constantemente lutamos pela clareza, e essa luta é uma parte importante do motor de nosso progresso filosófico, mas com o tempo o filósofo perceberá que a luta nunca será, e não poderia ser, coroada pelo sucesso que se poderia esperar e desejar desde o início, o de obter uma definição da essência de "piedade" ou de "substância" que representasse uma fórmula distinta. Os membros da Escola de Frankfurt acrescentam uma consideração própria ulterior a esse ar-

---

[12] Isto é, para Hegel, a "lógica" do ser é muito diferente da "lógica" da essência e da "lógica" do conceito. A intenção de Hegel em sua filosofia é "superar" a distinção entre forma e conteúdo. É por isso que, estritamente falando, para Hegel não pode haver um "método dialético". Para existir tal coisa, teria de ser possível separar, de maneira estrita, forma e conteúdo e reduzir diferentes questões ou diferentes partes da filosofia a algum conjunto relativamente simples de padrões formais que se repetem, uma coisa que Hegel acredita ser impossível (ver também *ND* 144-146).

[13] Ver Hegel, *Phänomenologie des Geistes*. Em *Werke in zwanzing Bänden*, Frankfurt am Main: Suhrkamp, 1970. [vol. 3], p. 25-27; 46-63. *Phenomenology of spirit*, A. V. Miller (trad.). Oxford: Oxford University Press, 1977, p. 11-13; 27-41.

gumento geral hegeliano contra a clareza linguística. A clareza será a clareza de nossa linguagem existente, da linguagem cotidiana. A linguagem, entretanto, e o senso comum a ela associado, é um agente da repressão conformista. Depositar uma grande ênfase em esclarecer a linguagem, de fato, significa fortalecer tacitamente a visão de que a linguagem existente é valiosa e pode ser, então, reformada para não mais ser um instrumento da opressão. Se a sociedade como um todo necessita de uma mudança revolucionária, então a linguagem também necessita ser mudada totalmente e não apenas ter mais "clareza". A literatura, especialmente a literatura de vanguarda, e outras formas alternativas de atividade linguística podem ser vistas como tentativas para escapar da pressão que leva ao conformismo e podem assim manter aberta a ideia daquilo que é radicalmente diferente (*MM* §§5, 50; *O* 58-71, 170-199; *CR* 103).

Hegel insiste que o método da matemática, apesar de seu uso inquestionável numa variedade de outras áreas, não é um modelo para a filosofia,[14] e existe pouca dúvida de que ele teria pensado que a mesma coisa fosse verdadeira para a lógica moderna. Existe igualmente pouca dúvida de que todos os membros, ao menos os da primeira geração da Escola de Frankfurt, teriam concordado inteiramente com Hegel sobre isso (*PDGS* 2; *RR* 144-145; *O* 139-143). Os princípios da lógica (formal), pressupõem eles, possuem aplicação somente quando já temos termos particulares e proposições que possuem um claro significado que não *muda* durante o curso da argumentação. Se acreditarmos que possuímos essas proposições, isso mostra que nos afastamos completamente de nosso propósito e não estamos fazendo filosofia. A dialética não é, portanto, uma concorrente da lógica formal, porque as duas operam, segundo Hegel, em esferas completamente diferentes. O positivismo comete o erro de tentar tornar a lógica formal uma concorrente, de abstrair a clareza analítica e a lógica formal de seus próprios lugares subordinados na discussão filosófica e tentar inapropriadamente promovê-las a uma posição de autoridade inquestionável.

Se o "positivismo", com sua tácita glorificação do espelhamento passivo do mundo existente enquanto um conjunto de fatos atomísticos, contribui para o imobilismo social e a mistificação, os membros

---

[14] Ver Hegel, *Phänomenologie des Geistes*, III p. 42-51; *Phenomenology of spirit*, p. 24-31.

da Escola de Frankfurt acreditam que o pensamento dialético do tipo delineado por Hegel é mais apropriado para minar a falsa "objetivação" e o fatalismo politicamente carregado. O dialético não precisa negar os "fatos", assim como o teórico social que descobre a natureza autorrealizável de algumas crenças não nega o "fato", por exemplo, de que alguns membros de certo grupo agem como fura-greves. De fato, é preferível para os dialéticos não negar os fatos, se não querem penetrar no mundo da pura fantasia. Eles desejam, apesar disso, mudar o foco da pesquisa social existente, para isso, até certo ponto, exigindo que os "fatos" sejam colocados no contexto mais amplo possível e examinando a contribuição para a "constituição" dos fatos feita pelos sujeitos humanos particulares e pela sociedade como um todo, considerada como um tipo de sujeito coletivo. Essa ampliação do foco, acreditam eles, mostrará que os "fatos" são, de modo significativo, menos fortemente baseados na natureza bruta que possa parecer (*PDGS* II, 112).

Necessidades

Descrever o positivismo como a principal defesa ideológica contra a mudança social sugere que o problema principal é o das *crenças* dos trabalhadores. A sociedade é uma criação humana, mas isso significa uma criação de animais sociais humanos agindo conjuntamente. Esses animais têm desejos, necessidades, emoções, hábitos de comportamento, linguagem e também crenças, mas não são meramente ou essencialmente portadores de crenças. Minha concentração nas "crenças" nas primeiras partes deste capítulo foi uma abstração objetivando uma exposição perspicaz. O controle que a sociedade capitalista exerce sobre a imaginação não opera apenas através das crenças, mas opera também no nível dos desejos e necessidades das pessoas (*O* XV). Não ocorre simplesmente que os trabalhadores acreditam na universalidade da produção de mercadorias, nos "direitos humanos universais" e assim por diante, mas que eles *precisam* e querem as engenhocas, o *fast food*, o entretenimento fútil, e as válvulas de escape para a agressão que o capitalismo lhes fornece. É uma máxima fundamental da Teoria Crítica que muitas de nossas necessidades e desejos em uma sociedade capitalista são falsos, mas que, enquanto continuarmos a possuí-los, nos encontraremos presos a padrões de comportamento que reproduzem o sistema capitalista que os produz.

Os positivistas não são tolos o suficiente para negar que os humanos possuem desejos e necessidades, além de possuírem crenças. Fiéis a seu comprometimento geral com aquilo que os membros da Escola de Frankfurt chamam de o princípio da "imediaticidade", contudo, os positivistas enxergam os desejos e as necessidades humanas simplesmente como dados, como outros fatos quaisquer. Eles, por isso, relutam em chamar quaisquer desejos ou necessidades de "falsos". No que diz respeito às necessidades, a noção básica de uma "necessidade" é uma condição que deve ser satisfeita se um organismo funciona normalmente, sem nenhuma disfunção. Isso é um conceito empírico perfeitamente inquestionável. Assim, pode-se afirmar que os seres humanos possuem necessidade de água, significando que eles não são capazes de viver sem água. Pode-se interpretar a noção de "disfunção" mais ou menos amplamente. Sem água, morrerei em alguns dias; sem uma dieta adequada talvez não morra imediatamente, apenas me tornarei letárgico, propenso às doenças e assim por diante. Posso, ainda, razoavelmente afirmar que "preciso" ter uma dieta nutritiva. Uma vez, entretanto, que especifiquei o que "disfunção" significa, então, ou tenho necessidade de certo tipo ou não tenho, e parece não haver lugar para a aplicação dos termos verdadeiro ou falso. Com certeza, posso ter uma necessidade sem saber que a tenho – posso facilmente necessitar de uma pequena quantidade de um elemento desconhecido como o selênio e, ainda, não ter ideia de que ele é essencial a meu bem-estar. Logo, posso também ter falsas crenças sobre o que necessito, mas então é a crença que é falsa e não a necessidade.

No que diz respeito aos desejos, há um sentido no qual os positivistas também poderiam admitir que, filosoficamente, podemos fazer um pouco mais do que simplesmente tomá-los como fatos brutos que devem ser aceitos como são. Mesmo os positivistas podem admitir alguma possibilidade de um limitado "criticismo científico" dos desejos. Por exemplo, pode-se julgá-los deficientes com referência a alguns princípios mínimos da consistência lógica e da adequação empírica. Assim, há alguma coisa errada com o conjunto de desejos de uma pessoa que deseja tanto A e não A (ou tanto A e algum B que, de fato, levará inevitavelmente a não A). Pode-se também criticar o desejo de uma pessoa que quer beber água sem saber que esta foi envenenada. Afora essas duas formas de crítica, contudo, o positivista sustenta que o teórico social deve tomar os desejos humanos como ele os encontra.

Os membros da Escola de Frankfurt respondem que, se o positivismo *não* se apresenta como uma teoria completa da racionalidade humana e um guia filosófico completo para viver uma vida humana, então é uma doutrina menor de uma área subordinada da epistemologia, e devem-se investigar suas relações com questões mais amplas, com outras áreas da filosofia, outros princípios gerais e assim por diante. Se, por outro lado, supõe-se que o positivismo seja em si mesmo uma filosofia completa, uma estrutura final para o entendimento de nosso mundo e de nossa vida, ele deve então estar ao menos tacitamente comprometido com a visão de que ele nos diz tudo aquilo que podemos saber sobre como viver. Isso, por sua vez, implica que não há literalmente nada a ser dito sobre os desejos e as necessidades humanas, a não ser observar se os agentes sob investigação exibem de fato os sinais de possuí-los e, caso eles sejam mesmo desejos, se são consistentes e minimamente informados por um conhecimento empírico correto do ambiente.

Talvez deva também ser notado que a doutrina das "falsas necessidades" é um afastamento claro da doutrina marxista tradicional. O próprio Marx tinha uma atitude inteiramente positiva para com o desenvolvimento das necessidades humanas. Uma sociedade humana rica, afirma ele, é rica em necessidades.[15] Ele elabora uma complexa teoria dos diferentes tipos de necessidade, de sua relação com as forças humanas e da interconexão entre o desenvolvimento das forças e o desenvolvimento das necessidades, mas ele não elabora uma categoria da "falsa necessidade", uma vez que não há nenhum sentido significativo no qual uma necessidade possa ser vista como falsa ou como sendo alguma coisa que nos limite à forma presente da produção socioeconômica. De fato, uma vez que a razão principal do colapso do capitalismo, de acordo com Marx, seria a inabilidade para satisfazer as necessidades humanas existentes, quanto mais essas necessidades se tornassem desenvolvidas, mais perto se encontraria o sistema capitalista de sua autodissolução.

O conceito de "necessidade" utilizado pelos membros da Escola de Frankfurt é ligeiramente diferente daquele descrito acima na discussão sobre o positivismo, em que a noção de "disfunção" é, de fato, interpretada muito amplamente. Ele inclui não apenas as condições da autossubsistência física, a

---

[15] Ver Agnes Heller, *The theory of need in Marx*, London: Allison & Busby, 1974.

vitalidade e a saúde, mas também as condições que devem ser satisfeitas se a saúde e a vitalidade psíquica, social ou cultural devem ser mantidas. A perda de certo tipo de autorrespeito (em certa sociedade) pode não levar à doença física, mas poderia muito bem causar severas disfunções sociais, tornando a pessoa aflita com isso, incapaz de levar uma vida social, política e cultural ativa. O desejo e a necessidade são comumente interpretados como distintos. Posso desejar aquilo de que não necessito – assim como uma riqueza supérflua – e necessitar de algo que não desejo – como o selênio, se eu não sei nada sobre ele. Os membros da Escola de Frankfurt, entretanto, geralmente tendem a usar o termo "necessidade" de tal maneira que o desejo de certo tipo pode gerar uma necessidade correspondente. Posso internalizar as pressões sociais tão completamente e desejar algo tão intensamente que esse desejo se torna uma "segunda natureza" para mim e eu adoecerei psiquicamente se não o satisfizer (L 10-11).

Uma falsa necessidade não é aquela cuja satisfação não é atingida, ou mesmo que não é atingida sistematicamente, mas, ao contrário, aquela que os agentes em questão não teriam desenvolvido se estivessem em uma posição para desenvolver livremente sua estrutura de necessidades (O 5). "Desenvolvimento livre", aqui, significa um desenvolvimento sujeito apenas às condições impostas pela natureza e pelo nível de desenvolvimento de nossas forças de produção. Assim, num dado ponto do tempo, a necessidade de paus de escavar podia ser uma necessidade verdadeira, porque dado o nível de desenvolvimento das forças de produção naquele momento, a qualidade do solo disponível e assim por diante, alimentos suficientes não podiam ser produzidos sem paus de escavar. Essa necessidade pode contar como uma necessidade verdadeira, porque as pessoas passariam fome sem alimentos suficientes e, dado esse fato e o nível do desenvolvimento de suas forças de produção, sem paus de escavar elas iriam "adoecer". Essa necessidade pode mudar através do tempo com as mudanças na tecnologia; quando a enxada substitui os paus de escavar, a necessidade deles desaparece. Contrariamente, os membros da sociedade capitalista posterior não apenas podem querer ou desejar novos carros particulares maiores de uma determinada marca, roupas de estilistas, subserviência de vendedores e salários que não são meramente "adequados", mas visivelmente maiores do que aqueles daquelas pessoas que eles veem como seus pares. Eles podem "necessitar" genuinamente dessas coisas as quais perseguem tão assiduamente quanto o fazem com as necessidades verdadeiras, como o alimento e a água, não aceitando substitutos, e eles (socialmente e psicologicamente) adoecerão se suficientemente privados dessa satisfação. Entretanto, os membros da Escola de Frankfurt sustentam que, embora as necessidades possam ser vividas como perfeitamente genuínas, elas são falsas porque são necessidades que não teriam sido adquiridas se as pessoas tivessem sido autorizadas a desenvolver livremente sua estrutura de necessidades. Elas desenvolvem essas necessidades não em resposta aos imperativos naturais, enquanto mediados pelo nível do desenvolvimento das forças de produção, mas em resposta às pressões específicas de uma sociedade baseada na repressão, na competitividade e na acumulação compulsivas. Uma vez que essas "falsas" necessidades são adquiridas, elas estabilizam o regime capitalista de repressão a partir do qual elas emergem, porque muitas delas, como a expressão visível da posição de alguém na ordem hierárquica econômica, não seriam satisfeitas em uma sociedade pós-capitalista (*L* II).

Distinguir quais necessidades são verdadeiras e quais são falsas é uma operação extraordinariamente delicada, que requer poderes consideráveis de discriminação. Em certas sociedades (com certo grau de desenvolvimento das forças de produção), carros utilitários de *certo* tipo são necessários, e possuir um é uma necessidade verdadeira, mas carros novos produzidos por firmas particulares com equipamentos adicionais não são; e qualquer "necessidade" deles seria uma falsa necessidade. Todavia, uma das principais tarefas de qualquer teoria crítica social e, de fato, de qualquer teoria social que possa ser um bom guia para a vida humana, é precisamente tentar fazer essa discriminação. A pesquisa inspirada pelo positivismo pode ser útil em certas áreas restritas, mas uma vez que o positivismo não fornece os significados conceituais para a distinção entre necessidades verdadeiras e falsas, ele não pode ser a estrutura final para uma teoria social crítica séria, que poderia, em princípio, ser um guia para uma mudança social radical – a revolução. Assim, na medida em que o positivismo fracassa em fazer essa distinção, os membros da Escola de Frankfurt alertam que isso contribui tacitamente para embutir falsas necessidades de maneira mais profunda na psique coletiva dos membros da sociedade, tornando, assim, mais difícil a mudança social significativa.

Tudo isso sugere, obviamente, que o projeto de crítica da sociedade existente a fim de produzir um ímpeto efetivo para a revolução é mais difícil do que a maior parte dos teóricos sociais dos séculos XVIII e XIX pensou. As falsas crenças objetivantes discutidas na última seção não são apenas "erros" aleatórios que podem ser facilmente corrigidos, mas, ao invés disso, estão enraizadas em formas de aspirações que estão, por sua vez, enraizadas em necessidades, em cuja satisfação depositamos um profundo investimento psíquico, dado que crescemos nessa sociedade. A sociedade capitalista produz falsas crenças – atitudes objetivantes para com a sociedade – e falsas necessidades, e a conjunção é autorreforçadora. Eu passo a ter a necessidade de ver minha sociedade de modo objetivado, e vê-la dessa maneira reforça minha necessidade de reter minhas falsas necessidades existentes. Supõe-se que a revolução traga uma mudança "qualitativa" na maneira como as pessoas vivem. A forma básica de uma revolução moderna, então, seria aquela em que as pessoas desenvolvessem um conjunto qualitativamente novo de necessidades (*L* 4-23). Concretamente, isso significa a gênese de uma profunda e estabelecida intolerância às formas de comportamento competitivas, exploradoras e destrutivas, o desenvolvimento de novas necessidades estéticas e formas de autorrealização e assim por diante. Se o sistema capitalista é autorreforçador, de onde viriam essas novas necessidades?

Razão e Revolução

Crítica e Utopia

O pensamento "dialético" inicia sua operação tentando situar os "fatos" dados na totalidade social. A "totalidade social", entretanto, para os membros da escola de Frankfurt, não consiste apenas nas instituições econômicas, mas também em formas de consciência e ideais sociais, em concepções particulares de uma boa vida.[16] Essas concepções não são ditames da razão pura, que habitam em um reino separado do pensamento, mas estão embutidas em partes integrantes do mecanismo social. Todas as instituições sociais têm uma teleologia inerente – elas são direcionadas para contribuir para uma "boa vida"

---

[16] N.T. Ou bem viver.

– e, analisando sua estrutura e operação, pode-se extrair delas seu "conceito" no sentido técnico em que Hegel utiliza o termo: o mecanismo teleológico interno que governa sua operação (*PDGS* 69). O sistema jurídico não é meramente uma coleção de códigos, instituições, práticas e regularidades que existem e funcionam como um fim em si mesmo, mas, ao invés disso, é um conjunto de ações, eventos e estruturas inerentemente direcionadas para a conquista de certos fins: a administração da lei, a regulação do comportamento criminal e a obtenção da justiça. Podem-se descrever esses fins em vários níveis de generalidade e formas diferentes, mas, por um outro lado, todos eles também podem ser vistos como ocupando tais posições porque se presume que contribuam para realizar certo tipo de uma boa vida (social). Isto é, se eu pergunto sobre algum detalhe característico do sistema judicial, "por que nós fazemos o que fazemos *dessa* forma?", algumas vezes, talvez, terei a seguinte resposta: "o que você entende por 'por quê'?; pois essa é simplesmente a maneira como nós sempre fizemos isso", mas nem sempre eu obterei esse tipo de resposta de todos, sobre todas as características do sistema. Ao contrário, frequentemente receberei *alguma* resposta do tipo "fazemos isso dessa maneira porque isso contribui para uma tranquila administração da justiça". Se eu continuo repetindo minha questão, com o tempo chego a alguma resposta que é equivalente à alegação de que ter um sistema tranquilo de operação para a administração da justiça é uma coisa boa para a sociedade; é parte daquilo que é, para uma sociedade, conduzir uma boa vida social.

Uma séria dificuldade surge aqui, contudo, do fato de que quanto mais gerais minhas questões se tornam, menos provavelmente obterei uma resposta completa, direta e definitiva de uma única fonte autorizada. Onde exatamente eu procuraria uma resposta autorizada à questão de por que um sistema judicial particular é litigioso ao invés de inquisitório? Quem pode, definitivamente, responder-me quais elementos compõem nossa concepção historicamente formada sobre uma "boa vida"? Não há uma maneira empírica simples de determinar a resposta a essa questão. Não se pode simplesmente fazer uma enquete, porque, em primeiro lugar, a maior parte das pessoas não teria a menor ideia do que responder e, em segundo lugar, mesmo se todas elas tivessem dado uma resposta clara, não há razão para tomar essa resposta como autorizada. A concepção de "boa vida" que está em questão é aquela que se supõe estar realmente embutida na formação histórica da sociedade, e não aquilo que as pessoas *pensam* que seja o bem para elas em sua sociedade. Afinal de contas, é uma afirmação central da Escola de Frankfurt que as pessoas são, em geral, ideologicamente iludidas sobre a sociedade em que vivem; assim, ao perguntar-lhes sobre "o bom", extrair-se-iam muitas respostas sem sentido, desarticuladas, indistintas e contraditórias (*AGS* X.2, 573-594). Quanto mais gerais as questões se tornam, então, mais provavelmente eu terei de me tornar ativo na construção de uma teoria sobre que exata concepção da "boa vida" a sociedade está tacitamente lutando para alcançar, ao invés de simplesmente lê-la a partir do que os próprios membros dizem espontaneamente.

Um dos recursos mais importantes para essa construção será o material tradicional das humanidades: as obras de arte, os movimentos culturais e as crenças religiosas e filosóficas são repositórios altamente condensados das aspirações humanas e concepções de uma vida boa. Alguns destes, como as doutrinas religiosas sobre a igualdade universal, terão uma forma discursiva e, de uma forma mais geral, eles apresentarão notavelmente imagens individuais de vidas humanas boas (Aquiles, Buda, Leopold Bloom) ou más (Iago). Geralmente, as aspirações humanas profundamente enraizadas, cristalizadas nas obras de arte, religião e filosofia tradicionais, assumiram uma forma "utópica": isto é, elas são aspirações que possivelmente não poderiam ter sido concretizadas na realidade, nas sociedades nas quais as obras em questão foram produzidas. Como se poderia ter igualdade universal em uma sociedade feudal baseada em um modo de produção que requer a distinção entre senhor e servo? Quantas pessoas na Era do Bronze tiveram, como Aquiles, parentes entre os deuses que lhes deram uma armadura invisível ou cavalos falantes que lhes davam bons conselhos? Com o desenvolvimento de nossas forças de produção, muitos desses ideais poderiam agora ser realizados, e dessa maneira deixarem de ser meramente fantasias utópicas. Mesmo que não tenhamos (ainda) cavalos falantes, temos uma formação socioeconômica que é suficientemente produtiva, na visão de Marx e dos membros da Escola de Frankfurt, para não exigir uma desigualdade social brutal.

O que foi dito acima é, obviamente, apenas uma primeira aproximação da concepção de Frankfurt. Membros da Escola perceberam que, na arte sofisticada, a representação de vidas como completamente "boas" ou "más" fornece uma compreensão mais sutil e complexa. Além disso, eles acreditam que o estudo da "cultura" não pode ser totalmente separado das questões políticas e morais. Mesmo a arte altamente formalista ou abstrata pode ser vista como a expressão de um desejo humano louvável de superar as ocorrências decepcionantes do cotidiano e, dessa maneira, como uma recusa a comprometer-se com o corrupto mundo capitalista, e o gesto romântico do poeta de dar as costas à sociedade é algo cujas implicações políticas e de valor moral podem ser beneficamente discutidas (*NL* I, 37-55).

Uma tarefa importante da Teoria Crítica, portanto, é extrair dessas concepções tradicionais tanto imagens positivas de uma vida boa quanto imagens negativas de vidas que não são boas, traduzi-las numa forma que apresente da maneira mais clara possível aquelas partes delas que não são mais meramente utópicas, mas que podem, de fato, ser realizadas, e comparar nossa sociedade presente com aquelas imagens. Essa confrontação é uma crítica de nosso presente. O pensamento dialético critica as instituições existentes, as práticas ou o estado das coisas, simplesmente contrastando o que eles são com o que eles poderiam ser, e estão, em certo sentido, lutando para ser, mas não são (*ER* 182; *PDGS* 69).

Discuti dois obstáculos para a revolução: os agentes em nossa sociedade possuem crenças falsas, objetivantes, que tornam a mudança difícil, e eles possuem falsas necessidades que os prendem libidinosamente ao *status quo*. Há, contudo, um terceiro obstáculo. Especificamente, as sociedades modernas estão tentando desacreditar a ideia geral de uma concepção de uma vida boa em relação à qual nossa realidade social possa ser medida, e frequentemente utilizam o positivismo para apoiar esse descrédito (*P* 29-34; *O* 9-12). As concepções sobre uma vida boa não têm, afinal, o claro "conteúdo cognitivo" que é reconhecido e exigido pelo positivismo. Esses obstáculos parecem irresistíveis em sua solidez. O "criticismo" parece, em comparação, uma força extremamente fraca. Como a revolução é possível sob essas circunstâncias?

Política

Marx e Lênin responderam a essa questão especificando um agente e mostrando como a situação poderia previsivelmente surgir, na qual tal agente teria o poder e a motivação para revoltar-se triunfalmente e revolucionar a sociedade. A escolha do agente feita por Marx foi a classe trabalhadora industrial da sociedade capitalista avançada. Entretanto, na concepção da Escola de Frankfurt, o capitalismo havia iludido o proletariado clássico com tal intensidade, que nada poderia ser esperado dele. O partido revolucionário de vanguarda de Lênin poderia, sob certas circunstâncias, tomar o poder político, mas sua concepção meramente instrumental do conhecimento implica que o partido leninista jamais seria capaz de efetuar uma revolução *qualitativa* nas condições de vida humana.[17] Ele permaneceria comprometido com seu próprio "objetivismo" e com o mesmo tipo de produtivismo que se encontra em Marx (o qual, é, em si mesmo, um reflexo e uma expressão de um dos lados menos atrativos do capitalismo, não uma alternativa a ele), e os fomentaria (*AGS* X.2, 15).

A revolução política, que é uma mudança na estrutura política da sociedade unida a uma transformação radical de sua estrutura econômica e social, esteve sempre no centro do pensamento dos membros da Escola de Frankfurt – nenhum deles era um mero "crítico cultural" no sentido em que o termo é hoje utilizado. Sua análise sobre a música, a literatura, a cultura popular e assim por diante, sempre foi interpretada como parte de um projeto político que contribuiria, no mínimo, para algum tipo de resistência ao modo capitalista de produção econômica. Por outro lado, os proponentes da Teoria Crítica resistiram à tentação de interpretar a cultura *meramente* como uma compensação epifenomênica para a privação econômica, se com isso fosse entendido que a cultura era ou deveria tornar-se um instrumento puro, não instanciando valores próprios. Mesmo a filosofia extraída desse "núcleo utópico" de forma alguma enfraqueceria a importância ou o valor da obra de arte.

Obviamente, apesar do sistema econômico capitalista operar para manter a imaginação das pessoas cativa, será improvável que ele opere perfeitamente e seja universalmente bem-sucedido em escravizá-las. Alguns impul-

---

[17] Na medida em que os membros da Escola de Frankfurt partem de Marx e chegam a ver a dominação da "razão instrumental", ao invés do modo especificamente capitalista de produção econômica, como o mal principal do período moderno, eles estarão comprometidos com a convergência entre as sociedades ocidentais e as "formas de socialismo realmente existentes". Ver Robert, capítulo 3 nesta obra.

sos de liberdade e espontaneidade serão ignorados e sobreviverão em lugares inesperados, embora eles possam ser rudimentares e inacabados. As perspectivas para a mudança revolucionária, ao menos a mudança que traria um aumento qualitativo da vida humana, são pálidas. Que tipo de política, então, os membros da Escola de Frankfurt pensaram que era possível?

Existem duas concepções extremas, sustentadas respectivamente por Adorno e Marcuse. Adorno tem, de longe, a atitude mais pessimista (e também autoindulgente) – para ele, a dialética poderia ser, na melhor das hipóteses, uma defesa contra as pressões do conformismo, mas sem muita esperança de que isso pudesse ser mais do que uma ação defensiva. Os únicos agentes para isso eram os membros educados da classe média alta europeia, que tinham usufruído todos os benefícios da educação privilegiada, a qual permitiu que eles desenvolvessem e mantivessem alguma sensibilidade e espontaneidade, e que pudessem reunir-se à ala da vanguarda artística – ao menos como espectadores e simpatizantes, se não como participantes ativos. Os não europeus ("estudantes negros da economia nacional" e "siameses em Oxford", Adorno os chamou em uma passagem memorável; *MM* §32), e aqueles que não cresceram como membros da *grande bourgeoisie* poderiam não ter acesso a essa cultura, exceto talvez em circunstâncias verdadeiramente excepcionais, e não teriam nenhum papel na resistência. Uma vez que Adorno acredita que a sociedade é uma totalidade, o mal que está em seu centro – o capitalismo e a razão instrumental – a tudo impregna. Como ele nunca cansa de repetir, não pode haver uma vida "correta" em uma sociedade falsa (*MM* §18), e nenhuma vida eticamente ou pessoalmente satisfatória sem a revolução.

Os membros da Escola de Frankfurt estão, em geral, profundamente comprometidos com o princípio da "negatividade". Dado o mal radical do mundo, qualquer forma de afirmação, mesmo do tipo artístico ou utópico altamente mediado, poderia ser equivalente à cumplicidade. A única via é o criticismo incansável do presente. Apesar disso, Adorno ocasionalmente fornece um vislumbre de sua concepção sobre o que compreenderia uma vida boa em uma sociedade completamente emancipada. Fui capaz de encontrar três dessas sugestões. A primeira, minimalista, afirma que todos deveriam ter o suficiente para comer (*MM* §100); a segunda, talvez um pouco mais avançada, encontra expressão no slogan, "Ser capaz de ser diferente sem ansiedade" *("ohne Angst anders sein können")* (*MM* §§ 66, 128; ver também §114); e, finalmente, há uma libertação em relação ao princípio da produtividade, "Não fazer nada como um animal" *("rien faire comme une bête")* (*MM* §100). Essas são concepções notavelmente reducionistas: nenhuma menção aos quartetos de corda, à poesia lírica, a *haute cuisine*, a *ars amatoria* ou à pintura de cavalete. Certamente, essas três sugestões precisam ser lidas "dialeticamente" e não afirmativamente. Elas tencionam rejeitar qualquer forma de justificação da alta cultura que dependa da sujeição das pessoas à má nutrição, *Angst*, ou ao trabalho forçado, mas nada mais do que isso. Isso coisa parece indiscutível. Contudo, no final de sua vida, Adorno se colocou em uma situação na qual ele parece ter pensado que *quaisquer* projetos para a ação estavam comprometidos, por implicarem a razão instrumental universal, e eram, portanto, males a serem evitados (*AGF* X.2, 786-799). Nesse ponto, seus permanentes apelos verbais em prol de uma política radical começam a soar vazios.

Marcuse foi mais audacioso sobre as possibilidades do desenvolvimento de uma "nova sensibilidade" potencialmente revolucionária: uma necessidade espontaneamente gerada de solidariedade e de satisfação estética, e uma intolerância à repressão e a coerção (*L* 23-48). Ele viu surgir essa nova sensibilidade no interior das sociedades capitalistas ocidentais entre aqueles que não estavam completamente socializados, aqueles que rejeitavam os valores da sociedade através de um tipo de ação espontânea da vontade,[18] ou aqueles que por uma razão ou outra eram excluídos. Esses não eram membros da classe trabalhadora marxista tradicional, mas estudantes, hippies e os moradores negros dos guetos da América do Norte. Marcuse deixa claro que esses grupos não eram um novo agente da revolução, mas sua existência e modo de vida sugerem que o impulso revolucionário não havia sido completamente erradicado (*FL* 69). Algumas vezes, ele especula acerca da conjunção política entre esses grupos e os movimentos do terceiro mundo. Ele também admite que foge da tradição de Frankfurt ao oferecer alguma especulação positiva ligeiramente

---

[18] Marcuse algumas vezes fala da "Grande recusa" (*O* 255-256; *EC* 136 e ss.).

mais concreta sobre o conteúdo de uma vida humana melhor (*L* 3-4). Um dos principais componentes disso é a erotização de todos os aspectos da vida humana como um todo. No final, contudo, ele parece pensar que esta é uma questão genuinamente aberta sobre se o capitalismo, a razão instrumental e as forças da morte serão capazes de se manter ou se elas podem ser superadas (*O* XV).

Se as expetativas de uma revolução tradicional, uma mudança radical da estrutura política na direção de um aumento da racionalidade substantiva, eram sombrias nos anos trinta ou cinquenta, elas são muito piores no início do século XXI. Nós também carecemos da crença em uma história unitária, teleologicamente estruturada, e do consolo da dialética (e de seu conceito de "verdade"). É compreensível, sob essas circunstâncias, que as tentativas para se apropriar da Escola de Frankfurt possam concentrar-se no que parece ser a única porção viável de seu legado, seu criticismo cultural no sentido estrito. Isso é perfeitamente compreensível, mas é um erro. A política era a estrutura indispensável de seu pensamento. E nada nos impede de ter uma política diferente da deles; não é difícil encontrar boas razões para isso. Também nada nos impede de achar sua extremamente robusta noção de "verdade dialética" exagerada ou mal conduzida. Finalmente, ninguém irá para a prisão por tratar a história como uma gorjeta recusada que se poderia resgatar, quaisquer que fossem as sobras e os fragmentos da imaginação de alguém, não dando atenção a seu contexto original. Aqueles que encontram alguma coisa de valor no trabalho da Escola de Frankfurt, contudo, podem razoavelmente querer saber o que mantinha unidos os vários pedaços e peças. A tentativa de conectar as políticas da revolução e a cultura e o compromisso com a distinção entre o "verdadeiro" e o "falso" foram as peças centrais de seu programa (*PDGS* 3-4, 121-122); as peças que, talvez, tenham também as maiores vitalidade e relevância permanentes.

6 "O discurso morto das pedras e das estrelas": A Teoria Estética de Adorno

J. M. Bernstein

Inacabado, um trabalho ainda em curso na época da morte de seu autor em 1969, pode-se argumentar que a *Teoria Estética* é não apenas a obra-prima de Theodor W. Adorno, mas talvez o documento central da filosofia estética do século XX. O livro seria dedicado a Samuel Beckett; e, em certo sentido, o trabalho pode ser concebido como a articulação filosófica do significado do modernismo artístico, enquanto modernismo elevado ao nível do conceito. Entretanto, mesmo simples declarações como estas não podem ser lançadas inocentemente: o fato de que um trabalho de estética esteja no centro ou próximo do centro do pensamento marxista de Adorno sempre foi uma causa de consternação e embaraço; que o marxismo ocidental (nos escritos de Ernst Block, György Lukács, Walter Benjamin e Herbert Marcuse) tenha estado ligado desde o início à crítica cultural e à teoria estética só pode aumentar o enigma. Assim, precisamos limpar o terreno antes de podermos realmente iniciar.

A FILOSOFIA ESTÉTICA COMO UMA TEORIA DA RAZÃO

> *A arte é a racionalidade que critica a racionalidade sem se afastar dela (AT 55).*

Para o marxismo ocidental, a estética não está fundamentalmente preocupada com as questões tradicionais que comumente se acredita constituir a filosofia estética: O que é a arte? O que é o Belo? O Belo é uma propriedade (não) natural dos objetos? Ou é uma maneira de vê-los? O que é adotar uma atitude estética?

O que distingue o Belo do Sublime? Os juízos de gosto, os juízos estéticos podem ser objetivos? Os juízos estéticos são cognitivos ou não? E assim por diante. Ainda que essas não sejam questões claramente más, é duvidoso que a filosofia estética tenha sido alguma vez centralmente motivada pelo desejo de respondê-las, uma vez que todas assumem como estabelecido o que é de fato enigmático, a saber: que os seres humanos se ocupam excessivamente da arte e do belo; que nós somos afetados por fenômenos estéticos de uma maneira completamente inconveniente em comparação com a maneira como acreditamos que deveríamos ser afetados pelas coisas morais e políticas.[1] Ao banir os poetas de seu Estado Ideal, Platão estava reconhecendo a profundidade das reivindicações das questões estéticas. Platão assumiu que o efeito cotidiano dos fenômenos estéticos era distrair-nos e, assim, desordenar as exigências da razão; que os modos estéticos da atenção e do apreço eram, de alguma maneira, "o outro" da razão pura; e, finalmente, que a regra da razão, necessária a uma ordem política ideal, não poderia ser bem-sucedida se fosse permitido que as questões estéticas fossem continuamente formadoras da vida política. A constelação de arte, razão e cultura política de Platão provou-se fatal para a estética crítica.

Diante disso, entretanto, pensar a arte ou a consciência estética como o *outro* da razão parece perverso – por que não o alimento, o esporte, o sexo, a aventura, o sono ou o sonho? No tratamento platônico, pelo menos, seria mais apropriado dizer que o *encontro sensível* é o outro da razão; que para a razão pura, os particulares sensíveis são apenas exemplos de puros inteligíveis, formas racionais; e que a filosofia, originalmente, e agora as ciências naturais têm a tarefa de revelar as questões sensíveis como ilusões indeterminadas, cuja realidade repousa sobre o que pode ser percebido apenas pelo olho mental: as formas platônicas, as leis científicas. Inversamente, a arte ou o pensamento estético seria o encontro dos particulares tomados por si próprios, e não como exemplos de inteligíveis não sensíveis. Logo, a questão da estética diz respeito a certa *formação da razão*, ao que pertence ou não à razão e como isso acontece.

---

[1] Não nego que a estética filosófica proceda *através* do engajamento com essas questões. O que todos os melhores escritores no ramo da estética mostram é como as questões básicas são na verdade ocasiões para se encontrar aspectos penetrantes, mas rotineiramente repudiados da experiência.

Platão, Kant, Nietzsche e Habermas, todos concordam que a razão formal ou científica necessariamente prevalece e, assim, exclui a autoridade do sensível como sua condição de possibilidade.[2] Para Kant e Habermas, a exclusão do sensível pela razão é dirigida pela pressuposição de que o espaço da razão é normativo e, então, é necessariamente um espaço de liberdade, o oposto do domínio da coerção material e da causalidade; e, inversamente, que o sensível, quer os próprios sentidos particulares, quer os instintos corporais, as inclinações e as emoções em geral, todos pertencem à ordem causal das coisas. A razão restringe normativamente a vontade, enquanto os afetos direcionam causalmente esta última. Embora cético em relação à equivalência entre liberdade e razão (a ação não pertence aos movimentos intencionais dos seres vivos?), Nietzsche concorda que a razão esclarecida exclui normativamente as paixões e os particulares sensíveis; mas ele se preocupa com o problema a partir da perspectiva da teoria da ação: como a razão pode levar-nos a agir se ela é completamente separada do fluxo intrínseco da ação, ou seja, de nossos desejos e paixões? Desesperando-se da razão (ele chama o desespero da própria razão "niilismo"), Nietzsche busca promover as pretensões da estética como uma orientação mundana fundamental que contesta as pretensões da razão dissecada, abstrata. Para Nietzsche, a razão estética enquanto capacidade para a autocriação, para a autorrealização e a repetição, é a forma essencial da razão prática em sua ambição legisladora. A razão pura dos kantianos e a estética autorrealizável dos nietzschianos são reflexos perfeitos uma da outra: eles estão de acordo acerca da dualidade entre a razão e os sentidos, a norma e o instinto, mas se colocam em lados opostos da dualidade.[3]

---

[2] Arthur Danto argumentou elegantemente que, desde seu início, a razão filosófica legitimou-se desprivilegiando as alegações da arte e da estética, como se o bem da razão tivesse se tornado evidente apenas sob a luz do horror intrínseco (irracionalidade, ilusão, transitoriedade) da estética. Ver Arthur Danto, *The Philosophical Disenfranchisement of Art*, New York: Columbia University Press, 1986, p. 1-21.

[3] Nietzsche acredita que a reivindicação da pureza pela razão é uma ilusão metafísica, mas sua crítica motivacional não requer a tese metafísica. Max Weber, talvez o mais radical e pensativo seguidor de Nietzsche, elabora a crítica motivacional sem a crítica metafísica em "Science as Vocation", em: H. H. Gerth and C. Wright Mills (eds.), *From Max Weber: Essays in Sociology*, London: Routledge, 1991. Essa crítica também está no centro de sua explicação da racionalização ocidental, sobre a qual ver nota 5 a seguir.

Para a primeira geração de teóricos críticos, a questão da estética era, de fato, uma questão sobre a formação da razão moderna esclarecida. Entretanto, em oposição às alegações kantianas, eles negavam que a equivalência entre a liberdade e a razão envolvesse uma oposição ao mundo sensível determinado causalmente – por que deveriam as alegações da física newtoniana formar a constituição ontológica última do mundo natural e social?[4] Em oposição a Nietzsche e aos kantianos, entretanto, eles negavam que o racional e o sensível pertencessem a domínios intrinsecamente incomensuráveis; ao contrário, o *animus* que governa a estética da Teoria Crítica é afirmar que o sensível seja de fato o outro reprimido e repudiado da razão, não no sentido nietzschiano de uma alternativa à razão como uma forma de comportamento em relação ao mundo, mas, antes, como uma parte repudiada e, portanto, separada da própria razão. Para eles, a razão sem a sensação é deformada e deformadora (irracional em si mesma e, desse modo, niilista), e as questões sensíveis pertencem intrinsecamente à razão. O domínio da arte (ou, mais amplamente, da cultura) é o repositório social das demandas reprimidas da sensibilidade, da inconsciência sensorial/libidinal da sociedade. Simultaneamente, é o local social onde a restrição normativa da razão e do sensível é forjada, elaborada e reproduzida.

Na Teoria Crítica, a estética filosófica lida com a razão, e somente com a razão. Mas, então, se a Teoria Crítica é uma forma de materialismo marxista, não deveria surpreender o fato de ela ter buscado refutar a separação idealista entre a razão e os sentidos e, uma vez que a arte e sua elaboração, a estética, têm sido o repositório das questões sensíveis excluídas, de ter buscado tornar a estética central para a teoria.

---

[4] No pano de fundo há uma afirmação mais técnica, a saber, que a causalidade e a liberdade *não* são contrárias, somente liberdade e lei o são; e é ilegítimo reduzir a causalidade natural à legalidade. A dualidade de restrição racional e direção causal é um alvo constante de Adorno, um alvo que ele acredita que as obras de arte superam: "na arte não há diferença entre as formas puramente lógicas e aquelas que se aplicam empiricamente; na arte hiberna a indiferenciação arcaica da lógica e da causalidade" (*AT* 137).

Marxismo e estética

> *A falsidade atacada pela arte não é a racionalidade,*
> *mas a rígida oposição da racionalidade ao particular (AT 98)*

Infelizmente, para o marxismo tradicional, a estética foi tão insignificante quanto tinha sido para a filosofia tradicional – o materialismo da estética se confronta com uma forma de materialismo vulgar. Nesse caso, o banimento ocorre porque se pressupõe que o mecanismo que governa a sociedade é sua economia, a articulação de um corpo de forças produtivas pelas relações produtivas apropriadas. Conjuntamente, as forças e as relações de produção formam a infraestrutura econômica da sociedade, enquanto todo o resto pertence a sua superestrutura. Chamemos isso de platonismo invertido, só que agora o mundo sensível é ilusório, um domínio da ideologia ou falsa consciência, oferecendo apenas imagens distorcidas da realidade social, pois separadas dos mecanismos reais – materiais – que governam a reprodução social.

O fracasso do resto da Europa em seguir o exemplo russo, apesar das severas crises sociais e econômicas após a Primeira Guerra Mundial e a Revolução Russa, conduziu ao pensamento de que, talvez, as estruturas econômicas profundas de uma sociedade não fossem suficientes para explicar seu movimento histórico. O marxismo ocidental foi desenvolvido a partir de um questionamento inicial do modelo infraestrutura/superestrutura da sociedade. Há dois aspectos básicos deste questionamento e reestruturação. Primeiro, ao invés do modelo causal, por meio do qual a infraestrutura econômica produz certas ideias e crenças, pode-se considerar o domínio da ideologia como composto não apenas de falsas crenças sobre o mundo social, mas também de todas as crenças (imagens, ideias, disposições afetivas) e práticas sociais que os sujeitos devem possuir para negociar com sucesso. Para que isso ocorra, deve-se mudar para um modelo funcionalista mais amplo, com dois níveis, do mundo social. No nível da *integração do sistema*, uma integração funcional das consequências da ação social, que deve ocorrer tanto nas práticas sociais únicas (como a ideia da "mão invisível" na tentativa de explicar a integração das atividades econômicas) quanto entre as práticas institucionais (por exemplo, na expansão da educação conforme o aumento da necessidade de trabalhadores qualificados), faz-se necessária. No nível da *integração social*, os agentes são capazes de coordenar suas ações sociais, adotando orientações de ação equilibradas, o que em si mesmo envolve adotar (internalizando e acreditando) os mesmos significados, regras sociais e valores sociais, ou significados essencialmente complementares. Se a integração social for necessária para a integração do sistema (o equivalente funcionalista da infraestrutura/superestrutura), então os dois níveis podem ser pensados como condicionando mutuamente um ao outro, e a transformação das orientações de ação, corações e mentes seria providencial para a mudança social. Isso certamente forneceria um papel fundamental à arte e à cultura na *Bildung* política.

Talvez a descoberta mais decepcionante dos últimos vinte anos tenha sido a de que a integração social profunda não é necessária para a integração do sistema e que a reprodução do capital, enquanto requer ordem social, aparentemente não requer muito no sentido de um apoio doxástico. Sob esse ângulo, ao menos, tudo aquilo que se refere à crítica ideológica parece tornar-se irrelevante.

O segundo aspecto da interrogação do marxismo tradicional concentra-se em sua filosofia da história. O modelo da infraestrutura/superestrutura deixou apenas a infraestrutura econômica como força histórica: a mudança social ocorre na forma de relações de produção, de relações de classe, as quais se desenvolvem com o fim de uma melhor maximização do crescimento das forças produtivas. Enquanto os marxistas ocidentais permaneceram satisfeitos com a análise do *Capital*, eles acreditavam que a primazia da infraestrutura econômica não era trans-histórica e, portanto, não era o motor profundo da história, mas, de fato, um aspecto singular do próprio capital: o capital é definido pelo fato de a esfera econômica tornar-se autônoma e pela consequente relegação de outras esferas sociais, inclusive a política, à esfera econômica. O mecanismo por meio do qual isso ocorre não é uma dialética de forças e relações de produção, mas – dito *sotto voce* – o longo processo da racionalização ocidental, assim como foi teorizado por Max Weber.[5]

---

[5] Max Weber, *The Protestant Ethic and the Spirit of Capitalism*. Talcott Parsons (trad.). London: Harper Collins, 1991; *Economy and Society*, G. Roth e C. Wittch (eds.). Berkeley: University of California Press, 1991 [2 vol.].

Institucionalmente, a racionalização envolve o fato de as regras sociais se tornarem mais abstratas, descontextualizadas, formais, impessoais; e os meios e fins se tornarem racionais e, portanto, menos tradicionais (menos limitados historicamente) e menos dependentes do caráter dos pensadores e de suas relações mútuas. O capital é o caso exemplar deste processo; ele é um conjunto de relações econômicas racionalizadas. Na *Dialética do Esclarecimento*, Horkheimer e Adorno sustentam que, de fato, o que aconteceu com as regras e as práticas sociais é um componente de um processo mais amplo de racionalização – o processo do esclarecimento ocidental não é outra coisa senão a *racionalização da própria razão*. A racionalização da razão é o processo por meio do qual o sensível – o contingente, o contextual e o particular – é primeiro dominado e, em seguida, repudiado como um componente da razão, e o remanescente, o resto sensível, despachado para o reduto inócuo da arte e da estética. De acordo com Horkheimer e Adorno, esse processo começa com o medo da esmagadora natureza e é, em si mesmo, a incorporação discursiva do instinto de autopreservação. Dominamos nosso medo da natureza ameaçadora quando percebemos seus terrores como componentes de um padrão recorrente como, por exemplo, o ciclo das estações. Mas esse modo mítico de ajustamento é providencial para o engajamento instrumental com a natureza em geral, uma vez que ganhamos controle sobre itens particulares, percebendo-os como exemplos de propriedades recorrentes e como encadeamentos de propriedades. Assim, o padrão geral da racionalização envolve a *subsunção* dos particulares aos universais e a *ascensão* dos universais estritos (que podem permanecer dependentes de fenômenos particulares sensíveis) a universais mais amplos e menos condicionados. Através desse processo extremante longo de abstração, o conhecimento prático ("a madeira é boa para barcos") torna-se física-matemática, trocas locais tornam-se subsunção capitalista, por meio da qual o valor-de-uso qualitativo de todos os particulares é arranjado dentro do sistema uniforme do valor-de-troca quantitativo (valor monetário), e a própria razão é extirpada das regras sociais concretas e dirigida para o método e a dedução, para as regras *a priori* e os princípios universais. Em cada um desses casos é a mesma razão que está em questão e o mesmo mecanismo de subsunção e ascensão – o sacrifício do particular ao universal – que opera. A extirpação da razão é igualmente a extirpação – dominação deformadora e prejudicial – dos objetos da razão.

Quando os objetos (inclusive seres humanos) são vistos, formados e tratados como representantes de um tipo de item (cisne branco, Coca-cola, trabalhador), todos se tornam no fim fungíveis, substituíveis por outros do mesmo tipo, ou intercambiáveis por algum equivalente monetário. O processo racional através do qual o mundo era libertado da superstição, a destruição dos deuses, acaba com a destruição das qualidades específicas. Até a cultura tornou-se uma indústria sujeita ao mesmo processo de racionalização.

Para Adorno, esse processo não apenas tem consequências incomuns, irracionais, mas, quando tomado como um todo, é irracional em sua conclusão final, porque uma parte da razão – a natureza controladora, o raciocínio instrumental – é tomada como o todo da razão. E isso é autodestrutivo porque esta razão pura, autônoma, constituída *a priori*, tem na verdade condições de possibilidades materiais e sensíveis que ela não reconhece e nem pode adequadamente reconhecer. A crítica da dualidade dos sentidos e da razão, legada pela tradição platônica e aceita, embora diferentemente, por Kant e Nietzsche, coincide de modo exato e completo com a crítica do capital, uma vez que seus aspectos centrais (a dominação do valor-de-uso pelo valor-de-troca) são compreendidos como as consequências e a realização da racionalização ocidental.

Se, por seu próprio conceito, a arte limita-se à sensibilidade, se fazer arte é, mesmo em sua fase representacional, o relato do mundo de acordo com as possibilidades materiais de um meio (pedra, bronze, tinta e tela, som, palavras etc.), então, no contexto da racionalização ocidental a arte torna-se, cada vez mais, o hábitat marginalizado dos aspectos da experiência limitados pelo sensível. O último remanescente *sistemático* contra a autodestruição da razão esclarecida são os autoabsorvidos e herméticos trabalhos da arte moderna de elite: as composições de Schönberg, Berg e Webern; os escritos de Baudelaire e Mallarmé, Beckett e Joyce; as pinturas de Cézanne, Picasso, Mondrian e Pollock. A *Teoria Estética* de Adorno é a elaboração das categorias tradicionais da experiência estética (belo, feio, sublime, forma, estilo, meio, expressão etc.) reformada sob a luz da prática e da experiência do modernismo artístico. Mas essas categorias reformadas não representam mais do que a demanda dos sentidos particulares e o embate sensível contra a razão dominante. O modernismo artístico é o retorno desencantador e desencantado do sensível reprimido. Ao elaborarmos as categorias estéticas à luz do desencantamento da arte moderna, descobrimos a exigência repudiada dos sentidos, da qual a arte tem sido secretamente a conservadora e defensora. Dado que os sentidos são um componente da razão, então a estética, para Adorno, é o estudo da razão integral ou essencial em sua forma estética, alienada; a estética, para Adorno, significa erguer o protesto da razão sensualmente determinada contra sua forma instrumental ressequida. Na Teoria Crítica, a estética filosófica é lida com a razão, e apenas com a razão.

Autonomia: O caráter duplo da arte

> *[A arte] resume o insubordinável e, como tal, desafia o prevalecente princípio da realidade: aquele da permutabilidade (AT 227)*

A arte moderna é caracterizada por sua tendência a tornar-se autônoma; o modernismo é um acontecimento no qual a arte torna-se autoconsciente de sua autonomia. Negativamente, a autonomia se refere ao fato de que a arte na modernidade perdeu qualquer intenção social reguladora (política, religiosa, moral e epistêmica); com o passar do tempo, essa falta de intenção social do modernismo tornou-se mais palpável e problemática. A rigidez da falta de objetivo social da arte ecoa já na primeira sentença da *Teoria Estética*: "É autoevidente que nada do que se relaciona à arte é autoevidente, nem sua vida interna, nem sua relação com o mundo e nem mesmo seu direito de existir" (*AT* I).

Positivamente, "autonomia" pode significar que a prática de cada arte particular deve ser regida somente por aquelas normas que são percebidas como intrínsecas à própria prática; assim, por exemplo, a pintura moderna envolve a interrogação adicional das condições mínimas necessárias que devem ser satisfeitas caso um objeto deva ser uma pintura bem-sucedida (boa, autêntica) sob a luz do caráter distintivo de seu meio. Historicamente, essa interrogação provém de uma série de negações determinadas: cada momento posterior nega que as condições constitutivas para algo ser considerado uma pintura, baseadas em pinturas anteriores, sejam realmente necessárias.

Pode-se supor que a perda negativa de propósito externo tenha sido uma mera precondição proporcionadora da autonomia afirmativa. Mas isso não explicaria o poder desintegrador perene do momento negativo – que mesmo o direito de existir da arte está agora em questão. A premissa que abarca a teoria estética de Adorno é a de que a autonomia da arte é tanto uma característica das obras e práticas, quanto um fato social. Esse é o "caráter duplo" da arte: "algo se separa da realidade empírica e, portanto, do contexto funcional da sociedade, e ainda assim permanece, ao mesmo tempo, parte da realidade empírica e do contexto funcional da sociedade" (*AT* 252). O caráter duplo da arte acarreta que os aspectos afirmativos e negativos da autonomia da arte são mutuamente referentes e que, portanto, para todos os fenômenos estéticos em geral, haverá uma estética pura ou um modo interno de considerá-los, assim como um modo externo, uma caracterização social.

Todavia, é a autonomia positiva da arte que está no centro de sua importância crítica. De novo, a racionalidade da sociedade burguesa requer que cada objeto seja fungível; se a sociedade é um contexto funcional, então a fungibilidade envolve a adequação para a realização das intenções sociais padronizadas. Assim, um objeto pode opor-se à fungibilidade social somente se for único e insubstituível; mas um objeto pode ser não fungível somente através da falta de propósito social; as obras de arte autônomas são os únicos objetos de atenção da estética que são intencionais em si mesmos (elas são internamente complexas, de maneiras normativamente estimulantes) na e pela falta de qualquer propósito social imposto.[6] Isso reforça a conexão entre a sociabilidade e a autonomia da arte, uma vez que agora se pode dizer que a arte torna-se social por sua oposição à sociedade, onde essa situação de oposição é somente conferida através de sua autonomia:

> Cristalizando-se em si mesma como algo único para si mesmo, ao invés de obedecer às normas sociais existentes e qualificar-se como "socialmente útil", *ela critica a sociedade meramente por existir* (...). Não há nada puro, nada estruturado estritamente de acordo com sua própria lei imanente, que não critique implicitamente a desvalorização de uma situ-

---

[6] Dada a discussão prévia sobre a razão e os sentidos, toda vez que surgir aqui o termo "único", o leitor deve entender "sensivelmente particular".

ação que se desenvolve na direção de uma sociedade de intercâmbio total, na qual tudo é definido de maneira heteronômica. A não sociabilidade da arte é a negação determinada de uma sociedade determinada (*AT* 225-226; grifo meu).

Obras de arte são coisas cujo valor parece repousar sobre sua própria aparência; daí parecerem intrinsecamente valoráveis, valoráveis em si e por si mesmas. Em um contexto constituído pelo fato de cada objeto servir a um propósito fora de si mesmo, a própria existência de uma obra de arte, através de sua absoluta inutilidade (mas também absurdidade e ausência de sentido), é uma indicação desse contexto – algo que os puritanos e os filisteus prontamente reconhecem e desprezam. Mas a "pureza" da arte é mais do que formal; deriva do repúdio e da repressão social daqueles aspectos da particularidade sensível que, enquanto intrínsecos à obra de arte, são incompatíveis com as normas da racionalização social. Portanto, o que se cristaliza nas obras autônomas, em oposição à racionalização, é precisamente o que a racionalização deixou para trás em seu refinamento progressivo; a arte autônoma é o retorno do reprimido.

Embora o caráter duplo da autonomia da arte seja a chave conceitual da *Teoria Estética*, e por isso esteja implícito em toda parte, aqui apresento quatro elaborações preliminares.

1. *Forma versus conteúdo.* Adorno promove a exigência de trabalhos puros, herméticos, contra a arte socialmente comprometida, como a de Brecht,[7] uma vez que localiza a oposição da arte à sociedade na simples

---

[7] Em seu ensaio "What is Epic Theatre" (segunda versão), Walter Benjamin resume brevemente o argumento da prática dramática de Brecht nos seguintes termos: "A tarefa do teatro épico, acredita Brecht, não é tanto desenvolver ações quanto apresentar condições. Mas 'representar' não significa aqui 'reproduzir' no sentido usado pelos teóricos do Naturalismo. Antes, o primeiro ponto em questão é *desvelar* aquelas condições. (Poder-se-ia também dizer: *torná-las estranhas* [verfremden]). Esse desvelamento (tornar estranho ou alienar) das condições é trazido pela interrupção do processo [representado] [das ações representadas]". *Understanding Brecht*, A. Bostok (trad.). London: New Left Books, 1977, p. 18.

afirmação de que os objetos de arte são cognitivamente insubordináveis, objetos únicos da atenção. As opiniões socialmente comprometidas são aquelas úteis para algum grupo (trabalhadores, negros, mulheres), logo, passíveis de serem apropriadas por alguns em detrimento de outros. Entretanto, se uma mensagem social deve ser transmitida através de uma obra de arte, deve ser formada artisticamente; mas, em verdade, nada artisticamente criado é imediatamente social. Assim, a força estética de uma ideia social é descontínua com sua verdade política. Inversamente, a força estética de uma ideia social é proporcional a sua forma artística. Mas isso significa dizer que a forma, e não o conteúdo extraestético, é o que pulsa na obra de arte: "A forma funciona como um ímã que ordena os elementos do mundo empírico de tal modo que eles são estranhos a sua existência extraestética, e é somente como resultado desse estranhamento que eles dominam a essência extraestética" (*AT* 226). Dado que todos os conteúdos das obras de arte são, em última instância, extraídos da realidade empírica, o domínio da forma ao delinear a opinião social sustenta-se geralmente entre a forma e o conteúdo; o que leva Adorno a argumentar que, nos termos de sua "microestrutura, toda a arte moderna pode ser chamada de montagem" (*AT* 155). Logo, novamente, o que é "social acerca da arte é seu movimento imanente (formal) contra a sociedade, não suas opiniões manifestas" (*AT* 227).

2. *Fetichismo e culpa*. A sublimação do conteúdo por meio da lei da forma, que é a resistência da arte contra a sociedade, é, em si mesma, algo social. A esse respeito, a pressuposição de que as obras de arte são autônomas, itens espirituais em oposição às condições da produção material, é uma falsa consciência, de fato uma forma de fetichismo. O caráter fetichista da mercadoria para Marx encontra-se no fato de as relações entre as pessoas aparecerem como uma propriedade da coisa, como se ela valesse "x". O caráter fetichista da obra de arte é sua ilusória pretensão de ser um ente em si mesmo e para si mesmo (ser uma coisa-em-si). É em virtude dessa pretensão que as obras de arte poderiam ser pensadas como mercadorias "absolutas": elas são produtos sociais que rejeitam qualquer aparência de serem para a sociedade, diferentemente das mercadorias típicas. Como uma mercadoria absoluta, a obra de arte busca fugir da ideologia que está sempre impregnada nas mercadorias comuns, isto é,

de existir para o consumidor, ao invés de, na verdade, existir para o benefício da expansão do capital, um componente da produção do valor-de-troca para seu próprio interesse. Mas ao passo que a obra de arte evita a pretensão de utilidade, isso não implica que ela não seja realmente uma mercadoria ou que ela evite a fraude ideológica. É exatamente sua inutilidade que assegura o absolutismo do *status* de mercadoria da obra de arte, sua infinita vulnerabilidade ao jogo do mercado; a obra de arte está à venda no comércio por qualquer valor que o mercado decida, sem nem mesmo a pretensão de utilidade ou a necessidade de verificar o processo. Assim, a insistência por meio da qual a arte busca evitar a mercantilização (sua inutilidade) a torna mais ainda sujeita a ela.[8] Não há saída para o problema.

O que é verdadeiro acerca da obra de arte como mercadoria, é verdadeiro também acerca de seu caráter fetichista. Uma vez que buscar uma constrangedora autonomia é a lei da forma que governa a arte moderna, então as obras de arte devem insistir fetichisticamente em sua coerência, quer dizer, devem insistir que são verdadeiras totalidades valoráveis por e em si mesmas. Fazer isso de outra maneira seria renunciar à lei da forma da arte (logo, renunciar a pretensão da arte enquanto tal) ou buscar consolo comprobatório no, por assim dizer, compromisso político, que foi demonstrado ser autoelimináveis. As obras de arte empregam o fetichismo contra o fetichismo da mercadoria, mas não existiria de todo a arte se não houvesse sua pretensão de ser uma totalidade. Isso é reconhecer que a culpa necessária do fetichismo que as obras de arte carregam não as desqualifica, e logicamente não poderia desqualificá-las "mais do que elas desqualificam qualquer coisa culpável; pois em um mundo universalmente e socialmente mediado nada permanece externo a seu nexo de culpa" (*AT* 227).

3. *Abstrato e novo.* Se a autonomia da obra de arte é emblematizar a possibilidade da real individuação, em oposição à heteronomia social, então se poderia supor que as obras, de algum modo, seriam repletas de sensações

---

[8] No entanto, ver Simon Jarvis, *Adorno: A Critical Introduction*. Cambridge: Polity, 1998, p. 118.

e por isso concretas em oposição às relações sociais abstratas da sociedade moderna; e, além disso, que na arte a novidade real poderia emergir contra a mesmice da produção de mercadoria. A particularização bem-sucedida e a realização da novidade representam diferentes aspectos de uma obra insubordinável e, portanto, autônoma. Mas levantar suposições desse tipo sobre a particularidade e a novidade concretas envolve novamente conceber a autonomia como independente das condições a que esta se opõe. Se a abstração significa afastar-se do conteúdo social explícito, então a "nova arte é tão abstrata quanto na verdade se tornaram as relações sociais (...), [e] a obra de arte só pode opor-se a esse feitiço [da realidade externa sobre seus sujeitos] assemelhando-se a ele" (*AT* 31). Analogamente, dado que as obras de arte são aparências, não coisas reais, então o processo historicamente dinâmico do modernismo, no qual cada modo radical foi sucedido por um radicalismo ainda maior, é de fato indicativo de algo que escapa a cada obra: o ser realmente novo. "O novo" na arte moderna "é o desejo do novo, não o novo em si mesmo: é disso que tudo o que é novo sofre. O que se considera utopia permanece sendo a negação daquilo que existe, e é obediente a ele" (*AT* 32).

4. *Aporia da autonomia*. Se a autonomia é o recurso fundamental da arte moderna em oposição à sociedade administrada, ela é um recurso altamente condicionado: totalmente condicionada por aquilo a que ela se opõe, beirando o vazio, cúmplice apesar de si mesma, e indefinidamente vulnerável. A estratégia mais consistente do modernismo para escapar à cooptação tem sido tornar seus produtos sempre mais difíceis, herméticos, abstratos, puros, não deixando nada que possa ser compreendido no nível social. Todavia, uma outra maneira de descrever esse processo de resistência seria dizer que essas obras tornam-se cada vez mais vazias: "A sombra do radicalismo absoluto da arte é sua inocência: composições feitas unicamente com cores beiram os padrões de papel de parede (...) Entre os perigos enfrentados pela nova arte, o pior deles é a ausência de perigo" (*AT* 29). O caráter duplo da autonomia da arte acarreta sua situação aporética: "Se a arte cede a sua autonomia, ela se entrega às maquinações do *status quo*; não obstante, se a arte se mantém estritamente para si mesma, ela é submetida à integração como um domínio inofensivo entre outros" (*AT* 237).

Imagens sem imagens: a lembrança da natureza no sujeito

O belo natural é o traço do não idêntico nas coisas que estão sob o feitiço da identidade universal (AT 73).

A arte não imita a natureza, nem mesmo exemplos individuais do belo natural, mas o belo natural enquanto tal (AT 72).

A razão racionalizada é aquela forma de razão que concebe a si mesma como independente e autodeterminante; assim entendida, a razão, novamente, deve ser completamente independente de sua situação física e natural. Essa concepção de razão é mais enfática, autoconsciente e consistentemente percebida no idealismo transcendental de Kant e, num menor grau, no idealismo objetivo de Hegel. Por isso, Adorno pensa que a crítica filosófica da modernidade racionalizada pode proceder a partir da crítica imanente do idealismo. Se centralizarmos a ideia de particulares infungíveis neste cenário, então as obras de arte serão concebidas como instituições que não são redutíveis a um conceito classificatório, abarcante, ou aos sentidos particulares para os quais nenhum universal é adequado, lembrando que para Kant a fonte última da unidade do conceito é a unidade do sujeito (por isso Adorno sempre concebe a redução dos particulares aos universais como a dominação do particular [a saber, a natureza] pelo sujeito do conhecimento). As obras de arte não são nem universais, cujos elementos surgem "no interior" delas, nem particulares amorfos que receberiam toda determinação de quaisquer outros conceitos aplicáveis a elas (*AT* 83). As obras de arte protestam contra a dualidade do universal e do particular, do conceito e da intuição, a partir do ponto de vista particular. Pela exibição da verdadeira irreconciliabilidade entre o universal e o particular, as obras de arte projetam sua – utópica – reconciliação. Ou, pode-se dizer, as obras de arte são exemplos de uma síntese não violenta, na qual há uma determinação mútua do conceito formador e da multiplicidade sensível. Para que isso seja possível, a compleição interna da obra de arte deve ser concebida como, de algum modo, intrinsecamente significativa, como significativa em si mesma (e, assim, não obtendo sentido de algo externo e diferente de si mesma). Assim como qualquer coisa, o belo natural instiga e, consequentemente, modela essa noção de significado intrínseco. Se esse modelo fosse suficiente, a arte não seria necessária. Uma abordagem transversal é, então, necessária.

A mudança de foco, na estética de Hegel, do belo natural para o belo da arte pretendia, por um lado, sublinhar a liberdade da razão em relação à autoridade da natureza e dizer, por outro lado, que o que realmente ocorria na arte era o autorreconhecimento real do espírito no meio *estranho* da sensibilidade. O modernismo contesta esses conceitos: "O espírito da arte é o autorreconhecimento de si como natural" (*AT* 196). O desenvolvimento sensível da arte – nomeado de várias maneiras: o elemental, o difuso, o material, o não idêntico, o sublime –, aquilo que se enquadra na universalidade, é um substituto da natureza reprimida. Seguindo *os passos* de Hegel, o belo da arte não pode ser pensado sem referência ao belo natural. Na esteira de sua defesa do papel do belo natural com relação ao belo da arte, Adorno argumenta que, em nenhum lugar, "a devastação que o idealismo semeou" foi mais claramente evidente do que em suas vítimas. Ele continua:

> Talvez em nenhum outro lugar seja mais aparente o esvaziamento de tudo aquilo não totalmente governado pelo sujeito, em nenhum outro lugar a sombra do idealismo seja mais óbvia, do que na estética. Se o caso do belo natural estivesse pendente, a dignidade seria considerada culpada de ter elevado o animal humano para acima do animal. Na experiência da natureza, a dignidade revela-se como a usurpação subjetiva que degrada aquilo que não é subordinado ao sujeito – as qualidades –, ao mero material, e o expulsa da arte como um potencial totalmente indeterminado, mesmo embora a arte o requeira de acordo com seu próprio conceito (*AT* 62).

Se a dignidade do sujeito é idealisticamente concebida como sua distância da natureza animal – digamos, no imperativo categórico ou nas normas da razão comunicativa –, então o belo natural será necessariamente uma falta, e esta falta será transmitida para a arte. Se o espírito vier a se conhecer apenas nas obras de arte, então os materiais dos quais a arte é feita, os materiais que, em parte, constituem o meio, deverão ser concebidos redutivamente como meros "potenciais indeterminados". Isso é contrário ao próprio conceito de arte, ao fato de ele ser limitado a um meio sensível. Se os significados da arte fossem significados racionais num ambiente totalmente estranho, então estes significados seriam capazes de ser totalmente abstraídos de seu ambiente estranho, e julgados e comunicados exatamente da mesma maneira que as afirmações morais e cognitivas usuais, com o "mais" artístico remontando a nada mais que um floreio retórico. À primeira vista, isso é inverossímil: os significados de, digamos, *Antígona*, *Rei Lear*, *Fim de jogo* ou *Lavender Mist* não podem ser ditos de outra maneira sem perda. Os significados veiculados nas obras de arte são precisamente aqueles cuja determinação depende das potencialidades do próprio meio.

Os meios artísticos são a natureza concebida como um potencial para o significado humano. Se a cor, por exemplo, fosse um mero "potencial indeterminado", então o caso limite do monocromático, o qual parece ser um veículo vazio permitindo uma explosão infinita de significados possíveis, seria a norma para a arte. É exatamente isso que os grandes coloristas modernos procuram refutar: a reivindicação de *O Estúdio Vermelho*, de Matisse, é precisamente que seu vermelho é irredutível à intenção artística, como os outros elementos na pintura; e, portanto, que a demanda do vermelho, como essência normativa da pintura, instiga a uma objetividade que é incomensurável com a objetividade experimentada através das práticas do desenho, da forma e da composição. Encontrar uma objetividade pictórica que possa derrotar o desejo como uma fonte arbitrária (subjetiva) de significado, através da produção de aparências sem intenção – imagens que não são imagens de nada –, é uma constante do modernismo. A falta de intenção é assegurada por meio da produção de imagens, cujo significado não pode ser reduzido à maneira e à razão pelas quais elas foram intencionadas (nem, obviamente, às suposições convencionais existentes). Essas imagens marcam os limites do sujeito constitutivo, transcendental, um autoabandono da subjetividade transcendental e, consequentemente, um abandono da ideia do mundo como mero espelho do sujeito. Um impulso que pertence ao nível mais profundo do modernismo é, assim, a extinção da vontade no objeto, um gesto cuja realização tem sido rotineiramente buscada através da limitação das obras, de sua autoridade, à margem de seu meio.

A materialidade do meio não é, imediatamente, a materialidade da primeira natureza: o vermelho de *O Estúdio Vermelho* não se realiza e não se poderia realizar *em nenhum outro lugar a não ser na pintura*. Mas este é, em parte, o argumento de Adorno: a natureza que encontra seu caminho na pintura, e do qual a pintura depende, e o que é vislumbrado no belo natural ("a natureza pode ser vista apenas cegamente, de certo modo"; *AT* 69), é a natureza que não é mais um objeto do conhecimento científico, do trabalho prático ou da indústria turística, os quais conjuntamente podem ser considerados responsáveis por esgotar o que a natureza pode ser (eles são a maneira como a natureza é constituída por nós). Somente a arte interroga sistematicamente o que existe a mais na natureza. Assim, se a arte depende dessa natureza impossível para sua objetividade, é igualmente verdadeiro que *apenas no contexto da arte a natureza é salva para além de seus modos racionalizados.*

Não muito distante desse caminho repousa o mais completo vínculo entre o belo artístico e o belo natural de Adorno, o belo da arte como a versão esclarecida e, portanto, desencantada do belo natural, e a arte como uma tentativa de tornar eloquente a linguagem muda da natureza:

> Somente o que escapou do destino da natureza poderia ajudá-la em sua restituição. Quanto mais a arte é completamente organizada como objeto pelo sujeito, e despida das intenções do sujeito, mais ela fala articuladamente de acordo com o modelo de uma linguagem significativa não conceitual, não enrijecida; esta seria, talvez, a mesma linguagem que é inscrita naquilo a que a idade sentimental deu o belo nome, ainda que desgastado, de "O Livro da Natureza" (*AT* 67).

A natureza pode apenas falar por meio da arte; mas o tipo de linguagem que as obras de arte buscam, o tipo de significado necessário para combater a razão formal, é mais parecido com aquilo que foi uma vez projetado na natureza como sua linguagem. Isso soará menos enigmático se as noções epistemológicas próprias da cognição não discursiva e da significação intrínseca forem mantidas em mente.

Se significado e razão devem ser atrelados a suas condições de possibilidade material, então a materialidade em questão não pode ser simplesmente causal, mas antes deve representar um potencial para o significado. Esse potencial para o significado somente será intrínseco ao material se for inseparável do material; e o significado que é inseparável de seu corpo material, quando percebido, é percebido não discursivamente. Se as intuições, então, devem ser significativas em si mesmas, e não apenas através de qualquer conceito que as abarque, então é necessário que alguma porção da percepção seja não discursiva; e, contrariamente, talvez seja necessário, para a possibilidade da percepção não discursiva, que o significado incorpore-se às coisas, tenha um momento de inseparabilidade; e talvez seja necessário, a fim de pensarmos a inseparabilidade, que tenhamos em mente a ideia de uma "linguagem significativa não conceitual, não enrijecida".

Em outro momento, Adorno afirma: "A lógica da arte, um paradoxo para a lógica extraestética, é um silogismo sem conceito ou julgamento" (*AT* 136). Tão paradoxal quanto tudo isso possa de fato soar, isso segue-se diretamente da descrição original da obra de arte autônoma como intencional (internamente complexa), mas sem intenção externa. O "não" de "não conceitual" e "não discursivo" é simplesmente a afirmação de que o significado da obra não é redutível a nenhuma determinação externa a ela: sua ordem e característica internas esgotam sua exigência de significado. O modo mais evidente em que isso se manifesta no modernismo é por meio da destruição do gênero, quando suposições de gênero são determinações conceituais heterônomas daquilo que uma obra de arte deveria ser. Da mesma forma, a radicalidade do novo na arte moderna segue um caminho análogo: cada "nova" obra interrompe a continuidade da história da arte, nega que o que até agora se alegou constituir a arte enquanto arte é exaustivo, nega explicações prévias do que faz a arte ser arte, e se coloca como algo desconhecido, um apelo à arte à qual nenhum conhecimento é equivalente. Em ambos os casos, o caminho da destruição negativa é procurado para liberar a obra da determinação externa e, então, assegurar que seu apelo seja autônomo, derivado exclusivamente de sua compleição interna.

Ao argumentar em favor do resgate da linguagem da natureza, Adorno tem em mente o sofrimento humano: a memória da natureza na obra de arte é, para ele, quase o equivalente à memória do sofrimento ("a obra de arte é (...) o eco do sofrimento"; *AT* 39). Para Adorno, a relação entre a razão e o sofrimento era típica da *hybris* da razão e da dominação da natureza. O pensamento de que o horror do sofrimento depende da defensabilidade e aceitação de um princípio da razão é, argumenta ele, uma negação do sofrimento, de seu horror. Ainda que esse horror exigisse reconhecimento a fim de orientar a ação significativa, não se seguiria que o horror possui seu significado por causa de nosso reconhecimento: dar significado ao sofrimento é mais uma maneira de negá-lo, de negar sua insistência.[9] Afirmar que a razão não é autônoma é em parte afirmar que, mesmo no que diz respeito às normas fundamentais, a razão pura não é sua fonte, e não é a autoridade última. Se o significado pode unir-se ao objeto, então situações factuais podem ser normativas em si mesmas – é isso que o desencantamento da natureza nega, e que Adorno pensa ser necessário a fim de contestar a hegemonia da razão racionalizada. É, igualmente, apenas isso que as obras de arte exemplificam através de seu significado não discursivo. Assim, agora, a ideia de uma "linguagem significativa não conceitual, não enrijecida" é aquela na qual a razão é dependente de seu objeto, na qual há uma prioridade do objeto sobre o sujeito.[10]

Quanto mais extremo for o poder da subjetividade, mais extrema se tornará a arte na direção oposta. A arte, para Adorno, posiciona-nos em relação ao que não nos cabe decidir. Parte da dificuldade em seguir essa ideia é que a relação entre o discursivo e o não discursivo na arte está continuamente mudando; esse é o motivo pelo qual, novamente, Adorno torna aquelas obras desintegradoras, herméticas, do modernismo tardio exemplares de sua concepção de modernismo em geral.

> Sua poesia está permeada pela vergonha da arte face ao sofrimento que escapa tanto à experiência quanto à sublimação. Os poemas de Celan querem falar do mais extremo horror por meio do silêncio. Seu verdadeiro conteúdo se torna negativo. Eles imitam a linguagem subjacente à linguagem impotente dos seres humanos, de fato, subjacente a toda linguagem orgânica: isso é o discurso morto das pedras e das estrelas. Os últimos rudimentos do orgânico são eliminados (...). A linguagem dos inanimados torna-se o último conforto possível para uma morte que é

---

[9] "O sofrimento permanece estranho ao conhecimento; embora o conhecimento possa subordiná-lo conceitualmente e fornecer meios para seu alívio, o conhecimento mal pode expressá-lo através de seus próprios meios da experiência, sem se tornar irracional. O sofrimento conceitualizado permanece mudo e sem importância" (*AT* 18).

[10] "As obras de arte se tornam uma linguagem no desenvolvimento das ligações entre seus elementos, uma sintaxe sem palavras, mesmo nos trabalhos linguísticos" (*AT* 184). Quer dizer, a maneira como a forma vincula seus elementos tem a força de uma sintaxe, de maneira que os próprios elementos adquirem a intenção de itens semânticos.

desprovida de todo significado (...). Celan transpõe a crescente abstração da paisagem ao processo linguístico, aproximando-a progressivamente do inorgânico (*AT* 322).[11]

A "vergonha da arte" é a vergonha da razão em uma escala menor, a última veleidade do idealismo que precisa ser renunciada. A forma que esta renúncia toma em Celan é dupla: temática, na desintegração da natureza or-

---

[11] Aqui está um breve poema de Celan que apresenta exatamente a aniquilação no inorgânico, como se somente os mortos pudessem testemunhar o que o testemunho requer e como se aquilo que requer testemunho fosse uma paisagem da qual toda vida tivesse sido removida. Adorno considera esse momento o limite extremo da racionalização: mesmo a morte não é mais possível.

> Weissgrau aus-
> geschachteten steilen
> Gefühls.
> Landeinwärts, hierher-
> verwehter Strandhafer bläst
> Sandumuster über
> den Rauch von Brunnengesängen.
> Ein Ohr, abgetrennt, lauscht.
> Ein Aug, in Streifen geschnitten,
> wird all dem gerecht.
>
> WHITEGRAY of a
> steeply caved
> feeling.
> Inland, wind-
> driven dunegrass blows
> sand patterns over
> the smoke of wellsongs.
> An ear, severed, listens.
> An eye, sliced into strips,
> gives all that is due.
>
> *Selected Poems and Prose of Paul Celan*, J. Felstiner (trad.),
> New York: Norton, 2001, p. 230-231.

Nessa passagem, Adorno está provavelmente se referindo a "Radix, Matrix", que começa assim: "As one speaks to stone, as/you/to me from the abyss" (ibid., p. 167).

gânica na natureza inorgânica; formal, na desintegração da linguagem "orgânica", uma linguagem impregnada de significado, em remanescentes linguísticos – sendo esta última realizada pela decomposição sintática e semântica. É somente através da decomposição linguística que essa outra desintegração se torna imaginativamente persuasiva, em que a imagem da natureza inorgânica é uma imagem tanto daquilo em que a natureza se transformou (o que lhe foi feito), quanto de como a natureza ainda se mantém – a natureza para além da vontade de significar. Uma palavra quebrada ou eclipsada interrompe o significado comunicativo em benefício do significado da palavra, em que o caráter elementar do significado da palavra é reverter a linguagem para que esta se torne o agente das coisas ditas, ao invés das coisas serem objetos meramente intencionais de sujeitos linguísticos. O "Livro da Natureza", feito de pedras e estrelas, surge despido quando a linguagem apaga seus próprios poderes mundanos de significação. A linguagem partida de Celan registra cada ato do discurso como uma profanação do silêncio.

Conteúdo de verdade

Apenas o que não cabe neste mundo é verdadeiro (AT 59).

Adorno não supõe, nem por um momento, que o vermelho de Matisse ou que as pedras e estrelas de Celan sejam coisas em si. A afirmação é, antes, que as obras de arte, um poema ou uma pintura, são imagens ilusórias de coisas em si, nas quais há internamente um acobertamento dos poderes constituintes de significado do universal face à particularidade sensível dos elementos materiais do meio. As obras modernistas tentam proibir sua apropriação conceitual externa, sua neutralização através da interpretação, através da decomposição explícita de suas próprias formas imperativas, e tentam, assim, emancipar os elementos do meio enquanto elementos (palavras enquanto palavras, tinta enquanto tinta etc.). Pode-se dizer que, ao passo que na arte tradicional os materiais sensíveis devem estar a serviço dos ideais representados, na arte moderna a forma deve estar a serviço dos elementos materiais do meio – a forma existe para o fim dos materiais formados. Adorno acredita que, nessa inversão, o modernismo traz em cada obra um momento do belo (com sua associação entre o acabamento, a harmonia e a perfeição) e um momento de sublimação (a aparição do que excede e destrói a forma); o segundo momento revela o caráter ilusório do primeiro, de modo que o momento de sublimação ou dissonância na obra modernista é o momento em que mesmo as alegações da subjetividade estética são renúncias ante e para o benefício do objeto.

Os parâmetros gerais da teoria de Adorno deveriam estar visíveis agora. O vilão da história é a razão instrumental. A razão instrumental é entendida como a imposição da subjetividade humana à natureza. O mecanismo de dominação é a supressão do particular pelo universal. A arte se apresenta como uma forma de resistência a esse processo, porque o significado da arte é o significado no interior da materialidade de um meio, e o modo de reivindicação das obras de arte é como itens irredutivelmente únicos. Nas obras de arte, a universalidade é veiculada pela forma enquanto que a particularidade é veiculada por momentos de dissonância ou decomposição; assim, a dialética da formação e deformação (o belo e a dissonância) em cada obra representa as articulações possíveis do universal e do particular, do sujeito e da natureza: "No belo sereno (a partir do qual a arte moderna tem início), seu outro desobediente seria completamente pacificado e tal reconciliação estética é fatal para a extraestética. Essa é a melancolia da arte. Ela realiza uma reconciliação irreal (do universal e do particular, do sujeito e da natureza) ao preço de uma reconciliação real" (*AT* 52).

Adorno, assim, sustenta que cada obra de arte autêntica, ou seja, cada obra que aloja uma alegação estética persuasiva, possui um conteúdo de verdade. Ele parece designar sob o título de conteúdo de verdade um número de fenômenos bem diferentes. Aqui seguem pelo menos quatro exemplos:

1. Natureza. "A Natureza, para a qual a arte *imagética* é devotada, de fato ainda não existe; o que é verdadeiro na arte é algo inexistente" (*AT* 131).

2. Sociedade. "A Sociedade é inerente ao conteúdo de verdade. A aparência, por meio da qual a obra de arte sobrepuja em muito o mero sujeito, é a erupção da essência coletiva do sujeito" (*AT* 131).

3. Crítica ideológica. "A apresentação completa da falsa consciência é o que a nomeia e é para ela mesma conteúdo de verdade" (*AT* 130).

4. O conceito filosófico. "A filosofia e a arte convergem em seu conteúdo de verdade: A verdade gradualmente autorrevelada da obra de arte não é mais do que a verdade do conceito filosófico" (*AT* 130).

Uma vez que as obras de arte não são, por sua legitimidade, devedoras da experiência empírica, é quase universalmente aceito que as obras de arte são não cognitivas. Adorno não argumenta contra a distância da experiência empírica. Antes, ele acredita que as obras de arte são cognitivas quase da mesma maneira que a filosofia é cognitiva: a filosofia investiga – reflexivamente – a relação do universal (conceito) e do particular (intuição) através do universal, ao passo que a arte investiga – performaticamente – a relação do universal e do particular através do particular. Uma vez que no léxico de Adorno universal e particular são equivalentes epistemológicos/categóricos da sociedade e da natureza, do sujeito e do objeto, respectivamente, então a verdade categórica sobre a sociedade e a natureza será, em última instância, convertida em uma explicação sociologicamente sensitiva do universal e do particular, indexada historicamente. De Hegel, Adorno adotou a tese de que certas formas de arte e algumas artes particulares são possíveis sob precondições históricas e sociais específicas, determinadas variável e amplamente. A produção artística (o que é possível produzir como obra de arte séria) e o juízo (o que podemos considerar autêntico) são um índice de quais formas, com seus poderes específicos de integração, são normativamente possíveis em um dado momento. A forma é o suporte interno da sociabilidade (externa) da arte. Considerar certas possibilidades como ingênuas ou sentimentais, rasas, *kitsch* ou *cliché*, não é uma questão de moda, mas de possibilidade conceitual – ela se dirige ao destino social do conceito em um dado momento. Isso estava implícito na afirmação de que a arte comprometida agora parece crua ou estridente e soa como apelo especial e, no caso da poesia de Celan, que somente através de algo como a autorrenúncia do "eu" lírico se poderia dar voz à atrocidade do Holocausto.[12] Essa é a razão pela qual, agora, Adorno

---

[12] É o peso das pressões determinantes da possibilidade artística que leva Adorno a dizer que "as grandes obras de arte são incapazes de mentir" (*AT* 130). Disso decorre que, para Adorno, a autenticidade artística e a enganação ideológica são, em princípio, incomensuráveis.

toma a modernidade artística como a interrogação transcendental performativa da relação do universal e do particular. Dito de maneira um pouco menos direta, "o conteúdo de verdade das obras de arte não é o que elas significam, mas, antes, aquilo que decide se a obra é, em si mesma, verdadeira ou falsa" (*AT* 130). Assumindo que por "verdadeiro e falso" Adorno quer dizer autêntico e não autêntico, o conteúdo de verdade de uma obra é aquilo que é revelado como determinante de sua autenticidade. Assim, por exemplo, na passagem sobre Celan, quando Adorno alega que o conteúdo de verdade dos poemas é negativo, ele quer dizer que sua maneira de exibir a relação do universal e do particular, da forma e da natureza, é através da exposição – apresentada formalmente – de sua enfática irreconciliabilidade; nós consideramos os poemas autênticos porque eles correspondem à demanda dessa irreconciliabilidade concreta. Alegar que a irreconciliabilidade é a condição de verdade dos poemas é alegar, com respeito aos fenômenos em questão, que o universal é a negação do particular; assim, por ora, cada universal que poderíamos empregar a fim de representar a extinção daquelas vidas pareceria uma traição a elas. Enquanto tal julgamento com respeito às obras particulares será sempre contestável, Adorno vincula seu argumento à evolução do modernismo como um todo.[13]

Uma vez que nas obras de arte o momento da particularidade é primordial; uma vez que as obras de arte representam, ao invés de elaborar, a disposição do universal e do particular em um dado momento, então elas não podem afirmar imediatamente que sua característica particular revela a verdade sobre o universal e o particular em geral; por esse motivo, para Adorno, as obras de arte requerem elaboração filosófica. A última aposta da arte é a disposição da razão discursiva, mesmo que sua própria preocupação se concentre em seu momento não discursivo. Assim, pode-se pensar que a relação entre arte e filosofia na teoria estética de Adorno é em si mesma análoga à relação entre conceito e intuição na filosofia kantiana: a filosofia dá expressão conceitual à alegação da intuição, embora seja somente através da intuição – a experiência estética em si mesma – que a

---

[13] Aqui, estou simplesmente ignorando o fato de Adorno estar ou não correto em seu julgamento de que o Holocausto representa o caso limite da modernidade racionalizada ao invés de, como esperam os otimistas, representar um ponto particular e grotesco dela.

alegação emerge.¹⁴ Na filosofia moderna de Adorno, a filosofia depende da experiência da arte para a obtenção do conteúdo que ela não pode, por si mesma, nem introduzir e nem autorizar – precisamente o caráter autolimitador da conceitualidade e da racionalidade, que é a ambição da teoria como um todo. A proximidade do conteúdo de verdade da arte ao conceito filosófico é igualmente a razão pela qual o conteúdo de verdade da obra nega a obra: "Cada obra de arte, como uma estrutura, perece em seu conteúdo de verdade; através dele a obra mergulha na irrelevância, algo que é exclusivamente garantido às grandes obras de arte" (*AT* 131-132). Finalmente, embora mais indiretamente, Adorno supõe que não se pode tomar seriamente a alegação da obra de arte sem que esta afete a própria ideia de verdade: noções de verdade por correspondência, por coerência, noções comunicativas e noções pragmáticas da verdade, todas elas desautorizariam a alegação de verdade da obra de arte.

FRAGMENTOS

1. *Práxis*. O que torna possível a crítica do modernismo à sociedade racionalizada é sua distância das exigências da prática comum. Novamente, seu caráter sem propósito e sem função, sua não intervenção no mundo empírico, é a condição pela qual a arte firma sua posição na sociedade. É natural, então, pensar a arte como absolutamente oposta à práxis. Mas isso não pode ser totalmente correto, uma vez que, no mínimo, as obras são produzidas ativamente; de fato elas são formas de síntese. Como formas de síntese, elas exemplificam um tipo de relação do universal com o particular; mas cada tipo de relação, em si mesmo, representa um modo de comportamento que

---

[14] Albrecht Wellmer, "Adorno, Modernity and the Sublime," em *End-games: The Irreconcilable Nature of Modernity*, D. Midgley (trad.). Cambridge, Mass.: MIT Press, 1998, p. 156-157. Para um tratamento conciso dos momentos formais, sociológicos e filosóficos na explicação de Adorno com respeito a sua teoria musical, ver Max Paddison, "Immanent Critique or Musical Stocktaking?", em *Adorno: A Critical Reader*, N. Gibson e A. Rubin (eds.), Oxford: Blackwell, 2002.

um sujeito deve ter em relação a um mundo-objeto. Algumas dessas formas alimentam a afirmação de que "o processo decretado internamente por cada e toda obra de arte atua de volta sobre a sociedade como um modelo de práxis possível, no qual é constituída alguma coisa da ordem de um sujeito coletivo" (*AT* 242). Dado que as formas da universalidade implicam as formações da sociedade (como o mundo social se coloca em relação à natureza, como cada membro se coloca em relação a outro), então cada configuração de uma posição em relação ao mundo é ao mesmo tempo uma representação para um "Nós" (*AT* 167-168).

2. *Promessa*. Mesmo admitido que a arte moderna modela uma concepção de *práxis*, a questão óbvia que surge é acerca do *status* do modelo. E essa questão deve reverberar para o conteúdo de verdade da arte. As obras de arte não são coisas reais, mas aparências de coisas reais; e porque são aparências, podem suscitar relações do universal e do particular, impossíveis na experiência empírica. "A aparência do inexistente como se ele existisse revela a questão sobre a verdade da arte. Apenas pela forma, a arte promete o que ela não é; ela registra objetivamente, embora de maneira indireta, a alegação de que como o inexistente é aparente, ele deve ser possível" (*AT* 82). Afastando-se da possibilidade empírica como esta agora é concebida, as obras de arte descortinam um outro domínio do possível; porque as formas de arte são socialmente condicionadas, e são realizadas em meios materiais socialmente determinados, o que elas revelam como possível deve ser mais forte que a mera possibilidade lógica, não importando o quanto elas permaneçam muito mais fracas que a possibilidade real e causal. As obras de arte são modalmente anômalas; elas prometem um futuro, mas não podem legislar o que prometem, nem reivindicá-lo como potencialmente real. "Não é papel da arte decidir por sua existência, se o inexistente que surge, de fato, existe como algo que surge ou permanece aparência" (*AT* 83).

3. *Fragmento*. Mesmo a renúncia da arte às demandas da prática empírica pode não ser suficiente para explicar e reivindicar a autoridade de suas reconfigurações em relação ao universal e ao particular, ao sujeito e ao objeto; mesmo suas promessas de possibilidade excedem o presente. "As obras de arte obtêm crédito de uma práxis que ainda está por vir, e ninguém sabe se há algo que forneça lastro a suas cartas de crédito" (*AT* 83). Ao cúmplice condicionamento da obra de arte, que notamos sob seu caráter duplo, podemos

agora acrescentar que todas as obras de arte parecem ser o que elas não são (totalidades) e, assim, necessariamente fracassam (em ser totalidades reais); elas prometem uma possibilidade que não podem assegurar como uma possibilidade real, e sua capacidade de resistência à cooptação social é o preço do crescente vazio. Na melhor das hipóteses, acredita Adorno, as obras de arte poderiam atingir o *status* de fragmentos, uma vez que são formas que concedem o que elas não podem ser e que, entretanto, querem ser.

Afirmar isso, todavia, é uma questão formal que toca naquilo que merece o título de obra de arte; somente quando uma obra "se expõe ao, ou se retira do, irreconciliável", sua posição é definida (*AT* 190). Mesmo quando escreveu a *Teoria Estética*, Adorno estava consciente de que o moderno estava envelhecendo (*AT* 342), que, em um sentido, seu trabalho era tanto histórico quanto uma defesa crítica e que os fragmentos a partir dos quais o próprio trabalho foi composto fossem talvez a única maneira em que a exposição ao irreconciliável poderia ser mantida. A esse respeito, minha argumentação original de que na Teoria Crítica a filosofia estética é lida com a razão, e somente com a razão, é enganosa, uma vez que se a arte é a crítica da racionalidade, então o que testa a racionalidade da razão deve ser o mesmo que confere uma posição à obra de arte. Eu ouço um pouco disso quando, nas sentenças finais da *Teoria Estética*, Adorno contempla a morte da arte: "Seria preferível que algum belo dia a arte desaparecesse completamente a se ela esquecesse do sofrimento que é sua expressão e na qual a forma adquire sua essência" (*AT* 260). Se isso mostra por que o modernismo não pode ser visto apenas como outra fase histórica da arte, uma pequena virada na história das formas e estilos, apenas um momento passageiro, isso igualmente, e talvez terrivelmente, anuncia uma resposta à questão com a qual o trabalho foi iniciado – relacionada ao direito de existência da arte.

7 Crítica, Estado e economia

Moishe Postone

Os teóricos que conceberam a estrutura geral da Teoria Crítica se colocaram diante de uma tarefa dupla: eles procuraram esclarecer criticamente as grandes mudanças históricas do século XX enquanto fundamentavam reflexivamente a possibilidade da crítica com referência a seu contexto histórico.[1] A maior parte das tentativas de contextualizar a Teoria Crítica foi feita com respeito aos desenvolvimentos históricos contemporâneos, tais como o fracasso da revolução no Ocidente depois da Primeira Guerra Mundial e da Revolução Russa, o desenvolvimento do stalinismo, o surgimento do fascismo e do nazismo, e a importância crescente das formas massificadas de consumo, de cultura e de política.[2] Com muita frequência, no entanto,

---

[1] Os intérpretes da Teoria Crítica frequentemente argumentam que a Escola de Frankfurt substituiu a economia política pela filosofia e negligenciou a análise histórica. Ver, por exemplo, Perry Anderson, *Considerations on Western Marxism*, New York: New Left Books, 1976; Goran Therborn, "The Frankfurt School" em *Western Marxism: A Critical Reader*, G. Steadman Jones (ed.), New York: New Left Books, 1976; Tom Bottomore, *The Frankfurt School*, Londres: Tavistock, 1984. Mas esta postura despreza o caráter contextual fundamental da Teoria Crítica – o fato de que ela lutou com uma vasta transformação de época da sociedade capitalista moderna, de uma maneira que acarretou a transformação reflexiva da teoria crítica dessa sociedade. Tais interpretações tendem a traduzir questões históricas de transformação estrutural para questões mais estáticas da força dos movimentos operários.

[2] Ver, por exemplo, Andrew Arato, "Political Sociology and Critique of Politics" em *The Essencial Frankfurt School Reader*, A. Arato e E. Gebhardt (eds.), New York: Continuum, 1978, p. 3-25; Seyla Benhabib, *Critique, norm, and utopia: on the foundations of critical social theory*, New York, Columbia University Press, 1986; Helmut Dubiel, *Theory and Politics: Studies in the Development of Critical Theory*, B. Gregg, (trad.) Cambridge, Mass.: MIT Press, 1985, p. 99-112; David Held, *Introduction to Critical Theory: Horkheimer to Habermas*, Berkeley: University of California Press, 1980,

tais tentativas não consideraram que a Teoria Crítica buscava dar significado a tais acontecimentos em relação ao contexto histórico maior – uma época de transformação do capitalismo na primeira parte do século XX. Ao tatear essa transformação, os teóricos da Escola de Frankfurt formularam críticas sofisticadas e inter-relacionadas da razão instrumental, da dominação da natureza, da dominação política, da cultura e da ideologia. Eles encontraram, entretanto, dificuldades conceituais fundamentais. Essas dificuldades estavam relacionadas a uma virada teórica ocorrida no final dos anos trinta, na qual a mais nova configuração do capitalismo veio a ser concebida como uma sociedade que, embora permanecendo antagônica, havia se tornado completamente administrada e unidimensional.

Essa inflexão pessimista não pode ser completamente entendida com referência à desolação de seu contexto histórico imediato do final dos anos trinta. Ela resulta também de suposições fundamentais de acordo com as quais aquele contexto foi analisado. A virada da Teoria Crítica lança luz sobre os limites daquelas suposições, na medida em que, em última instância, ela enfraqueceu a capacidade da teoria de apreender adequadamente a permanente dinâmica histórica da sociedade capitalista moderna, assim como enfraqueceu seu caráter reflexivo.

I

Era central à Teoria Crítica a concepção de que o capitalismo estava sofrendo uma transformação fundamental, que implicava um relacionamento modificado entre o Estado, a sociedade e a economia. Essa análise geral foi formulada de várias maneiras por Friedrich Pollock e Max Horkheimer, que pertenciam ao "círculo interno" dos teóricos da escola de Frankfurt, e por Franz Neumann e Otto Kirchheimer, que não pertenciam

p. 16-23, 46-75, 398-400; Martin Jay, *The Dialectical Imagination*, Boston: Little, Brown, 1973, p. 3-30, 356, 279; Douglas Kellner, *Critical Theory, Marxism and Modernity*, Baltimore: Johns Hopkins University Press, 1989, p. 9-12, 19-21, 43-44, 55, 65-66, 104-120; Rolf Wiggershaus, *The Frankfurt School: Its History, Theories and Political Significance*, M. Robertson (trad.), Cambridge, Mass.: MIT Press, 1994.

a esse círculo. Quaisquer que fossem suas diferenças, eles compartilhavam uma abordagem fundamentalmente histórica das questões do Estado, do direito, da política e da economia. Eles não estavam de acordo sobre o estatuto ontológico dessas dimensões da vida social moderna, mas as consideraram como formas políticas, legais, econômicas e culturais intrinsecamente relacionadas e procuraram delinear sua transformação histórica com a superação do capitalismo liberal do século XIX pela nova forma burocratizada do capitalismo do século XX.

A análise geral, feita por esses teóricos, das mudanças históricas contemporâneas em relação ao Estado e à sociedade era, em parte, consoante com o pensamento marxista corrente. A nova configuração centralizada e burocratizada da política e da sociedade era vista como um resultado histórico necessário do capitalismo liberal, mesmo se esta configuração negasse a ordem liberal que a gerava. Logo, não poderia haver retorno a uma economia do *laissez-faire* ou, mais geralmente, uma ordem liberal (Pollock, *ZfS* 1: 10, 15, 21 e *ZfS* 2: 332, 350; Horkheimer, *CTS* 78ss., Neumann *ZfS* 6: 39, 42, 52, 65, 66; Kirchheimer, *SPSS* 9: 269-289; Marcuse, *ZfS* 3: 161-195).

As abordagens desenvolvidas por aqueles próximos ao Instituto e a sua editora, a *Zeitschrift für Sozialfroschung*, entretanto, diferiam das compreensões marxistas mais convencionais do desenvolvimento do capitalismo histórico em aspectos importantes. Eles não consideravam, por exemplo, o deslocamento de uma ordem liberal centrada no mercado por uma ordem administrada, burocratizada, como um desenvolvimento inequivocamente positivo. Todos os teóricos envolvidos – Pollock, Horkheimer, Neumann, Kirchheimer – consideravam certos aspectos importantes da vida social, política e individual na sociedade capitalista burguesa ou liberal como sendo mais emancipadores, não importando o quão equivocamente, que as formas que os suplantaram. Similarmente, esses teóricos não igualavam simplesmente o individual ao capitalismo e o coletivo ao socialismo. Suas abordagens implicavam que uma futura sociedade livre não poderia ser simplesmente uma continuação linear do capitalismo pós-liberal, mas deveria buscar e incorporar elementos, ainda que transformados, do passado liberal.

Em vez de considerar a transição do capitalismo liberal para o capitalismo burocrático centralizado no Estado como uma expressão linear do progresso histórico, esses teóricos analisaram-na como uma mudança na natureza da dominação no capitalismo. Suas concepções de uma mudança na natureza da cultura política tornaram-se centrais nas análises mais conhecidas de Horkheimer, Adorno e Marcuse sobre as transformações na natureza da cultura e da individualidade no século XX. Friedrich Pollock, por exemplo, considerava o mercado como essencialmente constitutivo das relações sociais sob o capitalismo. A ordem liberal, embora injusta, era caracterizada pelo reino impessoal legal que era constitutivo da separação das esferas públicas e privadas e, portanto, da formação da burguesia individual. No capitalismo pós-liberal, o Estado desloca o mercado como o determinante central da vida social. Um comando hierárquico operando na base de uma racionalidade tecnológica unilateral substitui as relações do mercado e as regras da lei (*SPSS* 9: 206-207, 443-449).

Otto Kirchheimer esboçou uma oposição similar entre o liberalismo e o que ele denominou "democracia de massa". Na formulação anterior, o dinheiro funcionava como um meio de troca impessoal e universal; o compromisso político era executado entre os próprios parlamentares e entre os parlamentares e o governo sob a proteção informal das instituições de opinião pública. Na formulação posterior, bancos centrais poderosos o suficiente para competir com os governos anularam o meio de troca impessoal universal; o compromisso político era efetuado entre grupos quase corporativos (capital e trabalho), por meio dos quais os direitos políticos, individuais e legais foram drasticamente reduzidos. Isso assentou a base para a forma fascista de compromisso, na qual o Estado sanciona a subordinação dos direitos individuais aos direitos de grupos, e o poder privado dos monopólios e os poderes públicos do Estado se fundem. Segundo Kirchheimer, torna-se dominante uma forma de racionalidade técnica que só é racional para as elites que estão no poder (*SPSS* 9: 276-288, 456-475).

Franz Neumann também considerou serem positivos os elementos do Estado constitucional liberal. Embora as leis gerais formais possam ter obscurecido a dominação da classe burguesa enquanto tornavam calculável o sistema econômico, de acordo com Neumann, o caráter geral da lei, a independência do judiciário e a separação dos poderes promoviam e protegiam a liberdade individual e a igualdade. Ele argumentava que esses elementos da ordem liberal não precisavam e nem deveriam ser abolidos com a reviravolta do capitalismo. Neumann foi muito crítico em relação à tendência da época liberal de substituir importantes leis particulares por leis gerais e formais, uma tendência que, em sua concepção, era um aspecto da transformação do capitalismo no século XX. Esse processo, segundo Neumann, atingiu seu apogeu sob o fascismo (*ZfS* 6).

Apesar de haver uma concordância geral entre esses teóricos, havia também importantes diferenças – especialmente entre Pollock e Neumann – que traziam consequências teóricas e políticas significativas. Essas diferenças emergiram abertamente nos anos 1940-1941 em relação ao regime nazista. Pollock considerava esse regime como um exemplo de uma nova configuração do capitalismo emergente, o qual ele tratava como um tipo ideal de "capitalismo de Estado". Ele caracterizava essa nova configuração como uma sociedade antagônica na qual as funções econômicas do mercado e da propriedade privada tivessem sido assumidas pelo Estado. Consequentemente, o tipo de contradição entre a produção e a propriedade privada e o mercado, que havia marcado o capitalismo liberal, não caracterizava mais o capitalismo de Estado (*SPSS* 9: 200-225, 440-455). Neumann contra-argumentava que a tese de Pollock era empiricamente incorreta e teoricamente questionável. Em *Behemoth*, um sólido estudo de Neumann sobre o nacional-socialismo, ele argumentava que o regime nazista era uma forma de capitalismo altamente cartelizada, na qual elites governantes heterogêneas – representantes do Partido Nazista, capitalistas, militares, burocratas de Estado – se acotovelavam por causa do poder. Ele rejeitou firmemente a tese do Estado capitalista de Pollock e alegou que as contradições do capitalismo permaneciam operantes na Alemanha, mesmo que acobertadas pelo aparato burocrático e pela ideologia da comunidade *Volk* (*B* 227-228). De fato, alegava Neumann, a noção de "capitalismo de Estado" é uma contradição nos próprios termos. Se o estado se tornasse o único proprietário dos meios de produção, seria impossível para o capitalismo funcionar. Tal Estado teria que ser descrito com categorias políticas (tais como "Estado escravocrata", "ditadura gerencial" ou "sistema de coletivismo burocrático") e não poderia ser descrito com categorias econômicas (tais como "capitalismo") (*B* 224).

As diferenças entre Pollock e Neumann têm sido frequentemente apresentadas como um debate sobre a natureza do nacional-socialismo.[3] Enquanto tal questão certamente ocasionou esse debate, as bases políticas e teóricas das diferenças entre os dois eram muito maiores.[4] Elas envolviam diferenças fundamentais em relação à estrutura teórica no interior da qual a transformação do capitalismo era entendida.[5] Essas diferenças tiveram consequências para a maneira como a nova fase do capitalismo foi entendida, para a questão de essa nova fase incluir ou não a União Soviética e, reflexivamente, para a natureza de uma teoria crítica adequada àquelas mudanças.

Irei me concentrar no argumento de Pollock na medida em que foi adotado e compartilhado pelo círculo mais fechado da Escola de Frankfurt e que foi central para a virada pessimista da Teoria Crítica no final dos anos trinta e início dos anos quarenta. Antes, discutirei brevemente o termo "marxismo tradicional" no sentido em que eu o utilizo e desenvolverei o significado da noção de contradição para a Teoria Crítica.

II

A análise de Pollock da transformação do capitalismo pressupõe algumas assunções básicas do marxismo tradicional. Utilizo esse termo não para delinear uma tendência histórica específica no marxismo, mas, antes, para caracterizar uma estrutura crítica geral que considera a propriedade privada dos meios de produção e a economia de mercado como as relações

---

[3] Ver, por exemplo, Jay, *Dialectical Imagination*, p. 143-172; Wiggershaus, *Frankfurt School*, p. 280-291.

[4] Andrew Arato reconhece isto (embora sua interpretação dessas bases seja diferente da que é apresentada neste capítulo). Ver "Political Sociology and Critique of Politics", p. 10-13.

[5] Horkheimer expressa claramente sua concepção em uma carta a Neumann, concordando que, empiricamente, a situação da Alemanha não é, de maneira nenhuma, próxima da situação do capitalismo de Estado. Entretanto, ele sustenta que a sociedade está se dirigindo para essa situação, o que prova o valor do construto de Pollock em fornecer uma base para discutir as tendências históricas presentes. Carta de Horkheimer a Neumann, 30 de agosto de 1941, citada em Wiggershaus, *Frankfurt School*, p. 285.

sociais mais fundamentais do capitalismo. Nessa interpretação geral, as categorias fundamentais da crítica de Marx, tais como "valor", "mercadoria", "mais valia" e "capital" são entendidas essencialmente como categorias do mercado e da apropriação do excedente social pela classe dos proprietários privados.[6] Considera-se a contradição básica do capitalismo como sendo aquela entre essas relações e as forças desenvolvidas de produção, interpretadas como o modo de produção industrial. Do desenvolvimento dessa contradição surge a possibilidade histórica do socialismo, concebido como a propriedade coletiva dos meios de produção e do planejamento econômico.[7]

A noção de contradição não é simplesmente um aspecto importante do marxismo tradicional, ela é central para qualquer crítica social imanente. Uma teoria crítica da sociedade que assume que as pessoas são socialmente constituídas deve ser capaz de explicar a possibilidade de sua própria existência de modo imanente; ela deve ver a si mesma como envolvida em seu contexto, se for permanecer consistente. Tal teoria não julga criticamente o que "é" a partir de uma posição conceitual que, implícita ou explicitamente, pretende estar fora de seu próprio universo social, tal como um "deveria ser" transcendente. De fato, deve-se ver como espúria a própria noção de tal ponto de vista descontextualizado. Ao contrário, a teoria deve ser capaz de localizar esse "deveria ser" como uma dimensão de seu próprio contexto, como uma possibilidade que é imanente à sociedade existente. Tal crítica deve ser capaz de fundamentar reflexivamente seu próprio ponto de vista através das mesmas categorias com as quais ela abarca seu objeto, seu contexto social. Isto é, a crítica deve ser capaz de mostrar que seu contexto gera a possibilidade de uma

---

[6] Cf. Paul Sweezy, *The Theory of Capitalist Development*, Oxford: Oxford University Press, 1942, p. 52-53; Maurice Dobb, *Political Economy and Capitalism*, Londres: Routledge & Kegan Paul, 1940, p 70-71; Ronald Meek, *Studies in the Labour Theory of Value*, London, Lawrence & Wishart, 1973, p. 303.

[7] Para uma crítica do marxismo tradicional baseada em uma reconceitualização das categorias da crítica da economia política de Marx e, portanto, da sua concepção das relações sociais mais fundamentais do capitalismo, ver meu *Time, Labor and Social Domination*, Cambridge University Press, 1993. A análise desenvolvida naquele texto fornece o ponto de vista da crítica de Pollock e Horkheimer delineado neste capítulo.

posição crítica em relação a si mesmo. Segue-se que uma crítica social imanente deve mostrar que a sociedade da qual ela faz parte não é uma totalidade unitária unidimensional. Uma análise das relações sociais subjacentes à sociedade moderna enquanto sociedade contraditória fornece a base teórica para uma crítica imanente.

A noção de contradição também fornece o fundamento conceitual para uma marca registrada essencial, historicamente específica, do capitalismo como uma forma de vida social – que é caracterizada unicamente por uma contínua dinâmica não teleológica. Na crítica à economia política de Marx, o caráter contraditório das formas sociais fundamentais do capitalismo (mercadoria, capital) subjaz a essa contínua dinâmica direcional da formação social. Tal abordagem esclarece essa dinâmica historicamente intrínseca em termos sociais, ao passo que todas as teorias trans-históricas da história, quer dialéticas ou evolucionistas, simplesmente a pressupõem.[8] Tomar as relações sociais básicas do capitalismo como contraditórias, então, permite uma crítica imanente que é histórica, aquela que esclarece uma dinâmica histórica dialética intrínseca à formação social, uma que aponta para além de si mesma – para aquele realizável "deveria ser" que é imanente ao "é" e que serve de ponto de referência para sua crítica. Tal crítica imanente é mais fundamental do que aquela que simplesmente opõe a realidade da sociedade do capitalismo moderno a seus ideais.[9]

A significância da noção de contradição social, assim, vai muito além da interpretação estreita que a toma como sendo a base da crise econômica do capitalismo. Ela também não deveria ser entendida simplesmente como o antagonismo social entre a classe trabalhadora e a classes apropriadora. A contradição social refere-se, antes, à estrutura mesma da sociedade, a uma

---

[8] Ibid., p. 286-306.

[9] Opor a realidade da sociedade aos seus ideais é frequentemente considerado a marca central de uma crítica imanente, também na tradição da Teoria Crítica. Ver, por exemplo, Adorno, "On the Logic of the Social Sciences", em *PDGS*. Essa abordagem não é a mesma que aquela do entendimento da crítica imanente apresentada aqui, a qual busca explicar histórica e socialmente os ideais e a realidade da sociedade, em vez de clamar pela realização de seus ideais.

"não identidade" autogeradora intrínseca às estruturas de relações sociais dessa sociedade, as quais não constituem, portanto, um todo unitário e estável.[10] Assim, a contradição social é a precondição de uma dinâmica histórica intrínseca tanto quanto da própria crítica social imanente. Ela abre espaço para a autorreflexividade teórica.[11]

Para serem adequadas, as categorias fundamentais da crítica do capitalismo devem expressar elas próprias sua contradição social. As categorias de uma crítica social imanente com intenção emancipadora devem abarcar adequadamente as bases determinadas da dominação no capitalismo, para que a extinção histórica do que é expresso pelas categorias implique a possibilidade da liberdade social e histórica. A adequação de suas categorias permite à crítica rejeitar tanto a afirmação do dado, do "é", quanto a sua crítica utópica. Como mostrarei, as tentativas de Pollock e Horkheimer de analisar o capitalismo pós-liberal revelaram que as categorias do marxismo tradicional não expressam adequadamente o âmago do capitalismo e nem as bases da dominação nessa sociedade; a contradição expressa por aquelas categorias não aponta para além do presente em direção a uma sociedade emancipada. Todavia, embora Pollock e Horkheimer tenham revelado as inadequações das categorias tradicionais da crítica, eles não questionaram suficientemente as pressuposições subjacentes àquelas categorias. Assim, eles não foram capazes de reconstituir uma crítica social mais adequada. A combinação desses dois elementos de suas abordagens resultou no pessimismo da Teoria Crítica.

---

[10] Esse argumento está formulado em meu *Time, Labor, and Social Domination*, p. 87-90, 286-306. Deve-se notar que o termo "estrutura" não é utilizado aqui da mesma maneira em que é utilizado no referencial conceitual do estruturalismo, com seu dualismo constitutivo de língua e palavra, estrutura e ação. Antes, "estrutura" aqui se refere às formas específicas da prática, cristalizadas historicamente, formas que são constituídas por e constitutivas da prática.

[11] A possibilidade de autorreflexividade teórica está intrinsecamente relacionada à possibilidade socialmente gerada de outras formas de distanciamento e oposição críticas – inclusive no nível popular. Ou seja, a noção de contradição social permite também uma teoria da constituição histórica das formas populares de oposição que apontam para além dos limites da ordem existente.

III

No início dos anos trinta, Friedrich Pollock, com Gerhard Meyer e Kurt Mandelbaum, desenvolveu sua análise da transformação do capitalismo associada ao desenvolvimento do Estado intervencionista, ampliando-a no decurso da década seguinte. Tanto o papel crescentemente ativo desempenhado pelo Estado na esfera socioeconômica após a Grande Depressão quanto a experiência Soviética com o planejamento levaram Pollock a concluir que a esfera política havia sobrepujado a esfera econômica como *locus* da regulação econômica e da articulação dos problemas sociais. Ele caracterizou essa mudança como sendo uma mudança em direção à primazia da esfera política sobre a esfera econômica (*SPSS* 9: 400-455). Essa noção, que se tornou amplamente difundida durante os anos sessenta, implica que as categorias marxistas podem ter sido válidas no período do capitalismo *laissez-faire*, mas desde então se tornaram anacrônicas em razão da intervenção bem-sucedida do Estado nos processos econômicos[12]. Tal posição pode ter parecido plausível nas décadas seguintes à Segunda Guerra Mundial, mas tornou-se questionável devido à crise global subsequente das economias nacionais de Estado intervencionista. Essa crise não põe em questão a compreensão de Pollock de que o desenvolvimento do Estado intervencionista acarretou mudanças econômicas, sociais e políticas de grande alcance. Entretanto, ela sugere que a estrutura teórica na qual ele analisou aquelas mudanças deve ser examinada criticamente.

A análise de Pollock da Grande Depressão e da transformação do capitalismo desenvolveu-se em duas fases cada vez mais pessimistas. Em 1932-1933, Pollock caracterizou o desenvolvimento capitalista, interpretado a partir do marxismo tradicional, em termos de uma contradição crescente entre as forças de produção e a apropriação privada mediada socialmente pelo mercado "autorregulador" (*ZfS* 1: 21). Essa contradição crescente gerou uma série de crises econômicas que culminou na Grande Depressão, a qual

---

12 Habermas apresenta uma versão dessa posição em "Technology and Science as 'Ideology'" em *TRS*. Ver também Daniel Bell, *The Coming of Post-Industrial Society*, New York: Basic Books, 1976.

marcou o fim do capitalismo liberal (*ZfS* 1: 10, 15 e *ZfS* 2: 350). Não poderia haver um retorno a uma economia do *laissez-faire*, de acordo com Pollock (*ZfS* 2: 332); todavia, o desenvolvimento do capitalismo de livre mercado possibilitou o surgimento de uma economia centralmente planejada (*ZfS* 1: 19-20). No entanto – e este é um ponto decisivo – essa economia não era necessariamente um socialismo. Pollock argumentava que uma economia do *laissez-faire* e o capitalismo não eram necessariamente idênticos (*ZfS* 1: 16). Em vez de identificar o socialismo com planejamento, ele distinguiu entre uma economia capitalista planejada, baseada na propriedade privada dos meios de produção dentro de uma estrutura de sociedade de classes, e uma economia socialista planejada, marcada pela propriedade social dos meios de produção dentro de uma estrutura de sociedade sem classes (*ZfS* 1: 18). Pollock sustentava que uma economia capitalista planejada, ao invés de socialista, seria um resultado mais provável da Grande Depressão (*ZfS* 2: 350). Nos dois casos, o livre-mercado seria substituído pela regulamentação do Estado. Nesse estágio do pensamento de Pollock, a diferença entre capitalismo e socialismo na era do planejamento havia sido reduzida à da propriedade privada ou social dos meios de produção. Entretanto, mesmo a determinação do capitalismo em termos de propriedade privada tornou-se ambígua nesses ensaios (*ZfS* 2: 338, 345-346, 349). Ela foi efetivamente abandonada em seus ensaios de 1941, nos quais a teoria da primazia da política foi completamente desenvolvida.

Nos ensaios "Capitalismo de Estado" e "O Nacional Socialismo é uma Nova Ordem?", Pollock caracterizou a nova ordem emergente como capitalismo de Estado. Ele procedeu de modo "ideal-típico", opondo o capitalismo de estado totalitário e o de estado democrático como os dois principais tipos ideais dessa nova ordem social (*SPSS* 9: 200).[13] Na forma totalitária, o Estado está nas mãos de um novo estrato governante, um amálgama de burocratas dirigentes dos negócios, do Estado e do partido (*SPSS* 9: 201). Na forma democrática o povo controla tudo. A análise de Pollock se concentrou no capitalismo de Estado totalitário. Seu exame da mudança fundamental na

---

[13] Em 1941, Pollock incluiu a União Soviética como uma sociedade de capitalismo de Estado (*SPSS* 9: 211 n.1).

relação do Estado com a sociedade civil, quando separado daqueles aspectos específicos do totalitarismo, pode ser visto como constituindo uma dimensão econômica-política de uma Teoria Crítica geral do capitalismo pós-liberal, um aspecto que foi desenvolvido mais completamente por Horkheimer, Marcuse e Adorno.

A característica central do capitalismo de Estado, de acordo com Pollock, é a substituição da esfera econômica pela política. Agora, o estado equilibra a produção e a distribuição (*SPSS* 9: 201). Embora ainda possa existir um mercado, um sistema de preços e salários, eles não servem mais para regular o processo econômico (*SPSS* 9: 204, 444). Além disso, mesmo se uma instituição legal de propriedade privada é mantida, suas funções econômicas serão efetivamente abolidas (*SPSS* 9: 208-209, 442). Consequentemente, para todos os propósitos práticos, as "leis" econômicas não são mais operativas e nem autônomas, e existe uma esfera econômica autorreguladora (*SPSS* 9: 208-209). Os problemas políticos da administração substituíram os da troca econômica (*SPSS* 9: 217).

Essa transição, segundo Pollock, tem amplas implicações sociais. Sob o capitalismo liberal, o mercado determinava as relações sociais; pessoas e classes confrontavam-se umas com as outras na esfera pública como agentes quase autônomos. Não importa quão injusto e ineficiente o sistema possa ter sido, as regras que governavam a esfera pública estavam mutuamente vinculadas. Esse reino legal impessoal era constitutivo da separação das esferas pública e privada e da formação de uma burguesia independente (*SPSS* 9: 207, 443, 447). Sob o capitalismo de Estado, o Estado se torna o principal determinante da vida social (*SPSS* 9: 206). As relações de mercado são substituídas pelas de uma hierarquia de comando na qual a racionalidade técnica reina no lugar da lei. Indivíduos e grupos, não mais autônomos, são subordinados à totalidade, e o ímpeto para o trabalho é provocado pelo terror político ou por manipulação psíquica (*SPSS* 9: 448-449).

Tanto o mercado quanto a propriedade privada – relações sociais básicas do capitalismo (tradicionalmente entendido) – foram efetivamente abolidos no capitalismo de Estado, segundo Pollock. Entretanto, as consequências sociais, políticas e culturais dessa abolição não foram necessariamente emancipadoras. Expressando essa concepção em termos de categorias marxistas,

Pollock sustentava que a produção no capitalismo de Estado não era mais uma produção de mercadorias, mas para o uso. Porém, isso não garantia que a produção servisse às "necessidades de homens livres em uma sociedade harmoniosa" (SPSS 9: 446). Dada a análise de Pollock do caráter não emancipador do capitalismo de Estado e sua alegação de que um retorno ao capitalismo liberal era impossível, a questão que se coloca é se o capitalismo de Estado poderia ser substituído pelo socialismo (SPSS 9: 452-455). Essa possibilidade não poderia mais ser considerada imanente ao desenvolvimento de uma contradição intrínseca de uma economia autorreguladora, uma vez que a contradição havia sido superada, segundo Pollock, e a economia havia se tornado totalmente administrável (SPSS 9: 217, 454). Ele tentou evitar as implicações pessimistas de sua análise, esboçando as elaborações iniciais de uma teoria das crises políticas.

Segundo Pollock, porque o capitalismo de Estado surgiu como uma resposta às doenças econômicas do capitalismo liberal, suas tarefas fundamentais seriam a de manter os empregos e desenvolver as forças de produção, enquanto mantinha a velha estrutura social (SPSS 9: 203). O desemprego em massa resultaria em uma crise política do sistema. O capitalismo de Estado totalitário, como uma forma extremamente antagônica, não deveria, além disso, permitir um aumento considerável do padrão de vida, pois isso libertaria as pessoas para refletir criticamente sobre sua situação (SPSS 9: 220). Somente uma guerra econômica permanente poderia realizar essas tarefas simultaneamente, de acordo com Pollock. Em uma economia de paz, o sistema não poderia se manter, apesar do terror e da manipulação psicológica de massa. Um alto padrão de vida poderia ser mantido por um capitalismo de Estado democrático, mas Pollock parecia considerar isso como uma forma transitória e instável: ou as diferenças de classe iriam acirrar-se, pressionando o desenvolvimento em direção ao capitalismo de Estado totalitário, ou o controle democrático do Estado provocaria a abolição da sociedade de classes, tornando-se, assim, socialismo (SPSS 9: 219, 225). As perspectivas desse último acontecimento, entretanto, pareciam remotas, dada a tese de Pollock da administrabilidade da economia, e sua consciência de que uma política de "prontidão" militar, que permite a existência de uma permanente economia de guerra sem guerra, é a marca registrada da era do capitalismo de Estado (SPSS 9: 220).

IV

Vários aspectos da análise de Pollock são problemáticos. Seu exame do capitalismo liberal revela a dinâmica de desenvolvimento e a historicidade deste, mostrando como a contradição imanente entre suas forças e relações de produção fez surgir, como sua negação histórica, a possibilidade de uma sociedade planejada. A análise do capitalismo de Estado feita por Pollock, entretanto, era estática; ela apenas descrevia vários tipos ideais. Nenhuma dinâmica histórica imanente, a partir da qual a possibilidade de que uma outra formação social pudesse emergir, foi apontada. Devemos considerar por que, para Pollock, o estágio do capitalismo caracterizado pela "primazia do econômico" é contraditório e dinâmico, enquanto que aquele caracterizado pela "primazia da política" não é.

Podemos esclarecer esse problema ao considerar a compreensão de Pollock da esfera econômica. Ao postular a primazia da política sobre a economia, ele concebe a última no sentido de uma coordenação quase automática, mediada pelo mercado das necessidades e dos recursos (*SPSS* 9: 203, 445ss.). Sua declaração de que as "leis" econômicas perdem suas funções essenciais quando o Estado substitui o mercado implica que tais leis estão enraizadas no mercado. A centralidade do mercado para a noção de economia de Pollock é também revelada por sua interpretação da mercadoria: um bem é uma mercadoria somente quando circula pelo mercado; de outra maneira é apenas valor de uso. Isso implica uma compreensão da categoria de valor marxista – supostamente, a categoria fundamental das relações de produção capitalista – apenas em relação ao mercado. Pollock, em outras palavras, compreendia a esfera econômica e, implicitamente, as categorias marxistas das relações de produção, apenas em relação ao modo de *distribuição*. Ele interpretou a contradição entre as forças e relações de produção semelhantemente, como aquela entre a produção industrial e o modo de distribuição burguês (o mercado, a propriedade privada).[14] Essa contradição gerou a possibilidade de que

---

[14] Para Marx, as relações de propriedade são aspectos do modo de distribuição tanto quanto o mercado. Ver *Time, Labor and Social Domination*, p. 22.

um novo modo de regulação, caracterizado pelo planejamento na ausência efetiva da propriedade privada, substituísse as velhas relações de produção (*ZfS* 2: 345ss.; *ZfS* 1: 15). De acordo com essa interpretação, quando o Estado suplanta o mercado como uma agência de distribuição, a esfera econômica é essencialmente suspensa; um modo de distribuição e uma regulação social conscientes substituem um modo econômico não-consciente (*SPSS* 9: 217).

Deveria estar claro, agora, por que o capitalismo de Estado, segundo essa interpretação, não possui uma dinâmica histórica imanente. Essa dinâmica histórica imanente implica a lógica do desenvolvimento, além do controle consciente, a qual é baseada em uma contradição intrínseca do sistema. Na análise de Pollock, o mercado é a fonte de todas as não conscientes estruturas sociais de necessidade; ele constitui as bases das assim chamadas "leis do movimento" da formação social do capitalismo. Para Pollock, além disso, o planejamento macroeconômico implica um controle consciente não limitado por nenhuma lei econômica. Segue-se que a superação do mercado pelo Estado significa o fim de qualquer lógica histórica cega; o desenvolvimento histórico torna-se conscientemente regulado. Além disso, uma compreensão da contradição entre as forças e as relações de produção, em termos da crescente inadequação do mercado e da propriedade privada às condições da produção industrial desenvolvida, implica que um modo de distribuição baseado no planejamento e na efetiva abolição da propriedade privada *é* adequado àquelas condições; não mais existe uma contradição entre tais novas "relações de produção" e o modo de produção industrial. Tal compreensão implicitamente relega a noção de Marx do caráter contraditório do capitalismo ao período do capitalismo liberal. A noção de Pollock da primazia da política, assim, refere-se a uma sociedade antagônica, embora *não contraditória*, e que não possui uma dinâmica imanente que aponte na direção da possibilidade do socialismo como sua negação histórica.

A análise de Pollock revela os limites de uma crítica centrada no modo de distribuição. Em sua análise ideal-típica, a categoria marxista de valor (interpretada como uma categoria do mercado) havia sido suplantada no capitalismo de Estado, e a propriedade privada havia sido efetivamente extinta. O resultado não constituiu necessariamente a fundação de uma "boa sociedade". Ao contrário, esse resultado poderia conduzir e, de fato, conduziu a formas de maior opressão e tirania, que não poderiam mais ser abarcadas adequadamente pela categoria de valor. Além disso, de acordo com sua interpretação, a superação do mercado significou que o sistema de produção de mercadorias foi substituído pelo da produção de valores-de-uso. Entretanto, essa era uma condição insuficiente de emancipação. Para o valor e a mercadoria serem categorias críticas adequadas ao capitalismo, porém, elas deveriam abarcar o âmago dessa sociedade de tal modo que sua extinção constituísse a base social da liberdade. A análise de Pollock teve a consequência muito importante, pretendida ou não, de indicar que as categorias marxistas, quando compreendidas tradicionalmente, não apreendem adequadamente as bases da dominação no capitalismo. Ao invés de repensar a interpretação tradicional, entretanto, Pollock manteve essa interpretação e limitou implicitamente a validade das categorias de Marx ao capitalismo liberal.

Como resultado, a organização econômica básica do capitalismo de Estado e do socialismo é a mesma na abordagem de Pollock: planejamento central e extinção efetiva da propriedade privada sob as condições da produção industrial desenvolvida. Isso, entretanto, sugere que sua interpretação tradicional não abarca adequadamente as relações capitalistas de produção. O termo "relações de produção" refere-se ao que caracteriza o capitalismo enquanto capitalismo. Mostrei acima que o capitalismo – como capitalismo de Estado – poderia existir sem o mercado e a propriedade privada, de acordo com Pollock. Essas são, no entanto, suas duas características essenciais, na definição da teoria tradicional marxista. O que, na ausência daquelas "relações de produção", caracteriza como capitalista a nova configuração? A lógica da interpretação de Pollock deveria ter conduzido a uma reconsideração fundamental: se o mercado e a propriedade privada são, de fato, as relações de produção capitalistas, a forma pós-liberal ideal-típica não deveria ser considerada capitalista. Por outro lado, caracterizar a nova forma como capitalista, apesar da (presumida) extinção daquelas estruturas relacionais, implicitamente demanda um entendimento diferente das relações de produção essenciais ao capitalismo. Isto requer o questionamento da identificação do mercado e da propriedade privada com as relações essenciais de produção – mesmo para a fase do capitalismo liberal. Pollock, no entanto, não realizou essa reconsideração. Ao contrário, ele modificou a compreensão tradicional das relações de produção, limitando sua validade à fase liberal do capitalismo, e postulou sua superação por um modo político de distribuição. Disso surgiram problemas teóricos que apontaram para a necessidade de um reexame mais radical da teoria tradicional. Se alguém mantém que a formação social capitalista possui "relações de produção" sucessivamente diferentes, esse alguém necessariamente postula um núcleo dessa formação que não é totalmente apreendido por nenhuma daquelas relações. Isso indica, todavia, que as relações básicas de produção do capitalismo não foram adequadamente determinadas.

Não é, portanto, surpreendente que Pollock não tenha podido justificar adequadamente sua caracterização da sociedade pós-liberal como capitalista. Ele, de fato, falou da importância contínua dos interesses de lucro, mas tratou a categoria do lucro de forma indeterminada, como uma subespécie do poder (*SPSS* 9: 201, 205, 207). Seu tratamento do lucro enfatizava meramente o caráter político do capitalismo de Estado, sem maiores esclarecimentos de sua dimensão capitalista. O fundamento último para a caracterização da sociedade pós-liberal como capitalismo de Estado por Pollock é que esta permanece antagônica, ou seja, uma sociedade de classes (*SPSS* 9: 201, 219). O termo "capitalismo", entretanto, requer uma determinação mais específica do que aquela do antagonismo das classes, pois todas as formas de sociedade desenvolvidas historicamente foram antagônicas no sentido em que o excedente social é expropriado de seus produtores imediatos e não utilizado para o benefício de todos. A noção de capitalismo de Estado implica necessariamente que o que está sendo regulado politicamente é o capital; o que requer, consequentemente, um conceito de capital. Tais considerações, porém, estão ausentes do tratamento de Pollock. O que na análise de Pollock permanece essencial – o antagonismo de classes – é por demais historicamente indeterminado para ser usado na especificação da formação social capitalista. Essas fraquezas novamente indicam os limites do ponto de partida tradicional de Pollock: a localização das relações de produção apenas na esfera da distribuição.

V

Deve ficar claro que a crítica de Pollock, assim como a de Neumann, que permanece dentro da estrutura do marxismo tradicional, é inadequada. A crítica de Neumann reintroduziu uma dinâmica à análise, ao salientar que a competição do mercado e a propriedade privada não desaparecem ou perdem suas funções sob o capitalismo intervencionista de Estado. Em um nível menos imediatamente empírico, sua crítica pôs em questão se o capitalismo poderia alguma vez existir na ausência do mercado e da propriedade privada. Todavia, a crítica de Neumann evitou enfrentar os problemas fundamentais propostos por Pollock, no que diz respeito às conclusões do desenvolvimento do capitalismo concebido tradicionalmente. A questão é se a extinção do mercado e da propriedade privada é, de fato, uma condição suficiente para uma sociedade emancipada. A abordagem de Pollock, apesar de seu caráter cristalizado e de seu fundamento teórico frágil, indicava que uma interpretação das relações de produção e, consequentemente, do valor em relação à esfera de distribuição, não apreende suficientemente o âmago da dominação no capitalismo. Esta abordagem lhe permitiu incluir a União Soviética dentro da competência da crítica do capitalismo pós-liberal.[15] A abordagem de Pollock foi essencialmente adotada pela Teoria Crítica prevalecente, justamente por causa dessas implicações de longo alcance. O problema da abordagem de Pollock era que ela apontava para a necessidade de repensar fundamentalmente a crítica do capitalismo, mas não realizava esse repensar. Entretanto, criticar Pollock a partir da posição da interpretação tradicional não contribui para a questão, pois ignora os ganhos que as considerações de Pollock sobre o problema da configuração do capitalismo centrado no Estado no século XX representam.

Apesar das dificuldades associadas à abordagem ideal-típica de Pollock, ela tem o valor heurístico não intencional de revelar o caráter problemático das pressuposições do marxismo tradicional. Pode-se caracterizar a teoria, em termos muito gerais, como aquela que (1) identifica as relações de produção ca-

---

[15] Uma fraqueza do marxismo tradicional é que ele não pode fornecer a base para uma crítica adequada do "socialismo existente de fato".

pitalista com o mercado e a propriedade privada e (2) considera a contradição básica do capitalismo como aquela entre a produção industrial, por um lado, e o mercado e a propriedade privada por outro. Nessa estrutura, a produção industrial é entendida como um processo técnico, intrinsecamente independente do "capitalismo". A transição para o socialismo é considerada como uma transformação do modo de distribuição – mas não da produção. O marxismo tradicional, como uma teoria da produção, não vincula uma crítica da produção. Ao contrário, a produção serve como o padrão histórico da adequação do modo de distribuição, como o ponto de partida para sua crítica.

A teoria tardia de Marx acarretava a análise crítica do caráter historicamente específico do trabalho no capitalismo. A interpretação tradicional, no entanto, é baseada em um entendimento afirmativo trans-histórico do trabalho como uma atividade mediadora entre os seres humanos e a natureza – aquilo que Marx denominou criticamente "trabalho" – postulando-o como o princípio da constituição social e a fonte de riqueza de todas as sociedades.[16] Na estrutura dessa interpretação (que é mais próxima da economia política clássica do que da economia política crítica de Marx), a "teoria do valor do trabalho" de Marx é considerada a teoria que desmistifica a sociedade capitalista ao revelar o "trabalho" como a verdadeira fonte de riqueza social.[17] O "trabalho", entendido trans-historicamente, serve de base para a crítica da sociedade capitalista.

Quando o socialismo é concebido como um modo de distribuição adequado à produção industrial, essa adequação torna-se implicitamente a condição da liberdade humana geral. A emancipação, em outras palavras, é fundamentada no "trabalho". Ela é realizada em uma forma social na qual o "trabalho", liberado dos grilhões do "valor" (o mercado) e da "mais valia" (a propriedade

---

[16] Marx, *Theories of Surplus Value*, R. Simpson (trad.), Moscou: Progress Publishers, 1968, [v. II], p.164. Quando citado entre aspas, o termo "trabalho" refere-se a uma concepção, criticada por Marx, que de maneira trans-histórica ontologiza o papel singular do trabalho no capitalismo.

[17] Ver Dobb, *Political Economy and Capitalism*, p. 58; Martin Nicolaus, "Introduction" to Marx, *Grundrisse*, Harmondsworth: Penguin, 1973, p. 46; Paul Walton e Andrew Gamble, *From Alienation to Surplus Value*, London: Sheed & Ward, 1972, p. 179.

privada), emerge abertamente e torna-se independente como o princípio regulador da sociedade.[18] Essa noção, certamente, é inseparável daquela de revolução socialista como o "tornar-se independente" do proletariado.[19]

As limitações dessa estrutura tradicional tornam-se historicamente evidentes quando o mercado perde seu papel central como agência de distribuição. O exame da análise de Pollock revelou que qualquer tentativa, baseada no marxismo tradicional, de caracterizar como capitalista a ordem social politicamente resultante, permanece inconsistente ou subdeterminada. Ao indicar que a extinção do mercado e da propriedade privada é uma condição insuficiente para a emancipação humana, o tratamento de Pollock do capitalismo pós-liberal inadvertidamente mostrou que as categorias marxistas tradicionais são inadequadas enquanto categorias críticas da formação social capitalista. Além disso, a recusa de Pollock em considerar a nova configuração social simplesmente como aquela que ainda não é completamente socialista capacitou-o a compreender seus novos modos mais negativos de dominação política, social e cultural, sistemáticos ao invés de contingentes. Sua análise também revelou que a noção marxista de contradição como uma marca registrada da formação social capitalista não é idêntica à noção de antagonismo de classes. Enquanto uma forma social antagônica pode ser estática, a noção de contradição implica uma dinâmica intrínseca. Ao considerar o capitalismo de Estado como uma forma antagônica que não possui tal dinâmica, a abordagem de Pollock chama a atenção para a necessidade de localizar estruturalmente a contradição social de um modo que vai além das considerações de classe.

---

[18] Cf. Rudolf Hilferding, "Böhm-Baweks Marx Kritik", em *Die Marx-Kritik der österreichischen Schule der Nationalökonomie*, H. Meixner e M. Turban (ed.), Giessen: Verlag Andreas Achenbach, 1974, p. 143; Helmut Reichelt, *Zur logishen Struktur des Kapitalbegriffs bei Karl Marx*, Frankfurt am Main: Europäische Verlagsanstalt, 1970, p. 145.

[19] Deve-se notar como um paralelo que, enquanto para Marx o trabalho no capitalismo é o objeto da crítica à economia política, o marxismo tradicional o afirma do ponto de vista da crítica. Essa reversão não pode certamente ser explicada exegeticamente na medida em que é considerada historicamente, ou seja, que os escritos de Marx não foram interpretados corretamente na tradição marxista. Por esse mesmo motivo, uma explicação histórica teria também que delinear as condições de possibilidade da leitura traçada neste capítulo.

Uma consequência importante da abordagem de Pollock era que ela implicava uma reversão na avaliação teórica do trabalho. Mostrei que, para Pollock, o planejamento central na ausência efetiva de propriedade privada não é, em si e para si, emancipador, embora essa forma de distribuição seja adequada à produção industrial. Isso questiona a noção de que o "trabalho" seja a base da liberdade humana geral. Entretanto, o rompimento de Pollock com o marxismo tradicional não superou verdadeiramente suas suposições básicas no que diz respeito à natureza do trabalho no capitalismo. Ao contrário, ele reteve a noção trans-histórica de "trabalho", mas reverteu implicitamente a avaliação de seu papel. Segundo a análise de Pollock, a dialética histórica seguiu seu curso; o "trabalho" atingiu sua independência e a totalidade foi realizada. O fato de que o resultado foi tudo menos emancipador deve, portanto, ser fundado no caráter do "trabalho". Enquanto o "trabalho" havia sido considerado o *locus* da liberdade, ele agora passa implicitamente a ser considerado uma fonte de dominação.

VI

A reversão da posição acerca do "trabalho", indicada pela análise de Pollock da transformação qualitativa da sociedade capitalista, foi central para a subsequente associação, feita pela Teoria Crítica, do "trabalho" à racionalidade instrumental ou tecnológica e acarretou uma transformação reflexiva da crítica imanente no âmago da Teoria Crítica. As implicações mais amplas dessa transformação e de seus aspectos problemáticos tornam-se evidentes quando o desenvolvimento da concepção da Teoria Crítica de Max Horkheimer é examinado.

A transformação da Teoria Crítica tem sido caracterizada em termos da superação da crítica à economia política, substituída pela crítica à política, à ideologia e à razão instrumental. Essa mudança tem sido normalmente entendida como uma mudança de uma análise crítica da sociedade moderna, focada em apenas uma esfera da vida social, para uma abordagem mais ampla e profunda. No entanto, um exame da análise de Pollock sugere que essa avaliação deve ser modificada. Os teóricos da Escola de Frankfurt, desde o início, concebiam de forma inter-relacionada as dimensões da vida econômica, social, política, legal e cultural no capitalismo. Eles não tomavam a crítica da economia política de um modo econômico reducionista. O que mudou teoricamente, no período de 1939-1941, foi que a nova fase do capitalismo começou a ser entendida como uma totalidade social não contraditória. A natureza da subsequente crítica da ideologia e da razão instrumental, na Escola de Frankfurt, estava diretamente relacionada com esse entendimento do capitalismo pós-liberal.

Pode-se ver a relação entre a tese do capitalismo de Estado e a transformação da Teoria Crítica, ao comparar dois ensaios escritos por Horkheimer em 1937 e 1940. Em seu ensaio clássico de 1937, "Teoria Tradicional e Teoria Crítica", Horkheimer ainda baseava a Teoria Crítica no caráter contraditório da sociedade capitalista. No centro desse ensaio há a noção de que percepção e pensamento são modelados histórica e socialmente; ambos, sujeito e objeto, são socialmente constituídos (*CT* 201). Com base nisso, Horkheimer contrasta as teorias "tradicional" e "crítica", analisando Descartes como arquirrepresentante da primeira. A teoria tradicional, segundo Horkheimer, não percebe o caráter socialmente constituído e a historicidade de seu universo social e, portanto, não percebe a inter-relação intrínseca do sujeito e do objeto (*CT* 199, 204, 207). Ao contrário, ela assume a imutabilidade essencial da relação entre o sujeito, o objeto e a teoria. Consequentemente, ela não é capaz de pensar a unidade da teoria e da prática (*CT* 211, 231). De um modo semelhante à análise de Marx das várias formas de "fetichismo", Horkheimer busca explicar esse dualismo hipostasiado como uma possibilidade social e histórica, ao relacioná-lo às formas de aparência que velam a essência fundamental da sociedade capitalista (*CT* 194-195, 197, 204).

De acordo com Horkheimer, em seu âmago, a sociedade capitalista é uma totalidade social constituída pelo trabalho, que poderia ser racionalmente organizada. No entanto, a mediação do mercado e a dominação de classes baseadas na propriedade privada impõem uma forma fragmentada e irracional a essa sociedade (*CT* 201, 207, 217). Como resultado, a sociedade capitalista é caracterizada por uma necessidade mecânica cega e pelo uso das forças humanas para controlar a natureza, colocando-a a serviço de interesses particulares ao invés do bem comum (*CT* 229, 213). Embora o capitalismo tenha tido, em algum momento, aspectos emancipadores, ele agora gradativamente impede o desenvolvimento humano e conduz a humanidade em direção a uma nova barbárie (*CT* 212-213, 227). Existe uma forte contradição entre a totalidade social constituída pelo trabalho, por um lado, e o mercado e a propriedade privada, por outro.

Essa contradição, segundo Horkheimer, constitui a condição de possibilidade da Teoria Crítica, assim como do objeto de sua investigação. A Teoria Crítica não aceita os aspectos fragmentados da realidade como um dado, mas, antes, procura entender a sociedade como um todo. Isso necessariamente envolve compreender o que fragmenta a totalidade e impede sua realização como uma totalidade racional. A Teoria Crítica envolve uma análise imanente das contradições intrínsecas do capitalismo, para descobrir a discrepância crescente entre o que é e o que poderia ser (*CT* 207, 219). Assim, rejeita a aceitação do dado, tanto quanto da crítica utópica (*CT* 216). Produção social, razão e emancipação humana estão entrelaçadas e fornecem, no ensaio em questão, um ponto de vista de uma crítica histórica. Uma organização social racional a serviço de todos os seus membros é, de acordo com Horkheimer, uma possibilidade imanente do trabalho humano (*CT* 213, 217).

A crítica dialética imanente delineada por Horkheimer em "Teoria Tradicional e Teoria Crítica" é uma versão sofisticada e reflexiva do marxismo tradicional. As forças de produção são identificadas com o processo de trabalho social, que é impedido de realizar seu potencial pelo mercado e pela propriedade privada. Enquanto que, para Marx, a constituição da vida social no capitalismo é uma função do trabalho que media tanto as relações entre as pessoas quanto as relações entre as pessoas e a natureza, para Horkheimer, ela é uma função da segunda mediação apenas, isto é, do "trabalho". O ponto de vista de sua crítica de uma ordem existente em nome da razão e da justiça é fornecida pelo "trabalho" como constitutivo da totalidade. Assim, o objeto da crítica é aquilo que impede o livre surgimento dessa totalidade. Essa visão positiva do "trabalho" e da totalidade deu lugar, mais tarde, no pensamento de Horkheimer, a uma avaliação mais negativa, uma vez que ele considerava que as relações de produção haviam se adequado às forças de produção. Em ambos os casos, entretanto, ele concebeu o trabalho trans-historicamente, em termos da relação da humanidade para com a natureza, como "trabalho".

Horkheimer escreveu "Teoria Tradicional e Teoria Crítica" muito depois de o movimento nacional-socialista derrotar as organizações operárias. Todavia, ele continuou a analisar a formação social como essencialmente contraditória. Em outras palavras, a noção de contradição para Horkheimer referia-se a um nível estrutural mais profundo do que o do antagonismo imediato de classes. Assim, ele afirmava que, como um elemento de mudança social, a Teoria Crítica existe como parte de uma unidade dinâmica com a classe dominada, mas não é imediatamente idêntica aos sentimentos e visões comuns dessa classe (*CT* 214-215). A Teoria Crítica lida com o presente através de seu potencial imanente; não pode, portanto, ser fundamentada apenas no dado (*CT* 219, 220). Embora nos anos trinta Horkheimer fosse cético quanto à *probabilidade* da ocorrência de uma transformação socialista em um futuro possível, em sua análise, a *possibilidade* de tal transformação permanecia imanente a um presente capitalista contraditório.

Horkheimer sustentou de fato que o caráter modificado do capitalismo exigia mudanças nos *elementos* da Teoria Crítica, e chamou atenção para novas possibilidades de dominação social consciente, resultantes da crescente concentração e centralização do capital. Ele relacionou essa mudança a uma tendência histórica da esfera da cultura em perder sua posição prévia de relativa autonomia e tornar-se mais imediatamente envolvida na estrutura da dominação social (*CT* 234-237). Horkheimer assentou as fundações para um foco crítico sobre a dominação política, a manipulação ideológica e a indústria cultural. Entretanto, ele insistiu que a *base* da teoria continuava intocada na medida em que a estrutura econômica básica da sociedade não houvesse mudado (*CT* 234-235).

Nesse momento, a mudança do objeto de investigação da Teoria Crítica proposta por Horkheimer – a crescente ênfase na consciência da dominação e manipulação – estava atrelada à noção de que o mercado não desempenhava mais o mesmo papel que desempenhara no capitalismo liberal. Contudo, apesar da derrota das organizações operárias imposta pelo fascismo, Horkheimer ainda não expressara a visão de que a contradição entre as forças e as relações de produção havia sido superada. Sua crítica permanecia imanente e não era ainda fundamentalmente pessimista. Seu caráter mudou mais tarde, na sequência do irrompimento da Segunda Guerra Mundial, e foi relacionado à mudança de avaliação teórica expressa pela noção de Pollock da primazia da política.

Em "O Estado Autoritário" (1940), Horkheimer dirigiu-se à nova forma de capitalismo, que ele agora caracterizava como "capitalismo de Estado (...), o Estado autoritário do presente" (*EFS* 96; tradução corrigida). Sua análise era basicamente similar à de Pollock, embora Horkheimer se referisse mais explicitamente à União Soviética como a forma de capitalismo de Estado mais consistente (*EFS* 101-102). Segundo Horkheimer, todas as formas de capitalismo de Estado são repressivas, exploradoras e antagônicas. Embora elas não estejam sujeitas às crises econômicas, uma vez que o mercado tenha sido superado, elas são, entretanto, instáveis em última instância (*EFS* 97, 109-110).

Nesse ensaio, Horkheimer expressou uma atitude nova, profundamente ambígua, em relação às forças de produção. Por um lado, algumas passagens em "O Estado Autoritário" ainda descreviam as forças de produção, tradicionalmente interpretadas, como potencialmente emancipadoras. Por exemplo, Horkheimer argumentava que as forças de produção são conscientemente restritas por interesses de dominação, e alegava que o uso da produção dessa maneira, em vez de satisfazer as necessidades humanas, resultaria em uma crise política internacional atrelada à constante ameaça de guerra (*EFS* 102-103). Mesmo nessas passagens, porém, Horkheimer não tratava essa crise como a expressão da possível negação determinada do sistema, mas antes, como um perigoso resultado que *exige* sua negação (*EFS* 109-111). O abismo aqui delineado entre o que é e o que poderia ser, não fossem pelos grilhões sobre as forças de produção, salienta a natureza antagônica do sistema, mas não tem mais a forma de uma contradição intrínseca.

A tendência dominante do ensaio, além disso, é manter que não há contradição ou mesmo disjunção necessária entre o desenvolvimento das forças de produção (entendidas tradicionalmente) e a dominação política autoritária. As forças de produção, liberadas das restrições do mercado e da propriedade privada, não provaram ser fonte de liberdade e de uma ordem social racional (*EFS* 112). Ao contrário, Horkheimer, agora ceticamente, escreveu que, embora o desenvolvimento da produtividade *pudesse* ter aumentado a possibilidade de emancipação, certamente *conduziu* a uma maior repressão (*EFS* 106-107, 109, 112).

"O Estado Autoritário" marcou uma virada para uma teoria pessimista da história. Horkheimer agora mantinha que as leis do desenvolvimento histórico, dirigidas pela contradição entre as forças e as relações de produção, haviam apenas conduzido ao capitalismo de Estado (*EFS* 107). Ele, portanto, questionou radicalmente qualquer sublevação social baseada no desenvolvimento das forças de produção (*EFS* 106) e reelaborou a relação entre emancipação e história concedendo dois momentos à revolução social:

> A revolução realiza aquilo que também aconteceria sem espontaneidade: a socialização dos meios de produção, a administração planejada da produção e o controle ilimitado da natureza. E também realiza aquilo que jamais aconteceria sem resistência e sem esforços constantemente renovados para alcançar a liberdade: o *fim da exploração* (ibid.).

Aqui Horkheimer recaiu em uma posição caracterizada por uma antinomia entre necessidade e liberdade. Ele agora apresenta a história de forma determinista, como um desenvolvimento automático no qual o trabalho torna-se independente, mas não como fonte de emancipação. Ele trata a liberdade, por outro lado, de uma maneira puramente voluntarista, como um ato de vontade contra a história (*EFS* 107-108, 117).[20] Horkheimer agora assume que (1) as condições materiais de vida nas quais a liberdade para todos poderia ser plenamente alcançada são idênticas àquelas nas quais a dominação de todos é realizada; (2) aquelas condições emergem automaticamente; e (3) elas são essencialmente irrelevantes para a questão da liberdade (*EFS* 114). Não tendo fundamentalmente reconsiderado a interpretação marxista tradicional das categorias, Horkheimer não era mais capaz de considerar a liberdade como uma possibilidade histórica determinada, mas, ao contrário, tinha que considerá-la como histórica e socialmente indeterminada: "A Teoria Crítica (...) confronta a história com aquela possibilidade que é nela sempre visível" (*EFS* 106). A insistência de Horkheimer, de que um maior grau de liberdade sempre foi possível, não lhe permitiu uma consideração da relação entre vários contextos sócio-históricos, diferentes concepções de liberdade e o tipo (em vez de graus) de emancipação que pode ser alcançada dentro de um contexto particular. Sua noção da relação entre história e emancipação tornou-se indeterminada.

---

[20] Essa oposição antinômica da necessidade e liberdade históricas, enraizada na tese do capitalismo de Estado, é paralela àquela expressa por Walter Benjamin nas "Teses sobre a Filosofia da História" (*I* 253-264).

Ao conceber o capitalismo de Estado como uma forma na qual as contradições do capitalismo haviam sido superadas, Horkheimer acabou por perceber a inadequação do marxismo tradicional como uma teoria histórica da emancipação. No entanto, ele permaneceu muito preso a suas pressuposições para empreender uma reconsideração da crítica marxista do capitalismo que permitisse uma teoria histórica mais adequada. Essa posição teórica dicotômica, expressa pela oposição antinômica da emancipação e da história, minou a epistemologia inicial dialeticamente autorrefletida de Horkheimer. Se a emancipação não está mais baseada em uma contradição histórica determinada, uma teoria crítica com pretensão emancipadora também deve se articular fora da história. Mostrei que a teoria do conhecimento de Horkheimer, em 1937, assumia que a constituição social é uma função do "trabalho" que, no capitalismo, é fragmentada e impedida de se realizar completamente pelas relações de produção. Em 1940, entretanto, ele considerava que as contradições do capitalismo não eram mais do que o motor de um desenvolvimento repressivo, o que ele expressou categoricamente afirmando que "o automovimento do conceito de mercadoria conduz ao conceito de capitalismo de Estado, assim como para Hegel a certeza dos dados sensíveis conduz ao conhecimento absoluto" (*EFS* 108). Horkheimer então argumentava que uma dialética hegeliana, na qual as contradições das categorias conduziam à realização autorrevelada do sujeito como totalidade, poderia somente resultar na afirmação da ordem existente. Todavia, ele não reformulou as categorias e sua dialética de um modo que fosse além dos limites dessa ordem. Ao contrário, retendo o entendimento tradicional, Horkheimer inverteu sua posição inicial. O "trabalho" e a totalidade haviam previamente constituído o ponto de vista da crítica e a base da emancipação; eles agora se tornavam as bases da opressão e da dominação.

O resultado foi uma série de rupturas. Horkheimer não apenas localizou a emancipação fora da história, mas, para salvar sua possibilidade, agora introduziu uma disjunção entre conceito e objeto: "A identidade do ideal e da realidade é a exploração universal (...). A diferença entre o conceito e a realidade – não apenas do conceito – é o fundamento para a possibilidade da práxis revolucionária" (*EFS* 108-109). Esse passo tornou-se necessário pela conjunção da paixão contínua de Horkheimer pela emancipação humana geral com sua análise do capitalismo de Estado.

Como indicado acima, uma crítica social imanente deveria mostrar que seu objeto – seu contexto social – e, portanto, as categorias que abarcam este objeto, não são unidimensionais. A noção de que a contradição do capitalismo foi superada implica, no entanto, que o objeto social tornou-se unidimensional. Dentro de tal estrutura, o "deveria" não é mais um aspecto imanente de um "é" contraditório. Assim, o resultado de uma análise que abarca o que é seria necessariamente afirmativo. Horkheimer agora declara a diferença entre o conceito e a realidade para dar espaço a uma outra realidade possível, porque não mais considera o todo como intrinsecamente contraditório.

A posição de Horkheimer – de que a crítica não pode ser fundada sobre nenhum conceito (tal como "mercadoria") – necessariamente afirma a indeterminação como a base da crítica. De acordo com tal posição, uma vez que a totalidade não subsume o todo da vida, a possibilidade de emancipação, embora enfraquecida, não se extingue. No entanto, essa posição não aponta para a possibilidade de uma negação determinada da ordem social existente. Semelhantemente, ela não pode explicar-se reflexivamente por si mesma como uma possibilidade determinada e, assim, como uma Teoria Crítica adequada de seu universo social.[21]

A Teoria Crítica de Horkheimer poderia ter retido seu caráter reflexivo apenas se ela pudesse ter abarcado a relação afirmativa que ela postulava entre o conceito e seu objeto dentro de uma outra relação, um conjunto mais abrangente de categorias, que tivesse ainda permitido teoricamente a possibilidade imanente da crítica e da transformação histórica. Todavia, Horkheimer não empreendeu essa reconsideração. A disjunção do conceito e da realidade tornou sua posição semelhante àquela que ele havia criticado inicialmente na teoria tradicional: a teoria não é entendida como uma parte do universo social no qual ela existe, mas lhe é consentida uma posição espúria independente. O conceito de Horkheimer da disjunção entre conceito e realidade não pode explicar-se a si mesmo.

---

[21] Essa fraqueza da Teoria Crítica tardia é também característica do pensamento pós-estruturalista.

O dilema envolvido na virada pessimista de Horkheimer salienta retrospectivamente a fraqueza de sua epistemologia anterior, aparentemente consistente. Em "Teoria Tradicional e Teoria Crítica", a possibilidade da crítica fundamental, assim como a superação da formação capitalista, estava fundada no caráter contraditório dessa sociedade. Entretanto, essa contradição era interpretada como aquela entre o "trabalho" social e aquelas relações que fragmentam sua existência total e inibem seu desenvolvimento completo. De acordo com essa interpretação, as categorias marxistas tais como "valor" e "capital" expressam aquelas relações sociais inibidoras – o modo de distribuição; elas, em última instância, são extrínsecas ao próprio "trabalho". Isso significa que quando os conceitos de mercadoria e capital são compreendidos apenas como mercado e propriedade privada, eles não expressam realmente o caráter contraditório da totalidade social. Ao contrário, eles abarcam apenas uma dimensão dessa totalidade, as relações de distribuição, que com o tempo tornam-se opostas a sua outra dimensão, o "trabalho" social. As categorias, assim interpretadas, são desde o início essencialmente unidimensionais. Isso implica que, mesmo nos primeiros ensaios de Horkheimer, a crítica é externa às, em vez de baseada nas, categorias. Ela é uma crítica das formas sociais, expressa pelas categorias do ponto de vista do "trabalho". Uma vez que o "trabalho" não mais parece ser o princípio da emancipação, dados os resultados repressivos da extinção do mercado e da propriedade privada, a fraqueza prévia da teoria emerge abertamente como um dilema.

Apesar de seu caráter aparentemente dialético, então, a Teoria Crítica inicial de Horkheimer não foi bem-sucedida ao basear-se, como crítica, nos conceitos imanentes à sociedade capitalista. Ao discutir Pollock, mostrei que a fraqueza de sua tentativa de caracterizar a sociedade pós-liberal como capitalismo de Estado revela que a determinação das relações capitalistas de produção em termos de mercado e propriedade privada havia sido sempre inadequada. Da mesma maneira, a fraqueza da teoria social reflexiva de Horkheimer indica a inadequação da teoria crítica baseada na noção de "trabalho". O fato de Horkheimer ter se tornado consciente da inadequação dessa teoria sem reconsiderar seus pressupostos resultou em um retrocesso, ao invés de um avanço, da posição marxista tradicional anterior. Em 1937, Horkheimer ainda considerava o "trabalho" de forma positiva, como aquilo que, em contradição com as relações sociais do capitalismo, constitui o fundamento para a possibilidade do pensamento crítico, bem como da emancipação. Por volta de 1940, ele começa a considerar o desenvolvimento da produção como o progresso da dominação. Na *Dialética do Esclarecimento* (1944/1947) e no *Eclipse da razão* (1947) a avaliação de Horkheimer da relação entre produção e emancipação torna-se inequivocamente negativa: "O progresso do conforto técnico para o esclarecimento é acompanhado por um processo de desumanização" (*ER* VI). Ele alega que a natureza da dominação social havia mudado e se tornado, de forma crescente, uma função da razão instrumental ou tecnocrática, a qual ele fundamentou no "trabalho" (*ER* 21). E embora ele tenha afirmado que o declínio contemporâneo do indivíduo e do domínio da razão instrumental não devessem ser atribuídos às técnicas ou à produção enquanto tais, mas às formas de relações sociais nas quais elas ocorriam, sua noção de tais formas permaneceu vazia (*ER* 153). Ele tratou o desenvolvimento tecnológico de uma maneira histórica e socialmente indeterminada, como dominação da natureza. Assim, apesar da retratação de Horkheimer de que o domínio da razão instrumental e da destruição do indivíduo deveriam ser explicados em termos sociais e não atribuídos à produção enquanto tal, pode-se argumentar que ele, de fato, associou a razão instrumental ao "trabalho" (*ER* 21, 50, 102). Essa associação, implicada pela noção de Pollock da primazia da política, inverte uma posição marxista tradicional anterior. A versão otimista do marxismo tradicional e a versão pessimista da Teoria Crítica compartilham a mesma compreensão do trabalho enquanto "trabalho" no capitalismo.

O caráter pessimista da Teoria Crítica não deveria, então, ser entendido somente como uma resposta direta às transformações do capitalismo industrial do século XX. Ele também é uma função das assunções com base nas quais essas transformações foram interpretadas. Pollock e Horkheimer estavam conscientes das negativas consequências sociais, políticas e culturais da nova forma de sociedade moderna. O caráter burocrático e Estado-cêntrico do capitalismo pós-liberal e da União Soviética forneceu a "refutação prática", por assim dizer, do marxismo tradicional enquanto uma teoria da emancipação. Entretanto, porque Pollock e Horkheimer retiveram alguns pressupostos básicos da teoria tradicional, eles não foram capazes de responder a essa "refutação" com uma crítica mais fundamental e adequada do capitalismo. Em vez disso, eles desenvolveram uma concepção de uma totalidade social antagônica e repressiva que havia se tornado essencialmente não contraditória e que não possuía mais uma dinâmica imanente. Essa concepção questionava o papel emancipador tradicionalmente atribuído ao "trabalho" e à realização da totalidade, mas, em última instância, não ia além do horizonte da crítica tradicional marxista ao capitalismo.

Os limites da crítica ao marxismo tradicional empreendida por Pollock e Horkheimer tornaram-se mais evidentes nas décadas mais recentes, pela nova transformação histórica do capitalismo no começo dos anos setenta, que salientou radicalmente os limites das formas de Estado intervencionistas, ocidental e oriental. Esse processo histórico, que englobava a superação do regime de acumulação "fordista" de meados do século XX pelo capitalismo neoliberal global, pode ser visto, por sua vez, como um tipo de "refutação prática" da tese da primazia da política. O que mostra retrospectivamente que a análise da Teoria Crítica da maior transformação inicial do capitalismo era muito linear e não abarcava adequadamente o caráter dinâmico do capital; e claramente sugere que o capitalismo, de fato, permaneceu bidimensional.

Um avanço para além dos limites do marxismo tradicional teria exigido a recuperação do caráter contraditório das categorias marxistas, incorporando a forma historicamente determinada do trabalho como uma de suas dimensões. Tal reconceitualização, que difere fundamentalmente de qualquer abordagem que trata o "trabalho" trans-historicamente, permitiria uma crítica histórica que pudesse evitar os aspectos problemáticos da compreensão da sociedade pós-liberal, tanto do marxismo tradicional quanto da Teoria Crítica. De forma mais geral, permitiria uma crítica do capitalismo capaz de realizar a tarefa a que a Teoria Crítica se propôs – esclarecer criticamente a dinâmica histórica do nosso presente de um modo teoricamente reflexivo. O pessimismo crítico tão fortemente expresso na *Dialética do Esclarecimento* e no *Eclipse da Razão* revela uma consciência dos limites do marxismo tradicional, mas uma que não conduz à reconstituição fundamental da crítica dialética daquilo que permanece uma forma de vida social bidimensional.

8 A virada transcendental: O "pragmatismo kantiano" de Habermas

Kenneth Baynes

O "pragmatismo kantiano" de Habermas

A carreira filosófica de Habermas pode ser interpretada facilmente e de modo instrutivo como uma série de tentativas de apropriação das realizações da filosofia crítica de Kant, mas sem o compromisso com uma "filosofia do sujeito". Mesmo *Conhecimento e Interesse Humano* (1968), cuja tarefa é descrita como a continuação da epistemologia por outros meios (a teoria social, por exemplo) e que talvez tenha sido o trabalho mais filosoficamente distante em relação a Kant, começa com uma apreciação do empreendimento de Kant: "A crítica do conhecimento ainda era concebida em referência a um sistema de faculdades cognitivas que incluía a razão prática e o juízo reflexivo, bem como a própria crítica, ou seja, uma razão teórica que pode determinar dialeticamente não apenas seus limites mas também sua própria Ideia" (*KHI* 3). De modo semelhante, a concepção tardia de Habermas da filosofia como (em parte) uma "ciência reconstrutiva" que procura explicitar o saber-fazer pré-teórico de sujeitos de fala e de ação – expressa claramente no projeto de uma pragmática formal ou universal – compartilha muitas das características de outras tentativas contemporâneas inacabadas de desenvolver argumentos transcendentais (ou "quase-transcendentais") sem os ornamentos do idealismo transcendental.[1] Por fim, e talvez de modo mais

---

[1] Ver, por exemplo, as observações de Habermas em "Philosophy as Stand-in and Interpreter" e "Reconstruction and Interpretation in the Social Sciences" em MC, e seu breve comentário: "Todas as competências específicas de sujeitos capazes de fala e de ação são suscetíveis de uma reconstrução racional somente se, a saber, recorremos

evidente, o projeto de uma ética do discurso, esboçado pela primeira vez no início da década de 1980, foi explicitamente concebido como uma defesa de uma concepção kantiana da moralidade (por exemplo, os imperativos categóricos que nos obrigam unicamente em virtude de nossa capacidade para a ação racional) no interior do contexto da teoria da ação comunicativa de Habermas.[2]

Assim, não é nada surpreendente que, em alguns dos ensaios mais recentes de Habermas, Kant e os temas kantianos apareçam de modo ainda mais claro. De certo modo, Habermas descreve seu trabalho como uma forma de "pragmatismo kantiano", seguindo a sugestão, feita primeiramente por Tom McCarthy, de que as várias suposições idealizadas implícitas na ideia de ação comunicativa sejam consideradas análogas às "ideias" da razão, introduzidas por Kant na "Dialética transcendental" da *Crítica da razão pura*: as ideias de Kant da unidade do mundo, da alma e do "incondicionado" (ou Deus) corresponderiam, pois, às suposições, na obra de Habermas, de um mundo comum, de sujeitos responsáveis e de afirmações de validade que transcendem seus contextos.[3] Entretanto, esse "retorno a Kant" é surpreendente, uma vez que Habermas, em outros textos, critica fortemente Kant por sua confiança na filosofia do sujeito e, em particular, na "espontaneidade de uma subjetividade que é constituidora-do-mundo sem ser ainda ela mesma um mundo" (*PT* 142). Essa tensão levanta, no mínimo, a questão de até que ponto pode-

ao conhecimento prático no qual intuitivamente confiamos subjazem nas realizações produtivas tentadas-e-verdadeiras" [*tried-and-true*] (*PT* 14). Com efeito, essa estratégia de preservar os argumentos transcendentais sem o idealismo transcendental deve muito ao trabalho de P. F. Strawson. Ver *The Bounds of Sense*, London, Methuen, 1966.

[2] Ver Jürgen Habermas, "Discourse ethics: notes on a program of philosophical justification" e "Morality and Ethical Life: does Hegel's critique of Kant apply to discourse ethics?" em *MC*.

[3] Jürgen Habermas, "From Kant's 'Ideas' of Pure Reason to the 'Idealizing' Presuppositions of Communicative Action", em *Pluralism and the Pragmatic Turn: The Transformation of Critical Theory*, W. Rehg & J. Bohman (eds.), Cambridge, Mass.: MIT Press, 2001, p. 11-39. A descrição dessa obra como sendo uma forma de "pragmatismo kantiano" aparece no prefácio a *Kommunikatives Handeln und detranszendentalisierte Vernunft*. Stuttgart: Reclam, 2001, p. 5; e em seu "Reply", em M. Aboulafia (ed.), *Habermas and Pragmatism*, New York: Routledge, 2002, p. VI.

se seguir Kant sem também abraçar a filosofia do sujeito (ou da consciência). No que segue, proponho considerar Habermas em suas próprias palavras e examinar sua contribuição filosófica mais relevante: a explicação da ação comunicativa introduzida em *Consciência moral e agir comunicativo* e principalmente pressuposta em *Entre fatos e normas*. A interpretação deveria ajudar a situar Habermas em relação a algumas das figuras filosóficas contemporâneas com as quais ele se envolveu criticamente – Dieter Henrich, Richard Rorty, Robert Brandom e Hilary Putnam. Mais relevante, entretanto, será mostrar sua proximidade a alguns desenvolvimentos recentes na filosofia da ação, nos quais, creio, é possível discernir também um similar "retorno a Kant" (Donald Davidson, Christine Korsgaard e Brandom). Isso também ajudará a esclarecer, espero, algumas das características distintivas do próprio "pragmatismo kantiano" de Habermas.

Como um primeiro esboço, será útil uma interpretação em linhas bastante gerais do projeto de Kant do qual Habermas seria, em grande medida, simpatizante. Em primeiro lugar, a "crítica da razão" de Kant não é "fundacionalista", mas "coerentista" ou "construtivista".[4] Ou seja, Kant não tenta estabelecer a natureza e os limites de nossas capacidades cognitivas (a razão) por meio de uma forma de argumento dedutivo que recorra a certos axiomas ou princípios autoevidentes. Ao contrário, Kant procura defender a capacidade amplamente humana para a razão (teórica e prática) contra o "empirismo" (isto é, explicações claramente naturalistas que inevitavelmente conduziriam ao ceticismo) e o "dogmatismo" (isto é, explicações metafísicas que atribuem ao conhecimento um escopo muito maior do que aquele que Kant acreditava estar assegurado).[5] Seu projeto pode ser chamado "cons-

---

[4] Para uma defesa dessa leitura de Kant, ver Onora O'Neill's, *Constructions of reason*, Cambridge: Cambridge University Press, 1989 e "Vindicating Reason", em P. Guyer (ed.), *The Cambridge companion to Kant*, Cambridge: Cambridge University Press, 1992, p. 280-308.

[5] Sobre essa importante e influente interpretação do projeto de Kant, ver Dieter Henrich, "The concept of moral insight and Kant's doctrine of the 'Fact of Reason'", em *The unity of reason*, Cambridge, Mass.: Harvard University Press, 1994, p. 55-88, e John Rawls, "Some themes in Kant's moral philosophy", em E. Forster (ed.), *Kant's Transcendental Arguments*, Stanford: Stanford University Press, 1989, p. 81-113.

trutivista", no sentido de que procura estabelecer os princípios básicos e as "ideias" que a razão é mais ou menos obrigada a reconhecer em seus esforços para refletir criticamente acerca de seu próprio exercício. Esse projeto não assume, pois, a posição cética (humeana) de que nos falta uma capacidade para a razão (isto é, para uma razão que não seja meramente instrumental), e tampouco recorre, de modo a justificar suas pretensões, a algo além de nossa capacidade para a razão. Além disso, a "crítica da razão" de Kant concede uma certa primazia à razão prática em relação à razão teórica. No prefácio à segunda *Crítica*, Kant afirma que a liberdade é a "pedra fundamental" de todo o edifício da razão. O que é central para a explicação de Kant da razão humana é nossa capacidade para a liberdade ou, em suas palavras, para "estabelecer fins" – isto é, pensar e agir com base em considerações ("razões") que alguém pode reflexivamente endossar. Ainda que Kant eventualmente descreva essa capacidade como nossa "espontaneidade" e sugira que esta revela nossa participação em um mundo numenal, a ideia central, creio, é a ideia de que a liberdade, e consequentemente a razão, são conceitos irredutivelmente normativos. Assim, uma explicação adequada de nossa capacidade para a razão não pode ser dada em termos de ciências naturais (estas, com efeito, pressupõem o exercício da razão, entendida normativamente), e tampouco é necessário considerar essa capacidade como implicando qualquer noção mais metafisicamente obscura do que a de nossa capacidade para sermos "responsivos-a-razões". Ao contrário, o que se requer é mostrar como uma consideração normativa da ação (e, portanto, do raciocínio em geral) implica a presença de um "espaço lógico de razões" que, não importando o quanto sobrevenha ao mundo conhecido pelas ciências naturais, não pode, todavia, ser reduzido a este último.[6] Uma característica central dessa leitura normati-

---

[6] A noção de "espaço lógico de razões" é devida a Wilfred Sellars, "Empiricism and the Philosophy of Mind", em *Science, Perception and Reality*, Londres: Routledge & Kegan Paul, 1963, p. 127-196. Ela tem sido defendida mais recentemente por John McDowell, Robert Brandom e, pelo menos em algumas interpretações de seu monismo anômalo, por Donald Davidson. Para uma importante leitura compatibilista (e davidsoniana) anterior de Kant, ver Ralph Meerbote, "Kant on the Nondeterminate Character of Human Actions", em *Kant On Causality, Freedom and Objectivity*. Minneapolis: University of Minnesota Press, 1984, p. 138-163.

va (e, em última instância, "compatibilista") de Kant, creio, depende de uma interpretação de sua afirmação de que um agente, ao agir livremente, deve "incorporar" ou adotar um desejo como a máxima de sua ação ou, como tem sido recentemente expressado, o agente deve tratar o desejo como uma razão para a ação. Por fim, a doutrina de certo modo tardia de Kant sobre o "fato da razão", como outros têm mostrado, não precisa ser interpretada como uma tentativa desesperada para proteger o empreendimento crítico do colapso. Ao contrário, isso novamente mostra as raízes da crítica kantiana em uma concepção da ação prática e no exercício do entendimento humano comum.

A consideração de Habermas acerca do "pragmatismo kantiano" a ser aqui desenvolvida mostra uma grande afinidade com esse esboço do projeto crítico de Kant. Com efeito, uma das contribuições características da teoria da ação comunicativa é prover os contornos para uma concepção da ação (e da noção relacionada de incorporação) que ajuda a tornar essa concepção mais inteligível. De modo mais específico, de acordo com o modelo de Habermas, a normatividade não depende de uma noção voluntarista da capacidade de um agente para fornecer a si mesmo uma lei. Ao contrário, é no interior de práticas sociais de "reconhecimento recíproco", nas quais os indivíduos se atribuem mutuamente o estatuto de fornecedores-de-razão, que a noção de um agente como um "fornecedor-de-lei" (e, portanto, a fonte da normatividade) deve ser particularmente situada. Assim, em contraste com a filosofia do sujeito, não é a reflexão do agente sobre sua própria capacidade para o pensamento ou para "estabelecer fins" que, por assim dizer, o "transporta" para o espaço lógico das razões.[7] Antes, a prática social de fornecer razões (que "institui" o espaço lógico das razões) pressupõe (a fim de tornar inteligível essa prática como fornecedora-de-razões) que os agentes possuam

---

[7] Sobre um dos esforços mais ambiciosos para elaborar essa suposição da filosofia do sujeito, ver Dieter Henrich, "Fichte's original idea", em D. Christensen (ed.), *Contemporary German Philosophy*, University Park: Pennsylvania State University Press, 1982, [vol. I], p. 15-54, e "Self-Consciousness: an introduction", em *Man and World*, 4 (1971), p. 3-28; ver, também, "What is Metaphysics – What is Modernity? Twelve theses against Jürgen Habermas", em P. Dews (ed.), *Habermas: A Critical Reader*, Oxford: Blackwell, 1999, p. 281-319.

uma autoridade revogável, de primeira pessoa, com respeito a muitos de seus estados mentais. Essa prática social de fornecer razões também pressupõe a capacidade revogável para "estabelecer fins" ou, na terminologia de Habermas, assumir uma "posição de sim-ou-não" em relação às afirmações levantadas em suas declarações e ações (*PT* 43). A consideração de Habermas acerca da ação é, assim, por um lado, próxima à fórmula do "Reino dos Fins" do imperativo categórico de Kant. De modo mais direto, a interpretação da ação comunicativa aqui proposta também se assemelha, em vários aspectos, à explicação de Robert Brandom acerca da pragmática normativa. A ideia comum a ambos os projetos é a de que a ação racional é fundamentalmente um *status* normativo dependente de práticas sociais e das atitudes ostentadas por (ou atribuídas a) indivíduos no contexto dessas práticas: a capacidade para a incorporação, o "endosso reflexivo" ou o considerar como uma razão é uma função das práticas nas quais os atores já se encontram inseridos (e das quais, para eles, é praticamente impossível imaginarem prescindir).

A ação comunicativa e a postura deliberativa

Em *Consciência moral e agir comunicativo*, o conceito de ação comunicativa é introduzido no contexto de uma revisão histórica dos conceitos de ação no interior da teoria social (por exemplo, Weber, Durkheim, Marx, Talcott Parsons) e dos desafios apresentados por uma Teoria Crítica da sociedade. De acordo com a tipologia preferida de ação social de Habermas, a distinção básica é entre uma ação "orientada-ao-consentimento" (ou comunicativa) e uma ação "orientada-ao-êxito" (ou proposital-racional) (*TCA* I, 285). No interior da última classe, Habermas faz ainda uma distinção entre ação estratégica e ação instrumental. Ações instrumentais são intervenções orientadas-a-fins no mundo físico. Essas ações podem ser avaliadas do ponto de vista da eficiência e descritas como o seguir regras técnicas. A ação estratégica, por outro lado, é a ação que almeja influenciar os outros com o propósito de alcançar algum objetivo particular. Essa ação também pode ser avaliada em termos de sua eficiência e descrita com base no instrumental da teoria dos jogos e das teorias da escolha racional. Muitas ações instrumentais podem também ser estratégicas e alguns tipos de ação estratégica podem ser instrumentais. Entretanto, a ação comunicativa, de acordo com Habermas, constitui um tipo distinto de ação social. O objetivo ou o *telos* da ação comunicativa não é expresso ou realizado em uma tentativa de influenciar os outros, mas antes na tentativa de alcançar um acordo ou um entendimento mútuo *(Verständigung)* com um ou mais atores acerca de algo no mundo. Assim, enquanto toda a ação é teleológica ou orientada-a-fins em um sentido amplo, no caso da ação comunicativa, quaisquer objetivos adicionais que o agente possa ter estarão subordinados à meta de se alcançar uma definição mutuamente compartilhada da situação do agente por meio de um processo cooperativo de interpretação (*TCA* I, 76, 80, 101). Ao agirem comunicativamente, os indivíduos aceitam como válidas, de modo mais ou menos ingênuo, as várias afirmações suscitadas por suas declarações ou ações, e supõem mutuamente que cada um está preparado para fornecer razões para elas, caso a validade dessas afirmações seja questionada. Em um sentido um pouco mais técnico (e controverso) – mais diretamente ligado a estruturas especificamente modernas de racionalidade –, Habermas também sustenta que os indivíduos que agem comunicativamente almejam autorreflexivamente alcançar um entendimento sobre algo no mundo, relacionando suas interpretações a três tipos gerais de afirmações de validade, que são constitutivas de três tipos básicos de atos de fala: uma afirmação de verdade, suscitada em atos de fala constatativos; uma afirmação de correção normativa, suscitada em atos de fala regulativos; e uma afirmação de sinceridade, suscitada em atos de fala expressivos (*TCA* I, 319-320). Em vista do propósito deste capítulo, enfocarei a afirmação de correção normativa, ou aquilo a que, em *Entre fatos e normas*, Habermas então se refere como o "princípio do discurso (prático)": uma norma de ação será justificada somente se todos aqueles que são afetados como participantes de um discurso puderem concordar com ela (*FN* 107-109). A alegação central, como eu a entendo, não é a de que os atores sempre agem comunicativamente, ou de que sempre se poderia traçar uma distinção clara entre quando os indivíduos estão agindo comunicativamente e quando estão agindo estrategicamente, mas, antes, que para interpretar o comportamento como uma *ação* significativa ou racional, devemos assumir, pelo menos como uma posição inicial padrão, que os indivíduos geralmente agem de acordo com essas suposições idealizantes – e, de fato, que a totalidade de suas ações é inteligível somente como ação relativa a essas suposições idealizantes.

Creio que o que escapa facilmente a essa consideração da ação comunicativa é que ela equivale, essencialmente, a uma afirmação acerca das posições normativas que são atribuídas aos atores no contexto de certas práticas sociais – de modo particular, a prática da troca de razões. Declarações podem ser tomadas como uma troca de razões – e ações podem ser tomadas como ações realizadas *por* razões – somente se são percebidas como sendo emitidas por agentes ocupam uma posição normativa; de modo similar, os agentes ocupam a posição que ocupam como um resultado de atitudes que são adotadas em relação a eles (ou que eles adotam uns em relação aos outros). Em outras palavras, a afirmação concernente à existência e às pressuposições da ação comunicativa é essencialmente uma afirmação acerca do que significa para um agente situar-se no interior daquilo que Wilfred Sellars chamou de "espaço lógico das razões". As afirmações de validade identificadas por Habermas (junto com a ideia dos agentes como responsáveis) são, com efeito, regras constitutivas para a prática de fornecer razões – regras que o intérprete deve assumir a fim de interpretar a ação como racional. Mas deve-se assumir que os agentes também enxergam uns aos outros como agindo sob estas regras, na medida em que percebem a si próprios como agentes racionais, isto é, como capazes de fornecer e responder a razões.

As ideias adicionais de liberdade comunicativa e de razão comunicativa foram então introduzidas em conexão com essa noção de ação comunicativa. A liberdade comunicativa, como Habermas a define, refere-se à capacidade dos indivíduos de assumir uma posição de sim-ou-não (ou abster-se de assumir uma posição) em relação às afirmações suscitadas em contextos de interação social (*FN* 119). A questão de os indivíduos possuírem ou não essa liberdade não é simplesmente uma questão empírica. Ela se refere também a um *status* atribuído aos indivíduos a fim de tornar a racionalidade inteligível e, nesse sentido, é similar ao *status* relacionado da autoridade de primeira pessoa.[8] Do mesmo modo, a razão comunicativa, em contraposição à razão estratégica ou instrumental, refere-se de modo geral ao processo de

---

[8] Ver Richard Moran, "Interpretation Theory and the First Person", em *Philosophical Quarterly*, 44 (1994): p. 154-173, e Tyler Burge, "Reason and the First Person", em C. Wright et al. (ed.), *Knowing our own Minds*, Oxford: Clarendon Press, 1998, p. 243-270.

troca de considerações em apoio a uma ou mais das afirmações básicas de validade citadas (e das "capacidades subjetivas" que esse processo acarreta); entretanto, "razão" também denota primariamente um conjunto de práticas normativas.

Alguns autores têm sugerido que a ação comunicativa, com suas suposições idealizantes, é uma mera ficção, ou que tal coisa não existe. Como se poderia responder a isso? Certamente, não parece que tal questão possa ser resolvida empiricamente. A tese que eu gostaria de defender é a de que agir de acordo com essas (e possivelmente de acordo com outras) suposições idealizantes é uma condição da ação racional ou, para usar a terminologia de Jonathan Lear, uma condição de ser "intencionado" de todo. A afirmação, novamente, não é que todas as ações sejam realizadas de acordo com tais suposições, mas que, para entender os indivíduos como agindo por razões, estes devem ser interpretados de modo geral como agindo de acordo com essas suposições, assim como percebê-los como agentes é, com efeito, supor que estes se percebem mutuamente como agindo de acordo com essas suposições idealizantes. É necessário adotar o que chamarei de "postura deliberativa". A afirmação, então, é que, para se perceber os agentes enquanto "racionais" ou "intencionados", requer-se percebê-los a partir da postura deliberativa, de modo a percebê-los como agindo de acordo com as suposições idealizantes da ação comunicativa.

Como essa tese poderia ser sustentada? Uma estratégia – sugerida por Donald Davidson, Daniel Dennett e outros – consiste em identificar as assunções requeridas para as interpretações racionais e ver até onde conduzem. De acordo com essa abordagem, ser "intencionado" é (primeiramente) ser um sujeito a quem são atribuídos estados intencionais (convicções, desejos e outras pró-atitudes). Entretanto, holistas como Davidson e Dennett têm argumentado que ser "intencionado" requer mais que a imputação de crenças individuais e outros estados intencionais. Assim, é também necessário que os estados intencionais (e que as ações do agente) mantenham uma relação entre si de acordo com as várias normas ou princípios (por exemplo, uma norma de racionalidade ou uma norma de continência). Assume-se, ainda, um princípio de "autoridade de primeira pessoa": perceber um indivíduo como racional requer que esse sujeito esteja ciente (consciente) das crenças e desejos que racionalizam ou orientam sua ação. Assim, ser intencionado é ser percebido a partir da perspectiva de um modelo constituído por essas normas e princípios interpretativos. Mas será que esse modelo é algo que existe apenas no "olho do espectador", isto é, do intérprete? E tal modelo inclui também as suposições idealizadas da ação comunicativa?

No caso daquilo que Dennett chama de intencionalidade "simples", atribuímos crenças e desejos a outro agente e o interpretamos de acordo com certas normas de racionalidade. Meu cachorro empurra seu prato de comida com seu focinho porque ele *quer* sua refeição e *crê* que isso chamará minha atenção. Algumas vezes, entretanto, imputamos formas mais complexas de intencionalidade a outros sistemas igualmente intencionais: nós lhes atribuímos não apenas racionalidade, mas também a capacidade de enxergar os outros como sistemas igualmente intencionais – o que Brandom chama de "postura de marcação discursiva".[9] É possível ainda perceber outros sistemas intencionais não apenas como capazes de imputar intencionalidade (simples) a outros, mas também como capazes de agir a partir de (e de perceber os outros como capazes de agir a partir de) considerações ("razões") que esses outros podem reflexivamente endossar. Essa postura implica perceber os sistemas como significativamente "ativos", e não propriamente como passivos em relação a seus desejos. Eles são capazes de perguntar se têm razão para agir em relação aos desejos (mais básicos), quando essa questão é decidida não somente por um apelo a outros desejos, mas também por referência às normas e princípios que eles podem endossar.[10] Por fim, a partir da perspectiva da postura deliberativa, agentes, ou sistemas intencionais complexos, são percebidos (e percebem a si mesmos) como capazes de agir segundo razões que eles podem justificar a outros codeliberadores. Com efeito, creio que essa característica seja central para uma concepção construtivista da razão: algo pode contar, em última instância, como uma razão não em virtude de alguma propriedade que possua independentemente da prática de fornecer

---

[9] Robert Brandom, *Making it explicit*, Cambridge, Mass.: Harvard University Press, 1994, p. 628; ver também Daniel Dennett, *The Intentional Stance*, Cambridge, Mass.: MIT Press, 1987, p. 240 e ss.

[10] Ver Christine Korsgaard, *The Sources of Normativity*, Cambridge: Cambridge University Press, 1997.

razões (como em algumas formas de realismo moral), tampouco unicamente em virtude de seu endosso por parte de um agente, mas como um resultado de seu *status* no interior da prática normativa da troca de razões.

Tenho feito, até aqui, a limitada sugestão de que a postura deliberativa somente é requerida se pretendermos desenvolver interpretações racionais de um certo tipo (interpretações que enxergam os agentes como codeliberadores). Seria possível fornecer um argumento para mostrar que a postura deliberativa é requerida para qualquer interpretação racional? Além disso, seria possível fornecer um argumento para apoiar a alegação de que a postura deliberativa não está "apenas" no olho do observador? Ou, se está, por que não estaria de modo contingente – ou seja, por que deveríamos, não obstante, assumi-la? Creio que existem dois argumentos que poderiam ser propostos – ambos podem ser encontrados em várias passagens dos escritos de Habermas. O primeiro, chamarei de "argumento transcendental"; o segundo, em contraposição, recorre à impossibilidade *prática* de desconsiderar a "postura deliberativa".

Uma maneira pela qual a alegação de que "devemos" adotar a postura deliberativa (em relação a nós mesmos e aos outros) poderia ser defendida por meio de uma forma de argumento transcendental. A afirmação é a de que as idealizações que definem coletivamente a "postura deliberativa" são pressupostas por ("condições de possibilidade para a") ação, ou racionalidade prática, mesmo no sentido mais restrito de capacidade para agir com base em crenças e desejos. A estratégia do argumento é semelhante à tentativa de Kant, na *Fundamentação da metafísica dos costumes*, de mostrar que a razão prática pressupõe a liberdade. Aquilo a que Kant se refere como a "capacidade de estabelecer fins" deveria, então, equivaler à capacidade para agir de acordo com as idealizações da posição deliberativa (por exemplo, a partir de razões que poderiam ser justificadas em relação aos outros). Kant também argumentou, em conexão com sua "tese da reciprocidade", que a ação prática em geral também pressupõe a lei moral, mas trata-se de uma afirmação adicional que não precisa ser adotada aqui.[11]

---

[11] Ver H. Allison, *Kant's Theory of Freedom*, Cambridge: Cambridge University Press, 1990, p. 201-213. Habermas adota uma linha similar de argumentação em "Discourse Ethics".

O argumento transcendental começa com a afirmação de que, mesmo nos casos usuais de ação, algo mais é pressuposto do que a explicação de Dennett dos sistemas intencionais simples. Imputações de ação não envolvem somente a suposição de que a conduta do agente pode ser predita por meio das crenças e dos desejos a ele atribuídos, mas envolvem também outros quatro passos. Primeiro, deve-se assumir que o agente é apropriadamente sensível ou responsivo a razões – isso é crucial à percepção de que um agente não somente age de acordo com uma regra ou norma, mas também a partir de uma regra ou norma. Segundo, para se conceber um agente como sensível a razões é necessário, em um sentido relevante, concebê-lo como "ativo" e não meramente passivo em relação a seus desejos. Terceiro, a noção de um agente como "ativo" e não meramente passivo acarreta algo como a capacidade, por parte do agente, para a reflexão crítica, ou para o que Korsgaard chama de "endosso reflexivo" – a habilidade de colocar-se à parte de um desejo potencialmente motivador e perguntar se alguém o endossaria ou quereria tratá-lo como uma razão para a ação. Quarto, entende-se melhor a capacidade para o endosso reflexivo em conexão com a "sociabilidade da razão" – a ideia de que o endosso reflexivo não é um esforço solitário, mas algo que requer práticas sociais de justificação que incluem outros fornecedores-de-razões ou "codeliberadores". Um agente pode se identificar com (ou endossar reflexivamente) um desejo somente se ele o percebe como sendo possível de justificar (como apropriado) aos outros. A ação, ou o agir segundo razões, mesmo em seu sentido mais simples, deveria, então, pressupor a capacidade para agir de acordo com as idealizações mais fortes da postura deliberativa – embora obviamente isso não signifique que os agentes sempre agem em vista dessas idealizações.[12]

Uma segunda abordagem assume a forma, não de um argumento transcendental sobre as condições da ação, mas de um apelo àquilo que, dadas certas práticas sociais, é extremamente difícil (ou mesmo impossível) de se imaginar prescindir. Ela é semelhante a um argumento que pode ser

---

[12] Ver Habermas, "From Kant's 'Ideas' of Pure Reason", p. 25, em que ele faz referências às situações nas quais a comunicação falha e as suposições tornam-se "indiretamente revogáveis".

encontrado no influente ensaio de P. F. Strawson, "Freedom and Resentment" e que também mantém uma forte similaridade com a doutrina de Kant do "Fato da Razão".[13] De acordo com as interpretações usuais dessa doutrina, Kant abandona a tentativa de fornecer um argumento transcendental *a favor* da liberdade. Em vez disso, ele a trata, na segunda *Crítica*, como um "fato" ao qual se pode apelar para auxiliar a tornar explícito o que já é implicitamente conhecido na prática ou, nas palavras de Kant, o que já é conhecido pelo "entendimento humano comum". Assim, em vez de um argumento transcendental independente em favor da liberdade, a doutrina do "fato da razão" ajuda-nos a entender melhor (e resistir às objeções naturalistas ou céticas) o que, de um ponto de vista prático, já é familiar aos seres humanos comuns.

Habermas invoca, em várias passagens de seus escritos, ambos os tipos de argumento. Por exemplo, o argumento transcendental oferece a melhor maneira para se entender suas afirmações, em *Consciência moral e agir comunicativo*, de que a ação estratégica é parasítica em relação à ação comunicativa (*TCA* I, 292). Esse argumento pode também ser encontrado em sua mais recente resposta ao "etnocentrismo" contextualista de Richard Rorty, bem como em suas críticas à versão de Dieter Henrich de uma filosofia do sujeito que trata como básica a noção paradoxal de uma autoconsciência não reflexiva.[14] Ao mesmo tempo, o argumento mais "modesto", que apela para o que é (quase) inimaginável de um ponto de vista prático, é mais claramente visto em sua observação de que todos nós somos "crianças da modernidade", isto é, produtos de tradições históricas e portanto contingentes, as quais, não obstante, são praticamente inelutáveis para nós. Como Habermas afirmou recentemente: "A razão comunicativa, também, trata quase tudo como contingente, até mesmo as condições para

---

[13] Ver P. F. Strawson, "Freedom and Resentment", em G. Watson (ed.), *Free Will*, Oxford: Oxford University Press, 1982, p. 59-80.

[14] Sobre a resposta de Habermas a Rorty, ver "Richard Rorty's Pragmatic Turn", em M. Cook (ed.), *On the Pragmatics of Communication*, Cambridge, Mass.: MIT Press, 1998, p. 343-382. Sobre sua crítica a Henrich, ver particularmente "Metaphysics after Kant" (*PT* 23 e ss.).

a emergência de seu próprio meio linguístico. Mas para tudo que reclama validade *no interior* de formas de vida linguisticamente estruturadas, as estruturas do possível entendimento mútuo na linguagem constituem algo que não pode ser evitado" (*PT* 139-140). Com efeito, não é preciso que as duas considerações sejam mutuamente exclusivas. Pode ser que, embora o ceticismo ou aquilo que John McDowell chama de "naturalismo trivial" com respeito ao comportamento humano seja teoricamente possível, o perceber os outros (e nós mesmos) como "intencionados" esteja tão profundamente incrustado em uma vasta extensão de práticas, que abandoná-lo simplesmente não seja uma alternativa prática para nós. Se assim for, então as pressuposições idealizadas da ação comunicativa serão relativamente seguras, e o argumento transcendental a partir das condições da ação nos auxiliará a perceber o porquê.

Eu gostaria de considerar os adicionais terceiro e quarto passos do "argumento transcendental" apresentados acima, pois suspeito que estes sejam os mais controversos. Será que uma concepção de ação prática requer algo como a capacidade para o endosso reflexivo (passo 3)? E será que a capacidade para o endosso reflexivo acarreta a "sociabilidade da razão" (passo 4)? Tratar da primeira questão requer um breve exame das várias noções de reflexão crítica que têm recebido grande atenção na recente literatura sobre a ação. A segunda questão, em contraposição, nos conduz para mais próximo da contribuição característica de Habermas, ainda que se possa encontrar semelhanças nas leituras "neopragmatistas", por Brandom e outros, de Hegel. Trata-se do componente "pragmático" mais claro no "pragmatismo kantiano" de Habermas. Entretanto, antes de continuar, eu gostaria de mostrar a relevância dessas questões, indicando onde elas se encaixam na explicação habermasiana da ação comunicativa.

Endosso reflexivo e reconhecimento mútuo

Em *Consciência moral e agir comunicativo*, Habermas introduz o conceito do mundo-de-vida como um correlato a seu conceito de ação comunicativa. A ideia é, grosso modo, a de que a ação sempre ocorre no interior de um vasto nexo – o mundo-de-vida – de significados culturais, expectativas normativas e padrões de socialização individual.¹⁵ De acordo com Habermas, o mundo-de-vida é também "experienciado" de duas maneiras pelos agentes: como algo *por detrás* dos atores, que os apoia (e restringe), e como algo que os *confronta*, como um conflito ou um problema a ser resolvido. Nos termos de Habermas, ela é tanto um "recurso" que os agentes desdobram, quanto um "tópico" problematizado, de modo mais ou menos explícito, acerca do qual os agentes podem procurar alcançar um acordo uns com os outros. A ideia do mundo-de-vida como "recurso" (ou "pano de fundo") deveria ser relativamente familiar a partir das amplas discussões sobre a função do pano de fundo (e do holismo em geral) na literatura sobre atribuição de crenças. Aquilo que os indivíduos podem significar (e, desse modo, crer, desejar etc.) não depende unicamente deles, mas, de modo relevante, da ordem simbólica na qual vivem e agem. A ideia do mundo-de-vida como "tópico" é também, creio, relativamente familiar. Os indivíduos podem experimentar aspectos particulares do mundo-de-vida como problemáticos e, se eles decidirem, podem tomá-los como um problema a ser questionado, debatido e, pelo menos ocasionalmente, renegociado. Entretanto, o que é aqui particularmente relevante é a afirmação adicional de Habermas de que a relação do indivíduo para com o mundo-de-vida deveria ser percebida como um processo circular: "A ação, ou o domínio das situações, apresenta-se como um processo circular, no qual o ator é, ao mesmo tempo, o *iniciador* de suas ações responsáveis e o *produto* das tradições nas quais ele se encontra inserido, dos grupos solidários aos quais pertence, dos processos de socialização e aprendizado aos quais é exposto" (*TCA* II, 135).¹⁶ Essa referência a um "processo circular", embora instrutiva, deve ser interpretada com cuidado, uma vez que não fica claro como os indi-

---

¹⁵ Como essa tripla caracterização sugere, o mundo-de-vida, para Habermas, não é constituído unicamente de sistemas culturais (incluindo a linguagem), mas inclui também ordens normativas e estruturas de personalidade (motivações). Assim, em contraposição ao "idealismo linguístico" que Habermas atribui, por exemplo, a Gadamer, o mundo-de-vida não diz respeito apenas ao "significado", mas também a ordens normativas e recursos motivacionais. Essa tripla caracterização levanta algumas questões importantes que não podem ser tratadas aqui.

¹⁶ Ver também Jürgen Habermas, "Remarks on Communicative Action", em G. Seebass & R. Tuomela (eds.), *Social Action*, New York: Reidel, 1985, p. 167.

víduos podem ser agentes no caso de serem construídos como "produtos" de um processo. Ao mesmo tempo, precisamos de uma caracterização mais precisa do que significa ser um "iniciador" de suas próprias ações, ainda que isso não deva ser entendido de um modo excessivamente voluntarista. Habermas faz, assim, a importante observação de que, nesse processo circular, a reprodução do mundo-de-vida "não é meramente determinada *através* do meio da ação comunicativa, mas assenta-se *sobre* as realizações interpretativas dos próprios atores" (*TCA* II, 145; *PD* 342; *FN* 324). É nesse momento que a ideia de liberdade comunicativa (como um caso particular de endosso reflexivo) é introduzida. A noção de uma "realização interpretativa" recorre à concepção de que os atores podem adotar ativamente uma posição de sim-ou-não em relação às várias afirmações de validade suscitadas na fala e na ação. Na medida em que o mundo-de-vida serve como um "recurso" que supre o agente com *razões* potenciais para a ação, as várias considerações ou motivações que ele provê devem, em algum sentido apropriado, ser tomadas e *tratadas* como uma razão pelo agente. Caso contrário, perderemos nosso domínio sobre um sentido apropriado no qual é possível ser um agente ("iniciador") de suas ações. A explicação da liberdade comunicativa em *Consciência moral e agir comunicativo* – a capacidade para assumir uma posição de sim-ou-não em relação a afirmações – é, então, oferecida como uma explicação plausível da ação, capaz de evitar, por um lado, o custo de um indivíduo "demasiadamente socializado" ou "culturalmente narcotizado" e, por outro, uma noção demasiadamente intelectualizada ou "voluntarista" de deliberação e de escolha. As considerações, enquanto razões potenciais para a ação, são elementos encontrados no interior (ou construídos a partir) do mundo-de-vida do indivíduo (incluindo seu "mundo interior" de necessidades e desejos).[17] Entretanto, se essas considerações podem se tornar *razões* para a ação depende da posição "sim-ou-não" que os atores assumem ou adotam acerca dessas considerações.

Especificar as condições apropriadas da ação – declarar quando uma ação é, em sentido relevante, do "próprio agente" – constitui um tópico que

---

[17] Essa última afirmação, com efeito, vincula-se à posição "hermenêutica" de Habermas em relação à psicanálise, já proposta em *KHI*. Para Habermas, "nossa natureza baseada-na-necessidade [*Bedurfnisnatur*] é comunicativamente estruturada" (*CES* 93).

tem recebido grande atenção na literatura recente sobre a teoria da ação. Novas interpretações da doutrina de Kant da "incorporação", por Henry Allison e Onora O'Neill, as explicações da "identificação" inspiradas pelo trabalho de Harry Frankfurt e a noção de "endosso reflexivo" de Christine Korsgaard representam importantes propostas. Um desafio central para cada uma dessas posições é evitar, por um lado, um modelo excessivamente voluntarista que se arrisca a conceber a "decisão de tratar como uma razão" como um ato isolado, mais ou menos removido do vasto conjunto motivacional do agente, e, por outro lado, evitar um regresso contínuo a endossos de "ordem superior" que é arbitrariamente quebrado em algum momento. O segundo perigo é especialmente proeminente nas explicações hierárquicas da vontade, tal como a de Harry Frankfurt, enquanto o primeiro é um desafio particular ao modelo kantiano da "incorporação" ou do "endosso refletivo".[18]

A resposta de Harry Frankfurt às críticas iniciais fornece, na melhor das hipóteses, uma resposta confusa a esse segundo desafio. A fim de conduzir a possibilidade de regresso a uma suspensão, a identificação de ordem superior do agente com seu desejo de ordem inferior deve ser "sincera", e o agente deve estar adequadamente "satisfeito" com sua decisão.[19] Esta última deve "ressoar" ao longo de toda a estrutura motivacional do agente e ser uma condição que, após reflexão, o agente não tenha interesse algum em alterar. Todavia, a discussão de Harry Frankfurt acerca dessas noções sofre de uma ambiguidade que ameaça arruinar seu objetivo de fornecer uma explicação de quando os desejos motivadores são genuinamente os do próprio agente. Por um lado, a "sinceridade" sugere a ideia de uma *decisão* resoluta. A identificação com desejos motivacionais de ordem inferior equivale a endossá-los de uma maneira que põe fim à necessidade de endossos de ordem superior, uma vez que o agente (mesmo após a reflexão) não vê razão alguma para mudança. Assim, a própria decisão "estabelece uma restrição por meio da qual outras preferências e de-

---

[18] Para uma explicação da noção kantiana de "incorporação" e de alguns problemas associados, ver particularmente Henry Allison, "Autonony and Spontaneity in Kant's Conception of the Self", em *Idealism and Freedom*, Cambridge: Cambridge University Press, 1996, p. 129-142.

[19] Ver particularmente Harry Frankfurt, "The Faintest Passion", em *Proceedings of the American Philosophical Association*, 66 (1992): p. 5-16.

cisões devem ser guiadas", e a identificação com estas torna-as "impositivas" para o eu.[20] Por outro lado, entretanto, Harry Frankfurt também afirma que a questão de o agente estar satisfeito no sentido apropriado – se o endosso é tal que o agente possa ou não viver com ele –, isso, em grande parte, não depende dele: "Nós não somos personagens fictícios que têm autores soberanos; nem somos deuses, que podem ser autores de algo mais que a ficção. (...) Somente podemos ser o que a natureza e a vida nos fazem, mas isso não depende assim tão prontamente de nós".[21] Por mais acurado que possa ser como uma descrição de como muitos de nós experimentamos algumas vezes o mundo, isso parece arruinar qualquer tentativa para especificar as condições sob as quais um desejo poderia ser genuina ou autenticamente do próprio agente. Na melhor das hipóteses, isso conduz à conclusão, de certo modo paradoxal, de que a questão de um desejo pertencer ao próprio agente tem pouco a ver com seu "eu" reflexivo "ativo". Com efeito, Harry Frankfurt parece ter se tornado mais convencido dessa última posição em suas observações mais recentes.[22] O que está particularmente ausente nessa explicação é como as várias considerações de ordem superior (incluindo princípios, normas e estratégias políticas) servem para estruturar o "eu" reflexivo.[23] Harry Frankfurt adota uma concepção basicamente humeana, na qual o que um agente tem razão para fazer (e o que pode ser uma razão para ele) é determinado fundamentalmente pelos desejos contingentes no interior de seu conjunto motivacional, sobre o qual o agente parece ter pouco controle.

Korsgaard, em contraposição, desenvolve a ideia kantiana de "incorporação" e tenta defendê-la contra a acusação de voluntarismo. O perigo dessa

---

[20] Harry Frankfurt, "Wholeheartedness and Identification", em *The Importance of What We Care About*, Cambridge: Cambridge University Press, 1988, p. 45.

[21] H. Frankfurt, "Faintest Passion", p. 10.

[22] Ver particularmente a resposta de Harry Frankfurt aos ensaios de Bratman, Scanlon e Herman em S. Buss & L. Overton (eds.), *Contours of Agency*, Cambridge, Mass.: MIT Press, 2002.

[23] Esse ponto é sutilmente desenvolvido por Michael Bratman, "Hierarchy, circularity and double reduction", em ibid., p. 65-85; ver também seu "Identification, Decision, and Treating as a Reason", em *Faces of Intention*, Cambridge: Cambridge University Press, 1999, p. 185-206.

posição, reiterando, é conceber o agente como potencialmente capaz de incorporar a uma máxima para a ação qualquer desejo que ele tenha, tornando-o responsável, assim, por tudo o que lhe sucede fazer. Com efeito, parece não existir critério algum disponível para se distinguir entre os desejos que ocorrem para motivar o agente e aquelas razões que são genuinamente suas. Na interpretação de Korsgaard, entretanto, o "endosso reflexivo" (incorporação) não é um evento isolado, separado do que ela chama de "identidade prática" do agente. Aquilo que um agente é capaz de endossar é moldado (e restringido) por essa autoconcepção prática, e ainda que, de acordo com o ponto de vista de Harry Frankfurt, essas concepções não dependam simplesmente de nós, elas são "constitutivas" do eu, e não simplesmente fatores externos ao eu. Além disso, aquilo que um agente pode endossar não é simplesmente fixado por desejos de ordem superior, embora ainda contingentes. Incluídos no interior da identidade prática de um indivíduo estão também normas, princípios e estratégias políticas, e aquilo que o agente pode reflexivamente endossar é parcialmente estabelecido pelas normas constitutivas dessa identidade prática. Isso distingue a posição de Korsgaard da posição de Harry Frankfurt de que o "eu" (ou sua identidade prática) não inclui simplesmente uma ordenação de desejos com os quais o agente está "satisfeito" em algum sentido – o que Charles Taylor chama um "eu rarefeito" –, mas um eu mais "densamente constituído", cuja identidade é (pelo menos em parte) estruturada por normas, princípios e estratégias políticas implícitas a uma identidade prática.[24] Por fim, aquilo que um agente pode reflexivamente endossar, em um outro sentido, não depende simplesmente dele: tratar um desejo como uma "razão" é conceder-lhe um tipo de generalidade tal que, se qualquer agente semelhantemente situado refletisse, este encontraria também uma razão a qual poderia endossar. Dessa maneira, Korsgaard também tenta realçar o caráter público ou "compartilhável" das razões para a ação.[25] Assim, para uma consideração ser, de modo apropriado, do próprio agente, ela deve ser

---

[24] Charles Taylor, "Self-Interpreting Animals", em *Philosophical Papers*, Cambridge: Cambridge University Press, 1985, [Vol. I.], p. 45-76.

[25] Para uma favorável discussão, embora crítica, acerca dessa posição, ver meu "Practical Reason, the 'Space of Reasons', and Public Reason", em Rehg & Bohman (eds.), *Pluralism and the Pragmatic Turn*, p. 53-85.

tal que o agente poderia e deveria endossá-la, em reflexão, como emergindo a partir de sua identidade prática, e para ser uma "razão" para o agente, ela deve, de modo apropriado, ser também uma razão que seja pública ou que possa ser compartilhada. Embora estas sejam ambas restrições em relação ao que pode ser uma razão genuína para um agente, e embora elas não sejam, em certo sentido, simplesmente dependentes do agente, essas restrições, em contraposição à formulação de Harry Frankfurt, não enfraquecem uma explicação que procura esclarecer em que circunstâncias uma razão pode contar, em um sentido relevante, como genuinamente própria do agente.

Para retornar agora ao passo 4, precisamos examinar as ideias de endosso reflexivo e de identidade prática, e sua conexão com a noção de sociabilidade da razão. Dois pontos são especialmente relevantes. Primeiro, ter uma autoconcepção prática é (no mínimo, e entre outras coisas) possuir diversos compromissos e direitos. Assim, ter uma concepção prática do próprio "eu" como um professor, um pai ou um amigo é assumir os vários direitos e obrigações relacionados a esses papéis. Em um sentido importante, portanto, o "conteúdo" (compromissos e direitos) da autoconcepção prática de alguém não depende do agente que o possui; ao contrário, depende do entendimento de uma comunidade mais ampla, da qual o agente é um membro.[26] Segundo, endossar reflexivamente um desejo como uma razão é, como mostrei, reconhecê-lo como emergindo a partir da identidade prática do agente. Entretanto, "reconhecer" um compromisso ou direito, tratá-lo como uma razão (ao justificá-lo), pressupõe também que o agente esteja situado no espaço das razões e seja visto, portanto, como um fornecedor-de-razões. Com efeito, o fato de que um desejo particular possa contar como uma razão – e, consequentemente, que você possa reconhecê-lo como uma razão – depende novamente dos compromissos e direitos mais específicos que o agente adquiriu no interior do "espaço das razões" ou, como expressa Brandom, no interior do jogo de marcação deontológica.

---

[26] Essa alegação, com efeito, é devedora da tese do "contexto-amplo" ou do externalismo semântico. Para uma discussão bastante proveitosa, ver Cynthia MacDonald, "Norms and Externalism", em A. O'Hear (ed.), *Current Issues in the Philosophy of Mind*, Royal Institute of Philosophy Supplement, n. 43, Cambridge: Cambridge University Press, 1998, p. 273-302.

É importante não confundir aqui duas características dessa prática social. Por um lado, uma norma importante da própria prática de fornecer razões é um princípio de autoridade de primeira pessoa. Assim, o fato de o agente admitir um desejo particular como uma razão é, *prima facie*, uma razão, ainda que capaz de ser anulada, para considerá-lo uma razão para sua ação. Com efeito, a atribuição de autoridade de primeira pessoa é uma suposição fundamental da prática de fornecer razões. Por outro lado, como tenho sustentado, não depende exclusivamente do agente se um desejo pode (objetivamente) ser tratado como uma razão por esse agente: isso depende também do conteúdo (socialmente definido) de sua identidade prática e de seu *status* socialmente reconhecido como um fornecedor-de-razões. Isso sugere a possibilidade de que um agente possa tratar (equivocadamente) como uma razão algo que (dada sua identidade prática) não pode ser uma razão para ele – ou seja, não é uma consideração que o agente poderia justificar a outros (àqueles a que convém) –, bem como a possibilidade de que o agente não possa (em qualquer ocasião particular) reconhecer algo que é (objetivamente) uma razão para ele.[27] Todavia, mesmo nesses casos, a alegação é a de que quando um agente "endossa reflexivamente" um desejo ou o trata como uma razão, ele está se comprometendo a ser capaz de justificar (a outros, enquanto destinatários apropriados) os compromissos e direitos (o conteúdo do desejo) que ele reconhece. Agir segundo uma razão requer, em suma, conceber o agente a partir da posição deliberativa.

Passo a resumir as afirmações desta seção. Perceber um agente como agindo segundo razões requer atribuir-lhe a capacidade de ser responsivo a razões. Essa capacidade é melhor interpretada como a capacidade para assumir uma posição de sim-ou-não acerca das pretensões de validade suscitadas na fala e na ação. Uma interpretação adequada dessa capacidade (o que Korsgaard chama "endosso reflexivo") requer reconhecer igualmente a "sociabilidade da razão" e, no interior da prática de fornecer razões, o princípio de autoridade de primeira pessoa. Uma

---

[27] Uma importante tensão ou ambiguidade é ainda preservada nesse esboço entre o que um agente *poderia* endossar e o que ele, baseado na reflexão, *endossaria*. As duas coisas nem sempre coincidem: a primeira, dado o conteúdo da identidade prática do agente, depende de o desejo *poder* ser reflexivamente endossado pelo agente. A condição *adicional* para que o agente seja responsável, para que a ação seja "sua", é que o agente, baseado na reflexão, seja *propenso* a endossá-la.

pessoa pode agir segundo razões – e, assim, ser percebida como responsável – somente de acordo com as suposições idealizantes da ação comunicativa (por exemplo, assume-se que ela é capaz de fornecer razões que justifiquem suas ações).

Interpretações racionais, normatividade e a não eliminabilidade da "perspectiva de segunda pessoa"

A explicação até aqui esboçada associa estreitamente a teoria de Habermas da ação comunicativa à ideia de interpretações racionais, ou de explicações racionais, encontrada, por exemplo, em Davidson e em Dennett. Assim como eles, ela pergunta o que deve ser suposto para que a interpretação seja possível. Ela amplia aquelas explicações ao sugerir que, para interpretar as ações dos outros como racionais, devemos também adotar uma "postura deliberativa" em relação a esses outros: devemos perceber os outros como movendo-se também no interior do "espaço lógico de razões" e agindo de acordo com as suposições idealizantes da ação comunicativa, inclusive a obrigação de fornecer razões justificadoras para sua conduta.

Contudo, poder-se-ia objetar que essa consideração do objetivo de Habermas é muito limitada. Habermas não está somente interessado na questão (de outro modo legítima) de como as interpretações racionais são possíveis, mas também no objetivo mais ambicioso de desenvolver uma base mais profunda para as características normativas exigidas por uma teoria crítica da sociedade, dado que, como ele outrora afirmara, "a consciência burguesa tornou-se cínica" (*CES* 97). Essa objeção é certamente correta. Todavia, o argumento acerca do que é igualmente pressuposto nas interpretações racionais dispõe a base para o objetivo mais ambicioso. Não pretendo completar aqui todos os passos relevantes, mas gostaria de mencionar algumas diferenças em relação a outras abordagens acerca da questão das interpretações racionais, a fim de pelo menos indicar a direção que tal conclusão poderia tomar. Essas diferenças também mostram como Habermas permanece mais próximo da concepção kantiana de razão esboçada anteriormente. Tanto a "primazia da razão prática" como a não-eliminabilidade do participante, ou da perspectiva de segunda pessoa, são centrais a essas diferenças.

Primeiro, em relação à concepção mais estreitamente associada a Davidson e a Dennett, o momento do desenvolvimento de interpretações racionais poderia ser descrito como primariamente teórico. Seu objetivo é produzir predições razoavelmente acuradas acerca de como os outros se comportarão e, assim, "explicar" sua ação. Esse objetivo é certamente importante. Todavia, o interesse de Habermas pelas interpretações racionais – e pela razão de modo geral – não é primariamente teórico. Seu objetivo, creio, é prático e está no mínimo igualmente preocupado com questões de deliberação tais como "O que eu deveria fazer?" ou "Quem eu deveria ser?". Ao perceber os outros a partir da postura deliberativa – percebendo-os como sistemas intencionais complexos –, nós os percebemos (assim como a nós mesmos) como interessados em questões tais como "Qual é a coisa correta a fazer?" ou "Que tipo de pessoa quero ser?". Assim, em suma, a "decisão" de adotar uma postura deliberativa é prática, e adotar a postura deliberativa é perceber os outros (assim como a nós mesmos) como tendo um interesse fundamental por essas questões práticas.

Segundo, e talvez o ponto mais importante, a explicação de Habermas da ação comunicativa possui consequências importantes para uma análise da origem da normatividade – uma explicação que, entendida de modo mais adequado, pode ser vista como "construtivista" ou kantiana. De acordo com Habermas, adotar a postura deliberativa é perceber a conduta de outros (assim como a nossa própria) como orientada por normas. Nessa concepção, as normas estão incorporadas nas práticas e as práticas são refletidas nas atitudes relevantes dos atores sociais. Ao perceber os outros a partir da postura deliberativa, nós os tratamos como orientados por normas e também como instituindo normas, eles próprios, por meio das atitudes que adotam entre si. Em outras palavras, percebendo-os não somente a partir da "postura intencional" (como sistemas intencionais simples), mas também a partir da "postura deliberativa" (como marcadores discursivos complexos), nós não somente enxergamos suas práticas como normativas, mas também as enxergamos como instituídas pelas atitudes que os próprios atores assumem entre si (aos olhos do observador "duplamente afastado", pode-se dizer). Entretanto – e isso alcança o cerne da abordagem de Habermas –, isso significa que devemos perceber a nós mesmos como "participantes virtuais" das práticas que consideramos a partir da postura deliberativa. Ou seja, nós os enxergamos como fornecedores-de-razões cujas razões devem nos convencer e (novamente, pelo menos virtualmente) como designando, em resposta, as razões para nossas interpretações.[28] Em outras palavras, a adoção da postura deliberativa é, na visão de Habermas, inevitavelmente uma perspectiva de segunda pessoa, e essa perspectiva de segunda pessoa, ou de participante, é importante para sua explicação da normatividade, uma vez que as normas são instituídas por meio das atitudes (dos participantes) – tanto aquelas do intérprete como aquelas dos atores (interpretados).

A questão de a normatividade requerer ou não uma perspectiva de segunda pessoa ou de participante – ou seja, atitudes que envolvem especificamente certas expectativas interpessoais – emerge explicitamente em um recente debate entre Habermas e Brandom.[29] O debate é particularmente relevante dado o aparente acordo profundo entre seus respectivos projetos. Assim como Habermas, Brandom também situa a origem da normatividade nas atitudes adotadas por atores no contexto das práticas sociais: "É uma afirmação fundamental de *Making it Explicit* que os fatos normativos do tipo a que se faz apelo quando se pretende tornar explícitas as características definidoras da prática discursiva – aquelas que dizem respeito aos *compromissos* e *direitos* – deveriam ser entendidos como *socialmente instituídos*. Isto é, separados de nossas atitudes de marcação, de atribuir e reconhecer tais estatutos deônticos, não existem tais estatutos e, consequentemente, nenhum fato normativo correspondente sobre eles".[30] Todavia, em sua resenha do li-

---

[28] Gostaria de acrescentar que acredito que isso seja algo como uma "posição padrão" em adotar a postura deliberativa. É claro que, dada a adição de muitas outras informações empíricas – ou seja, acerca de qual conhecimento estava disponível a eles na ocasião, e assim por diante –, não pensamos que as razões que eles poderiam fornecer seriam razões que nos convenceriam. Não obstante, ao enxergarmos os outros, a partir da postura deliberativa, como fornecedores-de-razões, devemos partir dessa posição padrão. Isso não somente é verdadeiro, creio, a respeito da interpretação de "outras culturas", mas, igualmente, da interpretação de nós mesmos – embora aqui os tipos de considerações que poderiam nos tirar da posição padrão sejam diferentes.

[29] Ver Jürgen Habermas, "From Kant to Hegel: On Robert Brandom's Pragmatic Philosophy of Language", em *European Journal of Philosophy*, 8 (2000): p. 322-355, e Robert Brandom, "Facts, Norms and Normative Facts: A Reply to Habermas", em ibid., p. 356-374.

[30] Brandom, "Facts, Norms and Normative Facts", p. 365.

vro de Brandom, Habermas sugere que a explicação de Brandom cai em um "individualismo metodológico" e, consequentemente, fracassa em atribuir a devida justiça ao papel de segunda pessoa. De modo mais específico, Habermas alega que, "em um exame mais cauteloso [da posição de Brandom], torna-se evidente que o ato de atribuição, que é de fundamental importância para a prática discursiva, não é realmente efetuado por uma *segunda* pessoa". Ao contrário, as atitudes que instituem a normatividade – fundamentalmente, assumir ou tratar o outro como um marcador de discurso ou tratar o outro como aquele que assume um compromisso – são, segundo Brandom, atitudes *atribuídas* a outro a partir de uma perspectiva de "terceira pessoa" – isto é, a partir da perspectiva de alguém que não é considerado como um participante naquelas práticas. Em sua resposta, Brandom aceita essa caracterização de sua posição e sugere que ela reflete uma importante motivação, a saber: explicar a normatividade intrínseca à intencionalidade (por exemplo, "ela *deve* ir porque prometeu") sem pressupô-la de antemão, ou seja, como ele mesmo afirma, seu objetivo é "fazer a sopa intencional a partir de ossos não intencionais".[31] A fraqueza da explicação de Habermas da ação comunicativa, de acordo com Brandom, é que ela pressupõe a normatividade intrínseca à intencionalidade, em vez de explicá-la. Ao agir comunicativamente, os atores estão preparados ou "intencionados" a cumprir suas alegações e "esperam" que os outros forneçam razões para as alegações que fazem. Na concepção de Brandom, essas atitudes de segunda pessoa são intencionais em caráter e devem, por conseguinte, ser evitadas em uma explicação da intencionalidade.

Duas questões, pelo menos, podem ser levantadas em relação a esse debate. A explicação das atitudes de segunda pessoa, central para a ação comunicativa, pressupõe a intencionalidade? É possível explicar a normatividade (intencional) a partir de uma normatividade conceitualmente anterior (não-intencional), que Brandom identifica com as atitudes de *terceira pessoa* de tratar os outros como marcadores (assumindo aqui que tratar como um marcador é exatamente atribuir um conjunto mais complexo de direitos e compromissos aos atores interpretados)? Distinguir essas duas questões expõe

---

[31] Ibid., p. 364.

também uma motivação diferente por detrás dos dois projetos. Habermas não está interessado primariamente em explicar como "a sopa intencional pode ser feita a partir de ossos não intencionais". Ele está interessado, mais propriamente, em mostrar como os recursos (normativos) para coordenar a ação social podem ser derivados das suposições pragmáticas do "entendimento mútuo" ou da ação comunicativa (e, se o argumento que esbocei aqui é correto, mostrar – de um modo aproximadamente kantiano – como aquelas suposições idealizadas devem ser pressupostas na medida em que tratamos os outros como "agindo segundo razões"). Com efeito, também é verdade que, em oposição à "filosofia do sujeito", Habermas está interessado em desenvolver uma explicação da ação (e do significado) que não trate um modelo particular de intencionalidade – a direcionalidade intrínseca dos estados mentais privados – como um ponto de partida fundamental para desenvolver uma explicação da normatividade, mas que em vez disso comece com o reconhecimento "intersubjetivo" (por meio da atribuição mútua, a meu ver) do mesmo e do outro como "fornecedores-de-razões". Mas essa prática social – na qual o mesmo e o outro são, por assim dizer, cossituados – não é ainda equivalente ao projeto esboçado por Brandom em sua resposta. Ou seja, pode ser que Brandom esteja correto quanto ao fato de que a atitude de "segunda pessoa" identificada por Habermas assume (em vez de explicar) a intencionalidade (e sua normatividade distintiva).

Por outro lado, pode-se também perguntar, ao atribuir *status* normativo aos outros, se a perspectiva de terceira pessoa de Brandom seria realmente capaz de evitar a perspectiva de segunda pessoa descrita por Habermas. Brandom descreve a perspectiva como aquela na qual o intérprete *atribui* (mas não *reconhece*) uma série de compromissos e direitos ao outro.[32] Todavia, seria possível para um intérprete atribuir um compromisso ao outro sem que ele próprio tenha alguma compreensão acerca do que seja um compromisso (ou direito) ou sem que ele tenha alguma ideia do que seja assumir ou reconhecer ele mesmo um compromisso? Se não (como parece provável), então essa descrição da perspectiva de "terceira pessoa" como sendo a de atribuir, porém não reconhecer, um compromisso não representa uma alternativa genuína

---

[32] Ibid., p. 367.

à noção habermasiana de um participante virtual. Tratar o outro como um marcador discursivo equivale a tratá-lo como um "fornecedor-de-razões" que está (pelo menos virtualmente) no interior do mesmo espaço lógico de razões que o intérprete, isto é, sujeito aos mesmos tipos de compromissos que este último deveria, ele mesmo, reconhecer (e não somente atribuir ao outro). Brandom poderia responder que a questão de o intérprete de terceira pessoa ser ele mesmo um marcador discursivo que reconhece (bem como atribui) atitudes de marcador é, por si mesma, uma questão que somente pode ser respondida a partir da perspectiva de ainda outro marcador, de ordem superior, que atribui as atitudes relevantes ao intérprete de ordem inferior. Mas isso certamente abriria uma insatisfatória regressão de atribuições.

Uma segunda resposta insinuada por Brandom – que sugere uma possível reconciliação entre os dois projetos – pode ser encontrada em algumas observações de um ensaio recente no qual ele adota uma posição mais ecumênica em relação ao estudo da intencionalidade.[33] Brandom novamente distingue entre a normatividade específica à intencionalidade (o que ele espera explicar) e uma concepção anterior de normatividade instituída pelo saber-fazer prático (e atitudes correspondentes), relativa a normas de decoro, compromissos, direitos, etc. A ideia, como Brandom resume seu projeto, é explicar a intencionalidade com referência a esse saber-fazer prático (normativo).[34] Essa descrição do projeto rejeita tentativas reducionistas mais ambiciosas de explicar o normativo com base no não normativo – o intencional com base no natural –, mas retém a ambição de "fazer a sopa intencional a partir de ossos não intencionais". Entretanto, embora esse "saber-fazer prático" não seja intencional, ele poderia ser, não obstante, "participatório" ou de "segunda pessoa" – e, com efeito, isso parece provável. Uma compreensão prática (não semanticamente explícita) do que é apropriado em uma situação, ou daquilo que alguém está comprometido ou autorizado a fazer ou a dizer, pareceria depender de expectativas práticas em relação às respostas de outros, que emergem no curso das interações sociais. Tal compreensão

---

[33] Robert Brandom, "Modality, Normativity, and Intentionality", em *Philosophy and Phenomenological Research*, 63 (2001): p. 587-609.

[34] Brandom, "Facts, Norms and Normative Facts", p. 364.

envolve atitudes que tratam os outros não simplesmente como objetos, mas, pelo menos em algum sentido primitivo, como parceiros em interação. De fato, em uma explicação admitidamente especulativa, Habermas propôs, em *Consciência moral e agir comunicativo*, uma reconstrução genética da noção de Mead de "assumir a posição do outro" justamente nesses termos (ver *TCA* II, 8 e ss.).[35] A estratégia de Brandom poderia então ser preservada, à medida que a intencionalidade fosse explicada a partir do saber-fazer (agora também de segunda pessoa) requerido para a adoção da postura de marcação de discurso em relação aos outros (e a si mesmo).

Para concluir, argumentei que nosso interesse em desenvolver interpretações racionais – ou explicações racionais – não é uma tarefa exclusivamente (ou mesmo primariamente) teórica. Primeiro, à medida que nos percebemos como deliberadores, como preocupados com quem somos e com o que devemos fazer, nosso interesse em interpretações racionais é també m prático. Além disso, interpretamos, também nesse sentido, as ações de outros como práticas. Segundo, a explicação das interpretações racionais – e a alegação de que ela envolve suposições idealizantes – é relevante para a questão mais extensa acerca da origem ou da fonte da normatividade. Habermas, assim como Brandom, localiza a normatividade nas atitudes qu e supomos que os atores assumem entre si – não existe normatividade separada dos estatutos instituídos por meio dessas atitudes. Para Habermas, essas atitudes são, de modo considerável e irredutível, de segunda pessoa, no sentido de que adotar a postura deliberativa é tratar os outros como "coparticipantes" no "espaço das razões". Ao adotar a postura deliberativa, percebemos os outros pelo menos como participantes virtuais da troca de razões, as quais deveriam também nos convencer. Assim interpretada, a postura deliberativa – e, de modo geral, a explicação de Habermas da açã o comunicativa – pode ser considerada como uma versão "pragmática" da afirmação de Kant de que, na medida em que percebemos a nós mesmos como capazes de agir segundo razões, deveríamos perceber a nós mesmos como agindo de acordo com a ideia de liberdade.

[35] Também precisaríamos distinguir, então, entre a perspectiva de segunda pessoa, ou de participante, dos atores que compartilham discursos (e intencionalidades) proposicionalmente diferenciadas e a perspectiva de segunda pessoa, ou de participante, associada a um estágio conceitualmente mais primitivo de "interações simbolicamente mediadas".

9 A política da Teoria Crítica

Simone Chambers

Tem sido um lugar comum, há muito tempo, salientar que a Teoria Crítica de Horkheimer e Adorno não contém política.¹ Isso é comumente entendido em três sentidos. O primeiro é que os teóricos críticos dessa época se recusam explicitamente a engajarem-se em partidos políticos, a expressar opiniões sobre acontecimentos atuais, a propor agendas para reformas ou mesmo a falar de modo específico sobre instituições políticas. O segundo sentido no qual a primeira Teoria Crítica não contém política é que sua crítica converge mais e mais para um domínio da cultura e da estética separado da política. Para alguns, isso leva simplesmente à abstração, enquanto que para outros, à irrelevância.² Por último, e de modo mais significativo, a primeira Teoria Crítica não contém política porque seu diagnóstico da história é de tal modo pessimista que torna qualquer ação política, ou qualquer tentativa de romper a lógica da razão instrumental, fútil. Assim, à questão "o que se deve fazer?", Horkheimer e Adorno parecem responder: "nada!".³

Contemporâneos de Horkheimer e Adorno, tais como Marcuse, bem como pensadores ulteriores, como Habermas e Honneth, tentaram compensar o déficit político da *Dialética do Esclarecimento*. Não obstante essas

---

[1] Martin Jay, *The Dialectical Imagination: A History of the Frankfurt School and the Social Institute of Social Research, 1923-1950*, Boston: Little/Brown, 1973; ver também Joan Always, *Critical Theory and Political Possibilities: Conceptions of Emancipatory Politics in the Works of Horkheimer, Adorno, Marcuse, and Habermas*, Westport, Conn.: Greenwood Press, 1995.

[2] Leszek Kolakowski, *Main Currents of Marxism: 3. The Breakdown*, trad. de P. S. Falla, Oxford: Oxford University Press, 1978. p. 376.

[3] Helmut Dubiel, *Theory and politics: studies in the development of Critical Theory*, trad. de Benjamin Gregg, Cambridge, Mass.: MIT Press, 1985.

tentativas, a acusação de debilidade ou inexistência de política persiste até hoje. Uma avaliação dessas acusações sugere, entretanto, que existem muitas concepções concorrentes de política envolvidas aqui. Neste capítulo, procuro ordenar e desemaranhar os vários modos em que as credenciais políticas da Teoria Crítica têm sido colocadas em questão. Entretanto, a narrativa parece sempre trazer de volta a famosa questão: "o que se deve fazer?". Isso não é surpresa alguma, pois a Teoria Crítica originou-se na convicção de que a teoria social deveria abarcar o normativo e perseguir fins morais. Assim, para cada avaliação de um "é", a Teoria Crítica sugere um "deve". Mas a Teoria Crítica não tem sido feliz em sugerir como obter, a partir do "que é", o que "deve ser".

A política do retratamento engajado

Não deveríamos descartar precipitadamente os primeiros teóricos críticos por não terem nada a dizer sobre política. Por um lado, eles continuaram a escrever mesmo durante suas fases mais pessimistas. Alguém poderia ainda perguntar o que eles pensavam que estavam *fazendo* quando procuravam uma teoria social crítica. Por outro lado, a relação entre a primeira Teoria Crítica e a política é complicada em razão de sua própria tentativa de forjar uma nova relação entre teoria e prática. Essa nova relação é nada menos que uma nova definição de política, e desse modo, a acusação inicial deve ser posta em questão.

A redefinição de política alcança uma de suas primeiras articulações no ensaio "Teoria Tradicional e Teoria Crítica". Para Horkheimer, a teoria tradicional abrange muitas escolas divergentes de pensamento, do idealismo e da fenomenologia até o positivismo e o pragmatismo. De acordo com Horkheimer, todas essas abordagens teóricas cometem o erro fatal de separar a questão sob discussão do processo de formação de conhecimento. Para idealistas e fenomenólogos, isso significa que o fenômeno social é externo ao pensador. O filósofo confia unicamente na razão, independentemente da experiência, para produzir leis e princípios, que são então "levados" à realidade. Os positivistas representam o reverso do problema. Os fenômenos sociais são, outra vez, vistos como externos ao observador. Os "fatos brutos" da realidade são vistos como contendo tudo o que é necessário para produzir uma teoria, e a razão e o entendimento são simplesmente procedimentos neutros: moinhos para a moenda dos dados.

Embora o idealismo e a fenomenologia estejam sob ataque, o alvo real de Horkheimer é a ciência social positivista. O saldo final do problemático entendimento da relação entre razão e realidade é uma ciência (1) que somente pode classificar e sistematizar fatos brutos, (2) que considera erroneamente que os fatos brutos são os fundamentos transparentes, independentes e autoevidentes da ciência objetiva, e, por fim, essencialmente, (3) que nunca pode ir além do dado. A ciência social positivista não pode estabelecer fins por si mesma. Tudo o que ela pode fazer é reproduzir fins e objetivos existentes, pré-fornecidos pela presente estrutura social. Desse modo, ela é cúmplice da (e algumas vezes central para a) estabilidade das estruturas sociais existentes. Não obstante as pretensões à neutralidade, o positivismo tem efeitos normativos – ele "faz" algo no mundo. Essa crítica ao positivismo é uma tentativa de mostrar que a ciência e o conhecimento são políticos de um modo análogo àquele em que as feministas lembram que o individual é político. Pretender isolar um domínio privado ou livre de valores não é somente incorreto, mas a insistência de que existe uma região livre de valores é, ela mesma, um movimento carregado de valor, que possui uma implicação no mundo político.

Frente a esse diagnóstico, a Teoria Crítica pretende fazer duas coisas. Em primeiro lugar, mostrar a relação interna entre conhecimento e experiência. Os fatos são construídos socialmente, tanto no modo como os percebemos e também por direito próprio, isto é, na medida em que os fatos sociais não são acontecimentos naturais, mas produtos da atividade humana. Em segundo – uma tarefa mais complicada que a Teoria Crítica colocou para si mesma –, utilizar a interconexão entre conhecimento e experiência para ultrapassar o dado e projetar fins e metas normativos. Desse modo, a Teoria Crítica é vista como política no sentido de abarcar a inevitável natureza política de toda teoria e procurar apontar em direção a fins racionalmente escolhidos. É essa segunda tarefa que parece ser impedida pela própria análise que a Teoria Crítica faz das contradições da modernidade.

A Teoria Crítica tem uma agenda normativa. Seu interesse declarado é a emancipação da humanidade em relação à injustiça. O que justifica esse interesse particular em detrimento de algum outro? Horkheimer sustenta que esse interesse é o produto da aplicação da dialética negativa às contradições da realidade social. Duas contradições básicas ancoram os fins normativos da Teoria Crítica na realidade, de modo que ela não possa ser acusada de idealismo (de derivar fins normativos a partir da arbitrariedade do pensamento puro) e ainda assim não ser oprimida e tolhida pelas condições existentes (como o é o positivismo). A primeira contradição manifesta-se no nível da economia política e da ideologia, enquanto a segunda aponta para um nível mais profundo, que envolve o confronto entre a razão humana e a natureza. As contradições da economia política envolvem a confrontação entre as metas professadas da revolução econômica burguesa e o que tal revolução se tornou. A intenção da Teoria Crítica "é a transformação de conceitos que dominam a economia em seus opostos: relações econômicas justas em injustiça social, uma economia livre em controle do monopólio, trabalho produtivo em relações rígidas que impedem a produção, a proteção da vida da sociedade em pauperização das populações" (*CT* 247). Pode-se identificar, inúmeras vezes, a inversão de valores liberais em seus opostos. No centro dessa dialética negativa encontra-se o indivíduo, cuja liberdade, uma vez exaltada e apostatada pelos liberais, retrai-se e encolhe-se, sob as forças da mercantilização, a nada, até "o indivíduo não ter mais qualquer ideia de si mesmo" (*CT* 237). Desse modo, a crítica gera uma nova compreensão do objeto a partir de um contexto histórico. Supõe-se, então, que esse novo entendimento possa abrir a possibilidade para uma mudança radical. Mas essa mudança ainda é somente articulada no negativo. A Teoria Crítica não propõe programas positivos para a mudança: "a teoria verdadeira é mais crítica do que afirmativa" (*CT* 242). Identificando contradições, podemos nos afastar delas ou podemos tentar minorar a contradição. Persegue-se o caminho da mínima contradição. Mas a dialética negativa, ela mesma, solapa a possibilidade de existir tal caminho.

Como o diagnóstico de Horkheimer e Adorno da contradição começou a tomar proporções cada vez maiores e mais extensas, tornou-se cada vez mais difícil imaginar alguém romper a lógica da dominação.[4] A própria ação parecia emaranhar o ator em dialéticas negativas além de seu controle.

---

[4] O enunciado clássico sobre isso se encontra na *Dialética do Esclarecimento* de Horkheimer e Adorno.

Entrar no mundo da ação é entrar em um mundo saturado pela mercantilização e plenamente reificado; é seqüestrar as ações de alguém por meio do poder dominador da administração. A sociedade completamente administrada "abraça aqueles em guerra com ela, coordenando suas consciências com sua própria consciência" (*MM* 206). Assim, não parece simplesmente que Horkheimer e Adorno não tenham política alguma no sentido de que eles estavam pouco dispostos a recomendar planos de ação; eles também parecem negar a possibilidade mesma da ação política autônoma. Toda a ação *no* mundo é imediatamente contaminada *pelo* mundo.

E no que diz respeito à teoria? E a ideia de que a teoria *faz* alguma coisa no mundo, que ela é política em si e por si mesma? Apesar de seu pessimismo, Horkheimer e Adorno continuaram a teorizar. Um dos modos de entender seu compromisso permanente com a teoria é sugerir que eles substituíram a questão "o que se deve fazer?" com uma muito mais antiga: "como alguém deve viver sua própria vida?". Isso não deve ser entendido como análogo à retirada em direção à interioridade da filosofia helenística. Horkheimer é bastante claro, embora ele tenha escolhido a filosofia em detrimento à ação: "as filosofias que olham exclusivamente para um processo interior, em vista de eventual libertação, acabam em ideologias vazias (...). A concentração helenística sobre a pura interioridade permitiu à sociedade tornar-se uma selva de interesses de poder destrutivos de todas as condições materiais que são necessárias para a proteção do princípio de interioridade" (*ER* 184). Horkheimer argumenta, entretanto, que a filosofia deveria afastar-se do trabalho de dirigir a ação. Entre a pura interioridade e a ação encontra-se a reforma da teoria. Esclarecer o pensamento e corrigir o erro e a confusão no interior da teoria eram as tarefas estabelecidas pela Teoria Crítica. Assim, como Sócrates no *Górgias*, vemos um envolvimento da verdade com o *demos* e, ainda, como Sócrates, entende-se isso como fundamentalmente político.[5]

Sócrates alega que ele é "um dos poucos atenienses (para não dizer o único) que procurou a verdadeira arte da política", apesar do fato de que ele

---

[5] Para a tensão entre verdade e política democrática, ver o diálogo entre Sócrates e Cálicles no *Górgias*, 481a-522b e, de modo especial, 481b-482a.

evitou, sempre que podia, cargos públicos e a política democrática.[6] A preocupação para com a comunidade, ou a verdadeira arte da política, procura a verdade e o aperfeiçoamento das almas por meio da interrogação socrática. De um modo similar, Horkheimer e Adorno pensam que a retidão pessoal e a crítica moral, baseadas em qual verdade pode ser apreendida sob as condições do capitalismo tardio, são as únicas políticas autênticas disponíveis a eles, isto é, o único modo de se preocupar com a comunidade. Horkheimer e Adorno estavam comprometidos com um empreendimento socrático de mal-humorada censura e repreensão moral. Do movimento estudantil à musica contemporânea, tudo caiu sob seu olhar crítico e obstinado. Assim, à questão "como devo viver minha vida?", eles não respondem, como os epicuristas diante de um mundo inconstante e cruel, "eu viverei minha vida numa contemplação tranquila do bem e das coisas serenas desse mundo". Em vez disso, eles respondem como Sócrates: "ensinando a vida justa" (*MM* 15), mesmo àqueles que não desejam aprender. Sua plataforma política poderia ser chamada de *retraimento engajado*. Embora a política como *paideia* tenha uma longa e respeitada tradição, ela não é propriamente satisfatória para aqueles que almejam uma resposta mais concreta à questão "o que se deve fazer?".

A GRANDE RECUSA

Herbert Marcuse é uma figura ambígua e curiosa nessa história. De um lado, boa parte de seus escritos mais conhecidos, em particular, *Ideologia da sociedade industrial – O homem unidimensional*, cai na categoria do retraimento engajado. De outro, esses escritos inspiraram o ativismo engajado da Nova Esquerda e o movimento estudantil dos anos sessenta.

O homem unidimensional é uma obra profundamente pessimista que traça o triunfo completo da razão instrumental no mundo moderno. O capitalismo avançado teve êxito em criar indivíduos com necessidades e ideias

---

[6] *Górgias*, 521d.

de felicidade tão disformes que eles são incapazes de assumir autenticamente uma perspectiva crítica acerca do mundo que fornece sua satisfação. É impossível cultivar uma consciência revolucionária sob essas condições. A questão "o que se deve fazer?" torna-se "como indivíduos administrados – que fizeram de sua mutilação suas próprias liberdades e satisfações e assim a reproduzem em larga escala – podem, eles mesmos, libertar-se *de si mesmos*, bem como de seus mestres? Como é possível pensar que o círculo vicioso possa ser quebrado?" (*O* 251). A resposta de Marcuse é desanimadora: "A teoria dialética não é refutada, mas ela não pode oferecer a solução (...). Ela define as possibilidades históricas, e mesmo as necessidades; mas sua realização somente pode ter lugar em uma prática que responde à teoria, e, na atualidade, a prática não fornece tal resposta" (*O* 253). Ele conclui o livro com as famosas e quase desesperadas palavras: "A teoria crítica da sociedade não possui conceito algum que possa estender-se sobre o abismo entre a atualidade e seu futuro; por não sustentar promessa alguma e não mostrar sucesso algum, ela permanece negativa. Assim, ela deseja permanecer leal àqueles que, sem esperança, deram e têm dado suas vidas à Grande Recusa." Marcuse segue com as palavras de Walter Benjamin que expressam a ironia trágica apresentada àqueles que deveriam teorizar contra o fascismo: "É unicamente por causa daqueles sem esperança que a esperança nos é dada" (*O* 257). Para Marcuse, uma nova forma de totalitarismo estava em cena e pouco havia a se fazer sobre isso, exceto resistir à tempestade na retidão moral pessoal da Grande Recusa.

O que foi a Grande Recusa? Ela envolvia uma recusa a ser engolido na vida do capitalismo tardio. E isso incluía, e decerto significava especialmente, não ser arrastado na política reformista. Marcuse rejeitou, e continuou a rejeitar até o final de sua vida, a ideia de que a transformação pode ser realizada, promovida ou mesmo auxiliada pela atuação no interior das instituições democráticas existentes: "O processo democrático organizado por essa estrutura é desacreditado em tal extensão que nenhuma parte dele pode ser extraída sem ser contaminada" (*L* 67).[7] Assim, a Grande Recusa foi uma recusa a se

---

[7] Ver também Helmut Dubiel, "Democratie und Kapitalismus bei Herbert Marcuse", em *Kritik und Utopie im Werk von Herbert Marcuse*, Frankfurt am Main: Suhrkamp, 1992. p. 61-73.

engajar na política democrática liberal. Mas também parecia ser uma recusa a engajar-se em qualquer tipo de política ou de ação. É certamente desse modo que alguns comentadores contemporâneos entenderam o conceito: "Marcuse mostra a hostilidade básica em relação à política que constituiu a desgraça de muitos pensadores alemães durante muitos anos. Seus efeitos deságuam no único tipo de ação política que ele atualmente sanciona: a Grande Recusa, uma completa rejeição da mecânica da mudança política apresentada pelo sistema (...) e uma rejeição da política enquanto tal."[8]

No papel, a Grande Recusa se parece com um grande retraimento; sua vida política, entretanto, desmentiu essa conclusão. A mensagem pessimista e apolítica da obra *O homem unidimensional* inspirou uma geração de ativistas radicais. Publicada em 1964, rapidamente lançou Marcuse no centro da política dos anos sessenta. Paul Breines, um intelectual da Nova Esquerda, escrevendo em 1968, observa que Marcuse "é, atualmente, o pensador mais amplamente discutido da esquerda americana".[9] Todd Gitlin, em suas memórias dos anos sessenta, tenta articular como o pessimismo de Marcuse poderia ter sido uma inspiração à ação:

> Nós éramos atraídos por livros que pareciam revelar a magnitude do que éramos contra, para explicar nosso desamparo. Provavelmente, o mais atrativo era *O homem unidimensional*, de Herbert Marcuse, com seu severo epicédio hegeliano para o sonho marxista de um proletariado insurgente (...). Sua reputação gradualmente aumentou entre a Nova Esquerda, por sua magistral explicação de uma sociedade que, como

---

[8] Martin Jay, "Metapolitics of Utopianism", em *Dissent*, 17, 1970, p. 348. Em uma resenha escrita por alguém com tendências da "velha esquerda", *O homem unidimensional* foi descrito como "um exercício tolerante no desespero olímpico" que conduz ao "quietismo", o qual reforça o estado de coisas existente. A resenha foi convenientemente intitulada "A questão é ainda mudar" ("The point is still to change it"), o que ecoa certa frustração sentida pela esquerda organizada, em relação ao "romantismo" da Escola de Frankfurt. Karl Miller (pseud.), "The point is still to change it", em *Monthly Review*, 17(2), 1967, p. 51. O título refere-se às onze teses de Marx contra Feuerbach. Ver "Theses on Feuerbach", R. Tucker (ed.), *The Marx-Engels Reader*, New York: Norton, 1978, p. 145.

[9] Paul Breines, "Marcuse and the New Left in America", em J. Habermas *et al.* (ed.), *Antworten auf Herbert Marcuse*, Frankfurt am Main: Suhrkamp, 1968, p. 137.

argumentava Marcuse, tinha perdido a própria habilidade para pensar ou contestar, e cuja classe trabalhadora havia sido neutralizada pelos bens materiais e pela tecnologia. Alguma ruptura radical inimaginável, alguma "Grande Recusa", era aparentemente impossível, mas profundamente necessária. Impossível e necessário, assim era como nós sentíamos nossa tarefa.[10]

Embora radicado nos Estados Unidos, Marcuse alcançou uma imagem elevada mesmo entre os estudantes alemães, ganhando até mesmo o apelido de "pai" do movimento estudantil.[11] Ao longo dos tumultuosos anos de 1966 a 1969, Marcuse foi uma figura frequente em palanques, mesas-redondas e outros eventos do movimento estudantil organizado e da Nova Esquerda. Ele foi claramente uma figura de inspiração para muitos ativistas; todavia, sua relação com a política dos anos sessenta é ambígua. Embora expressando firme solidariedade e participando de "eventos" de uma maneira censurada por Horkheimer e Adorno, não é claro que tipo de conexão pode ser feita entre os textos de Marcuse e o movimento estudantil. O próprio Marcuse insistiu, em várias ocasiões, que ele era um filósofo e não um estrategista ou mesmo um ativista.[12] Além disso, como seus contemporâneos da Escola de Frankfurt, ele desconfiava da ideia de que a teoria pudesse ser transferida diretamente para a prática.[13] Existia muito pouco em seus textos anteriores a 1965 que pudesse oferecer aos estudantes qualquer ideia clara de como deveriam se organizar, o que deveriam reivindicar ou a quem deveriam recorrer. Mesmo seus textos mais "políticos" não poderiam ser transferidos diretamente à ação.

---

[10] Todd Gitlin, *The Sixties: Years of Hope and Rage*, New York: Bantam Books, 1987, p. 246.

[11] Clemens Albrecht et al. *Die Intellektuelle Gründung der Bundesrepublik: Eine Wirkungsgeschichte der Frankfurter Schule*, Frankfurt am Main: Campus, 1999, p. 317. Sobre Marcuse e o movimento estudantil na Alemanha, ver ibid., p. 317-327; Rolf Wiggershaus, *The Frankfurt School: its History, Theories, and Political Significance*, trad. de M. Robertson, Cambridge, Mass.: MIT Press, 1994, p. 609-636; Douglas Kellner, *Herbert Marcuse and the Crisis of Marxism*, Berkeley: University of California Press, 1984, especialmente p. 276-319.

[12] Ver, especialmente, Wiggershaus, *Frankfurt School*, p. 622-636.

[13] Ibid., p. 634.

Mais do que a influência de Marcuse sobre o movimento estudantil, seria mais correto falar sobre a influência do movimento estudantil sobre Marcuse.[14] De 1965 a 1970, os escritos de Marcuse tomaram um curso prático e decididamente otimista. Suas três mais importantes publicações desse período – *Tolerância repressiva (Repressive Tolerance)*, *Um ensaio sobre a libertação (An Essay on Liberation)* e *Contra-revolução e revolução (Counterrevolution and Revolt)* – "brilham com um otimismo revolucionário".[15] Esse otimismo é fundado na emergência de grupos particulares que são capazes de romper com a totalidade da sociedade administrada. Com efeito, Marcuse expressou algo parecido em seus primeiros textos, mas apenas de passagem e com pouco entusiasmo. Agora, ele parece admitir a ideia de que os estudantes, os negros e certos movimentos de libertação do terceiro mundo estão suficientemente não integrados na sociedade unidimensional de modo a serem capazes de desenvolver uma nova sensibilidade e consciência da natureza sufocante do sistema capitalista. Marcuse nunca se enganou com o protesto dos estudantes e dos negros pela revolução e nunca acreditou que um momento revolucionário estivesse próximo (*L* 10).[16] Em vez disso, ele mostrou-se genuinamente inspirado pelo espírito radical que se difundia através dos *campi* universitários e de grupos pelos direitos civis. Sua esperança era de que esse espírito pudesse levar a novas fissuras na cultura e permitir, por fim, o desenvolvimento de novas necessidades e instintos. Mesmo no clímax da rebelião estudantil, Marcuse conservou uma concepção da mudança centrada na consciência, como oposta a uma concepção institucional ou política. A modificação requerida era muito profunda e implicava nada menos que uma mudança qualitativa na "infraestrutura do homem" (*L* 14). Nossa própria biologia, no sentido de nossos instintos e necessidades, requeria uma transformação antes que pudéssemos até mesmo contemplar uma transformação intuitiva: "a ruptura com [a] contínua conservação autoimpulsionada das necessidades deve *preceder* a revolução que antecipará a sociedade livre, mas

---

[14] Kellner, *Marcuse and the Crisis of Marxism*, p. 280; Jürgen Habermas, *Die Nachholende Revolution*. Frankfurt am Main: Suhrkamp, 1990, p. 27.

[15] Kellner, *Marcuse and the Crisis of Marxism*, p. 285.

[16] Para comentários sobre o assunto, ver Wiggershaus, *Frankfurt School*, p. 622 e Jay, "Metapolitics of Utopianism", p. 347.

tal ruptura somente pode ser vislumbrada em uma revolução" (*L* 27). Assim, apesar de um defensor da ação direta, não tanto para o fim de reformar instituições ou mudar as regras, mas para os efeitos que tal ação poderia ter sobre as consciências. O que se requeria era uma ruptura de algum tipo que pudesse sacudir indivíduos desorientados de suas falsas necessidades e libertá-los para entrar em contato com aquelas necessidades autênticas e profundamente esquecidas. Desse modo, a ação direta era entendida como desempenhando uma função indireta para realizar a verdadeira revolução.

Durante os anos setenta, a força do movimento estudantil pareceu exaurir-se, e, com seu enfraquecimento, também seu lugar nos textos de Marcuse. Embora ele nunca tenha recusado a ideia de que certos grupos tivessem uma oportunidade peculiar para desenvolver uma nova sensibilidade, ao final de sua vida ele retirou-se da ação direta e dirigiu-se para a arte (ver *AD, passim*). Na arte, podemos experimentar o livre jogo da imaginação e, assim, na arte, podemos escapar do "dado". A arte é o refúgio da subjetividade insurgente e o escape para as energias utópicas. O foco sobre a arte, em vez de uma ação política, preserva as análises de Marcuse anteriores a 1965 sobre o capitalismo tardio. Com efeito, alguns têm sugerido que sua fase "política" está em profunda contradição com o ímpeto geral de sua crítica social. Habermas, apesar de observar que existe algo atraente na "confiança milenarista" de Marcuse na emergência das verdadeiras necessidades, acrescenta que Adorno, em sua falta de confiança, "foi o pensador mais consistente".[17]

No final das contas, Marcuse encontra-se plenamente dentro da primeira geração da Teoria Crítica acerca da questão política. A questão aqui não é tanto o pessimismo quanto o nível da análise que faz toda ação política no mundo parecer irrelevante. Não era um regime político que precisava ser superado, mas o próprio Esclarecimento. O que se exigia era uma transformação histórica profunda, similar à transformação da Idade Média para o mundo moderno. Pedir aos teóricos da Teoria Crítica que proponham políticas ou algum programa político para realizar tal transformação seria como

---

[17] Jürgen Habermas, "Psych Thermidor and the Rebirth of Rebellious Subjectivity", em R. Pippin (ed.), *Marcuse: Critical Theory and the promise of utopia*, Massachusetts: Bergin & Garvey, 1988. p. 9-10.

pedir que Francis Bacon sugerisse políticas para realizar o Esclarecimento. Eles consideravam-se a si mesmos como contribuidores para um corpo de conhecimento que poderia ser (mas muito provavelmente não seria), algum dia, parte de uma história da transformação. A rejeição da política como superficial e, em última instância, colaboracionista foi repudiada na geração seguinte da Teoria Crítica, em particular na obra de Jürgen Habermas. Sua concepção alternativa da política foi ganhando forma durante os protestos estudantis do final dos anos sessenta.

À primeira vista, parecia que o movimento estudantil na Alemanha havia provocado uma divisão na Teoria Crítica, com Marcuse, de um lado, expressando completa solidariedade aos estudantes e, de outro, Habermas, Adorno e Horkheimer tendo uma relação problemática e, às vezes, altamente crítica em relação aos estudantes. Mas, em um exame mais atento, esse quadro não se ajusta. Horkheimer e Adorno permaneceram indiferentes aos eventos. Em contraste, Habermas e Marcuse estavam profundamente engajados com a causa dos estudantes. Mas aqui está a surpreendente diferença. Enquanto Marcuse expressou um apoio geral e entusiasmado ao movimento, não estava engajado a ponto de sugerir reformas políticas ou pedagógicas, por um lado, ou táticas e estratégias específicas, por outro. Habermas, em contraste, estava envolvido em propostas e estratégias, e isso o levou a um conflito e a uma tensão com certos elementos do movimento. Embora oralmente encorajador de muitas das demandas e posições do movimento, Habermas era, ao mesmo tempo, crítico dos elementos no movimento que a ele pareciam ter abraçado um tipo de acionismo, isto é, uma ação disruptiva como um fim em si mesma. O que faltava em demasia aos elementos mais radicais do movimento, de acordo com Habermas, era qualquer ideia clara dos fins a serem alcançados por meio da ação.[18] Suas apreensões e frustração com os ativistas, que confundiam as rebeliões estudantis com a revolução, levaram a sua ofensiva e infeliz referência à "esquerda-fascista" em uma conferência estudantil em junho de 1967. Essa observação provocou um grande tumulto e fez de

---

[18] Jürgen Habermas, "Die Scheinrevolution und ihre Kinder", emn *Kleine Politische Schriften*, (vols. I-IV), Frankfurt am Main: Suhrkamp, 1981, p. 249-260; ver, também, Habermas, *Nachholende Revolution*, p. 27-28.

Habermas uma figura controversa e, desse momento em diante, tornou-se difícil para ele continuar como uma liderança dentro do movimento, embora ele tivesse desenvolvido, e de fato foi o único teórico crítico proeminente a desenvolver, um programa detalhado de reforma política e universitária. Foi o envolvimento de Habermas com a política, conduzindo a uma subsequente disputa sobre ela, que causou a ruptura entre ele e os estudantes; para Marcuse, foi sua falta de política que o permitiu sustentar argumentos a respeito de "o que se deve fazer".

Marcuse, embora pessoalmente comprometido com movimentos políticos efetivos e atuais, não poderia, por conta de sua avaliação da razão esclarecida, apoiar reformas no sistema. Isso significava que sua política deveria ser invariavelmente, segundo a formulação de Martin Jay, "uma metapolítica, o que não é política alguma".[19] A ideia marcuseana de transformação requeria alguma ruptura inimaginável, mas esperançosa, para com o presente, uma ruptura que, de alguma maneira, permitisse aos agentes da revolução lograr as instituições existentes e provocar a sociedade racional por meios completamente imaculados. Por fim, a Teoria Crítica de Marcuse não oferece uma resposta à questão "o que se deve fazer?" mais que a de Horkheimer e de Adorno, apesar de seu retumbante apoio ao que foi realizado pelos estudantes e ativistas de direitos civis nos anos sessenta. De um certo modo, ele não tinha razão teórica alguma para oferecer tal apoio.

A política do projeto constitucional

A Teoria Crítica tardia foi capaz de superar a imobilidade pessimista da primeira geração? Habermas certamente considera parte de seu trabalho como um corretivo a essa imobilidade. Ele rejeita a crítica total de Horkheimer, Adorno e Marcuse, afirmando que a razão Esclarecida apresenta uma dupla face de Janus de possibilidades, algumas boas e outras más. Isso lhe permitiu vislumbrar a emancipação não como uma superação histórica do Esclarecimento, mas como necessitando da identificação das forças no inte-

---

[19] Jay, "Metapolitics of Utopianism", p. 350.

rior do Esclarecimento que poderiam ser colocadas a serviço da emancipação e da autonomia. Algumas dessas forças serão encontradas nas possibilidades institucionais existentes apresentadas pela democracia constitucional. Assim, políticas ordinárias, na forma de uma reforma das instituições democráticas, encontram-se plenamente na agenda habermasiana. A ironia é que, para alguns críticos, a revisão de Habermas da Teoria Crítica substituiu uma forma de apolítica por outra; Habermas é criticado, tanto a partir de dentro da Teoria Crítica como também de fora, por não ser suficientemente político. A crítica interna é a de que ele não é suficientemente radical; a crítica externa (que vem do pós-modernismo) é a de que, colocando o consenso no centro de sua visão democrática, ele pretende deslocar ou transcender a política. Oferecerei, a seguir, um breve quadro de sua teoria social e política e, então, examinarei essas críticas.

O percurso da Escola de Frankfurt até Habermas tem dois importantes pontos decisivos. O primeiro é uma virada linguística, na qual a crítica da cultura realizada pela primeira Teoria Crítica é unida a uma teoria da comunicação e da evolução social.[20] O segundo é o que se pode chamar de uma virada kantiana liberal, que considera que Habermas defende algum núcleo de características liberais da sociedade civil enquanto mantém, ao mesmo tempo, uma perspectiva crítica.[21]

A revisão habermasiana da tradição da Teoria Crítica inicia-se nos anos sessenta com *A transformação estrutural da esfera pública*. Nesse livro, Habermas rastreia a emergência da sociedade civil burguesa, comparada com a correspondente emergência de uma esfera pública, na qual cidadãos particulares cooperam para constituir o público. A proliferação de associações, jornais e panfletos políticos – bem como de reuniões políticas regulares e informais em cafés, salões etc. – serve como um precedente para a formação de uma opinião pública que não é simplesmente um agregado de opiniões privadas

---

[20] Sobre esse ponto, ver Albrecht Wellmer, "Communications and Emancipation: Reflections on the Linguistic Turn in Critical Theory", em J. O'Neill (ed.), *On Critical Theory*, New York: Continuum, 1976, p. 231-263.

[21] Sobre o kantismo liberal de Habermas, ver Kenneth Baynes, *The Normative Grounds of Social Criticism: Kant, Rawls, and Habermas*. Albany: SUNY Press, 1992, e o capítulo 8 deste livro.

sobre assuntos públicos. A opinião é "pública" em três sentidos: ela é sobre assuntos públicos está no domínio público; e é produzida por um público, isto é, por cidadãos particulares que interagem na esfera pública.

Em princípio, a função política da opinião pública é simplesmente de crítica pública. Mas conforme atores estatais chegam a atender a voz da opinião pública, uma nova e mais forte função é pressentida: "Uma vez que o debate público crítico de pessoas privadas pretendia convincentemente ser da natureza de uma investigação não coercitiva, acerca do que era ao mesmo tempo correto e direito, uma legislação que recorresse à opinião pública não poderia ser considerada explicitamente como dominação" (*STP* 82). O debate crítico em público tornou-se teste de racionalidade e de direitos. Tornando público os fundamentos para a ação estatal e submetendo esses fundamentos à força crítica do debate público, pode-se assegurar que o Estado possui razões justas para suas ações, como também que os cidadãos acreditem que tais razões sejam justas. Seguindo Kant, isso veio a ser conhecido como princípio de publicidade.[22] A suposição otimista operando aqui é a de que a injustiça e a dominação não podem sobreviver ao escrutínio de um público esclarecido e com mentalidade civil.

Habermas, embora simpático ao ideal de publicidade, em seus primeiros escritos, argumenta que tal princípio sucumbe inevitavelmente às contradições da ordem capitalista-liberal (*STP* 141-235). O público de Kant poderia ter sido crítico, mas também era muito burguês, tanto no sentido de que estava restrito aos detentores de propriedade, como também de que perseguia principalmente interesses econômicos na esfera pública. A inclusividade, entretanto, trouxe uma degeneração da qualidade do discurso. O debate crítico foi substituído pelo consumo cultural e por uma sociabilidade apolítica. A participação é fatalmente modificada e a esfera pública torna-se uma arena de propaganda em vez de um lugar de crítica. Esse diagnóstico pessimista está estreitamente ligado a Habermas e às raízes da Escola de Frankfurt. Sua carreira posterior, entretanto, tem considerado de uma maneira muito mais

---

[22] "Perpetual Peace", em H. Reiss (ed.), *Kant's Political Writings*, Cambridge: Cambridge University Press, 1970, p. 130; "On the common saying: 'this may be true in theory, but it does not apply in practice'", em ibid., p. 85.

otimista o desenvolvimento de uma postura teórica acerca da possibilidade de reacender o potencial de emancipação da esfera pública, que foi identificado primeiramente pelos pensadores do Esclarecimento do século dezoito. Boa parte da Teoria Crítica contemporânea tem adotado a orientação de Habermas nessa questão, encontrando a possibilidade de emancipação em um princípio de publicidade revitalizado e democratizado.

Como podemos transformar a esfera pública em uma arena de debate crítico autônomo, afastada dos efeitos perversos do poder e do dinheiro? Habermas entende essa tarefa como o desenvolvimento de uma teoria procedimental da democracia deliberativa: "O discurso teórico não torna o sucesso da política deliberativa dependente da ação coletiva de cidadãos, mas da institucionalização de procedimentos adequados" (*IO* 248). Proteções legais e constitucionais, que correspondem grosseiramente aos existentes sistemas liberais de direitos, tornam-se uma precondição para uma emancipação da esfera pública. Muito da teoria política de Habermas pode ser entendido como oferecendo uma reinterpretação discursivo-teórica do constitucionalismo liberal.[23] Essa leitura discursivo-teórica do constitucionalismo deveria, então, sugerir maneiras segundo as quais pudéssemos desenvolver a estrutura da democracia liberal para torná-la mais democrática, ou seja, oferecer aos cidadãos mais poder e autonomia para conduzir e determinar suas vidas individuais e coletivas. Assim, a política da democracia deliberativa envolve considerar o Estado liberal como ele se encontra atualmente na maioria das democracias ocidentais e expandir a esfera pública de tal modo a envolver, em um maior grau, os cidadãos em um processo de opinião pública e formação da vontade. A ideia é retirar os cidadãos do limitado modelo competitivo da política, tão frequentemente encontrado nas democracias ocidentais, e colocá-los em uma política deliberativa, na qual suas opiniões são formadas em um concerto crítico com outras. Não somente as opiniões coletivas beneficiam-se epistemologicamente do debate racional, mas também os cidadãos se fortalecem por meio da participação na esfera pública.

---

[23] Ver, de modo geral, *FN*.

A democracia deliberativa é um modelo de democracia de duas camadas. As instituições relativamente formais da democracia representativa formam uma camada; as interações informais de um público que forma sua opinião em uma esfera pública bem-ordenada formam a outra. Embora informais, essas interações devem ocorrer sob certas condições, de modo que a formação da opinião seja autêntica e não coagida. Essas condições incluem certo padrão de igualdade e respeito, que suprem o conteúdo de uma esfera pública bem ordenada. Uma esfera pública democratizada ou bem ordenada deve oferecer a todos, especialmente a grupos marginalizados, a oportunidade de participar na formação, na influência e na crítica da opinião pública. Do mesmo modo que os individualistas liberais deram ênfase à centralidade do sufrágio universal, os democratas deliberativos enfatizaram a centralidade da voz universal: todo cidadão deveria ter a oportunidade de ter sua voz ouvida e respondida. Mas será que toda voz pode falar, para não dizer ser ouvida, sob as condições do capitalismo avançado? Essa é uma questão frequentemente colocada a Habermas, e contém a acusação de que, apesar de desenvolver uma teoria política que ultrapassa a de Horkheimer e Adorno, Habermas ainda não está muito confortável com a política – ou, pelo menos, com a questão "o que se deve fazer?".

JUSTIÇA SOCIAL, ATIVISMO E PLURALISMO AGONÍSTICO

A acusação de que Habermas evita a política é oriunda de três direções não desvinculadas. A primeira envolve a afirmação de que a política da Teoria Crítica deveria ser sobre a justiça social e que Habermas tem falhado completamente em conceder suficiente peso a essa questão.[24] A segunda crítica é a de que, concentrando-se em projetos constitucionais e procedimentais, Habermas tem falhado em considerar que a democracia deliberativa é uma chamada à ação e uma forma

---

[24] William Scheuerman, "Between Radicalism and Resignation: Democratic Theory in Habermas's *Between Facts and Norms*", em P. Dews (ed.), *Habermas: a Critical Reader*, Oxford, Blackwell, 1999, p. 153-177; Nancy Fraser, "Rethinking the Public Sphere: a Contribution to the Critique of Actual Existing Democracy", em C. Calhoun (ed.), *Habermas and the Public Sphere*, Cambridge, Cambridge University Press, 1993, p. 109-142.

de insurgência.²⁵ Finalmente, os pós-modernistas sustentam que, privilegiando o consenso, Habermas tenta transcender "o político", o qual é definido (pelos pós-modernistas) como essencialmente contestatório e agonístico.²⁶

Habermas reconhece que uma democracia deliberativa bem ordenada deveria voltar-se para a desigualdade social. A desigualdade social é uma séria barreira ao ideal de que todos os membros da comunidade política sejam capazes de participar na geração do poder político. Embora Habermas reconheça esse fato, ele não trata especificamente disso, o que leva, pois, à acusação de que ele falhou em acompanhar o potencial radical da democracia deliberativa.²⁷ Esse potencial encontra-se no ato de decifrar os modos como o sistema capitalista, a globalização e o consumismo estão corroendo a participação democrática autêntica. Aqui, Habermas tem um problema real: sua disposição democrática radical o tem colocado em apuros.

Habermas acredita que, se estivermos comprometidos sinceramente com a democracia, devemos também estar comprometidos em persuadir os cidadãos a reavaliar a relação entre economia e política de acordo com os contornos da social-democracia. Aqueles que o desafiaram sobre essa questão devem responder à "questão da vanguarda". Eles parecem se apropriar antecipadamente da deliberação e do debate, ao afirmarem que não podemos considerar seriamente as opiniões democráticas até termos as condições adequadas. Habermas enfrenta o problema oposto: não é o vanguardismo, mas a deferência para com a democracia que parece paralisá-lo. Habermas é um proceduralista empírico convicto. Os procedimentos devem ser empreendidos no mundo real e os filósofos não podem antecipá-los.²⁸

---

²⁵ John Dryzek, *Deliberative Democracy and Beyond: Liberals, Critics, Contestations*, Oxford, Oxford University Press, 2000.

²⁶ Chantal Mouffe, *The Democratic Paradox*, Londres: Verso, 2000; D. Villa, "Postmodernism and the Public Sphere", em *American Political Science Review*, 86, 1992, p. 712-721; Jean-François Lyotard, *The Postmodern Condition: a Report on Knowledge*, trad. de G. Bennington e B. Massumi, Minneapolis: University of Minnesota Press, 1984.

²⁷ Scheuerman, "Between Radicalism and Resignation", p. 161.

²⁸ Assim, uma de suas longamente sustentadas críticas a Rawls é que, ao deduzir os resultados da posição original, Rawls se antecipa ao debate real. Ver "Reconciliation Through the Public Use of Reason: Remarks on Rawls' Political Liberalism", em *Journal of Philosophy*, 42, 1995, p. 109-131.

Habermas não pode predizer o que deve ser adequado a um pleno debate democrático, ainda que ele possa especular sobre os amplos limites das consequências. Mas uma teoria da democracia deliberativa não produz um princípio de distribuição, como o faz, por exemplo, a ideia de Rawls da posição original. Isso é em última instância deixado a nós, cidadãos. Mas isso conduz a um círculo que pode ser vicioso. E se for o caso de as condições socioeconômicas atuais serem tais que a esfera pública seja desfavorável a qualquer consequência igualitária? Talvez aqueles qualificados para produzir argumentos mais persuasivos a favor do igualitarismo sejam severamente prejudicados pelas condições existentes. Reciprocamente, talvez aqueles qualificados para distorcer fatos econômicos tenham acesso maior à esfera pública. Campanhas de financiamento são um bom exemplo, mesmo que isso toque apenas a ponta do *iceberg*. Se as pessoas que se beneficiam do sistema são aquelas que estão no poder, nunca mudaremos o sistema. Mas nunca teremos outras pessoas no poder até mudarmos o sistema. O dilema de Habermas é o seguinte: devemos encontrar uma maneira de falarmos, como iguais, com os outros acerca da eliminação da desigualdade sistêmica, antes que possamos eliminá-la.

Em sua relutância em falar ao povo, por receio de antecipar as próprias deliberações deste, Habermas é incapaz de oferecer qualquer princípio substantivo de justiça social. Sendo um democrata procedimental radical, ele não pode ser um social-democrata radical – pelo menos enquanto estiver atuando como filósofo e teórico social. Apesar de parecer uma grande construção teórica, na verdade Habermas faz afirmações bastante modestas em nome da filosofia. A filosofia não pode nos dizer com o que o mundo deveria parecer. Ela pode oferecer algumas regras diretivas que deveriam se aplicar à medida que avançamos na empreitada de imaginar como o mundo deveria ser. A filosofia pode oferecer auxílios acerca das amplas questões de projeto que abrangem os fundamentos constitucionais essenciais e os princípios subjacentes à estrutura básica das democracias liberais. Não é como filósofos e acadêmicos que mudaremos o mundo, mas como ativistas, cidadãos e participantes na confusão da política. Nesse domínio, a teoria nem sempre tem a resposta. A relutância de Habermas em ir além do proceduralismo é uma chamada aos filósofos para se despirem de seus papéis e entrarem na briga como cidadãos.

Alguns teóricos têm questionado a sinceridade de tal chamada. Eles argumentam que a divisão de trabalho entre filosofia e cidadania engajada é uma tentativa de desviar a questão. O problema real é que a filosofia ameaça tornar sem propósito o ativismo político. Um entendimento constitucionalmente centrado da democracia deliberativa privilegia a "política usual" em detrimento da "política como crítica radical". O modelo constitucional realça a possibilidade de um povo formar e conduzir coletivamente uma sociedade de acordo com princípios ou valores democraticamente elaborados. Assim, embora a opinião pública seja forjada na sociedade civil, o ponto focal é a tradução dessa opinião em lei legítima por meio das velhas instituições representativas liberais. Habermas entende a emancipação como o exercício autêntico da soberania popular. Em contraste, teóricos como John Dryzek, James Bohman e Mark Warren, que possuem vínculos estreitos com a tradição da Teoria Crítica, estão desenvolvendo, de modo mais genuíno, modelos democráticos de pós-soberania que não repousam sobre vínculos que compõem um *demos* ou uma identidade cívica coletiva.[29] A democracia está centrada não em uma vontade coletiva, mas em fazer com que os governos, as elites e as instituições tornem-se atentos a uma pluralidade de opiniões que são unidas frequentemente por perspectivas, interesses e causas mais do que pela cultura e pela história. Esse modelo evita as noções tradicionais da soberania que necessita de uma autoridade constituída e clara para frear a oposição, e oferece em seu lugar a concepção de uma "democracia descentrada", que consiste em uma pluralidade de forças populares engajadas em campanhas globais de perseguição discursiva. A democracia descentrada situa a opinião democrática em uma sociedade civil largamente descoordenada e na esfera pública.

Com efeito, Habermas atribui muita importância à sociedade civil, mas com a diferença de que as opiniões formadas no debate cruzado entre a sociedade civil e a esfera pública devem convergir em instituições representativas que coordenem nossa vida compartilhada. Uma concepção de

---

[29] Dryzek, *Deliberative democracy and beyond*; James Bohman, "The Globalization of the Public Sphere: Cosmopolitan Publicity and the Problem of Cultural Pluralism", em *Philosophy and Public Criticism*, 24, 1998, p. 399-416; Mark Warren, "What can democratic participation mean today?", em *Political Theory*, 30, 2002, p. 677-702.

democracia plenamente descentrada volta sua atenção para o modo pelo qual qualquer detentor de poder, de instituições representativas a multinacionais, responde às múltiplas e descoordenadas opiniões da sociedade civil. A acusação é a de que Habermas "voltou-se para agentes extraconstitucionais" e falhou em ver o potencial progressivo e crítico de "protestos, manifestações, greves, campanhas de informação, eventos de mídia, lobismo, pressões financeiras, ameaças econômicas etc.".[30]

A questão em jogo para teóricos tais como Dryzek é o tipo de ação democrática que pode incitar uma agenda democrática avançada. Na vanguarda está o ativismo popular que pode, por exemplo, desafiar diretamente a Organização Mundial do Comércio (OMC) para que esta justifique ao público suas políticas, sem ter que passar pelas instituições representativas. Para Habermas, é a possibilidade de estabelecer uma ordem legal que é democraticamente legítima. Enquanto o modelo ativista é democrático no sentido de que é popular, ele também enfrenta o ônus do vanguardismo quando situado no contexto do público geral. Ao considerar o confronto de Seattle como um evento essencialmente democrático, alguém deseja perguntar: quem elegeu os vingadores mascarados vestidos com roupas de tartaruga, tão frequentemente vistos nos noticiários?[31]

Enquanto teóricos como Dryzek lamentam a relutância em engajar-se em políticas genuinamente emancipatórias, outros, de esquerda, argumentam que a filosofia política de Habermas é tão otimista em sua visão emancipatória que ela ignora, desloca ou transcende totalmente a política. Essa crítica é sustentada tipicamente por pós-modernistas que entendem que a política é uma esfera de conflito, competição, luta, confronto, contestação e antagonismo.[32] Teorias procedimentais, como a de Habermas, pretendem planejar procedimentos que devem canalizar e restringir as forças indisciplinadas da política. De fato, o consenso é aqui entendido como

---

[30] Dryzek, *Deliberative Democracy and Beyond*, p. 27.

[31] "O confronto de Seattle" refere-se ao protesto antiglobalização contra a Organização Mundial do Comércio, que ocorreu em Seattle em dezembro de 1999 e que se tornou uma inspiração para movimentos antiglobalização.

[32] Mouffe, *Democratic Paradox*; Bonnie Honig, *Political Theory and the Displacement of Politics*, Ithaca, Cornell University Press, 1993.

a superação final da política: quem precisa da política, se realizamos um consenso pleno?

Chantal Mouffe, por exemplo, argumenta que o projeto habermasiano de "como obter um consenso sem exclusão" implica "a erradicação do 'político'".[33] Por "político" ela quer significar "a dimensão do antagonismo que é inerente às relações humanas". "Política", por sua vez, é o conjunto de instituições e acordos que organizam o político – a política "almeja a criação de uma unidade em um contexto de conflito e diversidade".[34] Toda a iniciativa de vislumbrar uma esfera pública livre de poder ou relações sociais livres de dominação é suspeita não somente porque é utópica, mas também porque o próprio ideal transforma-se em seu oposto. "Temos que aceitar que todo consenso existe como um resultado temporário de uma hegemonia provisória, como uma estabilização do poder, e que ele sempre implica alguma forma de exclusão. As ideias de que o poder pode ser dissolvido por meio de um debate racional e que a legitimidade pode ser baseada sobre a pura racionalidade são ilusões que podem colocar em perigo as instituições democráticas."[35] Vemos aqui que a alegação de que a Teoria Crítica não tem política alguma é o reflexo da acusação dirigida à primeira geração dos teóricos críticos. Com Horkheimer e Adorno, a preocupação era de que não existia nenhuma visão emancipatória clara que pudesse, ao menos, inspirar-nos à ação. A acusação agora é a de que qualquer visão emancipatória seria apolítica, uma vez que pretende transcender a própria política e, por transcender a política, pretende silenciar as formas mais profundas de pluralismo, de diferenças e de alteridade. Mouffe sugere que devemos pensar a democracia em termos de pluralismo combativo, mais propriamente que em democracia deliberativa. A democracia gira em torno de escaramuças, mais do que de batalhas decisivas.[36] Nosso mundo sempre será repleto de diferenças ir-

---

[33] Mouffe, *Democratic Paradox*, p. 101.

[34] Ibid.

[35] Ibid., p. 104.

[36] Existe uma diferença entre o agonismo pós-moderno e o modelo descentrado defendido por Dryzek. Dryzek é ainda um teórico da democracia deliberativa, na medida em que ele crê que a crítica, a responsabilidade e o debate podem (parcialmente) dissolver as constelações de poder.

reconciliáveis. Mais do que empenharmo-nos pelo acordo, precisamos garantir que nossos desacordos sejam administráveis. Nosso objetivo, segundo Mouffe, seria o de "transformar o *antagonismo* em *agonismo*". O primeiro é uma batalha entre inimigos e o segundo é uma batalha entre adversários.[37] Ao "nos prevenir contra a ilusão de que uma democracia plenamente realizada poderia alguma vez ser produzida", o pluralismo agonístico "força-nos a manter viva a contestação".[38]

Entretanto, Mouffe é muito vaga acerca de como a política agonista deveria realmente parecer e, de modo mais importante, de como deveria concretamente se diferenciar da política deliberativa. Quais são, por exemplo, as diferenças nos programas ou nas ações políticas que decorrem desses dois modelos? Uma concepção habermasiana certamente pode acomodar o protesto e a batalha, e Mouffe não concluiu em nenhum lugar que deveríamos abolir as instituições representativas. De modo a obter uma clara imagem de como essas diferentes concepções teóricas da política podem levar a um diferente conjunto de ações ou instituições, precisamos ir além de Habermas e do pós-modernismo, em direção a formulações mais concretas da Teoria Crítica. Vemos que a terceira geração de pensadores da Teoria Crítica tem tentado reconciliar a forte concepção universalista de Habermas com uma abertura às diferenças, às diversidades e aos conflitos.

A política do reconhecimento

Como os teóricos da terceira geração da Teoria Crítica respondem à questão "o que se deve fazer?"? Como Habermas, muitos dessa geração mais jovem, se não a maioria, concentram-se em articular as condições necessárias para se realizar uma democracia autêntica. Há, contudo, diferenças significativas. Ainda que os teóricos da terceira geração da Teoria Crítica não sejam, em sua maior parte, agonistas em suas considerações acerca da democracia, eles frequentemente veem o mundo como um lugar mais fragmentado e

---

[37] Mouffe, *Democratic Paradox*, p. 102-103.

[38] Ibid., p. 105.

mais confuso do que Habermas o via.[39] A teoria social dessa terceira geração é muito mais apropriada para dar conta das forças contestatórias e disruptivas da diferença e da diferenciação. O resultado é contrabalançar o que algumas vezes aparece ser o universalismo unilateral de Habermas.

Axel Honneth desenvolveu uma variante da Teoria Crítica que, embora em débito para com o trabalho de Habermas, ainda se afasta deste de modo significativo.[40] Enquanto a comunicação situava-se no centro da teoria social de Habermas, o reconhecimento situa-se no centro da teoria de Honneth. As condições do acordo e do entendimento são o que Habermas pretende revelar, mas Honneth procura pelas condições de formação de uma identidade saudável. Seguindo Hegel, Honneth argumenta que desenvolvemos nosso senso do eu, e em particular nosso senso de valor próprio e de autoconfiança, em relações intersubjetivas de identificação com os outros. Em vez de localizar formas ideais e condições de identificação, Honneth descreve os modos como o processo de formação de identidade pode ser distorcido por ações e atitudes que negam a identificação. Três amplas categorias emergem: violação do corpo, negação de direitos e degeneração dos modos de vida. Formas extremas disso seriam o estupro, a escravização e a limpeza étnica. Mas pode-se também identificar formas menos extremas de distorção, que são mais relevantes para a vida nas democracias liberais ocidentais. Em particular, a última forma de distorção, que se dirige à identidade e à solidariedade do grupo, tem sensibilizado a teoria contemporânea.

A teoria social de Honneth conduz a uma perspectiva crítica focada nas dimensões psicológicas e pessoais da dominação e da emancipação, de uma maneira que a perspectiva de Habermas não faz. Para Honneth, a integridade pessoal e o desenvolvimento incólume são essenciais para conduzir uma vida emancipada. Que política surge a partir dessa perspectiva? Honneth não é um teórico político e, desse modo, as implicações políticas são vagas:

---

[39] Joel Anderson, "The 'Third Generation' of the Frankfurt School", em *Intellectual History Newsletter*, 22, 2000, p. 6.

[40] Axel Honneth, *The Struggle for Recognition: The Moral Grammar of Social Conflicts*, Trad. de J. Anderson. Cambridge, Mass.: MIT Press, 1996.

O fato de que a possibilidade de uma relação positiva consigo mesmo somente emerge com a experiência de identificação pode ser interpretado como apontando para as condições necessárias para a autorrealização individual. Como em outros contextos, uma perspectiva negativa provê uma justificação preliminar: a menos que se pressuponha um certo grau de autoconfiança, de autonomia legalmente garantida e de segurança quanto ao valor das habilidades próprias de cada um, é impossível imaginar uma autorrealização próspera.[41]

Enquanto Habermas concentra-se nas condições para uma cidadania autêntica, Honneth concentra-se nas condições para uma personalidade autêntica, que devem preceder a cidadania. Mais propriamente que uma concepção procedimental da lei, Honneth desenvolve o que ele chama de "uma concepção formal da vida ética".[42] Mas os pontos específicos dessa concepção formal não são desenvolvidos de um modo sistemático e tampouco é evidente para onde devem politicamente levar.

De certo modo, a teoria social de Honneth dirige-se mais para as transições à democracia do que para as condições no interior das democracias liberais bem-estabelecidas. Isso não é nada inesperado. Sua teoria social é, de modo explícito, historicamente orientada, visto seu interesse pelo modo como as lutas por reconhecimento podem ser vistas como o motor da história. Honneth, entretanto, está falando sobre o fundamento, sobre os pré-requisitos fundamentais para se construirem sociedades democráticas. discussão, por exemplo, do estupro e dos prejuízos que tal violência traz à autoconfiança e à integridade, embora claramente relevante para o nosso mundo, no qual mulheres ainda são violentadas e no qual existe uma indústria clandestina de "entretenimento/pornografia" que inclui o estupro em seu repertório, dirige-se mais a regiões do mundo nas quais o estupro é utilizado abertamente e de modo regular no exército e em ações estratégicas por Estados, pseudoestados e outros grupos organizados. Observamos aqui o custo real, em termos humanos, de uma deficiência em ver o outro simplesmente como uma pessoa.

---

[41] Ibid., p. 173-174.
[42] Ibid., p. 171.

Embora a maior consciência de Honneth da contemporânea realidade política global torne sua caracterização da injustiça e do conflito mais concreta do que a de Habermas, ele não é mais "político", se ser político for oferecer uma resposta à questão "o que deve ser feito?". Além do mais, se tentamos elaborar o que resulta politicamente de sua teoria da identificação, o resultado pode parecer altamente problemático. Esse, em todo caso, é o argumento que Nancy Fraser, teórica da terceira geração de teóricos críticos, desenvolve em resposta a Honneth. Fraser disputa com Honneth em duas frentes.[43] Na primeira, Fraser questiona o deslocamento da redistribuição, implicado pela teoria do reconhecimento de Honneth, e na segunda frente ela questiona um perigoso essencialismo contido nessa perspectiva. Fortalecendo a identificação, Honneth situa o epicentro da injustiça nos equívocos de identificação. A isso é dado, então, na maioria das vezes, um conteúdo político por meio de uma teoria da identidade,[44] considerando a estratificação das comunidades culturais: "Como um resultado de repetidos confrontos com o olhar estigmatizado de um outro que é culturalmente dominante, os membros de grupos desestimados internalizam autoimagens negativas e são impedidos de desenvolver, por si mesmos, uma identidade cultural saudável."[45] A política que emerge dessa perspectiva centra-se na contestação da "imagem degradante que a cultura dominante faz do grupo".[46]

Honneth considera que as lutas por reconhecimento e por identidade são a força motriz do desenvolvimento histórico. Isso implica que as desigualdades econômicas não são somente secundárias, mas que dependem também dessa anterior e mais essencial diferenciação na sociedade. Fraser contesta essa suposição. Em particular, ela ressalta que vivemos em uma época de mercantilização agressiva que conduz, no mínimo, "a uma desarticulação parcial dos mecanismos econômicos de distribuição, em relação aos padrões

---

[43] Nancy Fraser, "Rethinking Recognition", em *New Left Review*, 3, 2000, p. 107-120; ver também o debate de Fraser e Honneth acerca dessas questões em *Redistribution or Recognition? A Philosophical Exchange*, New York: Verso, 2003.

[44] Ver, por exemplo, Iris Marion Young, *Inclusion and Democracy*, Oxford: Oxford University Press, 2000.

[45] Fraser, "Rethinking Recognition", p. 109.

[46] Ibid., p. 109-110.

culturais de prestígio".⁴⁷ Desse modo, hierarquias culturais e equívocos de identificação não determinam completamente a injustiça econômica. A política da Teoria Crítica, se ainda voltada à injustiça, deve proceder em ambas as frentes. Realmente, a política da Teoria Crítica favorece as forças da mercantilização ao concentrar-se sobre guerras culturais e deixar a esfera econômica por si mesma. Não que o culturalismo, como Fraser o designa, seja apolítico (uma acusação algumas vezes dirigida ao "culturalismo" de Habermas e de Adorno), mas que *por si mesmo* ele constitui uma má política.

A segunda objeção de Fraser ao reconhecimento é mais profunda, e dirige-se a uma contradição interna que emerge a partir daquela perspectiva: "O modelo político de reconhecimento de identidade tende a reificar a identidade. Enfatizando a necessidade de elaborar e expor uma identidade autêntica, autoafirmadora e coletivamente autogerada, esse modelo impõe uma pressão moral sobre os membros individuais a se conformarem a um dado grupo cultural."⁴⁸ Assim, uma identidade política, enquanto tem a intenção de erradicar uma forma de dominação intrínseca aos equívocos de identificação, frequentemente perpetra uma forma de dominação fundada no essencialismo. Quem decide o que significa ser um índio canadense, uma mulher ou um afro-americano? Cada um destes grupos encerra, em seu interior, lutas e disputas sobre sua autodefinição. As regras patriarcais de matrimônio são parte de um modo de vida autêntico dos índios canadenses que requer reconhecimento? Ou são as reivindicações opostas feitas pelas mulheres indígenas, reivindicações que também podem se declarar autênticas, que devem ser reconhecidas? Deve-se notar que Honneth não elabora uma política da identidade *per se*. Seu modelo de reconhecimento, contudo, fornece, ele mesmo, uma identidade política – pode-se dizer que a política da identidade segue-se logicamente da posição de Honneth.

Seyla Benhabib tentou recentemente esclarecer algumas das questões levantadas pelas teorias do reconhecimento.⁴⁹ Chamarei sua perspectiva

---

⁴⁷ Ibid., p. 111.

⁴⁸ Ibid., p. 112.

⁴⁹ Seyla Benhahib, *Claims of Culture: Equality and Diversity in the Global Culture*, Princeton: Princeton University Press, 2002.

de "construtivista", no sentido de que entende tanto as identidades como também as normas coletivas como construídas no interior de uma estrutura deliberativa. Nas discussões da Teoria Crítica, Benhabib coloca-se justamente no interior do campo universalista e acredita que seja central a uma crítica viável da sociedade a habilidade de "distinguir um consenso, obtido entre participantes de modo racional e livre, de outras formas de acordo, as quais podem estar baseadas sobre o poder e a violência, sobre a tradição e ocostume, sobre ardis do autointeresse egoísta e da indiferença moral".[50] Ao mesmo tempo, Benhabib desenvolve essa ideia de consenso paralelamente ao reconhecimento de que "vivemos em um mundo globalizado de incertezas, de hibridez, de fluidez e de contestação".[51] Esse fato a nosso respeito não deve ser celebrado nem superado. Como muitos aspectos da modernidade, ele traz consigo vantagens e desvantagens, potencialidades para se viver vidas mais livres e mais satisfatórias bem como barreiras para se alcançar tal condição.

Como o de Habermas, o modelo de democracia deliberativa de Benhabib também é de duas camadas – "de dois caminhos", como ela o chama –, com instituições legislativas formais que compõem um caminho, enquanto as deliberações mais informais da esfera pública compõem o outro. Mas ele é também "de dois caminhos" em outro sentido. Os movimentos de deliberação oscilam entre questões éticas e questões morais. A deliberação pode ser acerca de muitas coisas diferentes e, com efeito, uma das diferenças mais significativas entre a deliberação e a ideia de Rawls sobre a razão pública é a de que, na deliberação, não existem restrições acerca do que pode ser introduzido na conversação, seja como um tópico ou como uma justificação. Somente alguns tópicos e disputas estarão abertos a um possível consenso e, além disso, somente algumas de nossas disputas requerem consenso. Para Habermas e Benhabib, somente os princípios de justiça mais amplamente compreendidos apoiam-se no consenso. Na medida em que nos afastamos de questões sobre a justiça, e também da possibilidade e da necessidade do consenso, aproximamo-nos de questões éticas como opostas a questões mo-

---

[50] Ibid., p. 37.
[51] Ibid., p. 186.

rais.⁵² A deliberação ética se dirige mais para a formação de identidade, pois tais questões estão relacionadas com o ato de encontrar sentido nas vidas que escolhemos ou que nos foram dadas. Não existe nenhuma resposta universal para as questões éticas.

Habermas sempre foi mais interessado na deliberação moral e na relação entre normas morais e normas legais e, desse modo, sua teoria política é principalmente uma teoria constitucional do projeto, na qual os participantes são pensados como cidadãos iguais. Benhabib dirigiu sua atenção para o debate ético. Ela questiona qualquer tentativa de traçar uma linha definitiva entre a moral e as dimensões éticas. Nossas conversações naturalmente oscilam, e argumentos e razões formulados em uma dimensão sobressaem também em outra. As culturas estão em um processo constante de fluxo e mudança, no qual grupos e indivíduos reformulam narrativas e trazem à cena significados novos ou modificados: "discursos são processos por meio dois quais essa nova significação e essa reelaboração da narrativa alteram a linha entre o conteúdo universalizável dos discursos morais e os discursos éticos de uma vida justa, sem suprimi-los completamente".⁵³ Identidades e normas estão sempre em construção – elas devem sempre ser entendidas como um esforço em progresso. A qualquer momento, uma identidade de grupo será permeada por contestações internas e acomodará múltiplos entendimentos e narrativas. O mesmo pode ser dito de uma estrutura moral/legal compartilhada: fundamentos constitucionais tornam-se regularmente sujeitos a escrutínio, são questionados e contestados, exigindo novas justificações para responder a novas alegações.

O construtivismo fluído de Benhabib responde parcialmente às críticas pós-modernas. O consenso ainda é um ideal regulador para profundas questões de legitimidade, mas como todo entendimento consensual existente é, por sua própria natureza, parcial, este sempre é corrigível e falível. Assim, *contra* Mouffe, não é o caso de que a teoria deliberativa "seja incapaz de reconhecer que levar a deliberação a uma conclusão sempre resulta em uma *de-*

---

⁵² Existe uma terceira forma de deliberação que cobre questões pragmáticas de meios e fins – por exemplo, como melhor alcançar pleno emprego se isso for um fim escolhido. A deliberação democrática oscila naturalmente entre esses três.

⁵³ Benhabib, *Claims of Culture*, p. 13.

cisão que exclui outras possibilidades".⁵⁴ A deliberação nunca é levada a uma conclusão, mas é um projeto contínuo de construção. Permanece, entretanto, a esse respeito, uma diferença significativa de opinião entre Benhabib e Mouffe. Mouffe considera que todo consenso é o resultado de uma "hegemonia provisória" e reflete uma "estabilização do poder". Os pensadores da Teoria Crítica querem saber se podemos distinguir as melhores hegemonias provisórias daquelas piores. Podemos ser incapazes de erradicar completamente o poder e a coerção em nosso mundo imperfeito, mas certamente pretendemos ser capazes de criticar algumas formas de poder ou alegar que algumas decisões são mais legítimas que outras. Isso parece ser impossível a partir da perspectiva pós-moderna. Temos aqui uma velha e bem-documentada polêmica entre pós-modernismo e Teoria Crítica.⁵⁵ A Teoria Crítica pretende criticar a sociedade a partir de um ponto de vista normativo. A perspectiva pós-moderna parece apagar tal ponto de vista. E, assim, para a pergunta "o que se deve fazer?" a resposta pós-moderna parece ser: lute contra toda e qualquer hegemonia, pois o próprio ato da luta, não obstante a questão substantiva, perturba e afrouxa o apoio geral da hegemonia. Mouffe vai um pouco além, tentando fazer uma distinção entre um "inimigo" político e um "adversário" político.⁵⁶ Mas o que não é claro é como exatamente nós procedemos em um modo adversarial em vez de em um modo antagônico.

Benhabib, por contraste, desenvolve um modelo procedimental a partir do qual ela possa criticar hegemonias provisórias e, em particular, os vários modos como as demandas por reconhecimento têm sido tratadas. Ela argumenta que, contanto que os acordos não violem os princípios da reciprocidade igualitária, da autoatribuição voluntária e da liberdade de divergência e de associação, eles serão compatíveis com um modelo universalista de democracia deliberativa.⁵⁷

A teoria democrática deveria estar concentrada no projeto de "instituições imparciais na esfera pública e na sociedade civil, nas quais a luta pelo

---

⁵⁴ Mouffe, *Democratic Paradox*, p. 105.

⁵⁵ Ver, por exemplo, a coleção de ensaios em M. Kelly (ed.), *Critique and Power: Recasting the Foucault/Habermas Debate*, Cambridge, Mass.: MIT Press, 1998.

⁵⁶ Mouffe, *Democratic Paradox*, p. 98-105.

⁵⁷ Benhabib, *Claims of Culture*, p. 19.

reconhecimento de diferenças culturais e a contestação de narrativas culturais possam ocorrer sem dominação".[58] Desse ponto de vista, Benhabib avalia criticamente vários casos difíceis e precedentes legais recentes extraídos de vários contextos legais e políticos. Esses casos incluem mulheres muçulmanas na Europa, as nações indígenas no Canadá, os drusos em Israel e a comunidade hmong nos Estados Unidos. A análise é concreta e normativa, concentrando-se nas duas metas, a do fortalecimento democrático e a da formação autônoma da identidade sem prejuízos aos modos de vida. As culturas não são sacrossantas, mas também não é legitimo assumir uma assimilação plácida pela cultura dominante. O reconhecimento da diferença e da identidade deve ser compatível com as aspirações emancipatórias e universalistas da Teoria Crítica. Benhabib, de certo modo, tem alcançando isso. Seu enfoque reconhece que a luta, a contestação, a contingência e a parcialidade caracterizam todos os nossos atos e decisões. Não obstante, podemos criticar decisões e ações se não for oferecida às pessoas afetadas uma chance de falar, de serem ouvidas e de terem suas reivindicações e objeções atendidas.

Conclusão

A respeito da questão geral da política, aonde nos leva? Existem dois sentidos nos quais teóricos como Fraser e Benhabib possuem um conteúdo político mais robusto do que a primeira Teoria Crítica e Habermas. Em primeiro lugar, eles são mais concretos, e de duas maneiras. Eles são mais concretos no sentido de que estão mais preocupados com os outros do que com uma concepção generalizada do "Outro". Os indivíduos que habitam suas teorias têm identidades e vidas, enquanto os indivíduos de Habermas são mais abstratos e generalizados. Somando-se a isso, as teorias de Fraser e Benhabib são mais concretas no sentido muito mundano de lidar com casos reais de contextos específicos: elas entram em controvérsias políticas e tomam posições em disputas democráticas. Além disso, não se esquivam de oferecer sugestões para a reforma institucional.

---

[58] Ibid., p. 8.

Assim, suas teorias estão mais próximas de possuírem uma agenda programática, que enfoca principalmente a expansão e o melhoramento das condições e dos procedimentos democráticos. A questão que inspira essa política é a seguinte: "O que é preciso para dar voz às pessoas?". O segundo sentido no qual essas teorias são mais políticas está no modo como tratam e consideram "o político" como entendido pelos pós-modernos. Lutas e contestação, pluralismo e diferença não são etapas no caminho para o socialismo; mas são partes constitutivas de nossa vida pública. Mesmo se o consenso como um ideal for mantido, deve-se reconhecer que todo consenso empírico é corrigível, falível e sujeito à mudança. Além do mais, isso não impede de se reconhecer que o poder e a coerção são partes permanentes da vida pública e tampouco implica o derrotismo de desistir de tomar posições a partir das quais possamos criticar estruturas particulares de poder e de coerção e, assim, procurar minorar suas influências em nossas vidas.

Todavia, existe um sentido no qual a terceira geração da Teoria Crítica está presa do mesmo modo que a primeira e a segunda gerações. Ao abandonar o vanguardismo em favor da democracia, a Teoria Crítica será sempre limitada pela vontade democrática. Como afirma Benhabib, "a ética do discurso não se apresenta, ela mesma, como uma matriz para práticas e instituições em mudança; ela é um modelo idealizado de acordo com o qual podemos aferir a probidade e a legitimidade de práticas existentes e aspirar a reformá-las, *se e quando* existir vontade democrática dos participantes para assim fazer".[59] Essa autolimitação democrática é uma coisa boa, mas também pode ser frustrante.

---

[59] Ibid., p. 115.

10 A Teoria Crítica e a análise da sociedade contemporânea de massa*

HAUKE BRUNKHORST

REVOLUÇÃO NOS MEIOS DE COMUNICAÇÃO

Em fevereiro de 1848, o *Manifesto do partido comunista*, de Karl Marx e Friedrich Engels, apareceu no *Red Republican* de Londres. Esse tratado constituiu a única celebração do poder revolucionário da nova época burguesa. Marx e Engels esperavam da burguesia e de sua época não apenas a liberação de *todas* as forças produtivas da humanidade, mas também a revolução permanente de *todas* as relações de produção e, mais ainda, de *todas* as relações sociais:

> A burguesia não pode existir sem revolucionar continuamente os meios de produção e, portanto, as relações de produção e, com elas, as relações sociais como um todo. (...) A transformação contínua da produção, o abalo constante de todas as condições sociais, a permanente agitação e insegurança distinguem a época burguesa de todas as precedentes. Dissolvem-se todas as relações sociais antigas e cristalizadas, com seu cortejo de preconceitos e de convicções secularmente veneradas; as relações que as substituem tornam-se antiquadas antes mesmo de se estabelecerem. Tudo o que era feudal e estável vira fumaça, tudo o que era sagrado é profanado, e os homens são finalmente obrigados a encarar com serenidade suas condições de existência e suas relações recíprocas.[1]

---

* Este capítulo foi traduzido do alemão para o inglês por James Hebbeler
[1] Karl Marx & Friedrich Engels, *Later Political Writings*, edição e tradução de T. Carver, Cambridge: Cambridge University Press, 1996, p. 4.

As sociedades pré-modernas sempre tiveram somente uma solução para a notória pobreza das grandes massas, a saber, a *caritas* organizada a partir de cima.² A industrialização e o aperfeiçoamento dos meios de comunicação por meio do comércio extensivo – juntamente com seus imensos efeitos aceleradores – permitiu inicialmente ações autônomas e solidárias de grande parte da população que até então havia sido condenada à passividade política. O que promove – assim perguntavam Marx e Engels no *Manifesto* – a solidária "união dos trabalhadores"? Não é a simpatia local da associação compartilhada, a afeição amigável de cidadãos igualmente bem-sucedidos situados em uma pólis, mas "a estrada de ferro", "o comércio extensivo" e "os meios avançados de comunicação criados pela indústria moderna, os quais colocam em contato trabalhadores de diferentes localidades (...). A união, que levava séculos para ser obtida pelos trabalhadores da idade média, com seus caminhos miseráveis, é realizada pelo proletariado moderno em apenas poucos anos, graças a suas estradas de ferro".³

De modo semelhante, como seria afirmado um pouco depois pelo pragmatismo democrático de John Dewey, o Esclarecimento e o progresso tecnológico eram pensados como formando um contínuo com a "prática crítica", com as "atividades revolucionárias" de atores políticos e sociais.⁴ Não poderia existir liberdade igualitária, democracia de massa e nem socialismo sem crescimento econômico tecnologicamente induzido.⁵ Essa suposição conectou o marxismo com o pragmatismo e, apesar de todas as suas revisões, alterações radicais e renovações, Horkheimer, Adorno e Habermas nunca a abandonaram.

Exemplar em relação a isso é a afirmação de Walter Benjamin de que a reprodutibilidade tecnológica da obra de arte destrói a aura da arte afirmativa de classe e libera, por meio dessa destruição, a energia revolucionária de uma crítica redentora. Segundo Benjamin, tal crítica torna supostamente

---

[2] Ver meu *Solidarität. Von der Bürgerfreundschaft zur globalen Rechtsgenossenschaft*, Frankfurt am Main: Suhrkamp, 2002, p. 40ss.

[3] Marx and Engels, *Later Political Writings*, p. 9.

[4] "Theses on Feuerbach", em *Early Political Writings*, edição e tradução de J. O. Malley e R. Davis, Cambridge: Cambridge University Press, 1994, p. 116 (Tese I).

[4] Sou grato a Rudolf Stichweh pela discussão do significado geral dessa tese.

possível a reapropriação da promessa messiânica de redenção, uma promessa meramente oculta sob o brilho "burguês" da aura (*I* 217-151; *BGS* I.2, 435-467).⁶ Com efeito, a ênfase messiânica na salvação, que sempre se dirige às massas expropriadas e maltratadas *por meio* do progresso tecnológico e, assim, da *cultura de massa* – particularmente por meio do cinema –, é claramente mais conservadora aqui do que em Marx. Para Benjamin, não era apenas uma questão de deixar para trás, no curso da revolução comunista (que ele ainda esperava na década de 1920), a penosa "tradição de todas as gerações assassinadas" que "oprime como um pesadelo o cérebro dos vivos".⁷ Tampouco era simplesmente uma questão de romper, junto com os iluministas Marx e Freud, o poder do passado sobre o presente. Benjamin também pretendia entender a promessa messiânica de redenção – e, apesar de suas numerosas diferenças, é aqui que ele está de acordo com Adorno – a partir dos "detritos" do passado, dos "nomes, gritos de guerra, costumes", dos "disfarces" e das "linguagens emprestadas" da herança semântica que Marx apenas desdenhou como "tradição". Além disso, para Benjamin, o universalismo dessa promessa messiânica de redenção se estenderia cronologicamente mais adiante do que o universalismo de Marx, o qual era limitado às gerações presentes e futuras.⁸

---

⁶ Sobre a ideia de uma crítica redentora, ver Jürgen Habermas, "Bewußtmachende oder rettende Kritik – die Aktualität Walter Benjamins", em *Zur Aktualität Walter Benjamins*, ed. S. Unseld, Frankfurt am Main: Suhrkamp, 1972, p. 173-223.

⁷ *The Eighteenth Brumaire of Louis Bonaparte*, em Marx & Engels, *Later Political Writings*, p. 32.

⁸ Em Benjamim encontra-se a observação afirmativa e descuidada de que a revolução comunista equivale em última instância a "despertar os mortos e recompor o que foi destroçado". Benjamim não toma isso, todavia, no sentido de uma iluminação sagrada, mas no sentido de uma peculiar "iluminação profana" (I, 253-264; *BGS* I.2, 691-704). Ele chama essa iluminação de "profana" porque ela não se refere teologicamente à *restauração* literal dos destroços (o que não está em nosso alcance), mas, antes, a sua capacidade de ser citada (inerente aos atos de fala humanos): "somente uma humanidade redimida recebe a plenitude de seu passado – ou seja, somente para uma humanidade redimida seu passado torna-se citável em todos os seus momentos" (I, 254; *BGS* I.2, 694). O que Benjamim imagina é uma "emancipação da (...) arte *em relação à* tradição, [que] produz a emancipação *da* [própria] tradição" (David Roberts, *Art and Enlightenment. Aesthetic Theory after Adorno*. Lincoln: University of Nebraska Press,

Até mesmo Adorno adota a tese da unidade entre tecnologia e liberdade, quando ele explica o progresso tecnológico no "domínio sobre a matéria" na arte moderna – sendo, a esse respeito, contrário ao pensamento mais clássico e conservador de Marx[9] – como a condição necessária de todos os ganhos estéticos em relação à liberdade (*AT* 35, 66, 134, 186, 208-212, 248, 285, 288ss.; *AGS* VII, 59, 104, 202, 278, 310-316, 368, 424, 428ss.; *NL* I, 260; *AGS* XI, 303; *PMM* 34, 64-66, 185-186; *AGS* XII, 40, 65-66, 169-170). Adorno entende a arte moderna como a emancipação das forças produtivas da própria arte. A "energia antitradicionalista" do trabalho autônomo deve ser liberada somente após o domínio das forças produtivas ter alcançado um nível tecnicamente avançado (*AT* 280; *AGS* VII, 416). A "técnica" é "constitutiva" para a arte, e "somente por meio da técnica, o meio de sua cristalização", a arte se distancia do que é "prosaico e efetivamente existente" (*AT* 213, 217; *AGS* VII, 317, 322; cf. *PMM* 7, 36, 42, 52; *AGS* XII, 16, 42, 47, 55). Mesmo na sombria crítica da tecnologia e na explicação da "indústria cultural" que Horkheimer e Adorno desenvolveram na *Dialética do Esclarecimento*, Adorno mostra-se ainda fascinado pelas "mais prodigiosas forças produtivas" (*DE* 102; *AGS* III, 150) que emergem na produção industrial da cultura exotérica de massa e que se comunicam – por vias subterrâneas – com a arte esotérica da estética de vanguarda. A cultura de massa democratizada "revela" o suposto "estilo genuíno" de toda a arte do passado "como o equivalente estético da dominação", o que corresponde à "desconfiança do estilo do grande artista" – aqui Adorno nomeia Mozart, Schoenberg e Picasso (*DE* 94-96, 99, 103, 105ss., 125-126; *AGS* III, 141, 143, 147, 151, 154ss., 178; cf. *DE* 115; *AGS* III, 166).

A vanguarda e a indústria cultural se juntam na suspeita prática em relação à "unidade" e à "autenticidade de estilo" na arte clássica como uma arte da classe dominante (*DE* 103ss.; *AGS* III, 151ss.). Para Adorno, uma condição necessária da tendência totalitária dos "triunfos da propaganda" é que os "consumidores" "vejam através" da forma socialmente determinada

---

1991, p. 22). Desse modo, é claro que Benjamim dificilmente poderia ter em mente o pós-modernismo como a imagem da humanidade redimida. A adoção imediata do discurso teológico em um contexto não mais teológico é precisamente aquilo que o mantém afastado disso.

[9] Cf. Marx, *Grundrisse*, tradução de M. Nicolaus, Harmondsworth: Penguin, 1973, p. 111.

dos "produtos culturais" enquanto tais (*DE* 136; *AGS* III, 191). Pelo menos nessa característica constitutiva do desencantamento, a indústria cultural é progressiva. Ela força os seres humanos a perceberem suas relações "com sentidos sóbrios" (Marx). Não há liberdade *sem* alienação, mecanização ou "mediatização" (*DE* 73; *AGS* III, 112; ver, também, *EC* 241ss.). Esse é o "ponto de não retorno" até mesmo da dialética mais negativa. Adorno também se afasta regularmente da crítica cultural conservadora com o argumento "de que a devastação forjada pelo progresso pode ainda tornar-se boa, se tanto, *somente por meio de suas próprias forças*, nunca pela restauração das condições precedentes que foram suas vítimas" (*AA* 138; *AGS* X.2, 630). Essa consideração distingue fundamentalmente Adorno em relação a Heidegger e Hannah Arendt, os quais "pensam de volta" (*nach-denken*) à fonte – seja poética ou política – *antes* que as forças produtivas estejam liberadas.

Marx permanece sendo a referência central da Teoria Crítica da cultura de massa. Com o "descobrimento da América" e a "circunavegação da África", escrevem Marx e Engels no *Manifesto*, a dependência geral das nações entre si chegou ao fim, e as novas tecnologias – não apenas o "telégrafo elétrico", que tornaria "as comunicações infinitamente mais fáceis" – certamente deveriam, ao cabo, "arrastar todas as nações, mesmo as mais bárbaras, para a civilização" e "arrancar uma parte significativa da população do embrutecimento da vida rural".[10] Com o crescente discernimento em relação à interdependência global, a perspectiva provincial do mundo europeu é descentrada:

> Em lugar do antigo isolamento de localidades e nações que se bastavam a si mesmas, temos um comércio universal, uma dependência universal das nações entre si. E tal como na produção material, assim também na produção intelectual. As criações espirituais de uma nação tornam-se domínio público. A unilateralidade e a estreiteza nacionais tornam-se cada vez mais impossíveis, e uma literatura universal é constituída a partir das muitas literaturas nacionais e locais.[11]

---

[10] Marx & Engels, *Later Political Writings*, p. 2, 5.

[11] Ibid., p. 5.

De fato, o falecido Adorno serve-se dos mesmos argumentos até mesmo em defesa do poder educativo da televisão – em relação à qual ele era comumente cético e suspeitoso –, com o fim não de promover a revolução, mas de salvar o que ainda poderia ser salvo. Em seu ensaio bastante conhecido, "Educação após Auschwitz", Adorno escreve que a disseminação universal desses meios de comunicação seria capaz de ajudar a mitigar, por meio da difusão de programas televisivos apropriados, o pior barbarismo da vida rural (*AA* 24-25; *AGS* X.2, 680).

Os *meios de comunicação de massa*, diz a tese central do *Manifesto*, são o meio *tanto* da globalização dominada pelo capitalismo *quanto* da emancipação das massas em relação a todas as relações de dominação, capitalistas e pré-capitalistas. Para Marx, Ernst Bloch, Adorno e Marcuse, a tecnologia fica do lado do "*extenuado e sobrecarregado*", do "*oprimido e degradado*".[12] Na *Dialética do Esclarecimento*, que trata extensivamente dessa última questão, Horkheimer e Adorno sustentam firmemente a ideia de que o universalismo da verdade objetiva é incorporado aos "instrumentos" e às "máquinas", o que *também* deveria ser continuamente utilizado para remover aqueles instrumentos e máquinas de seu uso unilateral no interesse de formas particulares de dominação. O "instrumento", o "armamento", a "linguagem" (incluindo os da cultura de massa) – assim como "a lei e a organização" (incluindo "a lei e a organização" da indústria cultural) – exigem que as classes proprietárias equipadas com eles sujeitem seus interesses a um momento de possibilidade de generalização:

> A dominação, ao tornar-se reificada como lei e organização (...), teve que limitar a si mesma. Os instrumentos de poder – a linguagem, os armamentos e, por fim, as máquinas –, que são destinados a manter a todos sob seu domínio, devem por sua vez ser dominados por todos. Desse modo, o momento da racionalidade na dominação também afirma a si mesmo como algo diferente desta. A qualidade reificada dos meios, (...) sua "validade objetiva" para todos, implica ela mesma uma crítica da dominação (*DE* 29; *AGS* III, 60).

---

[12] Ernst Bloch, *Naturrecht and menschliche Würde*, 2a. ed., Frankfurt am Main: Suhrkamp, 1975, p. 13.

Certamente, o tom de 1945, quando tornou-se conhecida toda a extensão da 'morte em massa' produzida industrialmente, era infinitamente mais defensivo do que aquele de 100 anos atrás, no início da revolução europeia, em 1848. Passagens textuais exemplares, tais como as citadas acima, demonstram que a tese acerca da conexão interna entre crescimento tecnológico e liberdade igualitária permaneceu a mesma em seu núcleo ortodoxo. Horkheimer e Adorno também sustentam que a indústria cultural tem a mesma capacidade, guiada pela tecnologia, de descentralizar a dominação particularizada e de promover a autonomia geral: "Contra a vontade daqueles que a controlam, a tecnologia tem transformado os seres humanos de crianças em pessoas" (*DE* 125; *AGS* III, 178).[13]

Existe uma forte tendência, entre os membros da primeira geração de teóricos críticos (Benjamin, Marcuse, Horkheimer, Adorno, Leo Löwenthal), de denunciar o progresso social-democrata em direção à sociedade igualitária de massa como uma duplicação "unidimensional", "tecnocrata" e "positivista" do "que já é o caso" e também denunciar, como uma igualdade de servidão, a igualdade que foi alcançada (*O* 19ss., 144ss.; *I* 258-261; *BGS* I.2, 698-701; *ND passim*; *AGS* VI *passim*; *HGS* V, 377-395; *FL* 44-61; *MS* VIII, 60-78; *DE* 118-119; *AGS* III, 170). Enquanto as relações de produção permanecem determinadas pela lei capitalista do mercado livre – a "forma do valor" de Marx[14] –, a sociedade de massa tende a transformar todo ser humano em escravo. *Após* a experiência de o rádio se tornar "a garganta universal do *Führer*" "no facismo", Adorno avança a tese provocativa de que a "tendência imanente do rádio" é a de transformar atos de fala dialógicos de "recomendação" em atos diretivos de "comando" – uma tese que se encontra a uma clara distância do primeiro Benjamin e da teoria socialmente otimista do rádio de Brecht (*DE* 128ss.; *AGS* III, 182ss.). Na Escola de Frankfurt do ano de 1968, Adorno ainda citava o elitista Nietzsche a fim de expressar o igualamento repressivo que resulta da cultura de massa: "Um rebanho, mas

---

[13] O que segue imediatamente é, certamente, a folha de débito que reflete o custo do progresso. Ver também a segunda seção, abaixo.

[14] Marx, *Capital*, vol. 1, ed. E. Mandel e tradução de B. Fowkes (Harmondsworth: Penguin, 1990), p. 138-177.

nenhum pastor" (*AA* 116; *AGS* VIII, 360). E, no final dos anos de 1930, Benjamin descrevia, em poucas palavras, "o progresso social-democrático" como uma "catástrofe" (*I* 257-258, 260; *BGS* I.2, 697, 698, 700).

Todavia, apesar de tais declarações aparentemente inequívocas, o progresso social-democrático permanece como *a pressuposição indispensável* de toda tentativa de crítica da cultura no círculo em torno a Horkheimer. A ideia efusiva, cripto-teológica, de Benjamin acerca do "verdadeiro progresso" permanece vazia e insubstancial sem a intermediação do conceito profano, "social-democrático", do efetivo "progresso do domínio sobre a natureza", da tecnologia e dos meios de comunicação: "Ambos os conceitos de progresso comunicam-se entre si, não somente quanto a evitar o desastre final, mas também em relação a toda forma efetiva de atenuar o sofrimento que persiste" (*AA* 138; *AGS* X.2, 630).[15] O nível igualitário da cultura de massa somente pode ser diminuído ao custo da reincidência em relações piores de dominação. Escreve Marcuse:

> A crítica do Estado de bem-estar social em termos de liberalismo e conservadorismo (com ou sem o prefixo "neo-") apoia-se, para sua validade, na existência das próprias condições que o Estado de bem-estar social superou, a saber, um baixo nível de riqueza social e de tecnologia. Os aspectos sinistros dessa crítica revelam-se na luta contra uma legislação social abrangente e contra o custeio governamental adequado de outros serviços que não aqueles da defesa militar (*OC* 50).

Em seu modo aforístico, Adorno converte essas ideias de solidariedade igualitária em uma crítica ideológica do entendimento burguês da arte: "O burguês deseja uma arte voluptuosa e uma vida ascética; o contrário deve ser melhor" (*AT* 13; *AGS* VII, 27).

---

[15] Adorno refere-se ao exemplo do Titanic, um precoce modelo para o entrecruzamento que se seguiu entre o progresso tecnológico, a encenação da indústria cultural e a crítica cultural conservadora. Ele faz a seguinte objeção a esse tipo de crítica cultural conservadora: "Aquele que esfrega presunçosamente suas mãos diante da lembrança do naufrágio do Titanic, porque o *iceberg* supostamente desferiu o primeiro golpe na ideia de progresso, esquece ou escamoteia o fato de que esse desastre incidental, que de forma alguma era profético, provocou medidas que na metade seguinte do século protegeram as viagens marítimas de catástrofes naturais imprevistas" (*AA* 138; *AGS* X.2, 630).

A DIALÉTICA DA CULTURA DE MASSA

No *Manifesto*, tem-se frequentemente a impressão de que a liberdade, a igualdade e a solidariedade são os propósitos intrínsecos e o *telos* histórico do desenvolvimento dos meios de comunicação modernos. Porém, a liberdade e a solidariedade não são, de modo algum, o *telos* intrínseco do desenvolvimento das forças produtivas e dos meios de comunicação. Elas representam apenas a *condição de possibilidade* da liberdade igualitária. Os comentários de Marx acerca da sucessão dos eventos de 1848 na Paris revolucionária mostram que ele superou o esquema teleológico de uma filosofia materialista da história, visto que ele faz referência direta à multiplicidade contingente dos eventos históricos. Os eventos históricos, cujo sucesso e fracasso devem ser atribuídos pelos seres humanos a si mesmos, não são de modo algum determinados antecipadamente por meio da lógica do *desenvolvimento histórico* – ou evolução – das forças produtivas e das relações de produção.[16] A partir da perspectiva do acontecimento histórico, o *potencial para a liberdade e para a solidariedade*, que se desenvolve com a disseminação ilimitada de meios sempre mais novos de comunicação, é acompanhado pela sombra de um não menos considerável *potencial para a repressão e para a manipulação*.

Em junho de 1848, exatamente quando a tradução francesa do *Manifesto* apareceu em Paris, uma revolta de trabalhadores parisienses foi debelada de modo sangrento e, assim, com a prisão de seus líderes, desapareceram os interesses dos trabalhadores por um regime revolucionário de uma assembleia nacional constitucionalmente sancionada. O "movimento real" do comunismo, que Marx pretendia, no *Manifesto*, performática e profeticamente provocar, parece voltar a ser o "espectro" com cujo desencantamento Marx e Engels haviam iniciado a publicação em fevereiro do mesmo ano.[17] A imagem projetada do "espectro vermelho" havia assustado as classes dominantes

---

[16] Jürgen Habermas, "Geschichte und Evolution", em *Zur Rekonstruktion des Historischen Materialismus* (Frankfurt am Main: Suhrkamp 1976), p. 200-259; cf. *LC* 30-31. Para uma consideração contemporânea, ver meu "Evolution und Revolution – Hat die Evolution des politischen Systems eine normative Seite?", em *Das System der Politik*, ed. K.-U. Hellmann, K. Fischer & H. Bluhm, Wiesbaden: Westdeutscher Verlag, 2003, p. 326-335.

[17] Ver *Manifesto of the Communist Party* em *Later Political Writings*, p. 1-12 e *Eighteenth Brumaire*, p. 33-34.

da Europa de tal modo que o "estado de sítio", simulado em junho em Paris, "encontrou seu caminho por todo o continente" em questão de semanas.[18] A partir desse momento, Marx e Engels começaram a escrever sobre a revolução *e* a contrarrevolução. Logo após o golpe de Estado do presidente Luís Bonaparte em 2 de dezembro de 1851, Marx redigiu, ao longo do inverno, em seu exílio em Londres, uma obra que começa imediatamente com uma discussão acerca da "grande tragédia" da revolução de 1789 e que silencia a ênfase no progresso do inverno do levante de 1848.[19] Em seu lugar, apareceu um primeiro capítulo da *Dialética do Esclarecimento*.

Do mesmo modo como Adorno constata, em 1944, a "liquidação da tragédia" na transição da arte autônoma burguesa para a indústria cultural socialmente inclusiva, Marx havia iniciado sua polêmica de 1852 com a observação da mudança da política revolucionária da "grande tragédia" da revolução de 1789-1814 para a "farsa esfarrapada" dos anos de 1848-1851 (*DE* 124; *AGS* III, 177).[20] O que Marx descreve no *Dezoito de Brumário de Luís Bonaparte* é o enfraquecimento do vigor revolucionário de ambas as classes mais progressivas da sociedade civil – a saber, a burguesia e o proletariado. E ele descreve essa dupla derrota histórica – a do proletariado em junho de 1848 e a da burguesia "numa bela manhã" de dezembro de 1851 – como uma recaída do esclarecimento na superstição, da autonomia na heteronomia, ou seja, como a "liberação" da "sociedade civil em relação ao problema (...) de governar a si mesma".[21] Aqui tornam-se visíveis os contornos da tese que Horkheimer e Adorno desenvolvem na *Dialética do Esclarecimento*.

Na linguagem da *Dialética do Esclarecimento*, Luís Bonaparte foi o primeiro "mestre" do "monopólio cultural" (*DE* 96; *AGS* III, 143) e, ao mesmo tempo, sua "máscara característica": uma "síntese de Beethoven e Cassino de Paris" (*DE* 107; *AGS* III, 157).[22] Ele venceu campanhas eleitorais e manteve o apoio popular por meio da utilização manipuladora dos novos meios de comunicação celebrados por Marx e Engels no *Manifesto* como instrumentos da solidariedade

---

[18] *Eighteenth Brumaire*, p. 46-47.
[19] Ibid., p. 31-32.
[20] Ver, também, ibid.
[21] Ibid., p. 46-47.
[22] Sobre a "máscara característica", cf. ibid, p. 66-67; *Capital*, 1, 170.

proletária. A sensata descoberta do *Dezoito de Brumário* é a de que os novos meios de comunicação obviamente aceleram não apenas a solidariedade das massas exploradas, mas também aquela entre seus senhores. Bonaparte utilizou não somente o efeito acelerador da publicação de massa e do telégrafo, mas, acima de tudo, a velocidade das estradas de ferro para estabelecer na França um estilo de campanha eleitoral bastante inovador, organizado completamente em termos de propaganda e que se estendia por todo o país – com efeito, tal como as campanhas no sentido militar. Com tais meios, ele foi capaz de estabelecer sua presença em todo o país e de organizar plebiscitos cuja proclamação era manipulada.[23] Se a observação de Marx for associada, em um conceito dialético negativo, com o mote de Adorno, pode-se dizer que, pela primeira vez na Europa, *o esclarecimento como ilusão de massa* foi realizado em larga escala.

Todavia, é possível utilizar os novos meios de comunicação no interesse daqueles que estão no controle e convertê-los em poder político do ditador unicamente porque as relações modernas de produção e o concomitante estabelecimento universal da propriedade privada produzem uma segmentação da sociedade entre "*classes* organizáveis" politicamente e uma "*massa* inorgânica", apolítica, de indivíduos atomizados – uma "população supérflua" economicamente.[24] Tanto a "massa inorgânica" do (minoritário) "*Lumpenproletariat*", nas cidades em rápido crescimento, quanto as (majoritárias) massas camponesas empobrecidas das planícies foram libertadas de qualquer laço feudal pelo *Code civile* napoleônico; ainda assim elas não possuíam nada, nenhuma autoconsciência própria, com que pudessem se opor à manipulação de larga-escala da indústria cultural.[25]

Marx, entretanto, não chegou a dar à tese da *Dialética do Esclarecimento* – de que a autonomia está desmantelando-se em heteronomia – aquela forma paradoxal e aporética posteriormente assumida com Adorno. Duas diferenças importantes vêm à tona:

1. Em primeiro lugar, é unicamente a população rural *atrasada* que, sob condições especiais de empobrecimento (cujas bases têm sido criadas

---

[23] *Eighteenth Brumaire*, p. 77-92.

[24] Ibid., p. 50.

[25] Ibidem.

pela moderna propriedade privada igualizante), pode se tornar a ditadura dirigente para a base atomizada das massas. O proletariado urbano ainda não apreendeu a degeneração da classe organizada em massas atomizadas (com a exceção do minoritário, ainda que militante, *Lumpenproletariat*). No entanto, é essa observação chocante que instiga Horkheimer e seus amigos e colaboradores do Instituto de Pesquisas Sociais de Frankfurt, com a chegada de Hitler ao poder em 1933, a generalizarem a tese da atomização para toda a sociedade. Essa tese, que é agora sustentada por suas próprias investigações empíricas, já havia se desenvolvido, naquela época, passando de uma ampla discussão da crítica da cultura e da psicologia social para uma discussão do fenômeno de "massas".[26] Não é a população rural atrasada, mas as classes *mais avançadas* e mais bem organizadas da sociedade, incluindo o proletariado urbano, que estão se desintegrando em massas atomizadas e manipuláveis sob o domínio "daqueles que estão no controle do sistema" (*DE* 131; *AGS* III, 185); são estas classes que internalizam a autoridade exterior sem desenvolverem ao mesmo tempo a força para transformar aquilo que está sendo internalizado em resistência contra o exterior. A partir do declínio observado no potencial emancipatório dos novos meios de comunicação e da emergência simultânea do potencial repressivo destes, Horkheimer, Marcuse e Adorno concluíram que não existe mais uma abertura revolucionária à mão na totalidade negativa da história. Ao contrário, no final dos anos de 1930, no exílio americano, eles substituíram a generalização positiva com uma sobregeneralização negativa. A filosofia positiva da história – superada por Marx em face de suas experiências negativas, mas renovada ulteriormente no marxismo ortodoxo – reverte-se em seu oposto: uma *filosofia negativa da história*.

A "cultura atual", assim começa o capítulo sobre a indústria cultural, "está infectando tudo com a mesmice. O cinema, o rádio e os periódicos produzem um sistema" (*DE* 94; *AGS* III, 141). Esse sistema forma uma unidade com o

---

[26] Cf. Siegfried Kracauer, "Das Ornament der Masse" and "Die Angestellten. Aus dem neuesten Deutschland", em *Schriften* (Frankfurt am Main: Suhrkamp, 1990), I, 203-304; V.2, 57-67; Erich Fromm, *Arbeiter and Angestellte am Vorabend des Dritten Reiches*, Stuttgart: DVA, 1980.

"monopólio cultural" que se estende sobre toda a sociedade e que, por sua vez, forma uma unidade com o "sistema econômico" (*DE* 96ss., 105, III; *AGS* III, 143ss., 154, 161). A mensagem negativa do capítulo é que a redução da sociedade a um único sistema corre o risco de tornar-se completa, tanto como um resultado da cultura de massa possibilitada pela tecnologia e organizada pela indústria capitalista, quanto como um resultado da inclusão dos "espectadores" – *em si mesma* democrática e igualitária – na liquidação da esfera privada (*DE* 104ss., 110; *AGS* III, 153ss., 160). "A manipulação e a necessidade retroativa" formam um "ciclo" que "está unificando o sistema de modo cada vez mais rígido" (*DE* 95; *AGS* III, 142). E, de fato, este torna-se tão rigidamente unificado que "a classificação, explícita e implícita, exotérica e esotérica, do que é proibido e do que é tolerado" estende-se de tal modo "que ela não apenas define a área deixada livre, mas a controla totalmente" (*DE* 101; *AGS* III, 149). As técnicas de normalização da indústria cultural "produzem, dirigem e disciplinam" o indivíduo (*DE* 115; *AGS* III, 166, ver também *DE* 116-117, 121; *AGS* III, 168, 173). Adorno descreve a "existência no capitalismo tardio" como um "permanente rito de iniciação. Cada um deve mostrar que se identifica sinceramente com o poder que o golpeia" (*DE* 124; *AGS* III, 176). O poder torna-se invisível – pode-se dizer, empregando uma variação do pensamento de Brecht – por assumir proporções colossais.[27] Em uma linguagem que "se tornou totalitária", não é mais possível ouvir "a violência que se faz às palavras" (*DE* 135, tradução modificada; *AGS* III, 190).

Muito disso traz à memória dos leitores atuais não apenas a teoria foucaultiana do poder, que tem diante dos olhos o fenômeno similar da penetração desdiferenciadora – "controle total" *versus* "definição" (ver *DE* 101; *AGS* III, 149) – do corpo social coletivo pelas técnicas de poder e controle; traz ainda à memória a mais recente teoria feminista do sujeito e de como ela se desenvolveu, seguindo Foucault e Althusser, no trabalho de Judith Butler.[28]

---

[27] A afirmação de Brecht no original lê-se: "A estupidez torna-se invisível por assumir proporção terrível".

[28] Ver, por exemplo, Judith Butler, *The Psychic Life of Power: Theories in Subjection*, Stanford: Stanford University Press, 1997. Sobre Foucault e Adorno, ver Axel Honneth, *The Critique of Power: Reflective Stages in a Critical Social Theory*, tradução de K. Baynes, Cambridge, Mass.: MIT Press, 1991.

A tese de Butler é que o poder *sobre* o sujeito consiste na adoção absolutamente *voluntária* da perspectiva do poder *pelo* sujeito. Somente por meio de tal adoção voluntária o poder é capaz de ampliar-se até os limites totalitários (mesmo em regimes políticos não totalitários). Todavia, isso requer, ao mesmo tempo, que o poder se torne dependente em relação às próprias contribuições do sujeito – um sujeito que foi subjugado por esse poder. Os seres humanos são "apêndices de máquinas" (Marx) unicamente porque eles fizeram "*de si mesmos*", como diz também Adorno, "o aparato que satisfaz as exigências do sucesso" (*DE* 136; *AGS* III, 191). Além disso, o poder *sobre* o sujeito, que tem sido ampliado para limites extremos, constitui-se como poder somente enquanto poder *(potentia)* do sujeito – e sobre esse ponto as teses de Butler e Adorno coincidem. Segundo a tese de Butler, o poder se constitui na medida em que o sujeito exerce poder sobre si mesmo e desta maneira obtém, por meio da submissão, espaço para a autonomia em geral.

A tese de Adorno de um "ciclo" entre a manipulação e a necessidade é estruturada de um modo muito similar à de Butler. Na medida em que a necessidade de um sujeito corporal se une, em um "ciclo" sistematicamente fechado, com o poder manipuladamente enganador, o poder torna-se total; porém, na unidade do ciclo, a unilateralidade da manipulação causal é superada (ver *DE* 95; *AGS* III, 142). As "massas iludidas" "têm suas aspirações" (*DE* 106; *AGS* III, 155). O surpreendente é que as aspirações também permanecem equivocadas e "sob a pressão" do sistema (*ND* 283-284; *AGS* VI, 279). "Elas insistem firmemente na ideologia pela qual são subjugadas. O amor pernicioso das pessoas pelo sórdido logrou-as a sobrepujar até mesmo a astúcia das autoridades" (*DE* 106; *AGS* III, 155). Sem a própria contribuição independente do sujeito, o poder não funciona, e os corpos subjugados pelo poder não podem "mostrar", de modo algum, que *se* "identificam" "sinceramente" com o poder (ver *DE* 124; *AGS* III, 176). *A dependência permanece, mesmo em sua totalidade, também recíproca.* "A individualidade é um produto da opressão, bem como o centro do poder que resiste a ela" (*ND* 283; *AGS* VI, 279). Como mostrarei na próxima seção, é sobre essa ideia que Adorno se apoia quando procura por uma saída do "ciclo" da autonomia.

No entanto, para os negativistas Adorno, Horkheimer e Marcuse, a tendência dominante do capitalismo tardio é em direção a um sistema de identidade que assimila tudo o que ainda não é assimilado, o que impede eficazmente qualquer desvio ou qualquer resistência. Os novos meios da cultura de massa que realizam tal assimilação incluem: o cinema falado, o rádio, as revistas, a fotografia, os contos, os desenhos animados, os automóveis, os filmes publicitários, as biografias populares, as canções de sucesso, as estrelas de cinema, a música *pop*, as novelas, os esportes, as manobras aéreas, a propaganda moderna, o *slogan* totalitário, o *close-up*, a arquitetura funcionalista, a televisão, o jazz, os anúncios e a música fácil (*DE* 94ss., 105ss., 128, 130-135; *AGS* III, 141ss., 154ss., 182, 184, 187, 189). O início da globalização desses meios parece nivelar diferenças fundamentais e constitutivas de liberdade, isto é, aquelas entre regimes democráticos e autoritários (*DE* 94, 99-100, 121-122, 134-135; *AGS* III, 141, 147, 174, 189).

Aqui, o "controle do sistema" não apenas se fecha contra qualquer resistência. A Teoria Crítica também se fecha em uma filosofia negativa da história, que a crítica científica não pode mais atingir, pois também a ciência positivista – de modo bastante próximo ao colocado pelo falecido Heidegger – caiu há muito sob o feitiço do sistema (*DE* 131; *AGS* III, 185). Embora a tendência em direção à autoimunização na Teoria Crítica tenha sido inequívoca desde os anos de 1940, não se deve perder de vista a tese que afirma a conexão interna entre crescimento tecnológico, igualdade e liberdade apresentada em suas partes constituintes na primeira seção acima. Essa sempre foi a premissa principal da crítica da cultura produzida pela Escola de Frankfurt. A advertência de Adorno em relação ao lado obscuro do progresso tecnológico e "democrático" conduz a uma direção diferente da frequente e similar advertência da crítica cultural conservadora. O problema não é a liberação da indústria cultural em relação às forças produtivo-tecnológicas, ou do igualitarismo da cultura de massa em relação à inclusão democrática. O problema é, em vez disso, o perigo da *desdiferenciação* regressiva, que aumenta simultaneamente com a tecnologia, com a divisão do trabalho e com a diferenciação funcional, e que resulta da crise de ajuste entre tecnologia, igualdade e dominação de classe.[29]

---

[29] A esse respeito, a teoria crítica mais antiga mostra-se como o negativo da sociologia funcionalista, a qual, desde Durkheim, passando por Parsons, até Luhmann, enfatiza acima de tudo a tendência para a diferenciação crescentemente inclusiva de esferas autônomas da sociedade, mas que apenas ocasionalmente considera o risco da desdiferenciação regressiva que corre paralelo a essa tendência. Isso só parece ter mudado com a recente inclusão de sociedades periféricas ("o terceiro mundo") no debate da globalização.

2. Para Marx, a tese da recaída da autonomia na heteronomia não se encontra apenas muito abaixo do limiar de uma afirmação negativista de totalidade; ela é, acima de tudo, uma tese *empírica*. Para Horkheimer e Adorno, por outro lado, essa tese é tomada, em sua versão mais forte, como sendo *conceitual*. Isso significa não somente que o esclarecimento e a autonomia *podem* recair no engano das massas e na heteronomia, sob certas circunstâncias – como aquelas que Marx descreve no *Dezoito de Brumário* (massas atomizadas, dominação particular de classe, poder executivo organizado ditatorialmente, uma constituição autocontraditória, estado de sítio, etc.) –, mas significa sobretudo que estão *necessariamente* conectados, em razão de sua estrutura interna, com a ilusão das massas e com a heteronomia.[30] Por isso, a história da filosofia é muito mais importante para Adorno do que para Marx. Assim, na *Dialética Negativa* de 1966, por exemplo, não mais importa, de modo algum, quais são as *condições* empíricas sob as quais a autonomia e a heteronomia podem reincidir. Em vez disso, Adorno tenta mostrar, no célebre capítulo sobre Kant intitulado "Liberdade", que não pode existir um *conceito* de autonomia que não tenha consequências heteronômicas (*ND* 211ss.; *AGS* VI, 211ss.; ver, também, *DE* 63ss.; *AGS* III, 100ss.). Uma versão tão radical da tese da recaída dialética corre o risco, entretanto, de um *materialismo individualista* para o qual conceitos gerais são basicamente *impensáveis* ou autocontraditórios. Não obstante, sempre que eles *são* pensados e transformados de massas atomizadas em esquemas comportamentais, isso é apenas um sintoma da ubíqua "falsa consciência" produzida pela indústria cultural ("Falsa consciência" é uma expressão que Adorno toma de Marx, a qual, entretanto, é removida da rede empírica da teoria social marxista e transportada, como carga explosiva da crítica da ideologia, para a rede conceitual de argumentos *a priori* – isto é, para o discurso filosófico.) Por isso, Adorno também chama a "falsa consciência" de "pensamento identificante". E, de modo correspondente, a negativa e paradoxal *consciência do não idêntico*, cuja função parece restringir-se a perturbar um "senso comum que adoeceu com sua [própria] saúde", toma o lugar da não mais possível *consciência verdadei-*

---

[30] Para uma crítica, ver *PD* 106-130.

ra.³¹ Na terminologia lógica do idêntico/não idêntico, Adorno formula, então, seu célebre paradoxo da autonomia:

> os sujeitos são livres (...) na medida em que são conscientes de si mesmos e idênticos a si mesmos; e, novamente, não são livres em tal identidade na medida em que permanecem sob e perpetuam as limitações dessa identidade. Enquanto naturezas não idênticas e difusas, eles não são livres e, todavia, como tal, eles são livres, visto que suas agitações esmagadoras – pois a não identidade do sujeito consigo mesmo não é nada além disso – livram-nos do caráter limitante da identidade (*ND* 299; *AGS* VI, 294).

Constelações dialéticas

A cultura de massa aparece, em muitas formulações de Horkheimer, Adorno e Marcuse, como falsa consciência. Onde o esclarecimento torna-se indistinguível da ilusão da massa, a coação do "pensamento identificante" não permite mais qualquer via de "escape" para o não idêntico, qualquer "possibilidade de resistência", qualquer "desobstrução" (*DE* 112-113; *AGS* III, 162, 164). Liberdade sem "desobstrução", sem alternativas, não é liberdade. Ela torna-se ilusória e, com isso, indistinguível da servidão (*DE* 135; *AGS* III, 190). No próprio início da *Dialética do Esclarecimento*, Horkheimer e Adorno mencionam um esclarecimento "totalitário" que não é mais capaz de fazer tais distinções (*DE* xv; *AGS* III, 12).

Uma vez que a teoria *é*, para a Teoria Crítica de Horkheimer a Habermas, "crítica" no duplo sentido da *Crítica da economia política* de Marx – isto é, crítica reflexiva *na* teoria e *de* seu objeto –, uma *crítica* da cultura de massa que, em sua formulação mais extrema, identifica esclarecimento com totalitarismo e ilusão

---

[31] Para discussões acerca da ideia de pensamento de identidade e não identidade, ver Josef Früchtl, *Mimesis* (Würzburg: Konigshausen & Neumann, 1986); Anke Thyen, *Negative Dialektik und Erfahrung* (Frankfurt am Main: Suhrkamp, 1989); Albrecht Wellmer, "Adorno, Anwalt des Nicht-Identischen. Eine Einführung", in *Zur Dialektik von Moderne und Postmoderne* (Frankfurt am Main: Suhrkamp, 1985), p. 135-167; Herbert Schnädelbach, "Dialektik als Vernunftkritik. Zur konstruktion des Rationalen bei Adorno", em L. Von Friedeburg and J. Habermas, *Adorno-Konferenz 1983* (Frankfurt am Main: Suhrkamp, 1983), p. 66-91; e meu *Theodor W. Adorno. Dialektik der Moderne* (Munich: Piper, 1990), p. 15ss., 242ss.

de massa priva-se de suas próprias bases. Se todo esclarecimento é totalitário e se o sistema põe tudo sob seu encanto, como a Teoria Crítica ainda pode, então, distinguir entre pensamentos e ações *verdadeiros* e *falsos*? Como, em uma vida "falsa", na qual, de acordo com o famoso aforismo de Adorno, "nada verdadeiro" existe, a Teoria Crítica é capaz de prover uma crítica daquilo que é falso? Ou, tomando um outro célebre aforismo, será que a proposição de que o todo é não-verdadeiro não pertence a esse todo? (*MM* 50; *AGS* IV, 55). De onde a Teoria Crítica obtém a competência para esclarecer-nos acerca do totalitarismo do esclarecimento? Horkheimer e Adorno sempre se proibiram, e a seus companheiros e alunos mais próximos, de assumir o ponto de vista do Deus platônico – "o ponto de vista de lugar nenhum", fora do sistema da sociedade – e defenderam essa proibição com argumentos que correspondem, em larga medida, à crítica da metafísica e do dualismo proposta pelo pragmatismo americano.

A sociedade moderna, pós-tradicional e funcionalmente diferenciada não pode mais ser criticada a partir de fora do mesmo modo que a sociedade aristocrática pré-moderna, estratificada e tradicional da filosofia platônica ou cristã; ao contrário, somente a partir de dentro pode-se ainda criticá-la. Por isso a dialética hegeliana tornou-se um instrumento proveitoso para a crítica; ela é particularmente apropriada para revelar os aspectos negativos daquilo que é (supostamente) positivo, mesmo que ela permaneça, não obstante, *dialética*, na medida em que também torna o momento constitutivo do positivo visível *no* negativo (como negação do negativo). Esse procedimento de determinar a negação é também adequado para a radicalização autorreflexiva e, portanto, para o ajuste às condições em que o esquema explicativo teleológico da razão que se desenrola na história – em sua versão idealista com Hegel, mas também em sua versão materialista mais fraca com Marx – perdeu toda plausibilidade histórica e deixou de ser cientificamente convincente.

Da geração fundadora da Teoria Crítica, somente Adorno persegue, de modo persistente, esse programa de uma *dialética negativa*, o qual, embora baseando-se, *com* Hegel e Marx, na negação determinada, é dirigido, ao mesmo tempo, *contra* o positivismo inerente – ainda que não manifesto – às concepções teleológicas de história de ambos. Enquanto Benjamin retorna aos fragmentos da teologia monoteísta precisamente no ponto em que o progresso social-democrático é superado. O falecido Horkheimer, por contraste, diante da tarefa da imanência, praticamente se resigna e se satisfaz com uma filosofia negativa da história em declínio. Em um dado momento existiu um ego forte, produto da repressão paterna e da afeição materna; no entanto, com o fim da família de classe média-alta, a fraqueza do ego tornou-se ubíqua (*HGS* V, 377-395). Em um dado momento existiram a razão objetiva e a grande arte; mas agora toda razão subjetiva é apenas um dos poderes econômicos que dispõem do sujeito, enquanto a arte como indústria cultural constitui-se agora unicamente como a eterna repetição do mesmo (*ER* passim; *HGS* VII, 81-103). Tais teses não conduzem para além de uma *negação indeterminada* da ordem existente. Todavia, se o retorno às caracterizações positivas extremamente questionáveis da metafísica for rejeitado – como faz o Horkheimer tardio –, permanece somente a esperança teológica negativa daquilo que não tem imagem e, assim, do totalmente outro.

Marcuse, por outro lado – e em contraste com Adorno e Horkheimer –, sustenta a ideia de uma *práxis* politicamente revolucionária.[32] Mas sua impressionante tentativa de *determinar* as possibilidades de uma revolução da sociedade capitalista tardia por meio de um regresso ao potencial pré-político de uma "subjetividade rebelde", a qual deveria ser reconhecida como a *fonte* das pulsões naturais humanas, recai, tanto claramente quanto de modo tácito, em premissas ontológicas fortes (*EC* 144-157, 203-216). Um retorno à potencialidade não pode mais ser atribuído ao desenvolvimento histórico das forças produtivas, nem aos meios de comunicação ou às relações sociais. Tal retorno conduz a uma crítica que pretende – de um modo filosoficamente efusivo – assumir um ponto de vista fora da sociedade, uma sociedade que não podemos abandonar quando falamos e escrevemos, como mostra *O homem unidimensional* (*O* IX-XVII, 58ss., 124ss., 128-129, 203ss., 215-218). Se a crítica for genuinamente política, como é o caso em Marcuse, então dificilmente resta qualquer outra possibilidade que não a do decisionismo revolucionário. Tal crítica parece ver-se obrigada – de um modo filosoficamente consistente – a apostar na revolta dos "proscritos e excluídos" que se levantam *contra* a maioria da população que está irrecuperavelmente vinculada ao sistema unidimensional da cultura de massa e *contra* o conformismo ubíquo

---

[32] Jürgen Habermas, "Die verschiedenen Rhytmen von Philosophie und Politik. Herbert Marcuse zum 100. Geburtstag", em *Die postnationale Konstellation*, Frankfurt am Main: Suhrkamp, 1998, p. 232-239.

de uma "sociedade sem oposição", que está "bloqueada" pelas operações da indústria cultural e pelas forças no controle (*O* IX ss., 19ss., 247ss., 256-257). Pode parecer que a "revolta" desesperada não altera nada em relação ao triunfo da "contrarrevolução"; mas ao contrário – como Marx, em sua época, havia afirmado em relação ao Estado do século XIX –, "toda revolução" "fortalece" a "máquina" contrarrevolucionária. No fim, nada permanece senão a "embaixada defensiva da beleza" (*CR* 79-128; *AD passim*).

De um modo diferente de Horkheimer, Benjamin ou Marcuse – e de modo menos político que este último –, Adorno tenta mediar a construção radicalmente negativista da história com o método da negação determinada e tenta mostrar, em uma elaborada teoria da arte e da cultura moderna, como a falsa consciência impele "para além de si mesma" (*AA* 138; *AGS* X.2, 630). Em sua crítica da "teoria da classe desocupada" de Veblen, é programaticamente afirmado que "a sociedade estabelecida e a outra sociedade não possuem dois tipos diferentes de verdade; porém, a verdade nesta sociedade é inseparável do movimento efetivo no interior da ordem existente e de cada um de seus momentos" (*P* 92; *AGS* X.1, 94; ver também *AA* 124; *AGS* VIII, 368-369).

Ainda é possível reconhecer aqui o traço da tese de Marx de fevereiro de 1848, que o comunismo (a "outra sociedade") não é um "espectro", mas um "movimento efetivo" na história da sociedade moderna (um "movimento real no interior da ordem existente e em cada um de seus momentos"). Esse movimento, entretanto, situa-se *na* sociedade estabelecida – com efeito, em cada um de seus momentos, ele situa-se *contra* essa sociedade. Acerca dessa sociedade, Adorno sustenta que ela é "inteiramente controlada" pelo *pensamento identificante* (*DE* 101; *AGS* III, 149). A contribuição extremamente ambivalente do pensamento identificante repousa na subjugação de "sujeitos" capazes de se relacionarem entre si somente como entidades corporais – não como o "fantasma na máquina" cartesiano (Gilbert Ryle) –, de acordo com o "caráter limitante da identidade" que comanda os sujeitos a partir de fora (*ND* 299, tradução modificada; *AGS* VI, 294). A completa realização da falsa consciência seria uma condição à qual os sujeitos, com todas as "agitações" "difusas" de seus impulsos espontâneos, estariam totalmente submetidos e na qual se tornariam "meras interseções de tendências universais" (*DE* 125; *HGS* III, 178).

Todavia, uma vez que o indivíduo das "relações materiais" (Marx) é muito complexo para tornar-se completamente controlado em qualquer tempo, um momento do "não idêntico" sempre se esquiva ao controle externo. Adorno gosta de justificar esse *primeiro* e inerente limite do poder disciplinador fazendo referência ao dito de Leibniz: *indivuduum est ineffabile*.[33] A cognição identificante nunca será capaz de penetrar e controlar completamente as "massas inertes" (Sartre) ou a contínua versatilidade dos corpos materiais. A irredutível ambiguidade esquiva-se ao alcance do controle total.

O poder social da disciplina e da normalização somente pode ser aumentado até o limite do poder total *sobre* os sujeitos quando estes conduzem, por iniciativa própria, as práticas de disciplina, de controle e de normalização que a autoridade externa espera deles – como visto acima, na segunda seção, a respeito da comparação entre Adorno e Butler. Todavia, no momento em que os sujeitos internalizam a perspectiva do poder, eles obtêm, desse mesmo poder que os suprime, a *potentia* de uma ação autônoma e, por isso, são "livres (...) na medida em que são idênticos a si mesmos" (*ND* 299, tradução modificada; AGS VI, 294). Tal liberdade, entretanto, é ainda defeituosa no sentido de que concede às agitações espontâneas a liberdade de emergir apenas ao longo dos estreitos caminhos permitidos a um sujeito idêntico a si mesmo (e aos imperativos sociais) e, além disso, disciplina tais agitações tão logo elas ameaçam romper com esses caminhos. Será possível dissolver esse paradoxo e, assim, escapar do "ciclo" dominante de "manipulação" e "necessidade" com o qual o poder disciplinador da indústria cultual subjuga o sujeito (*DE* 95-96; *AGS* III, 142)? Adorno vê duas possibilidades, mas somente a segunda conduz a uma variante da negação determinada.

1. A primeira tentativa de dissolver o paradoxo da autonomia encontra-se no caminho da metafísica dualista. Ela transforma esse paradoxo na "utopia hedonista de uma completa satisfação dos impulsos humanos".[34] Em uma tal utopia, a teoria e a prática desmoronam platonicamente e o não-idêntico torna-se o símbolo de um "todo que não é mais não verdadeiro".[35] Essa situação utópica deveria ser alcançada quando o não idêntico tivesse removido total e definitivamente o "caráter limitante da identidade" (*ND*

---

[33] Ver meu *Adorno*, p. 29-30.

[34] Schnädelbach, "Dialektik als Vernunftkritik", p. 91.

[35] Ibid.

299; *AGS* VI, 294). A falsa liberdade da cultura de massa permeada pela identidade – a "liberdade para ser perpetuamente o mesmo" – teria sido aniquilada junto com a "sociedade (...) existente", e a verdadeira liberdade das "agitações" que "subjugam" os sujeitos idênticos a si mesmos teria ressurgido. Porém, com tal liberdade, o velho dualismo agostiniano dos dois reinos também teria ressurgido (*DE* 136; *AGS* III, 190; *ND* 299; *AGS* VI, 294). O "absoluto (...), como a metafísica o imagina", escreve Adorno na *Dialética Negativa*, "seria o não idêntico que emerge somente após a dissolução das limitações da identidade" (*ND* 406; *AGS* VI, 398). Assim, somente agora, no momento da Queda da metafísica, poderia ele emergir – ou seja, no fim de todos os dias (da pré-história) (*ND* 408; *AGS* VI, 400).

Ainda que, nas *Minima Moralia*, Adorno considere cuidadosamente o conceito de uma utopia hedonista, tal conceito permanece completamente indeterminado enquanto negação daquilo que existe: "somente aquele que for capaz de situar a utopia no prazer somático cego, o qual, satisfazendo a intenção, é sem intenção, terá uma ideia estável da verdade" (*MM* 61; *AGS* IV, 68). A utopia hedonista de Adorno é uma utopia da *boa desdiferenciação*; porém, como tal, é acrítica, uma vez que obscurece, na névoa do perpetuamente idêntico, todas as distinções que se manifestam na vida efetiva da única sociedade existente. Democracia e fascismo, "anúncios" apolíticos e "*slogans* totalitários", canções populares e "guerras-relâmpago" não são, portanto, muito mais que "as mesmas coisas" – exatamente como o enuncia a crítica da cultura de Heidegger, motivada por uma filosofia originária (*DE* 96, 105-106, 134-135; *AGS* III, 143, 154, 189).[36]

A utopia *hedonista* de Adorno claramente carece da complexidade de seu paradoxo da liberdade, o qual toma como ponto de partida um conceito *unificado* de liberdade. Além disso, Adorno utiliza esse conceito de liberdade, que compreende ambos os lados do sujeito – o idêntico e o não idêntico –, para justificar as várias passagens no texto em que ele denuncia, como "o horror do difuso", a utopia *regressiva* de uma total liberação das coerções da

---

[36] Para as concepções de Heidegger sobre a mesmice (*Selbigkeit*) das contradições superficiais da cultura de massa (por exemplo, "Americanismo" vs. "Bolchevismo"), ver "The Age of the World Picture", em *The Question Concerning Technology and Other Essays*, tradução de W. Lovitt, New York: Harper & Row, 1977, p. 115-154.

identidade (*ND* 158; *AGS* VI, 160). Seu próprio entendimento da boa desdiferenciação, entretanto, não mais se distingue dessa regressão ao ruim. Por isso, um "fraco poder messiânico" (*I* 254; *BGS* I.2, 694; ver, também, *MM* 247; *AGS* IV, 283) – um poder que não está à disposição de ninguém – é exigido por aquilo que é *inexprimível* na sociedade existente, para que se faça a *indizível* distinção entre uma desdiferenciação boa e uma desdiferenciação regressiva e, portanto, para que se faça a *determinação* da realização utópica de negar o "desejo somático cego" (*NL* I, 245; *AGS* XI, 286; *AT* 204-205; *AGS* VII, 304-305).[37]

2. Por outro lado, o conceito benjaminiano de *constelação dialética*, que Adorno toma como um fundamento para sua teoria estética, abre o caminho para uma dissolução do paradoxo de Adorno acerca da liberdade, uma dissolução que é *interna à sociedade*. Para Adorno, tal conceito é invariavelmente uma constelação (seguindo a lógica de Hegel) entre a *universalidade* do pensamento identificante – um pensamento que é materialmente incorporado no crescimento das forças produtivas e dos meios de comunicação – e a *particularidade* da "natureza difusa", "não idêntica", das "agitações" que continuamente "subjugam" apenas o sujeito corporalmente existente (*ND* 299; *AGS* VI, 294). Tal universalidade do domínio controlador do pensamento identificante sobre o sujeito é o primeiro componente da constelação dialética, o qual, tomado por si mesmo, é falso e abstrato: a "falsa identidade da sociedade e do sujeito" (*DE* 124; *AGS* III, 177). A revolta anárquica do "desejo somático cego" de sujeitos individuais dispersos nas massas – sujeitos que se crêem capazes da realização *prática* da utopia hedonista – é o segundo elemento da constelação, o qual, considerado isoladamente, é igualmente falso e abstrato (*MM* 61; *AGS* IV, 68; cf. *PMM* 46-47; *AGS* XII, 51). É o "horror do difuso" (*ND* 158; *AGS* VI, 160) da negação indeterminada.

A solução do dilema encontra-se em uma mediação de ambos os "extremos", uma mediação que insere o potencial destes extremos para a liberdade em uma constelação que permite a ambos os lados – o *extremo* do pensa-

---

[37] Para a distinção entre *indizível* (*das Unsägliche*) e *inexprimível* (*das Unsagbare*), ver Michael Theunissen, "Negativität bei Adorno", em Friedeburg and Habermas, *Adorno-Konferenz 1983*, p. 45, 48-50.

mento identificante e o *extremo* do não idêntico – serem consequências um do outro. De acordo com o lado do pensamento identificante (e aqui a tese marxista ortodoxa inicial volta à tona), o nível mais desenvolvido das forças produtivas e dos meios de comunicação da sociedade deve ser avançar ao "extremo do controle sobre o mundo material". E, como um resultado da maneira como isso acontece, o outro lado – o não idêntico dos impulsos espontâneos – alcançaria "expressão" desobstruída e, desse modo, livre (*AT* 43ss.; *AGS* VII, 70ss.).

As obras bem-sucedidas dos "grandes artistas" são exemplos típicos que Adorno fornece de tais constelações, as quais liberam a produtividade da antinomia da liberdade, no processo de dissolvê-la. Essas obras são o produto de uma racionalidade técnico-construtiva elevada a seu extremo, a qual consiste no "poder racional das obras sobre tudo aquilo que lhes é heterogêneo" – isto é, sobre o não idêntico (*AT* 24, 36-37, 57-58, 212-213; *AGS* VII, 43, 62, 91-92, 316). De modo a realizar as potencialidades abstratas da arte, diz Adorno, "todo artista autêntico" deve ser "obcecado" por "procedimentos técnicos" (*AT* 44; *AGS* VII, 72). Em obras bem-sucedidas, o objetivo da construção técnica – que se constitui como um modo pelo qual o pensamento identificante se manifesta – não consiste simplesmente, de modo algum, em tornar possível a liberação da "natureza difusa" em relação ao "caráter limitante da identidade". A construção técnica não se encontra a serviço de uma utopia hedonista. Ao contrário, ela libera o poder libertador das "agitações" que "subjugam" o sujeito, porquanto, produzem mais uma vez sua natureza como uma segunda natureza – como o *resultado espantoso, incalculável e inovador* de uma construção estritamente consistente (*ND* 299; *AGS* VI, 294). "Aquilo que, nas obras de arte, se opõe ao espírito [construção, pensamento identificante] não é, entretanto, de forma alguma, o que é natural em seus materiais e objetos; mas constitui meramente um valor limitante nas obras de arte. Elas trazem em si mesmas aquilo que lhes é oposto" (*AT* 344; *AGS* VII, 512). Adorno esclarece como isso deve ser compreendido com um exemplo da indústria cultural – a arquitetura funcionalista –, em que a cultura exotérica de massa (a arquitetura funcionalista) corresponde à arte esotérica do período moderno (a música de orquestra): "O funcionalismo hoje, prototipicamente na arquitetura, precisaria levar a construção tão longe que ela adquiriria expressão por meio da rejeição das formas tradicionais e semitradicionais". Para Adorno, isso significa libertar, de uma maneira não-regressiva, o não idêntico do "caráter limitante da identidade". "A grande arquitetura adquire sua linguagem suprafuncional", na qual o não idêntico produz livremente, "quando ela opera diretamente a partir de seus propósitos, efetivamente anunciando-os de modo mimético como o conteúdo da obra. O Salão Filarmônico de H. B. Scharoun, em Berlim, é belo porque, a fim de criar as condições espaciais ideais para a música de orquestra, ele assemelha-se a essas condições, sem apropriar-se delas" (*AT* 44; *AGS* VII, 72-73).

Essa realização da arquitetura funcionalista esteticamente bem-sucedida é um exemplo da negação determinada que *força para além de si mesma* a *falsa consciência* do "perpetuamente idêntico", das "bem-organizadas" "células vivas" e das "esplendorosas estruturas monumentais crescendo por todo lado" (por exemplo, a cidade de Los Angeles por volta de 1944), que "representam" nada mais que "a ingenuidade sistemática dos cartéis que ocupam o Estado" (*DE* 94; *AGS* III, 141; ver, também, *AA* 138; *AGS* X.2, 630).[38] Mesmo sem a utopia hedonista e o "poder messiânico fraco", o *movimento real no interior da ordem existente* (*P* 92; *AGS* X.1, 94), por meio do qual a arquitetura funcionalista bem-sucedida se distingue da malsucedida, é capaz de salvar-nos do pesadelo da "pobreza messiânica" em uma sociedade que se tornou privada de sentido.[39]

Adorno certamente prefere analisar exemplos da arte de vanguarda como provocações produtivas às "configurações de mimese e de racionalidade" (*AT* 127; *AGS* VII, 192), carregando tais exemplos com um conceito (superior) de

---

[38] Admitidamente, o risco de fracasso e, com isso, de recaída na completa negatividade *não é menor para a mais avançada música de vanguarda do que é na cultura de massa*. Pode-se atribuir à "técnica dodecafônica" a dupla característica da emancipação do não idêntico *e* da "violência do controle" como "dominação", cuja má "infinitude repousa no fato de que nada heterogêneo permanece que não seja absorvido no *continuum* dessa técnica" (*PMM* 66; *AGS* XII, 66).

[39] Ver Jacques Derrida, *Specters of Marx: The State of the Debt, the Work of Mourning, and the New International*, tradução de P. Kamuf, London and New York: Routledge, 1994, p. 89. A referência negativa de Derrida à negação da "pobreza messiânica" mostra que o discurso de Benjamim e Adorno acerca de uma "força messiânica fraca" é ainda bastante afirmativo. Sobre a estultificação semântica em uma cultura de pobreza messiânica, ver Habermas, "Bewußtmachende oder rettende Kritik?".

verdade que somente poderia ser redimido enquanto utopia realizada do "absoluto (...), como a metafísica o imagina" (*ND* 406; *AGS* VI, 398). Essa concepção se fundamenta na filosofia negativa da história, em direção à qual a teoria da cultura de massa de Adorno continuamente tendeu e que agora só poderia ser superada pelo "messianismo fraco" e não mais pela "atividade revolucionária prático-crítica" (Marx). Se for deixado de lado o sentido no qual essa concepção faz referência a um programa de negação determinada aliviado de um utopismo vazio, então o comentário de Adorno, em uma carta a Benjamin, de que Schöenberg e o cinema americano "separaram as metades de uma única liberdade" pode ser traduzido, antes de mais nada, em um programa de uma crítica igualitária para a qual os objetos da cultura de massa e da arte de vanguarda são igualmente importantes.[40] De todo modo, Adorno ainda percebe, tanto na polêmica extrema contra as "forças produtivas mais prodigiosas" da cega cultura de massa quanto na "compulsão pelo idiomatismo tecnicamente condicionado" das "revistas de cinema" e pelo "grotesco", nuances "tão sutis como aquelas dos dispositivos utilizados em uma obra de vanguarda" (*DE* 102, 114; *AGS* III, 150, 164; cf. *AT* 106; *AGS* VII, 162). Os herdeiros da crítica adorniana da cultura começam com essa transposição do programa de Adorno de uma negação determinada da cultura de massa, que passa sem quaisquer restrições elitistas burguesas, não importando o quão dissimuladas estas possam ser.[41] Com isso, a Teoria Crítica efetuou uma virada na ciência da cultura sem recuperar o programa marxista original de uma crítica da cultura de massa *enquanto teoria social*.

---

[40] Citado em Albrecht Wellmer, "Wahrheit, Schein, Versöhnung", in Friedeburg & Habermas, *Adorno-Konferenz 1983*, p. 169.

[41] Ver, por exemplo, Christine Eichel, *Vom Ermatten der Avantgarde zur Vernetzung der Künste. Perspektiven einer interdisziplinären Ästhetik im Spätwerk Adornos*, Frankfurt am Main: Suhrkamp, 1993; Gertrud Koch, *Was ich erbeute, sind Bilder. Zum Diskurs der Geschlechter im Film*, Frankfurt am Main: Stroemfeld, 1989 e *Die Einstellung ist die Einstellung. Visuelle Konstruktionen des Judentums*, Frankfurt am Main: Suhrkamp, 1992; *Kracauer zur Einführung*, Hamburg: Junius, 1996; Miriam Hansen, *Babel and Babylon: Spectatorship in American Silent Film*, Cambridge, Mass.: Harvard University Press, 1991; Martin Seel, *Ethisch-ästhetische Studien*, Frankfurt am Main: Suhrkamp, 1996; Richard Shusterman, *Pragmatist Aesthetics: Living Beauty, Rethinking Art*, Oxford: Blackwell, 1992; Albrecht Wellmer, "Kunst und industrielle Produktion", em *Zur Dialektik von Moderne und Postmoderne*, Frankfurt am Main: Suhrkamp, 1985, p. 115-134.

DE VOLTA À TEORIA SOCIAL

Esse programa foi retomado por Jürgen Habermas. Ele relativiza o conceito de cultura – seguindo Durkheim e Parsons – em termos de uma divisão funcional entre a sociedade, de um lado, e a cultura e as pessoas do mundo-de-vida, de outro (*TCA* II, 140-152). A sociedade é agora completamente definida (de acordo com Niklas Luhmann) pelo conceito de comunicação, no qual (contrariamente a Luhmann *e* a Adorno) a distinção entre razão comunicativa e razão funcionalista tornaria supostamente possível uma crítica da sociedade que não mais necessitaria contentar-se com a *aporia* de remover o paradoxo daquilo que, no fim das contas, é apenas racionalidade técnica ("pensamento identificante" ou "racionalidade sistemática") (*TCA* I, 1ss., 273ss.; *TCA* II, 119ss., 199ss.).[42] Para Adorno (assim como para Weber), a pluralização da *única* razão racionalmente proposital, no auge do progresso do "domínio [técnico] sobre a matéria", é um sinal inequívoco de seu declínio simultâneo e necessário. Habermas, entretanto, é capaz de descrever a pluralização inversa, enquanto a emancipação evolucionária de uma razão *comunicativa a partir da* dominação da racionalidade proposital.[43] A distinção entre evolução e história pode ser empregada na complementação de pesquisas empíricas, restabelecendo uma filosofia da história baseada em conceitos históricos.[44] O materialismo histórico pode ser, então, reconstruído como uma teoria da evolução social, enquanto a razão (assim como no

---

[42] Isso certamente não deixa de ser problemático. O que continua a ser uma ameaça aqui – como mostra imediatamente a discussão sobre a teoria da ação comunicativa – é a eclosão de novos dualismos (por exemplo, mundo-de-vida vs. sistema), que tanto Dewey, por meio de uma reconsideração da distinção aristotélica entre *techne* e *praxis* como parte de um *continuum*, quanto Luhmann, por meio de uma redução desta distinção ao conceito de equivalência funcional ("razão comparativa"), podem evitar. Para as concepções de Luhmann, ver *Grundrechte als Institution*, Berlim: Duncker & Humblot, 1965, p. 8.

[43] Especialmente instrutivo acerca do conceito adorniano de razão é *PMM* 29-133; *AGS* XII, 36-126; *NL* I, 241-275; *AGS* XI, 281-321. Para uma explicação da distinção das "esferas de significância" estética, racionalmente avaliadora e racionalmente proposital enquanto liberação do poder produtivo da comunicação, ver a crítica a Max Weber em *TCA* I, 157ss.

[44] Habermas, "Geschichte und Evolution", p. 200ss.

pragmatismo) é rebaixada de sua posição inicial de senhora – boa ou má – da história para a posição de um momento – empiricamente eficaz ou ineficaz – da evolução.[45]

Em razão desses pressupostos teóricos, levados a uma formulação programática em *Conhecimento e interesse humano* – de que "a crítica radical do conhecimento" é agora unicamente "possível enquanto teoria social" –, Habermas também permanece comprometido, de modo não diferente de Adorno, com o programa hegeliano da *negação determinada*. Essa versão da *negação determinada* opera sobre as contradições internas normativamente interessantes – que Hegel denomina "*espírito objetivo*" – e não mais sobre as contradições entre a ordem social existente e o ideal ou o *espírito absoluto* da razão prática. A crítica da razão pura torna-se (com Marx) autocrítica da sociedade (*KHI* VII).[46] Como um resultado desse retorno da cultura para a sociedade, a crítica se restringe à "cultura de massa" e à "indústria cultural", as quais haviam silenciosamente substituído a crítica da sociedade e de todo o espectro de seus sistemas e subsistemas de valor na obra de Horkheimer, Adorno e Marcuse. Do mesmo modo que na época em que Marx escreveu o *Dezoito de Brumário*, a cultura novamente se transformava em *um* aspecto, *entre outros*, do processo de revolução e de desenvolvimento.

A evolução da sociedade moderna conquista seu impulso por meio da diferenciação do subsistema econômico. Ela é moldada tanto pelo desencantamento da imagem do mundo quanto pela educação secundária das classes dependentes do mercado e pelos conflitos sociais destas classes. E ela é estabilizada por meio de sua diferenciação em relação às políticas organizadas pelo Estado e sua diferenciação em relação ao direito positivo. Porém, através da transformação simultânea dos conflitos sociais em lutas politicamente

---

[45] Habermas, *Zur Rekonstruktion des Historischen Materialismus*, p. 9ss., 129ss.
[46] Desde a década de 1980, Habermas tem sido recebido, cada vez mais, como um tipo de neokantiano – um mal-entendido para o qual seus estudantes mais recentes contribuíram de modo significativo. Eles isolaram a teoria do discurso de seu contexto teórico-social e a transformaram em uma filosofia prática independente. Como resultado, as conexões com o materialismo histórico e com a teoria social funcionalista (que também permanecem fundamentais para sua última filosofia do direito) foram negligenciadas na recepção e no desenvolvimento ulterior do programa teórico de Habermas. Isso equivale a uma inversão do fundamento e da estrutura.

organizadas e constitucionais, a existência social torna-se fluida, antes que possa se "estabelecer".⁴⁷ No *Dezoito de Brumário*, Marx analisa a relação concreta entre evolução funcional e "evento histórico" revolucionário ao longo de toda a amplitude dos fenômenos sociais. Habermas havia, desde o início, conduzido a Teoria Crítica de volta a esse caminho. Mesmo após a resoluta mudança de pensamento levada a cabo por Habermas, a arte e a cultura – com e sem as massas – têm uma função importante, quase insubstituível, na evolução da sociedade *moderna*. Elas irritam o autoevidente, provocam a novidade e, como a vanguarda, antecipam cada desenvolvimento. A fim de resgatar a crítica, elas operam de uma maneira "antitradicionalista" (Adorno) em relação à herança semântica; elas manipulam e mentem; são, finalmente, indispensáveis – como diagnose do tempo e como sintomas imediatamente reconhecíveis.⁴⁸ Porém, na teoria social da comunicação, a arte e a cultura são *deslocadas do centro da questão*. Elas têm às vezes um efeito afirmativo e, outras vezes, um efeito revolucionário – e isso é uma questão empírica –, mas perderam seu *status* de liderança para a última de todas as revoluções.

Já na tese de pós-doutoramento de Habermas sobre a transformação estrutural do público – rejeitada por Horkheimer, seu orientador –, o conceito político e legal dessa transformação ocupa o lugar que Horkheimer e Adorno haviam reservado para o sistema fechado da cultura de massa. Com isso, Habermas suplementa o conceito clássico do político a fim de demarcar, de saída, o entendimento moderno do público em relação ao entendimento clássico (*TP* 41-120). Enquanto Horkheimer identifica particularmente a cultura de massa com a "democracia" e distingue fortemente, de acordo com uma teoria do declínio (e de um modo semelhante a Carl Schmitt), entre a "democracia" e o "liberalismo" da cultura burguesa de elite que ainda não se submeteu completamente "àqueles que estão no controle do sistema", "o público" para Habermas é uma divisa com a qual a auto-organização demo-

---

⁴⁷ *Manifesto of the Communist Party*, em *Later Political Writings*, p. 4; cf. *Eighteenth Brumaire*, p. 40ss., 55-57, 67ss., 84ss., 93ss., 114ss.

⁴⁸ Cf. Jürgen Habermas, "Preface", "Theodor W. Adorno: Urgeschichte der Subjektivität und verwilderte Selbstbehauptung", e "Herbert Marcuse über Kunst und Religion", em *Politik, Kunst, Religion*, Stuttgart: Reclam, 1978, p. 3-10, 33-47, 96-102; "Bewußtmachende oder rettende Kritik?"; *PD, passim*.

crática da sociedade inicia-se no "liberalismo", ainda que permanecendo efetivamente restrita aos detentores de propriedade da classe média (cf. *HGS* IV, 303-331, V, 293-319; *DE* 104ss., 106-107, 124-125; *AGS* III, 153ss., 156, 176; *STP* 81ss., 89ss., 204, 206, 210, 212). A ideia habermasiana de autoorganização democrática rompe com o velho entendimento europeu acerca da representação política, o qual fornecia as bases para os conceitos de liberalismo de Carl Schmitt e de Horkheimer. Esse velho entendimento definia a representação em termos de *governo* – uma representação do todo em termos da parte (*STP* 5-14). Com o enunciado "tudo para o povo, nada pelo povo" – uma fórmula de Lincoln –, Habermas cita o rei prussiano Frederico II como uma das últimas encarnações do modelo clássico (*STP* 219). Todavia, na representação democrática, como Marx escreve no *Dezoito de Brumário*, o povo não é mais "representado" como sujeito "por" seu "senhor", mas antes os cidadãos livres e iguais "representam" "a si mesmos" nos próprios órgãos do poder político.[49]

No modelo de representação igualitária possibilitado pela crítica da cultura, tese da cultura de massa – que o jovem Habermas ainda compartilha inteiramente com Horkheimer e Adorno e que ele introduz no conceito de uma transformação do público "sustentador da cultura" em "consumidor da cultura" – deve ser atribuído um estatuto completamente diferente do que lhe tinha sido atribuído na *Dialética do Esclarecimento* (*STP* 159-174). A invasão manipulativa da indústria cultural na vida pública não aparece mais como um *declínio uniforme* do liberalismo *em direção* à democracia de massa. Antes, ela aparece agora como uma *deformação* opressiva do igualitarismo da democracia de massa, associado à dominação, cuja ideia era pressuposta no Estado constitucional liberal – na força da lei *socialmente inclusiva* –, mesmo quando ainda não existiam direitos universais de voto e tampouco massas alfabetizadas.

Além disso, o público constituído por instituições legais, o qual, em relação aos direitos fundamentais, ancora-se na inédita separação entre autonomia privada e pública e é sistematicamente estabilizado por partidos e organizações políticas, é imune ao controle externo e direto da cultura

---

[49] *Eighteenth Brumaire*, p. 117.

de massa. Com isso, o enfraquecimento estrutural do potencial da cultura de massa para a manipulação conduz o olhar diagnóstico para mais longe, para as fontes sistêmicas da deformação. Assim, por exemplo, a concentração hegemônica de poder político para organizar (grandes negócios, sistemas administrativos, associações, partidos) obstrui a formação livre e pública da vontade de todos os sujeitos legais afetados, pelo menos à medida que o poder agora meramente *relativo* do controle sobre a indústria cultural o faz. Mas, sem esse poder de organização, nenhuma vontade empírica poderá formar-se na democracia de massa. Com essa nova fonte de deformação, o foco sobre a dialética do esclarecimento é adiado para o novo capítulo que Habermas acrescentou a essa obra fundamental do século vinte. *As condições empíricas de estabilização da formação pública da vontade tornam-se reconhecíveis como condições de sua restrição e de sua distorção pela dominação.*

Por um lado, na linguagem da *Teoria da ação comunicativa* de Habermas, isso é chamado de "colonização do mundo-de-vida" por aqueles sistemas funcionais, tais como a economia de mercado, a política administrativa e o direito positivo, que simultaneamente estabilizam e mantêm a infraestrutura comunicativa da forma de vida moderna (*TCA* II, 332ss.).[50] Até mesmo o dinheiro, o poder e a lei são meios de massa das trocas comunicativas. Por outro lado, a mudança de foco da dialética do esclarecimento – do sistema fechado da cultura para a sociedade diferenciada e complexa – abre novas e esperançosas perspectivas para a reforma de um público deformado. "Organização pública", "repolitização", "institucionalização de discursos", "poder comunicativo" e "sociedade civil" são conceitos-chave que percorrem todo o livro (ver, por exemplo, *STP* 200, n. 49, 208-211; *TP* 25-28; *FN* 329-387; *TRS passim*).[51]

---

[50] Essa é a tese da *Dialética do Esclarecimento*, traduzida para o vocabulário da teoria de sistemas e da teoria da comunicação: tudo aquilo que assegura a autopreservação do sujeito autônomo e a intersubjetividade incólume (isto é, a estabilização sistemática) coloca-a em perigo através de sua própria forma de cegueira comunicativa (isto é, colonização do mundo-de-vida).

[51] Ver, também, Habermas, "Hannah Arendts Begriff der Macht", em *Politik, Kunst, Religion*, p. 103-126.

O programa de uma crítica acerca de um público deformado pelas forças dominantes permaneceu como ímpeto condutor para a teoria da cultura, sendo ampliado por Habermas nos anos 1970 por meio de uma incorporação da sociologia funcionalista e da teoria de sistemas, por um lado, e de teorias normativas do desenvolvimento, por outro. Por isso, na tentativa de integrar a teoria marxista das crises ao trabalho atual de pesquisa, as teorias das *crises de legitimação e de motivação* passam para o primeiro plano (*LC* 68ss., 75ss.). Na notável formulação de Marcuse em *O homem unidimensional*, o Estado do bem-estar social não apenas dilui todas as classes sociais em uma massa atomizada de felizes consumidores-escravos, não obstante as enormes diferenças de distribuição. Ele também dirige a demanda racional de resolver politicamente os problemas resultantes do crescimento do capitalismo, soluções que, sem a participação ativa dos cidadãos, ultrapassam a capacidade do Estado administrativo (*O* 1-18; *LC* 69). O "artifício manipulador" tecnocrata é, com efeito, "estreitamente limitado, pois o sistema cultural é peculiarmente resistente a controles administrativos: *não existe produção administrativa do sentido*" (*LC* 70).

Tornar a cultura igualitária por meio do Estado do bem-estar social pode ser entendido, então, não apenas como uma possível ameaça à autonomia *privada*, mas também como uma oportunidade para ampliar a autonomia *pública* (*LC* 111ss.). A ênfase unilateral sobre o risco da liberdade, que Marcuse, Horkheimer e Adorno compartilham com autores conservadores como Arnold Gehlen ou Helmut Schelsky, é em última instância uma consequência da redução *conceitual* da racionalidade à racionalidade intencional. Por isso, suas teorias permanecem insensíveis ao potencial comunicativo da racionalidade, peculiar à democracia de massa. Somente por meio de uma complementação de pensadores pragmáticos, como C. S. Peirce, George Mead e John Dewey, com a Teoria Crítica reformulada em termos de uma racionalidade comunicativa orientada ao diálogo torna-se possível obter um entendimento acerca das oportunidades crescentes de democratização a partir dos perigos absolutamente inegáveis para a liberdade da cultura de massa e superar, ao mesmo tempo, o confronto antidemocrático (latente, pelo menos) entre liberdade e democracia. Pois somente à medida que a auto-organização democrática da sociedade é bem-sucedida os perigos para a liberdade individual podem ser limitados pela possível manipulação da cultura de massa, uma possibilidade que aumenta com cada revolução tecnológica. Essa é tese de Habermas em *Entre fatos e normas* (1992).

A possibilidade de manipular a cultura de massa encontra seu limite último na indisponibilidade do poder comunicativo. Ela é a "força produtiva viva" (Marx) por cuja mobilização, dentro *e* fora dos órgãos representativos de poder, o regime igualitário da democracia parlamentar permanece ou cai. A filosofia do direito tardia de Habermas, datada de 1992, coincide precisamente nesse ponto com a teoria política do ainda relevante jovem Marx de 1852.

> Se percebia "a paz e a tranquilidade" como ameaçadas diante de qualquer agitação da vida em sociedade, como poderia querer manter no controle da sociedade um *regime de inquietação*, seu próprio regime, o *regime parlamentar*, um regime que, segundo a expressão de um de seus porta-vozes, vive no conflito? O regime parlamentar vive da discussão; como pode, então, proibi-la? Todo interesse, toda organização social, é transformado em generalidade, debatido como uma generalidade; assim, como um interesse, ou qualquer tipo de instituição, pode afirmar-se acima do pensamento e impor-se como um artigo de fé? A guerra dos oradores na tribuna evoca a guerra dos escribas na imprensa; os debatedores parlamentares são necessariamente suplementados pelos debatedores nos salões e tabernas (...). Os representantes que apelam constantemente para a opinião pública dão licença para a opinião pública expressar-se abertamente nas petições. O regime parlamentar deixa tudo à decisão das maiorias; como, então, as grandes maiorias fora do Parlamento não hão de querer decidir? Quando se toca música nas altas esferas do poder, será uma surpresa que os que estão embaixo dancem?[52]

---

[52] *Eighteenth Brumaire*, p. 71. Ver *FN* 185, n. 54, em que Habermas cita essa passagem contra a distinção dualista de Schmitt entre liberalismo e democracia.
As citações aos textos da Escola de Frankfurt utilizam o padrão de abreviações usado neste volume. As abreviações seguintes referem-se aos textos de Foucault.
AK   *The Archeology of Knowledge and the Discourse on Language*. New York: Pantheon Books, 1982.

Visto dessa maneira, o Estado constitucional democrático é, se não *a*, pelo menos *uma* incorporação institucional do conceito positivo de esclarecimento que Horkheimer e Adorno pretenderam formular em seus fragmentos filosóficos daquele obscuro e medonho ano de 1944.

DP   *Discipline and Punish*. A. Sheridan (trad.). New York: Harper Vintage, 1977.
FR   *The Foucault Reader*. P. Rabinow (ed.). New York: Pantheon, 1984.
HS I *The History of Sexuality: Volume I: an Introduction*. New York: Random House, 1978.
HS II *The Use of Pleasure: Volume 2 of The History of Sexuality*. New York: Random House, 1985.
HS III *The Care of the Self: Volume 3 of The History of Sexuality*. New York: Random House, 1988.
HSuj *L'hermeneutique du sujet. Cours au Collège de France* (1981-1982). Paris: Gallimard/Seuil, 2001.
OrT   *The Order of Things: an Archeology of the Human Sciences*. New York: Random House, 1994.

11 A Teoria Crítica e o pós-estruturalismo: Habermas e Foucault

Beatrice Hanssen

No centro dos contenciosos debates em que os teóricos da segunda geração da Teoria Crítica e os pós-estruturalistas estiveram engajados, desde a publicação de "Modernidade: Um Projeto Inacabado" (1980) e *Discurso filosófico da modernidade* (1985) por Harbermas, encontram-se ameadas diversas pressuposições epistemológicas e políticas: de um lado, as afirmações de validade normativa que sustentam a teoria habermasiana da ação comunicativa; de outro, o antifundacionalismo do pós-estruturalismo. Na esteira da "crise de legitimação" da modernidade, Habermas defendeu a conservação do legado Esclarecido da razão, prometendo completar o projeto inacabado da modernidade *política*, cuja conformação era radicalmente diferente da modernidade *estética* iniciada por Baudelaire, do esteticismo de Nietzsche ou mesmo de uma cultura "presentista" do "agora". Os pensadores pós-estruturalistas, em contraposição, rejeitaram os princípios do universalismo e da formação do consenso, e também as extintas narrativas de racionalidade, de legitimidade e de justificação normativa, em nome ou de um pragmatismo agonista pós-moderno (Lyotard) ou de uma desconstrução pós-metafísica (Derrida) ou, ainda, de uma genealogia crítica das vicissitudes históricas da razão (Foucault).

A defesa de Habermas da modernidade política procede por meio da eliminação de uma série de falsas superações que têm caracterizado historicamente o discurso filosófico sobre a racionalidade e a modernidade. Nesse sentido, a "crítica da ideologia" significou a emergência à consciência das falsas suposições que a teoria filosófica abrigou sobre seu próprio trabalho. Não era o conceito de razão que precisava ser descartado, mas as distorções discursivas às quais este havia sido historicamente submetido, de Hegel a

Marx e de Nietzsche a Adorno e Foucault. Em essência, a legitimação da modernidade política deveria avançar através da atualização de uma concepção positiva e politicamente solvente da racionalidade: a razão comunicativa ancorava-se em uma intersubjetividade que, como um novo paradigma, suplantou o modelo esgotado da "razão centrada no sujeito" (*PD* 34, 294ss). A potencialidade desse outro modo da razão, um modo não reificante e não-alienante, necessitava ser recuperada a partir de suas falsas representações discursivas em vários jogos de linguagem filosóficos. Obviamente, a razão necessitava livrar-se do fraudulento princípio de subjetividade que subjaz à filosofia idealista da reflexão de Hegel, bem como salvar-se da violência do discurso "mitopoético" de Nietzsche, o qual concluíra com a completa rejeição da razão (*PD* 22, 88ss). Mas o conceito de razão necessitava também tornar-se livre daquelas teorias políticas que haviam procurado estabelecer um termo final para o idealismo na filosofia da práxis: o marxismo e a fase pessimista da antiga Teoria Crítica, representada pela *Dialética do Esclarecimento* (1944-1947) de Adorno e Horkheimer e pelo *Eclipse da Razão* (1947) de Horkheimer. Por meio de uma desvalorização unilateral e negativa da racionalidade enquanto mera razão instrumental, as duas primeiras gerações de teóricos da Escola de Frankfurt haviam difundido de modo amplo uma teoria social insolvente. Compelidos pelas circunstâncias históricas do fascismo e do nacional-socialismo, esses teóricos haviam consequentemente perdido a convicção no potencial emancipatório, utópico e inacabado da modernidade política. Assim, em vez de retornar à irrealizável reserva de esperança que os pensadores do Esclarecimento, tais como Condorcet ou Kant, haviam nutrido acerca do Esclarecimento, a Teoria Crítica apropriou-se do trabalho desenraizado da "história crítica" de Nietzsche, cortando pela raiz o fundamento de uma tradição racionalista. Na concepção de Habermas sobre a história discursiva da filosofia, o pensamento pós-estruturalista adquiriu o duvidoso status de um pensamento epigônico. Como descendentes filosóficos de Nietzsche, dizia-se que os pensadores pós-estruturalistas assumiam um irracionalismo antiesclarecimento e antidemocrático que favorecia a "entronização do gosto" e que venerava o "outro da razão" (*PD* 96). Como "anarquistas" estéticos, comprometidos com uma história de descontinuidade radical – mais do que com a continuidade em relação à modernidade –, esses chamados "jovens conservadores" abandonaram a "tradição da razão" ocidental (*PD* 4; MUP 53) em favor de uma teoria reducionista que rebaixava todo o poder à condição de força ou violência. A própria crítica da ideologia havia dado lugar a um modo "subversivo" de crítica, que frequentemente desmascarava a razão como a manifestação enganosa de uma "vontade de poder" profundamente mentirosa (*PD* 4). Apesar de toda a sua intenção política, o pós-estruturalismo, de fato, meramente engajou-se na estetização da política (MUP 50). Quer fosse uma questão de pós-iluminismo, de pós-estruturalismo, de pós-modernidade ou de *pós-história* (MUP 38), o prefixo temporal "pós" marcava uma "falsa superação" da modernidade e, por implicação, uma falsa consciência do tempo, reminiscente da modernidade estética. O pensamento pós-estruturalista trabalhava sob a ilusão de sua própria novidade, a qual é assumida às custas da transmissão cultural do passado, do "potencial semântico" de um passado ainda não escavado e ainda não completamente realizado. Por detrás das pretensões à superação do iluminismo no pós-iluminismo estava a ocultação dos princípios do contrailuminismo formulados por Nietzsche.

Proclamando a deficiência da racionalidade, o discurso filosófico pós-hegeliano colocou em risco, ao mesmo tempo, a viabilidade da crítica, a crítica da ideologia e consequentemente o projeto de Esclarecimento (isto é, de despertar da consciência) da Teoria Crítica, como originalmente definido pelos pensadores da Escola de Frankfurt. Assim, o ensaio programático de Horkheimer de 1937, "Teoria Tradicional e Teoria Crítica", havia estabelecido a Teoria Crítica em oposição às pretensões epistemológicas de legitimidade, supostamente livres de valores, da teoria tradicional. Operativa nas ciências sociais e naturais, a teoria tradicional era suscetível de ser instrumentalizada em vista do "conformismo social" e do *"status quo"*. Conectado à "crítica dialética da economia política" de Marx (*CT* 206), Horkheimer propôs uma teoria crítica imanente que, minando o fundacionismo epistemológico e as pretensões deontológicas da teoria tradicional à neutralidade, divergia da divisão sujeito-objeto e, especialmente, da "forma burguesa ilusória de liberdade perfeita e autonomia" atribuída ao sujeito do conhecimento. "Tal ilusão sobre o sujeito do pensamento, sob a qual o idealismo tem vivido desde Descartes, é ideologia no sentido estrito" (*CT* 211). Advertindo contra a contemporânea "hostilidade à teoria" (*CT* 232) entre pragmatistas, positivistas e empiristas, Horkheimer definiu a "verdadeira teoria" como mais "crítica do que afirmativa", mas ainda assim uma forma de esclarecimento, cujo fim último era a "abolição da injustiça social". Como ele acrescenta: "Essa formulação negativa, se quisermos expressá-la abstratamente, é a condição materialista do conceito idealista de razão" (*CT* 242). Assim, como o ensaio "ortodoxo" de Marcuse, "Filosofia e teoria crítica", os primeiros ensaios de Horkheimer e de Adorno no *Zeitschrift für Sozialforschung* atestaram o compromisso original do "antigo círculo de Frankfurt" com "o potencial racional da sociedade burguesa" e com um "conceito histórico-filosófico de razão".[1] Entretanto, eles finalmente sucumbiram a uma "dialética do esclarecimento" totalizante e inadequada, que meramente registrava como a razão instrumental inadvertidamente igualou força e violência ou a subjugação e a reificação tanto da natureza interior quanto da exterior. Em sua avaliação acerca das aporias da modernidade cultural, evidenciaram-se as aporias de uma incapacitada crítica da ideologia, na qual a força de uma dialética negativa minou radicalmente os fundamentos da razão e, com isso, as condições lógicas da crítica da ideologia (*TCA* I, 366ss.). A forte crítica que Habermas dirigiu à antiga Escola de Frankfurt foi destinada também a justificar sua própria ruptura com o que ele considerou ser seu fardo negativo, a saber, os paradoxos e dilemas que essa "filosofia da autonegação" apresentava para uma teoria social crítica que fosse discursiva, falibilista, cientificamente fundada e normativamente orientada.[2]

Rejeitando a aderência da primeira Escola de Frankfurt à "filosofia da história" e à "filosofia da consciência", segundo a qual a racionalização da modernidade manifestou-se como uma "reificação da consciência" (*TCA* II, 1, 382), Habermas procurou basear sua nova teoria da sociedade em uma concepção de racionalidade comunicativa que foi enriquecida pela perspectiva pragmática formal da filosofia analítica (*TCA* I, 277). Argumentando que os paradigmas da consciência e da produção haviam se esgotado, Habermas procurou "reabilitar" a razão por meio de uma adesão ao paradigma do en-

---

[1] Jürgen Habermas, "The Dialectics of Rationalization", em P. Dews (ed.), *Autonomy and Solidarity: Interviews*, New York: Verso, 1986, p. 97; ver também Jürgen Habermas, "Psychic Thermidor and the Rebirth of Rebellious Subjectivity", em R. J. Bernstein (ed.), *Habermas and Modernity*, Cambridge, Mass.: MIT Press, 1985, p. 67-77.

[2] Habermas, "Dialectics of Rationalization", p. 98, 100.

tendimento mútuo e da ação comunicativa (*PD* 296, 316; *TCA* I, 273ss.). Concentrando-se na "atitude performativa, [recíproca e intersubjetiva] dos participantes em interação", esse paradigma renunciou à velha divisão sujeito-objeto, segundo a qual os sujeitos eram definidos principalmente por suas "atitudes objetivantes (...) em relação às entidades no mundo externo" (*PD* 296-297). Valendo-se do pragmatismo linguístico e da teoria dos atos de fala, a nova teoria social crítica abandonou o vocabulário da objetificação encarnado na linguagem assertórica, proposicional ou representacional, em favor de uma perspectiva que poderia dar conta das estruturas universais do entendimento mútuo na interação comunicativa dos sujeitos (*TCA* I, 285; *PD* 294ss., 311ss.). Como tal, a nova teoria entendeu que a totalidade orgânica do "mundo-de-vida" é, por natureza, comunicativa. Algo mais do que uma defesa de uma nova razão "substantiva", a Teoria Crítica procedimentalmente definida de Habermas analisou os procedimentos discursivos formais que fundamentavam e regulavam as normas em relação às quais os membros de comunidades de fala, ativas e culturalmente diversas, estavam de acordo (*PD* 343-349). À medida que um conceito procedimentalmente regulado de racionalidade era contextualizado e historicamente situado, a oposição "historicismo *versus* transcendentalismo" tornou-se um ponto disputado. Sem se pretender transcendental ou positivista, o paradigma alternativo de Habermas permaneceu ciente da gênese histórica de suas premissas argumentativas acerca da racionalidade comunicativa. Esse paradigma também levou-o a rejeitar o que ele acreditava ser a meta-narrativa supra-histórica de uma subjetividade radicalmente descentrada que abarca o discurso do pós-estruturalismo.

Para Habermas, o problema de assegurar uma interpretação correta da modernidade política levantava, ao mesmo tempo, a discussão do autoentendimento comum da modernidade e, com isso, a necessária reflexão acerca das tarefas da crítica e da crítica da ideologia como instrumentos que monitoram as pretensões à legitimidade normativa dos vários jogos de linguagem. Entretanto, é evidente que, no curso do que aparentemente era para ser um debate filosófico, o controverso ônus político que Habermas denunciava nos pós-estruturalistas tornou bastante difícil uma subsequente argumentação pacífica – com exceção de raras ocasiões, como um encontro entre Habermas e Foucault em Paris, no ano de 1983, o qual deveria ter resultado em uma conferência dedicada ao Esclarecimento. Habermas foi por sua vez acusado de perpetuar uma forma perniciosa de violência ou terror argumentativo então inerente ao próprio programa do Esclarecimento que ele defendia, com suas pretensões à universalidade, sua aderência tácita a um *sensus communis* kantiano e sua inabalável convicção em uma história utópica da razão. Mesmo antes da publicação de *O Discurso Filosófico da Modernidade*, o filósofo francês Jean-François Lyotard havia criticado, em *A Condição Pós-Moderna: um relato sobre o conhecimento* (1979), a obra de Habermas, *A crise de legimimação do capitalismo tardio* (1973). Fazendo um balanço da situação pós-moderna, Lyotard sustentava que o discurso de legitimação somente poderia ser considerado pragmaticamente como uma "apólice de curto prazo" que é gerada por meio de uma repetição performativa, invalidando, assim, a grande narrativa da justificação universal e consensual, fundada na argumentação dialógica. Oposto à narrativa "estetizante" de Habermas sobre a formação do consenso, Lyotard preferiu o princípio agonístico da paralogia, ou a multiplicidade de *petits récits* [pequenas narrativas] divergentes, cujas diferenças plurais eram expressivas do "*différend*".[3] Esses desentendimentos recíprocos e essas mútuas repreensões frequentemente obscureceram as potenciais conexões que poderiam existir entre a Teoria Crítica e o pós-estruturalismo, conexões *além* do modelo negativo de um esteticismo nietzschiano que Habermas traçara de Adorno e Horkheimer ao pensamento pós-estruturalista. Como ganhador, em 2001, do prestigioso Prêmio Adorno da cidade de Frankfurt, Jacques Derrida manifestou-se recentemente a favor de um diálogo mais reflexivo e de um estudo mais continuado do possível diálogo entre a Teoria Crítica e a desconstrução.[4]

Talvez o ônus de defender uma posição nietzschiana antiesclarecimento tenha encontrado o mais forte contragolpe nos escritos de Foucault, que, contestando a "chantagem" dos assim chamados "pensadores do esclarecimento" (presumivelmente Habermas), divergiu da identificação do "pós-estruturalismo" (um termo de que ele não gostava muito)

---

[3] Ver Jean-François Lyotard, *The Postmodern Condition: a Report on Knowledge*, Minneapolis: University of Minnesota Press, 1984, bem como seu apêndice, o ensaio de 1982, "Answering the Question: what is Postmodernism?".

[4] Jacques Derrida, *Fichus: Discours de Francfort*, Paris: Galilée, 2002.

com o pós-esclarecimento. Embora Foucault rejeitasse a *crítica da ideologia*, com base no fato de ela se originar a partir de uma obsoleta filosofia representacional da reflexão, ele promoveu o termo "crítica" – que não se deve confundir, como mostrarei, com a interpretação transcendental da crítica – como um trabalho de nós mesmos sobre nós mesmos no reconhecimento de nossa determinação histórica. Ainda que *O Discurso Filosófico da Modernidade* tenha surgido somente depois da morte intempestiva de Foucault, seus últimos escritos já chamavam a atenção, direta ou indiretamente, para vários dos pontos levantados por Habermas. Eles privilegiaram o retorno ao "O que é Esclarecimento" de Kant,[5] a uma concepção kantiana de crítica e, o que não é menos importante, ao legado da primeira geração de pensadores da Escola de Frankfurt. Além disso, procurando refinar o conceito de crítica, Foucault esperava também soldar as fraturas da modernidade, inclusive a fratura entre a ética e a estética, codificada pelo menos desde o *Isto ou aquilo – Um fragmento de vida* de Kierkegaard. Defendendo uma "estética da existência", Foucault procurou reconectar a espiritualidade – o *ethos* perdido para uma história pós-cartesiana da Verdade, tributária de questões epistemológicas e cognitivas, na qual o sujeito do conhecimento não era o sujeito de sua própria transformação. Em seus últimos escritos, Foucault procurou defender uma concepção da estética como "um modo de vida" que poderia desfazer a hegemonia do conhecimento cartesiano por meio da recuperação de uma espiritualidade perdida. Isso, por sua vez, implicava a transformação do eu na busca pela Verdade e o "cuidado de si" como condição prévia para o cuidado do outro.

A virada de Foucault em direção a uma *estética ética* equivale a uma mera estetização da vida ou poderia servir como um corretivo viável a algumas das ciladas da modernidade? Com a finalidade de responder a essa questão, este capítulo se concentrará principalmente em Habermas e Foucault, mais especificamente na análise de Foucault da crítica, bem como em sua tentativa de forjar um novo *ethos* crítico que pudesse ajudar a atua-

---

[5] Kant, "An Answer to the Question: 'What is Enlightenment?'", em *Political Writings*, Cambridge: Cambridge University Press, 1991.

lizar a reserva inerente do Esclarecimento.⁶ Entretanto, antes que eu possa tratar da resposta de Foucault, é necessário discutir a análise habermasiana da modernidade estética e política mais detalhadamente, de modo a obter-se um melhor entendimento do que Habermas poderia ter entendido por "estetização da política".

O DISCURSO FILOSÓFICO SOBRE A RACIONALIDADE E A MODERNIDADE

Originalmente uma série de conferências ministradas na Universidade de Frankfurt em 1983-1984, *O Discurso Filosófico da Modernidade* de Habermas ofereceu uma grande narrativa sobre as proeminentes atitudes filosóficas que o Ocidente mostrou em relação ao problema da modernidade. Sua trajetória ao longo dos paradigmas filosóficos mais notáveis da modernidade passa do sujeito e da reflexão da filosofia do idealismo, do paradigma marxista do trabalho e do esteticismo de Nietzsche para a primeira geração da Teoria Crítica e para o pós-estruturalismo, concluindo com a pragmática universalista do próprio Habermas. Ancorada no paradigma da ética comunicativa, a nova versão habermasiana da Teoria Crítica asseverava superar as falhas dos modelos anteriores ao permanecer fiel ao projeto, ainda a ser realizado, da modernidade política. Na ética comunicativa, a modernidade deveria encontrar sua autolegitimação normativa sem recair nas narrativas legitimadoras, metafísica ou religiosamente fundadas, que precederam a modernidade secularizada, e sem ter que adotar uma atitude relativista, ou mesmo cética, em relação a pluralismos de valor agonisticamente competidores.

---

⁶ Dado os limites formais deste capítulo, não é possível tratar de outros aspectos do complexo diálogo entre a segunda geração da Teoria Crítica e os pós-estruturalistas sem o risco de simplificar demais e distorcer muitas posições. Para uma discussão mais prolongada desses debates e de seus principais participantes, bem como de fontes secundárias, ver minha *Critique of Violence: Between Post-Structuralism and Critical Theory*, London/New York: Routledge, 2000, principalmente os capítulos sobre o conceito de Foucault de crítica e sobre a obra *Society Must be Defended*.

Em débito para com a análise de Weber sobre a modernidade cultural, Habermas recapitulou o diagnóstico, apresentado na *Teoria da ação comunicativa*, de como o "desencantamento" racional das visões de mundo conduziu à divisão de uma razão "substantiva" original em três esferas de valor: verdade, moralidade/justiça e autenticidade/beleza (*TCA* I, 157ss.; *PD* 1, 18-19). Cada domínio havia posteriormente se ossificado em separadas culturas de especialistas, as quais, determinadas por suas lógicas próprias, existiam a uma grande distância do mundo-de-vida, do "curso da tradição, que continua a fluir de uma maneira quase natural no ambiente hermenêutico da vida cotidiana" (MUP 46). Todavia, para Habermas, essa penetrante separação das estruturas cognitivas – entre si, bem como em relação a um mundo-de-vida prático – não era o resultado lógico de uma perniciosa "dialética do esclarecimento" e tampouco uma corroboração da teoria de sistemas de Luhmann, que havia abandonado a teoria da ação em favor de uma análise da sociedade de acordo com as operações de um sistema autorregulado. Para Habermas, o desafio consistia agora em responder à questão de como as "intenções originais do Esclarecimento", adotadas por Kant ou Condorcet, deveriam ser alcançadas: como "promover a compreensão de si mesmo e do mundo, o progresso da moralidade, a justiça nas instituições sociais e mesmo a felicidade humana" (MUP 45). É interessante notar que, enquanto Foucault, em suas reflexões sobre a natureza da crítica e da Teoria Crítica, apresentava Kant como o primeiro filósofo da modernidade, que iniciou uma "ontologia histórica do presente", Habermas, em contraposição, identificou Hegel como o primeiro a ter elevado o problema filosófico da modernidade à autoconsciência filosófica. A filosofia transcendental de Kant meramente "refletiu" (no sentido de "espelhar") a separação da razão substantiva, na divisão das três faculdades humanas de suas três *Críticas*, sem "compreender" a necessidade da modernidade de uma nova forma de reconciliação (*PD* 19). Em Hegel, a modernidade inicialmente entendeu a si mesma como situada no presente do "agora", ou seja, em uma atualidade engendrada por meio de uma ruptura decisiva com o modelo normativo da tradição passada, na esteira da fratura entre fé e conhecimento (*PD* 30). Capturada em um processo de autorrenovação constante, a modernidade precisava agora gerar sua "normatividade a partir de si mesma" (*PD* 7). Entendendo a necessidade de "autodeterminação" da modernidade como um problema histórico e filosófico, Hegel definiu a tarefa da filosofia como a necessidade de apreender a si mesma e seu próprio tempo – o tempo da modernidade – em pensamento. O princípio fundador na raiz da modernidade era o da subjetividade autorrelativa, que, dotada de liberdade e de reflexividade, havia moldado criticamente o curso histórico da fé religiosa, do direito, do Estado e da ética, não menos que da ciência, da arte ou da cultura como um todo (*PD* 17-18). Mas, considerava Habermas, junto com a consciência da modernidade apareceram os vícios aporéticos que impediam quase todo discurso futuro sobre a modernidade. Pela primeira vez emergiu, no pensamento de Hegel, uma peculiar "dialética do esclarecimento", cuja figura Habermas detectou em fases subsequentes da narrativa histórica da modernidade. Pois, reconhecendo que as separações entre as diferentes esferas eram o produto de uma subjetividade que era tanto alienante quanto capacitante, Hegel procurou superar esse estado de separação propondo uma defeituosa "solução filosófica para a autofundamentação da modernidade" (*PD* 31). Abandonando as sementes de intersubjetividade de sua obra juvenil, não menos que a crença no poder reconciliador da arte de sua fase em Frankfurt (*PD* 31ss.), Hegel tentaria finalmente superar as separações produzidas pela subjetividade por meio dos conceitos de "conhecimento absoluto", "espírito absoluto" e "sujeito absoluto". Ou seja, ele tentaria resolver, de modo imanente, o problema da modernidade, desdobrando "os modos da filosofia do sujeito com a finalidade de superar a razão centrada no sujeito" (*PD* 34). Buscando uma mediação entre o indivíduo e o universal, sua filosofia política iria tão longe a ponto de sacrificar a sociedade civil em favor da alegada superioridade da racionalidade do Estado (*PD* 37).

Enquanto Hegel anunciava o fim da arte, que era então suplantada pela filosofia, os hegelianos de esquerda prometiam estabelecer um fim para filosofia unicamente por meio da práxis política. Marx substituiu o paradigma reflexivo de um sujeito cognitivo pela práxis de um sujeito produtivo, a fim de explicar a libertação das forças produtivas (*PD* 63). A filosofia da reflexão foi revisada pela filosofia da práxis, a autoconsciência reflexiva pelo trabalho, que foi então elevado ao status de princípio determinante da modernidade. Ainda assim, Marx e outros hegelianos de esquerda ainda permaneceram fiéis à virada de pensamento de Hegel: que a crítica da modernidade desenvolver-se-ia a partir da própria essência da modernidade. Para Habermas, isso significava que Marx subscrevera implicitamente ao princípio da "dialética do esclarecimento", porquanto a transformação das contradições da sociedade burguesa, ou a libertação de seu potencial racional, avançaria através do mesmo princípio que produziu aquelas separações: a racionalidade centrada no sujeito (*PD* 63ss.). Apesar das aparências, a primeira teoria política de Marx mostrou-se dominada por um modelo de produtividade estética, reminiscente dos românticos e do período de Hegel em Frankfurt (*PD* 64), no qual o trabalho correspondia a uma forma coletiva de autorrealização expressiva, enquanto um modelo normativo acomodava a diferença entre objetivação produtiva e alienação social. Posteriormente, Marx complementaria essa perspectiva, assim sustentara Habermas, com uma teoria econômica do valor e com um "modelo de direito natural", acrescentando uma dimensão moral à perspectiva estético-produtiva de seu trabalho inicial (*PD* 65). Todavia, no cerne de seu pensamento, Marx reteve da filosofia de Hegel a relação objetivante do eu para com o mundo. Na falta de um modelo comunicativo e intersubjetivo em seu pensamento inicial, a filosofia da práxis de Marx mostraria em si as mesmas contradições inerentes ao modelo idealista que ela procurava inverter. Embora não estivesse mais ancorada na reflexão, a razão, entretanto, foi reduzida à racionalidade propositada de um sujeito atuante, enquanto a tecnologia e a ciência eram questões de progresso, em vez de epifenômenos da problemática dominação da natureza interior e exterior (*PD* 63-68).

Deve-se notar que as alusões à estética na discussão de Habermas sobre o pensamento de Hegel e de Marx referem-se a algo mais do que as características secundárias das teorias sob análise. Certamente, as referências à estética que percorrem a obra de Habermas constituem um subtexto crucial, atestando sua tentativa de descobrir a fadada "estetização da política" que impede o curso da modernidade em direção a sua autorrealização política. Assim, retificando sua consideração acerca da filosofia hegeliana, Habermas notou que a necessidade de autofundamentação e autolegitimação da modernidade havia, de fato, sido tornada consciente pela primeira vez no domínio da estética, notavelmente no início do século dezoito francês, na *querelle des anciens et des modernes* [querela dos antigos e dos modernos] (*PD* 8; MUP 39). Contestando a imitação da arte clássica valorizada na época, a estética dos modernos abandonou a beleza eterna em favor de uma "beleza relativa ou condicionada pela época" e, fazendo isso, eles imediatamente deram voz ao "autoentendimento do Esclarecimento francês como um notável novo começo" (*PD* 8). Na cultura do século dezenove, os efeitos dessa virada estética tornar-se-iam particularmente palpáveis. O entendimento revolucionário da temporalidade estética como "atualidade" encontraria seu mais eloquente porta-voz no poeta iconoclasta e dândi francês Charles Baudelaire. No fluxo da atualidade, ou do agora do cotidiano mundano, o poeta-dândi autocultivador vislumbraria "um momento no qual o eterno entra em contato transitório com o atual" (*PD* 9), uma figura por meio da qual ele procurou forjar uma união entre transitoriedade e eternidade.

Entretanto, os perigos postos para uma modernidade que vestiu o paradigma estético com valor de redenção e conciliação tornar-se-iam manifestos no construto burguês da "arte autônoma", cuja ascensão à proeminência havia encontrado fortes detratores na primeira Escola de Frankfurt, em críticos tais como Marcuse, autor de "O caráter afirmativo da cultura".[7] Situando a ascensão do esteticismo à proeminência no interior do contexto do paradigma weberiano da racionalização,[8] Habermas detectou, na falsa aspiração da arte à autonomia, as marcas de um mundo-de-vida "empobrecido". Assim, não obstante a leitura política que Arendt foi capaz de oferecer sobre a terceira *Crítica* de Kant, particularmente sobre o potencial democrático do "*sensus communis*", para Habermas, a afirmação da *Crítica do Juízo*, de que a arte autônoma desvencilhou-se da instrumentalidade utilitária da racionalidade propositada, era sintomática da autoalienação da modernidade. Com efeito, enquanto essa visão prestava tributo ao aspecto utópico da arte – a "*promesse de bonheur*" da arte, como dizia Nietzsche citando Stendhal –, ao mesmo tempo expunha a própria divisão entre as esferas de valor que qualificou a modernidade. Sua lógica condenada não seria apenas representada na agenda esteticista do movimento da "arte pela arte"; ela também emergiu na vanguarda do início do século vinte, particularmente no surrealismo, cujo falso

---

[7] Jürgen Habermas, "Walter Benjamin: Consciousness-Raising or Rescuing Critique", em G. Smith, (ed.), *On Walter Benjamin: Critical Essays and Recollections*, Cambridge, Mass.: MIT Press, 1991, p. 93ss.

[8] Max Weber, "Religious Rejections of the World and their Directions", In H. H Gerth e C. W. Mills (ed.), *From Max Weber: Essays in Sociology*, Oxford: Oxford University Press, p. 340ss. Ver também *TCA* I, 143ss.; *TCA* II, 303-331.

programa de transição da arte para a vida prosseguiria através da dessublimação da arte e do desaparecimento da categoria mediadora da "ilusão" estética *(Schein)*. Procurando desfazer a autonomia da estética, os surrealistas apenas intermediaram uma falsa sublevação da cultura racionalizada, alienada e reificada, uma "falsa superação *[Aufhebung]* da arte na vida".⁹ A contracultura, sugere Habermas, equivale aqui à dessublimação "forçada" da arte, destituída de qualquer "efeito emancipatório", e cujo objetivo primário parece consistir no "descentramento e na deslimitação da subjetividade".¹⁰ Foi essa mesma plataforma revolucionária desorientada que os pós-estruturalistas herdaram do modernismo estético: a "revelação de uma subjetividade descentrada, liberada de todas as restrições da cognição e da ação proposta, de todos os imperativos do trabalho e do valor-de-uso, e com isso eles escaparam totalmente do mundo moderno" (MUP 53). Além do que, se a "estetização da política", como definida aqui por Habermas, consistiu na "sobre-extensão" da esfera de valor da arte para outras esferas de valor (MUP 50), então o truque seria doravante executar a correta integração das experiências artísticas no interior do mundo-de-vida. Um modelo viável seria encontrado nas *Cartas sobre a educação estética do homem*, de Schiller, mostrando que a promessa de uma "utopia estética" somente poderia ser completada por meio de um projeto pedagógico comunal e comunicativo (*PD* 45-50).

Se tal foi o destino da estética dentro do domínio da arte e do modernismo, então no reino da filosofia a estetização da esfera política foi iniciada propriamente com Nietzsche. No clima do historicismo pós-hegeliano e do pluralismo de valores do século dezenove, o esteticismo de Nietzsche emergiu como uma vontade de poder que, preenchendo o vazio deixado pela erosão das narrativas de legitimação, colocou a si mesma como seu fundamento autojustificador. No interior da arena política, o esteticismo prenunciou os perigos do voluntarismo e do decisionismo, em outras palavras, a imposição autocrática de valores com base no poder ou na força. Nietzsche, o primeiro filósofo a renunciar radicalmente à "dialética do esclarecimento", recusou a

---

⁹ Jürgen Habermas, "Questions and Counterquestions", em Bernstein (ed.), *Habermas and Modernity*, p. 202.

¹⁰ Ibid., p. 201.

razão centrada no sujeito em favor de um sujeito estético descentrado (*PD* 86). Na escravização do Outro da razão – o mito pré-moderno, arcaico –, ele dedicou seu pensamento à vinda de Dionísio e transformou a arte em um meio dotado do poder "supra-histórico" de trazer a salvação aos modernos (*PD* 88-92). Como tal, Nietzsche reacendeu a ideia romântica e idealista de que a poesia ou o mito poderiam restabelecer a força unificadora outrora assumida pela religião, mas ele extraiu também suas consequências políticas problemáticas. Pois, na ausência de uma moralidade legitimadora, o mundo somente poderia ser justificado como "um fenômeno estético" – um pensamento de longa data, já proeminente em *O nascimento da tragédia*, que encontraria sua completa expressão na posterior teoria do poder e da genealogia da moral, de acordo com a qual os códigos morais tornaram uniformes a força coercitiva ou a violência (*PD* 94-95). Paradoxalmente, o conceito "teórico-potencial" de modernidade de Nietzsche, sustenta Habermas, provou ser dependente de uma crítica desmascaradora da razão que se coloca fora do território da razão (*PD* 96). Ao tentar voltar o "ferrão" da razão contra ela própria (*PD* 86), Nietzsche obteve uma totalizante "crítica da razão contida em si mesma" e uma "crítica da ideologia que ataca suas próprias fundações" (*PD* 96). Carente de consistência lógica, sua filosofia estetizada combinou duas "estratégias" igualmente contraditórias e condenadas: por um lado, um pungente ceticismo que abasteceu sua teoria do poder, para o qual as normas eram camadas sedimentadas de regimes de força a serviço da normalização; por outro lado, uma aura profética, quase mística, permitiu-lhe assumir a posição de iniciado de Dionísio (*PD* 97). A partir do trabalho de Nietzsche, desenvolver-se-iam duas perspectivas que definiriam o pós-estruturalismo: (1) aquela do "estudioso cético", que expunha a "vontade de poder, a revolta das forças reacionárias e a emergência de uma razão centrada no sujeito", uma posição formativa para as perspectivas antropológicas, psicológicas e históricas de Bataille, Lacan e Foucault; e (2) aquela do "iniciado-crítico da metafísica", que abordava a filosofia do sujeito iniciando um retorno à filosofia pré-socrática, uma posição representada por Heidegger e Derrida (ibid.).

Enquanto a última estratégia estendeu-se da crítica pós-metafísica de Heidegger até a desconstrução, o ceticismo de Nietzsche conduziu ao limite do niilismo apresentado na *Dialética do Esclarecimento*, cuja avaliação sombria da modernidade ameaçou o próprio núcleo de qualquer futura teoria social transformadora. Herdeiros inconscientes da filosofia Contraesclarecimento de Nietzsche, mais especificamente de sua "crítica totalizadora e autorreferente da razão",[11] Horkheimer e Adorno permaneceram presos a uma contradição performativa: seu ceticismo escavava os próprios fundamentos da razão, enquanto eles ainda aderiam a instrumentos racionais com os quais implementavam sua crítica da razão. Atestando a "hiper-reflexão" romântica do método genealógico de Nietzsche, os trabalhos de Horkheimer e Adorno mostravam monotonamente a redução da racionalidade à razão instrumental e ao uso violento do poder, levando-os assim a um duplo risco: a eliminação da razão e o fim de toda a crítica da ideologia. Pois, onde a crítica da ideologia deveria expor os defeitos de uma teoria revelando sua "inadmissível *mistura de poder e validade*" (*PD* 116), a *Dialética do Esclarecimento* arriscou-se a sucumbir a uma totalizante "crítica da crítica" nietzscheniana, no qual a *skepsis*, transfigurada em dúvida, ameaçava as duramente obtidas fundações da razão. Do mesmo modo como a *Genealogia da Moral* de Nietzsche havia abandonado a pretensão à verdade para ficar com a "pretensão retórica" que convém ao fragmento estético (*PD* 120), a *Dialética do Esclarecimento* não mais poderia salvaguardar seu próprio argumento político do espectro do decisionismo político. Ao localizarem o ponto de partida de suas críticas muito profundamente, na própria base da racionalidade, Adorno e Horkheimer consequentemente transgrediram as pretensões da Teoria Crítica em relação à legitimidade normativa. Para Habermas, a lógica dessa falsa superação da razão estava para emergir completamente no trabalho tardio de Adorno, o qual termina com um retraimento final no esoterismo da produção da arte de vanguarda e com uma teoria estética que, *ex negatio*, procura capturar a "lógica" não discursiva da *mimesis*. A capacidade mimética escapou à compreensão teórica a ponto de o próprio pensamento de Adorno, apesar das advertências contra a mistificação filosófica enunciadas em seu *O Jargão da Autenticidade*, ter começado a se assemelhar à própria retórica esotérica que ele havia desdenhado em Heidegger (*TCA* I, 385).

---

[11] Ibid., p. 196.

Tributário do modelo estetizante, Habermas iria detectar o mesmo esteticismo pernicioso no projeto histórico de Foucault. Habermas imaginava que as "paixões da modernidade estética" que se escondem por trás da "fria fachada do historicismo radical" fossem largamente responsáveis pelo sucesso iconoclasta de Foucault (*PD* 275). Concentrando-se antes de tudo na historiografia "arqueológica" e "genealógica" das ciências humanas realizada por Foucault, Habermas discorda do anti-humanismo que sustenta a busca de Foucault por uma "vontade de verdade" e uma "vontade de saber" trans-subjetivas. Aparentemente, a crítica de Foucault ao humanismo representou um retorno do sujeito descentrado de Nietzsche e Bataille, baseado na falsa convicção de que isso pudesse realizar a reversão da filosofia do sujeito; todavia, secretamente, ele ainda operava com uma figura de subjetividade que retinha as conexões objetivantes para com o mundo, fossem estas expressas em relações cognitivas ou práticas (*PD* 274). No que concerne à ulterior transição de Foucault, da história das ciências para uma teoria do poder, essa "genealogia do poder", segundo Habermas, permitiu uma pseudociência "presentista", "relativista" e "criptonormativa" (*PD* 276ss.). Embora aparentemente comprometido com uma história antinormativa das práticas discursivas contingentes, Foucault ainda confiava em uma plataforma política dedicada a minorar a injustiça social, que requeria, pois, um mínimo de base normativa. De modo mais condenador, Habermas discerniu o possível retorno à *Lebensphilosophie* na historiografia materialista de Foucault, no modo como esta rastreia a imposição coercitiva da força ao nível do corpo – isso apesar do fato de a *História da Sexualidade* de Foucault propor uma forte crítica da ascensão do biopoder à proeminência. Comparando a assim chamada teoria política de Foucault com o decisionismo político de Carl Schmitt, Habermas sugeriu que a historiografia agonística de Foucault resultou, de fato, em uma história da força, impelida por batalhas antagônicas entre adversários (*PD* 255, 285).

A crítica de Foucault: A ética da estética

Muito da crítica que a segunda geração de teóricos críticos, seguindo Habermas, tem dirigido à historiografia de Foucault relaciona-se com o fato de que o trabalho deste foi lido como se oferecesse uma teoria social abrangente.

Tal leitura provavelmente tornou-se possível por meio do retorno de Foucault à genealogia do poder, isto é, por meio do afastamento da arqueologia inicial da "vontade de saber" que informava sua análise dos pressupostos epistemológicos dos regimes disciplinares, inclusive das disciplinas que compreendem as ciências humanas. A partir da perspectiva de tal teoria social abrangente, tornou-se habitual exigir que Foucault também explicasse os processos de socialização por meio da psicologia ou de uma teoria da intersubjetividade, ou que ele oferecesse uma descrição mais diversificada da jurisprudência, para além de sua análise da lei como força coercitiva. Todavia, vista a partir da perspectiva da obra de Foucault, não é evidente que sua historiografia particular tenha pretendido tal aplicação abrangente às diversas sociedades. Ao contrário, Foucault escolheu enfatizar os pontos de partida aparentemente irredutíveis das respectivas teorias em exame. Declarando que a posição de Habermas era fundamentalmente "transcendental" por natureza, Foucault afirmou ser mais que um historiador empírico,[12] interessado em entender os "pontos de resistência" a diferentes tipos de poder, do *pouvoir-savoir*, do *pouvoir-guerre* e do biopoder até as estratégias modernas de "individualização" empregadas pelo Estado. Do mesmo modo que Habermas, Foucault confiou, como parece sugerir em "Dois ensaios sobre o sujeito e o poder", na explicação weberiana da modernidade cultural, mas unicamente para descobrir um "outro modo de investigar as ligações entre racionalização e poder".[13] Cauteloso acerca de todas as pretensões à universalidade, Foucault permaneceu um leal defensor da história dos particulares e das particularidades. Em vez de subscrever ao paradigma da comunicação de Habermas, ele entendeu a história como um campo de forças agonístico de múltiplas estratégias, técnicas e práticas discursivas, o qual permitia, em qualquer momento, a inversão das relações existentes de poder por meio de atos de insubordinação ou insurreição (*HS* I, 92). Essa concepção de uma história taticamente organizada também motivou-o a se apropriar estrategicamente de partes da filosofia de Nietzsche em vista de seus próprios propósitos historiográficos, sem se preo-

---

[12] Michel Foucault, "Space, Knowledge and Power", em S. Lotringer (ed.), *Foucault Live: Collected Interviews, 1961-1984*, New York: Semiotext(e), 1996, p. 343.

[13] Posfácio a Hubert Dreyfus e Paul Rabinow, *Michel Foucault: Beyond Structuralism and Hermeneutics*, Chicago: University of Chicago Press, 1983, p. 210.

cupar com o subtexto abominável e conservador, ou potencialmente irracionalista, de alguns dos enunciados de Nietzsche, ou mesmo com a apropriação deste pelos ideólogos nazistas.[14] Essas diferenças entre Foucault e Habermas, incluindo suas irreconciliáveis recepções de Nietzsche, tornaram-se óbvias em conversações que eles conduziram em março de 1983, quando Habermas apresentou, no Collège de France, as quatro conferências que abrem *O Discurso Filosófico da Modernidade* (*PD* XIX). Ao mesmo tempo, emergiam, naquela ocasião, sinais de proximidade e aproximação entre os dois pensadores, o que posteriormente teria resultado em uma conferência dedicada ao Esclarecimento. Além disso, em seu elogio a Foucault, Habermas mostrou que ele poderia não ter entendido corretamente Foucault e expressou surpresa pelo fato de que o historiador considerara a si mesmo como o herdeiro de uma corrente filosófica que, partindo de Kant, passa por "Hegel, Nietzsche e Max Weber e chega a Horkheimer e Adorno".[15] De modo similar, Foucault, em várias entrevistas, procurou integrar aspectos da crítica ou da teoria de Habermas no desenvolvimento de seu próprio trabalho. De fato, além dos equívocos e desentendimentos recíprocos que impediram o potencial debate entre ambas as partes, tornou-se claro que a redenção do potencial inacabado do Esclarecimento poderia prover uma base comum. Pelo menos no caso de Foucault, isso requeria que ele reconsiderasse e fizesse ajustes na representação opressivamente negativa do Esclarecimento (no sentido de *Les Lumières*) que marcou obras iniciais como *Vigiar e punir* (1975). Além disso, em sua última fase, Foucault também parecia disposto a admitir que havia reduzido, de modo muito monolítico, o conceito de poder ao exercício da força e da violência, negligenciando a concepção de "poder capacitador" das teorias da ação de Arendt ou de Habermas.[16] Ao rejeitar, aparentemente, sua consi-

---

[14] "Politics and Ethics: An Interview", em *The Foucault Reader*, P. Rabinow (ed.), New York: Pantheon, 1984, p. 374.

[15] Jürgen Habermas, "Taking Aim at the Heart of the Present: On Foucault's Lecture on Kant's *What is Enlightenment?*", em M. Kelly (ed.), *Critique and Power: Recasting the Foucault/Habermas Debate*, Cambridge, Mass.: MIT Press, 1994, p. 150; ver também *PD* 417 n.

[16] Ver "Power/Force/War: On Foucault's *Society Must be Defended*", em Hanssen, *Critique of Violence*, p. 149ss.

deração inicial acerca da morte do sujeito e do autor, Foucault dedicou-se posteriormente a uma das questões menos entendidas da tradição ocidental, a relação do eu consigo mesmo, o que ele também chamou de "o cuidado de si" ou "a arte do autogoverno". Entretanto, em vez de se refugiar nos confins daquilo que Habermas havia designado como razão centrada no sujeito, Foucault situou historicamente o início da relação ética do "mesmo" com o "outro" anteriormente à narrativa da razão e do conhecimento que se iniciara com Descartes. Assim como antes, Foucault perseguia as vicissitudes da "história da Verdade", mas agora ele buscava reacender, como espiritualidade, um modo anterior de verdade que havia sido revestida e obscurecida pelo discurso redutivo da verdade como conhecimento. Desse modo, concentrando-se na questão do autogoverno como uma contraestratégia contrária a "governamentalidade", Foucault provou que ele não era apenas o cronista de uma vontade "transubjetiva" de conhecimento *(pouvoir/savoir)*, como seu anterior *As palavras e as coisas* poderia sugerir, mas que também estava preocupado com a vontade individual, a autonomia kantiana e a autocrítica.

Tendo dedicado a maior porção de sua pesquisa à "hipótese nietzscheniana", Foucault passou a encarregar-se, por volta de 1978, da herança do Esclarecimento e de Kant, uma preocupação que permaneceria proeminente até sua morte intempestiva em 1984. O célebre ensaio de Kant "O que é o Esclarecimento?" possuía um interesse central durante esse período, junto com as próprias ligações de Foucault com a primeira geração da Escola de Frankfurt. Não menos importante, a proximidade com Kant constituiu um tipo de desvio em relação à sincera dedicação à "história da razão" de Nietzsche e sua "vontade de verdade", o que ajudou Foucault a se despedir da influência filosófica dominante na França, nos períodos do pré e pós-guerra: a fenomenologia e seu sujeito trans-histórico. De modo semelhante, Foucault descartou a crítica marxista da ideologia, com sua distinção normativa entre verdade e falsidade, como um epifenômeno da vontade de conhecimento. Influenciado pelo método pós-metafísico de Nietzsche, por sua "reflexão radical sobre a linguagem" (*OrT* 305), Foucault inventou sua arqueologia como um "discurso sobre discursos" que pretendia descentrar e dispersar os arquivos ocidentais de conhecimento predominantes (*AK* 205). Revolucionando a história das ciências, *As palavras e as coisas* refletiu um antifundacionalismo epistemológico que se beneficiou da análise de Nietzsche da "retórica da verdade" para registrar as mutações arqueológicas ao longo das quais os referenciais epistêmicos clássicos foram suplantados pelos códigos de ordenação modernos. Nessa obra relativamente juvenil, a filosofia de Kant não se sai bem, já que Foucault a leu exclusivamente com um olho nas distorções que as aspirações transcendentais haviam produzido na história da modernidade. Realmente, a "crítica da representação" de Kant estava situada na interseção das *epistemes* clássica e moderna. Marcando "o limiar de nossa modernidade", a filosofia transcendental de Kant havia questionado os "limites legítimos" dos regimes ocidentais de representação (*OrT* 242). Entretanto, em vez de perseguir o potencial impacto revolucionário dessa intuição, Foucault notou como Kant, revelando a "dimensão metafísica" do campo da representação, havia possibilitado a "retirada do conhecimento e do pensamento para fora do espaço da representação" (ibid.). Procurando preencher o consequente vazio, a filosofia pós-kantiana mostrou uma marcada bifurcação, dirigindo-se ou ao positivismo ou às novas metafísicas do vitalismo (*OrT* 243).

Em sua fase inicial, em "A ordem do discurso" (1970), é manifesto que Foucault ainda concebe a "crítica" ao longo das diretrizes antikantianas que Nietzsche formulou na *Genealogia da Moral*. A crítica foi claramente baseada na crítica historicista de Nietzsche a todos os valores morais normativos, de tal modo que "o valor desses próprios valores" seria colocado em dúvida. Para obter um novo "contraconhecimento" sobre a história do Ocidente, os métodos da crítica e da genealogia deveriam visar a "vontade de saber" e a "vontade de verdade". Desse modo, a crítica realizar-se-ia por meio de uma figura de inversão, o desmascaramento dos códigos legitimadores dos discursos da verdade como falsidades. Um segundo método, o da genealogia, deveria ser combinado com a crítica, que deveria considerar de modo mais específico a formação histórica das práticas discursivas. A obra programática de Foucault, "Nietzsche, genealogia e história" (1971), refinou ainda mais o uso desses termos, de tal modo que a genealogia foi então empregada como a análise da sedimentação histórica das relações de força em normas morais, normalizações e códigos de legitimação. Assim, a "filosofia pós-metafísica da força" de Nietzsche teve como consequência o fim de todas as filosofias da origem. Por um lado, ela revelou a história da interpretação hermenêutica como um regime pernicioso de violência;[17] por outro, possibilitou o advento de uma nova historiografia materialista que desmascararia as inscrições violentas do poder no domínio do corpo. Privada de todas as pretensões à normatividade, à legitimidade ou à realização utópica, a história correspondia então a um jogo agonístico em um campo de forças contendoras, enquanto o trabalho de interpretação constituía a imposição coercitiva de códigos de estabilização. Nesse campo de força, a transvaloração dos valores históricos aconteceu por meio da "inversão de uma relação de forças, a usurpação do poder" (*FR* 88). Tanto quanto Deleuze, Foucault claramente subscreveu uma concepção agonística da história, na qual a "origem" era desconstruída como um diferencial dinâmico de forças ativas e reativas. Como uma contra-história, a genealogia estava em oposição à meta-história, à história tradicional e às metafísicas da vontade de poder; como uma força contrária, a nova história poderia, em qualquer momento, intervir para inverter o *status quo*. Utilizando o método de inversão e reversão como uma contraestratégia que atuava de modo imanente na história, Foucault esperava dirigir a razão e o conhecimento contra eles próprios.[18] Além disso, à medida que essa nova "história efetiva" permanecia em dívida para com o perspectivismo de Nietzsche, ela rejeitava toda a neutralidade de valor, atenta a seu próprio envolvimento com o objeto sob estudo. A crítica (do grego *krinein*, dividir, separar ou distinguir) adquiriu o fio cortante da impetuosa história crítica de Nietzsche; a história não era a *anamnésis* platônica das verdades eternas e universais, mas paródia; ela não pregava a continuidade, mas conduzia à dispersão revolucionária. Igualmente implacável, ela exigia o "sacrifício" do sujeito do conhecimento; somente assim a contra-história poderia tornar-se a contramemória das desventuras que a história da Verdade produziu.[19] Essas desventuras não eram discerníveis somente no nível teórico, por meio da exclusão de certos sujeitos da historiografia, mas também por meio da força que tais disciplinas haviam imposto no combate da história. A

---

[17] "Nietzsche, Genealogy, History", em Rabinow (ed.), *Foucault Reader*, p. 86.
[18] Ibid., p. 92.
[19] Ibid., p. 93-97.

partir da perspectiva da contra-história, os ideais do Esclarecimento, tais como a "paz perpétua" ou a "universalidade da razão", seriam meramente sublimações ascéticas de pulsões. Em *Vigiar e punir*, que se ocupa, entre outras coisas, da utilização do panótico na penitenciária moderna como uma técnica de coerção corporal, Foucault resume esses resultados em sua severa avaliação da modernidade: "O 'Esclarecimento' *[Les Lumières]* que descobriu as liberdades também inventou as disciplinas" (*DP* 222). De modo semelhante a Adorno e Horkheimer, que analisaram os efeitos nocivos da razão instrumental, Foucault enfocou os mecanismos disciplinares, ou o que ele chamou de "sistemas de micropoder", que "constituíam 'o outro', o lado obscuro" da "codificada e formalizada estrutura judicial igualitária" (ibid.).

Como fica evidente a partir dos textos posteriores sobre Kant que foram publicados até agora, Foucault sujeitaria essa apresentação da razão e do Esclarecimento despótico a uma grande revisão. No entanto, de maneira nenhuma ele descartou sua inicial genealogia da razão ou os violentos efeitos da "racionalização", sejam esses efeitos manifestados no asilo, na penitenciária ou nos códigos e nos regimes das práticas sexuais. Ao contrário, enquanto investigava a função da razão nos tipos específicos de "governamentalidade" ou de "excessos de poder", ao mesmo tempo Foucault se esforçava para resgatar sua dimensão positiva por meio de uma redefinição quase kantiana de "crítica". Para forjar essa nova concepção de crítica, Foucault colapsou a definição que Kant havia oferecido de Esclarecimento com a tendência antidogmática da crítica kantiana. Essa mudança de perspectiva tornou-se particularmente evidente na conferência de 1978 na Sorbonne, "O que é crítica?", a qual introduziu a atitude crítica *(ethos)* como uma "virtude" que não era somente vital ao estudo da arte da "governamentalidade", mas que também constituía a própria essência da vontade de autogoverno. Definindo a "crítica" como a arte da "não servidão voluntária" e da "indocilidade reflexiva" nos jogos da Verdade,[20] Foucault ecoou o chamado à autonomia e à maturidade expresso no "O que é o Esclarecimento?" de Kant. Algo mais que

---

[20] Em J. Schmidt (ed.), *What is Enlightenment? Eighteenth-Century Answers and Twentieth-Century Questions*, Berkeley: University of California Press, 1996, p. 384.

uma posição puramente teórica, a crítica preparou e possibilitou qualquer futuro Esclarecimento *[Aufklärung]*, confrontando o sujeito do conhecimento com os limites de seu próprio conhecimento, encorajando-o a descobrir sua própria autonomia. Mas os efeitos do Esclarecimento *[Aufklärung]* não seriam tão prontamente percebidos na tradição francesa da crítica. Onde o Esclarecimento alemão deu origem ao questionamento da razão no hegelianismo de esquerda e na Teoria Crítica, as Luzes *[Lumières]* francesas nunca produziram realmente, no domínio acadêmico, uma interrogação da relação entre "racionalização e poder".[21] Na França, os intelectuais, em sua maioria, estavam preocupados quase que exclusivamente com a história das ciências e da epistemologia, em detrimento de uma crítica do poder. Descrevendo o que considerou ser o desligamento da crítica em relação ao Esclarecimento no século dezenove, Foucault esperava estabelecer um percurso diferente. Seguindo a crítica weberiana de uma modernidade racionalizada, burocrática e administrada, Foucault inventou o termo "governamentalidade" para considerar a racionalização da arte de governar. Acima de tudo, ele lamentou a falta de atenção que a Escola de Frankfurt havia recebido na França.[22] A quase inexistência da recepção da Teoria Crítica na França durante os anos trinta e quarenta, e também no pós-guerra, tivera origem nos caminhos divergentes que as disciplinas francesas e alemãs haviam seguido na era pós-kantiana: de um lado, o retorno à *episteme* na história das ciências e à fenomenologia; de outro, a crítica ao poder, que possibilitou o exame crítico da fenomenologia. Além disso, a conferência da Sorbonne parecia escrita, toda ela, como um corretivo ao conceito habermasiano de crise da legitimação, tanto que a obsoleta questão de como o conhecimento poderia ser normativamente justificado deveria ser desviada para a constelação do poder e para a "eventualização",[23] segundo a qual os "eventos" retêm um modo de contingência histórica e de reversibilidade que falta na narrativa ossificada da legitimação.

A conferência "Omnes et singulatum", de 1979, fornece evidências mais interessantes para essa análise: se estivessem originalmente interessadas em mul-

---

[21] Ibid., p. 389.

[22] "Critical Theory/Intellectual History", em Kelly (ed.), *Critique and Power*, p. 116-117.

[23] "What is Critique?", em *What is Enlightenment?*, p. 393.

tiplicar os poderes políticos da razão, então as Luzes *[Lumières]* tornar-se-iam, no século dezenove, uma questão de inspecionar e controlar os perigos da razão e da racionalização. Foi notável, porém, a decisiva revisão que Foucault apresentou à "dialética da razão" da primeira geração da Escola de Frankfurt, que ele considerou ser tão totalizante quanto a de Habermas, ainda que em bases diferentes.[24] A racionalização da cultura não era para ser abordada *toto caelo*, mas de uma maneira "micrológica", por meio da investigação das múltiplas tecnologias racionalizantes de poder em diversos campos e domínios. Não era necessária uma análise globalizada da racionalização, mas uma que fosse culturalmente localizada; tampouco era necessário estudar a racionalização, mas a economia das racionalidades específicas.[25] De modo semelhante, em uma conversa com Gérard Raulet, Foucault divergiu acerca do retorno a uma razão "única" no pensamento de Habermas, incluindo a assim chamada bifurcação entre razão e não razão que Habermas havia mencionado em sua avaliação positiva de *As palavras e as coisas*.[26] Problematizando ulteriormente o ímpeto totalizante da "racionalização", Foucault argumentaria em favor de uma consideração mais decisiva acerca do problema da individualidade ou do poder individualizante. Como uma estratégia intervencionista de reversão, a crítica deveria ser praticada individualmente e coletivamente; como uma questão de atitude,[27] a crítica expressava a vontade decisiva de não ser "demasiadamente" governada – uma liberdade que necessitava ser exercida até mesmo no domínio da historiografia.

Ao dedicar-se a Kant em um curso sobre o governo de si mesmo e dos outros, Foucault reformou a ética como autogoverno ou como vontade revolucionária de insubordinação. Como ele observa em "A arte de dizer a verdade" (1983) e em "O que é Esclarecimento?" (1983), Kant foi o primeiro a transformar o presente em um evento filosófico do qual o próprio filósofo participa. Em seu revolucionário "O que é Esclarecimento?", Kant havia

---

[24] S. McMurrin (ed.), *The Tanner Lectures on Human Values*, Salt Lake City: University of Utah Press, 1981, (vol. II), p. 223ss.

[25] "The Subject and Power", em Dreyfus and Rabinow, *Foucault: Beyond Structuralism*, p. 210ss.

[26] "Critical Theory/Intellectual History", p. 117-118.

[27] "What is Critique?", p. 382ss.

introduzido uma forma *histórica* de crítica que era radicalmente diferente de sua concepção transcendental. Assim, em vez de procurar acabar com a tradição da crítica kantiana, Foucault redefiniu seus contornos *(Grenzen)*, interpretando-a como uma "ontologia histórica" do presente. O ensaio de Kant sobre o Esclarecimento, enquanto texto inaugural da modernidade ocidental, anuncia um projeto fundamentalmente historicista, na medida em que exibe uma consciência histórica do "agora" e define a tarefa filosófico-histórica que a modernidade não pode permitir-se renunciar: como obter uma "ontologia histórica de nós mesmos".[28] Assim, Kant formulou um novo *ethos* filosófico, que consistia na revelação do entendimento historicizado do presente. Como Habermas, Foucault comprometeu-se a conduzir o projeto do Esclarecimento *[Aufklärung]*, junto com o chamado de Kant à autonomia e à maturidade, até a conclusão. De fato, em referência velada a Habermas, Foucault anunciou que o Esclarecimento *[Aufklärung]* não era tanto um período histórico a manter-se vivo por "compaixão",[29] mas que também adquiriu a natureza de uma questão filosófica – a filosofia moderna que questiona a si mesma sobre seu próprio presente. Como tal, ela convida e desafia os filósofos atuais a perseguirem a genealogia da modernidade como uma questão. Ressaltando que tais questionamentos deveriam incluir a pergunta acerca da "historicidade do pensamento sobre o universal", Foucault forneceu o paralelo negativo em relação à análise de Habermas sobre a história discursiva da modernidade (ibid.). Consequentemente, Foucault, tanto quanto Habermas, pensou o potencial inacabado do Esclarecimento, afirmando que a própria atitude crítica sujeitar-se-ia à repetição produtiva.

Ao definir a crítica como uma atitude limite, "O que é Esclarecimento?" de Foucault propôs uma reflexão demorada sobre o difícil conceito kantiano de limite.[30] Na elaboração de sua filosofia crítica, Kant explicitamente distinguiu os contornos *(Grenzen)* positivos da ação e do conhecimento humano de seus limites negativos *(Schranken)*. Assim, quando entendido negativamente, o termo "atitude limite", de Foucault, sinalizava o limite que não

---

[28] "What is Enlightenment?", em Rabinow (ed.), *Foucault Reader*, p. 45.
[29] "The Art of Telling the Truth", em Kelly (ed.), *Critique and Power*, p. 147.
[30] "What is Enlightenment?", p. 45.

poderia ser ultrapassado; e, quando interpretado positivamente, ele expressava a necessidade de ultrapassar o limite, um imperativo ou uma injunção a serem tomados no mesmo nível que a crítica prática. Transformando a crítica em um atravessar criticamente o limite, Foucault muitas vezes relacionou a crítica à liberdade, a uma atitude experimental, ao "ensaio" de si próprio por meio da reinvenção. Interessado na política da identidade dissidente, que se opunha às táticas pré-ordenadas de individualização do poder político estatal,[31] ele estudou técnicas coletivas subversivas de formação de identidade, ou "novas formas de subjetividade" (*SaP* 216). Em seu trabalho tardio, o termo "*pouvoir*", ou "poder", não significa mais apenas força, mas também exprime "capacidade", "habilidade" e "potencialidade" para a liberdade.

Assim, implicitamente colocando entre parênteses a filosofia transcendental de Kant, Foucault pôde se dedicar ao que ele considerava ser a negligenciada dimensão historicista da crítica kantiana. Porém, ele também se rendeu, nesse processo, a algumas das "negatividades" que aderiam ao projeto de Esclarecimento de Kant. Pois, se Kant havia estabelecido, na terceira *Crítica*, que o autoesclarecimento atuava, em grande medida, de uma maneira negativa, então Foucault substituiria essa atividade negativa por uma interpretação afirmativa, a qual tomaria a forma da estética autoestilizadora de Baudelaire – uma realização possível de práticas alternativas de formação de identidade.[32] Com efeito, seria fácil sustentar que a virada de Foucault em direção à estética meramente confirmou que sua filosofia tardia traçou o mesmo retraimento para o território esotérico que Habermas havia censurado na filosofia tardia de Adorno; por conta disso, tanto Foucault como Adorno teriam terminado suas carreiras intelectuais em uma estetização da política. É óbvio que a questão, em ambos os casos, é mais complexa. Isso se torna evidente, no caso de Foucault, quando sua preocupação com a estética é situada no contexto dos vários tópicos de pesquisa nos quais ele estava trabalhando na época. A divisão de trabalho que ele traçou como parte de sua plataforma de pesquisa indicava claramente que ele nunca almejou reduzir a complexidade do que Habermas denominou de "mundo-de-vida" a um

---

[31] "The Subject and Power", p. 213ss.
[32] "What is Enlightenment?", p. 39ss.

esteticismo totalmente consumível, tampouco ele simplesmente procurou liberar a "subjetividade" da "objetividade da consciência coletiva" de Marx, como Marcuse havia tentado fazer em *A Dimensão Estética* (*AD* 4-5). Ao contrário, a tentativa de pensar conjuntamente a ética e a estética, em vez de considerá-las como opostas, estava relacionada ao estudo de Foucault das técnicas do sujeito e de Verdade/Saber, cuja interface ele esperava analisar como parte de uma pesquisa futura, apresentada em *O uso dos prazeres*, em *O cuidado de si* e na inacabada *As confissões da carne*. Desse modo, quando contemplada a partir de uma certa perspectiva, a genealogia da sexualidade envolve o estudo de uma "hermenêutica do desejo" (*HS* II, 5), por meio da qual o sujeito se põe à mostra. Entretanto, quando vistas a partir de outro ponto de vista, as práticas historicamente variáveis da sexualidade revelaram como os sujeitos participaram das várias vicissitudes que marcaram a história da Verdade.

Para "inventar" um diferente código de ética, Foucault reavivou as moralidades da Antigüidade e, mais especificamente, uma "anterior ética da existência", de acordo com a qual os sujeitos deveriam forjar sua própria vida como se esta fosse uma obra de arte. Os dois últimos volumes da *História da Sexualidade* exploraram as assim chamadas "práticas de liberação", tais como o "cuidado de si", que seriam ontologicamente diferentes das "práticas de sujeição"[33] examinadas no primeiro volume. O fato de Foucault denominar essas práticas de "técnicas do eu" era em si mesmo relevante. A expressão evocava a etimologia da palavra grega *techne* (saber prático), o que significava revitalizar um modo de ser não instrumentalizado. Essas técnicas, expoentes da razão "tecnológica" ou "instrumental", não mais – ou não ainda – serviam ao propósito maior da autorrealização do eu como um fim em si mesma. Resumido na frase grega *techne tou biou*, o objetivo da ética era a arte de viver como domínio de si próprio (*HS* III, 43ss.). *Bios*, ou vida, tornou-se o material para uma peça existencial de arte e de autoestilização, realizada por meio de técnicas "etopoéticas" (*HS* II, 13), como a meditação, a observância de manuais anamnésicos, regimes dietéticos, e assim por diante. Entre os gregos e o estoicismo romano, tal ética, expressiva de um profundo "cuidado de si", não conduziu

---

[33] "An Aesthetics of Existence", em Lotringer (ed.), *Foucault Live*, p. 452.

aos regimes de normalização que estorvaram os códigos morais da modernidade. Em vez de almejar uma vida bela, essa "estética da existência" (*HS* II, 11) envolveu uma atividade do e sobre o eu, um modo de atuar sobre o eu, com o interesse de "inventar" (não descobrir) a si mesmo por meio da liberdade e da escolha. Contrariando a "genealogia da moral" cética de Nietzsche, Foucault inventou uma "genealogia da ética" afirmativa, cuja premissa é a recuperação de uma sensibilidade ou atitude ética primordial a ser resgatada a partir dos códigos morais sedimentados. Tendo já repensado a circunscrição da "crítica" por Nietzsche, Foucault ulteriormente reconsiderou seu escopo, acrescentado a seu significado o sentido de autocrítica como um "teste" ou uma "ensaio" de nós mesmos. Sempre disposto a interpretar essas técnicas no nível de sua própria historiografia, ele propôs *O uso dos prazeres* como "ensaio" filosófico, isto é, como um exemplo de *askesis*, "um exercício de si mesmo na atividade do pensamento" (*HS* II, 9).

A série de conferências de 1981-1982, publicada recentemente como *Hermenêutica do Sujeito*, lança uma nova luz sobre o que se poderia chamar "a política" da virada estética de Foucault, para diferenciá-la da estetização da política. Antecipando-se aos potenciais críticos, Foucault conjeturou duas possíveis críticas a sua obra tardia: (1) que o cuidado de si, como o "dandismo moral", assemelhava-se ao estado estético negativo de Kierkegaard e, por isso, apresentava uma "ruptura ética"; ou (2) que o cuidado de si refletia o enraizamento profundo do "deslocamento de uma moralidade coletiva" (*HSuj* 14). Contudo, pelo menos desde Sócrates, objetava Foucault, a autoocupação do filósofo carregava um valor positivo. Além disso, quando vistas no interior da história dos jogos da Verdade, parecia que essas práticas do eu haviam entrado em competição, desde a era cartesiana, com as práticas de "conhecimento", permitindo um "acesso" instrumentalizado à verdade (*HSuj* 184ss.). O cuidado de si foi substituído pelo conhecimento de si, o qual, assumindo a "forma da consciência", ao mesmo tempo assegurou a existência indubitável do sujeito e sua relação privilegiada com a Verdade (*HSuj* 16). Para equiparar a redução da Verdade a um conhecimento proposicional *(connaissance)*, investido em objetos, essa tradição assumiu um sujeito neutro encarregado de acumular tal conhecimento. Sua aparente estabilidade e neutralidade estavam em marcante contraste com o velho tema da "espiritualidade", que sofreria transformações de longo alcance no ato do conhecimento espiritual. Traçando a contracorrente dessa tradição racionalista e reducionista na filosofia e na cultura da modernidade, Foucault percebeu como o tema do "cuidado de si" retorna primeiramente em Montaigne, sendo particularmente proeminente no século dezenove, marcadamente em Schopenhauer, em Baudelaire, no dandismo e no anarquismo (*HSuj* 240-241). É aqui, então, que a singular exegese do esteticismo de Baudelaire proposta por Foucault vem à tona, especialmente quando comparada com *O Discurso Filosófico da Modernidade* de Habermas. Em vez de inserir o ato de reinvenção no interior de uma narrativa da autoexpressão estética que havia se tornada equivocada, Foucault procurou reespiritualizá-lo, percebendo-o como uma prática materialista de reinvenção espiritual. Vinculado à *askesis* grega, a atividade estética tornou-se uma prática de autoacabamento, a constituição do eu como um sujeito da Verdade. Como tal, essa prática ética levantou a questão de como um sujeito poderia tornar-se o sujeito do discurso-da-verdade (*parrhesia*) por meio de um *ethos*, ou *techne*, que era o oposto radical, historicamente falando, da mera lisonja e da retórica da persuasão (*HSuj* 362ss.). Na parte final da série de conferências de 1981-1982, Foucault relacionou, de modo não surpreendente, sua discussão da *techne* enquanto "saber-fazer" prático com a extensa crítica da razão tecnológica que associou a primeira Escola de Frankfurt a Heidegger, solicitando um exame da *Fenomenologia do Espírito* de Hegel. Pois a *Fenomenologia*, alega Foucault, foi o texto fundamental da modernidade, em que as duas correntes do curso fatídico da Verdade ocorrem ao mesmo tempo no conhecimento absoluto, mostrando como o mundo, tendo sido objetivado, funcionou ao mesmo tempo como o lugar da "experiência do eu" (*HSuj* 467).

Assim, tendo reconstruído parte da trajetória da historiografia filosófica de Foucault, podemos agora reconectar essa leitura ao *Discurso Filosófico da Modernidade* de Habermas, de modo mais particular, ao excurso seminal dedicado ao resgate da história "efetiva" de Walter Benjamim. Ao que tudo indica, a interpretação que Habermas faz de Walter Benjamim no curso dessa conferência afasta-se do tom mais condenatório que parecia permear seu ensaio de 1972, "Crítica conscientizante ou salvadora – a atualidade de Walter Benjamim". Proposto originalmente no contexto da retomada de Benjamim que marcou o movimento estudantil alemão dos anos setenta, esse ensaio censurava o retiro "esotérico" inicial de Walter Benjamim na *vita contemplativa*, que tirou o máximo de seu compromisso em relação à crítica da ideologia ou à análise da violência estrutural.[34] Mesmo sua posterior teoria "exotérica" da "experiência", baseada na felicidade humana e na iluminação profana, somente nutria uma "posição altamente mediada em relação à *práxis* política".[35] Em última análise, o "materialismo semântico"[36] de Walter Benjamim havia se resignado à "salvação" messiânica dos fragmentos semânticos do passado cultural, desistindo do objetivo do "aumento de consciência" da prática política. Todavia, apesar do título um pouco enganoso do ensaio de Habermas, sua avaliação não pretendia necessariamente considerar o "aumento de consciência" e o resgate da crítica como alternativas mutuamente exclusivas. Considerando-as como práticas colaborativas, Habermas esperava demonstrar a relevância da "filosofia da experiência" de Walter Benjamim, ou de como esta poderia ser "recrutada" por um materialismo histórico alterado, que pudesse casar o alívio da repressão social com a recuperação do passado cultural. Realmente, no mesmo espírito, *A crise de legitimação do capitalismo tardio* de Habermas deveria atribuir uma dupla função à crítica da ideologia: "Dissolver analiticamente, ou em uma crítica da ideologia, as afirmações de validade que não podem ser discursivamente cumpridas; porém, ao mesmo tempo, libertar os potenciais semânticos da tradição" (*LC* 70). Assim, considerado desse ponto de vista, torna-se possível sustentar que as teorias da modernidade e da memória histórica, ou *anamnesis (Eingedenken)*, propostas em *O Discurso Filosófico da Modernidade*, foram dependentes, de uma maneira peculiar, da "hermenêutica revolucionária-conservadora" de Walter Benjamim.[37] Desse modo, em suas teses sobre a história e nas *Passagens*, Walter Benjamim desenvolveu uma teoria do "tempo-agora" *(Jetztzeit)* (*A* 462-463) carregada de potencial histórico, por meio da qual o falso *continuum* da história seria rompido, enquanto ele substituía

---

[34] Em Smith (ed.), *On Walter Benjamin*, p. 120. De muitas maneiras, a rejeição tardia do pós-estruturalismo por parte de Habermas, principalmente sua recusa do assim chamado misticismo de Derrida, parece fazer eco dessa primeira consideração acerca do esoterismo de Walter Benjamim.

[35] Ibid., p. 118.

[36] Ibid., p. 123.

[37] Ibid., p. 124.

a "imitação dos modelos clássicos" pela constelação das "correspondências" históricas (*PD* 10-11). O que estava em jogo na reconsideração de Walter Benjamim do tempo histórico era uma contestação da "teoria do progresso", que "protegia a si mesma" contra a possível incursão do futuro. Comparado a Nietzsche ou a Heidegger, o ramo da "história efetiva" de Walter Benjamim oferecia uma "*drástica reversão* do horizonte de expectativas e do espaço da experiência" (*PD* 14), à medida que o passado trazia em si expectativas irrealizadas a serem levadas à fruição pelo presente orientado com vistas ao futuro. Pois o ato ético da recordação abria a possibilidade da "redenção anamnésica" das injustiças passadas; passado, presente e futuro poderiam participar do "contexto comunicativo de uma solidariedade histórica universal" (*PD* 15). Somente desse modo, então, o historiador cultural e o crítico da ideologia poderiam ser capazes de conservar a tarefa ético-política *(Aufgabe)* do passado em relação ao futuro.

Foi exatamente esse duplo ímpeto – de crítica e de redenção semântica – que motivou o duplo movimento de Habermas em *O Discurso Filosófico da Modernidade*, conforme ele buscava recuperar o potencial não realizado da racionalidade do Esclarecimento. Contudo, poder-se-ia argumentar, a versão da teoria crítica de Foucault apresentava uma resposta secularizada à história efetiva de Walter Benjamim, já que Foucault esperava libertar as possibilidades passadas que poderiam ajudar a dissolver alguns dos dogmáticos "jogos de verdade" da modernidade. O que Foucault pretendia era fundir sua crítica quase kantiana, que almejava reabilitar a reserva perdida do Esclarecimento, com uma ética estética da autocultivação. Ao mesmo tempo que permanecia distante de uma filosofia normativa universalista, Foucault considerava a "historicização" do pensamento ocidental acerca do universalismo como parte da tarefa de resgatar a herança do Esclarecimento. Trabalhando em uma ética dependente do contexto ou da situação, que parecia confiar no "julgamento prático" (*phronesis*),[38] Foucault não defendeu uma forma de

---

[38] Ver meu *Critique of Violence*, p. 94ss.; ver também Arnold Davidson, "Archeology, Genealogy, Ethics", em D. Hoy (ed.), *Foucault: A Critical Reader*, Oxford: Blackwell, 1986, p. 221-233; Richard Bernstein, "Foucault: Critique as a Philosophic Ethos", em Kelly (ed.), *Critique and Power*, p. 211-242.

ética individualista ou narcisista, mas o cultivo de técnicas ou práticas de reinvenção; o "esteticismo", doravante, deveria significar a transformação de si próprio em e através de um modo não objetivante de conhecimento.[39] Se essa foi a forma que o aspecto de "resgate" de sua crítica assumiu, então a parte do aumento da consciência foi representada nas transformações de longo alcance às quais Foucault sujeitou a disciplina da história e o estudo das lutas de identidade. Portanto, não parece somente necessário, mas também possível, mover-se para além do plano das repreensões e dos enganos recíprocos que tanto Habermas quanto Foucault – a segunda geração da Teoria Crítica e o pós-estruturalismo – dirigiram um ao outro. Assim como os debates sobre as respectivas pressuposições de ambas as escolas de pensamento devem necessariamente permanecer, parece também existir uma necessidade por um *ethos* crítico que permita a coexistência de pontos de partida metodológicos divergentes, de diferentes campos de aplicação para as respectivas teorias e uma multiplicidade de práticas críticas, algumas dessas redentoras, outras de aumento de consciência.

---

[39] "An Ethics of Pleasure", em Lotringer (ed.), *Foucault Live*, p. 379.

12 A própria ideia de uma ciência social crítica: Uma virada pragmática

Stephen K. White

Quando inicialmente me aventurei na composição deste capítulo, mencionei-o a um famoso especialista em Teoria Crítica da Escola de Frankfurt. Sua resposta foi: "Esta é, de fato, uma aventura arriscada". Essa é provavelmente a atitude típica. A ideia de uma ciência social crítica é, na melhor das hipóteses, obscura, e, na pior, revestida de vários compromissos filosóficos ultrapassados provenientes da primeira Escola de Frankfurt.[1] Como Axel Honneth afirma em sua contribuição a este volume, muitas das ideias originais dessa escola parecem ser, ao menos num primeiro momento, "antiquadas, empoeiradas e irrecuperavelmente perdidas".[2]

Argumentarei, entretanto, que alguns dos *insights* da Escola de Frankfurt podem ser recuperados. Minha abordagem irá considerar a afirmação dos primeiros teóricos críticos de que eles teriam fornecido uma base filosófica para uma orientação sistemática à ciência social. Para utilizar uma terminologia mais recente, eles imaginaram que seu trabalho constituía um "programa de pesquisa" ou uma "tradição de pesquisa" de um tipo crítico característico. Meu argumento é que essa tradição pode, quando revista apropriadamente, constituir uma ciência social crítica defensável. As revisões necessárias são derivadas de duas fontes, uma interna e outra externa. A primeira é o trabalho de Habermas após *Conhecimento e Interesse Humano*, quando ele come-

---

[1] Para uma crítica clássica das afirmações da Teoria Crítica, ver Raymond Geuss, *The Idea of a Critical Theory*. Cambridge: Cambridge University Press, 1981.

[2] Ver Honneth, capítulo 13 deste volume.

çou a desenvolver a ideia da racionalidade comunicativa como a peça ontológica central da Teoria Crítica.³ Dificilmente será uma novidade afirmar que essa virada constituiu uma revisão substancial da tradição de Frankfurt. Mas o que não tem sido adequadamente avaliado é como essa clara modificação ontológica se choca com a possibilidade de uma ciência social crítica. Apesar da extensa elaboração de Habermas sobre a noção de racionalidade comunicativa, ele apenas forneceu um esboço desse tópico específico (ver, por exemplo, *TCA* II, 374-403). No que segue, espero lançar mais luz exatamente sobre a maneira como o trabalho de Habermas após 1970 constitui uma elaboração progressiva da antiga ambição da Escola de Frankfurt de articular uma abordagem crítica sistemática da investigação social.

Considerando essa primeira questão, fontes internas me ajudarão também a estabelecer melhor a plausibilidade de dirigir-me a uma segunda fonte externa para a revisão da Teoria Crítica: o pragmatismo. Em certo sentido, não é novidade chamar atenção para as afinidades entre a Teoria Crítica e o pragmatismo.⁴ Habermas repetidamente fez uso de diferentes *insigths* pragmáticos, incluindo aqueles de Charles Sanders Peirce, George Herbert Mead e John Dewey (*KHI* 65-186; *TCA* I.5; *FN* 171, 304, 316). Mas, em outro sentido, a conexão entre o pragmatismo e a Teoria Crítica não recebeu muita atenção. Com isso quero dizer que relativamente pouco tem sido feito em relação à consideração de como essa conexão poderia ser proveitosamente desenvolvida, com a intenção específica de renovar as afirmações centrais de uma ciência social

---

³ Para uma visão geral dessa virada no pensamento de Habermas, ver minha introdução ao *The Cambridge Companion to Habermas*. S. White (ed.). Cambridge: Cambridge University Press, 1995.

⁴ A primeira Escola de Frankfurt foi bastante hostil ao pragmatismo; ver, por exemplo, Max Horkheimer, *ER*; ver também Rush, capítulo 1 deste volume. Para as relações entre o pragmatismo e a Teoria Crítica de modo mais geral, ver Richard Bernstein, "The Resurgence of Pragmatism", *Social Research* (Winter 1992): p. 835; John Patrick Diggins, *The Promise of Pragmatism: modernism and the crisis of knowledge and authority*. Chicago: University of Chicago Press, 1994, p. 417-432, 443-450; Matthew Festenstein, *Pragmatism and Political Theory: from Dewey to Rorty*. Chicago: University of Chicago Press, 1997, caps. 6-7; e Baynes, capítulo 8 deste volume.

crítica.⁵ Se meus esforços ao longo destes apontamentos forem bem sucedidos, provavelmente fará sentido, então, falar da configuração resultante como uma *teoria crítica pragmática*. No que segue, eu desejo trabalhar tanto na determinação dessa virada em direção ao pragmatismo quanto em sua justificação.

No que diz respeito à justificação, será útil iniciar a discussão fornecendo alguma noção do estado atual de pelo menos uma ciência social, a ciência política, de maneira que se possa entender melhor o contraste que a Teoria Crítica oferece. O importante é que a teoria não apresente suas afirmações em contraste com uma explicação ultrapassada da ciência social. Com isso em mente, inicio considerando as controvérsias que circulam em torno das recentes críticas àquele que tem sido chamado de o entendimento "hegemônico" da ciência no estudo da política. Especificamente, argumento que uma Teoria Crítica pragmaticamente reconfigurada oferece a melhor maneira de aprofundar essas críticas no momento, quando os "hegemônicos" parecem estar migrando em direção a um entendimento pós-preditivista e pós-universalista da ciência social. Ao longo do capítulo, confrontarei a tradição da pesquisa crítica com o que tem sido, nas duas últimas décadas, o mais vigoroso campeão das fortes exigências da ciência, a tradição da escolha racional.

Em seguida, me ocuparei de algumas das razões pelas quais a reconfiguração da Teoria Crítica que recomendo faz sentido a partir da perspectiva da tradição frankfurtiana. Ela é plausível e natural em dois sentidos. Em primeiro lugar, a abertura já está, de fato, implícita na noção de Habermas da "ação comunicativa" e do "discurso". Em segundo lugar, essa abertura ajuda a resolver claramente um problema conceitual que perseguiu a Teoria Crítica desde o início – a dificuldade de projetar os "interesses reais" sobre os atores sem acarretar alguma forma de autoritarismo e sem abandonar inteiramente

---

⁵ Exceções importantes a essa generalização são John Drysec, *Discursive Democracy: Politics, Policy and Political Science*. Cambridge, Cambridge University Press, 1990, e "Critical Theory as a research program", em *Cambridge Companion to Habermas*, p. 97-119; e James Bohman, "Democracy as Inquiry, Inquiry as Democratic; Pragmatism, Social Science, and the Cognitive Division of Labor", em *American Journal of Political Science*, 43, 1999: p. 590-607.

uma perspectiva normativa que seja ao menos minimamente universalista. Resolver esse problema conceitual da maneira como eu sugiro irá também aumentar o alcance empírico da Teoria Crítica.

E finalmente, tentarei esclarecer alguns dos compromissos básicos de uma Teoria Crítica pragmática compreendida como uma tradição de pesquisa. Parte do que estará em questão aqui é de que maneira a própria ideia de uma tradição de pesquisa poderia ser modificada assim que as âncoras do preditivismo e do universalismo fossem retiradas. Nesse contexto, eu primeiro esboço brevemente aquilo que o modelo crítico oferece como contribuição específica para a explicação da ação. Exemplifico, então, de que maneira, no momento da retirada do preditivismo e do universalismo, todas as tradições de pesquisa devem confrontar mais explicitamente as implicações normativas de seus compromissos ontológicos. Uma vez isso realizado, as alegações da Teoria Crítica ganham uma força comparativa substancial frente às tradições de pesquisa concorrentes, tais como a da escolha racional. Como indiquei acima, meu foco principal será a maneira como os compromissos da Teoria Crítica aparecem, em contraste com os da escolha racional.

Ciência e pragmatismo na ciência política

Na ciência política norte-americana, o final de 2000 testemunhou o irrompimento em grande escala de uma disputa metodológica que vinha fermentando por algum tempo. Aquilo que rapidamente veio a ser chamado de movimento "Perestroika" montou um ataque contra a posição "hegemônica" no interior da disciplina, a qual visa reduzir o escopo da investigação legítima à teoria da escolha racional e a estudos quantitativos de amostras de larga escala. As bases para esse ataque foram muitas, mas uma delas parece especialmente central. A ciência política, no modelo hegemônico, se preocupa bastante com o desenvolvimento de sua pureza metodológica e de suas técnicas quantitativas, ao custo de um envolvimento mais sistemático com problemas políticos significativos.[6]

---

[6] Rogers Smith, "Should we make Political Science more of a Science or more about Politics?". *PS: Political Science and Politics*, 35, [2002]: p. 199-201.

A partir de uma perspectiva histórica, duas coisas sobre essa crítica são surpreendentes. De um lado, ela é quase idêntica àquelas que eram dirigidas contra os cientistas sociais behavioristas dos anos sessenta e setenta. De outro, a posição hegemônica parece estar em processo de abandono do ideal inicial enfático da ciência social de aproximar-se cada vez mais das ciências naturais. Essa mudança era claramente visível em meados dos anos noventa, nas respostas de importantes teóricos da escolha racional à tão discutida crítica sobre aquela pesquisa.[7] Embora alguns proponentes da escolha racional pareçam estar ainda comprometidos com o grande ideal da ciência social universalista e preditivista assentada na suposição da racionalidade instrumental, o centro de gravidade dessa tradição parece estar se afastando de tais pretensões, em direção às noções de que seus modelos podem ser válidos apenas em certos domínios restritos do comportamento, e que outros domínios podem ser melhor explicados por diferentes tipos de teorias.[8] Essa crescente modéstia epistemológica por parte daquela que é, provavelmente, a mais importante e coerente tradição de pesquisa em ciência política concede um caráter peculiar ao fermento metodológico vigente. Por um lado, as ambições em direção à hegemonia agora parecem se apresentar como mais diretamente políticas – aumentando o grau de poder dos departamentos e da disciplina como um todo – e menos vinculadas aos ideais universalistas da ciência, que presumivelmente poderiam fornecer alguma justificação epistemológica para o comportamento hegemônico. No entanto, importantes teóricos da escolha racional parecem, exatamente ao mesmo tempo, querer projetar imagens da disciplina que são decididamente apolíticas. Estamos certos de que a querela metodológica pode ser tranquila e racionalmente julgada pela "comunidade de (...) especialistas"; ou de que tal julgamento surgirá da razão implícita de uma política profissional do *laissez-faire*: deixem que cada um "faça de seu próprio jeito" e a melhor mercadoria produzida triunfará no mercado

---

[7] Donald Green e Ian Shapiro, *Pathologies of Rational Choice*. New Haven: Yale University Press, 1994. As respostas surgiram na *Critical Review*, 9, 1995.

[8] Para uma reafirmação do velho sonho de "uma teoria geral do comportamento humano", ver o ensaio de Norman Schofield na *Critical Review*, 9; para o que parece ser o germe inicial daquele ideal, ver também os ensaios de John Ferejohn e Debra Satz, Morris Fiorina, Kenneth Shepsle, Dennis Chong e Michael Taylor, publicados no mesmo periódico.

livre das ideias.⁹ A dificuldade desses ideais é que eles nos prometem um veredicto sem política: uma comunidade científica que não possui nenhuma das dimensões de luta e poder das comunidades democráticas imperfeitas. Essa imagem de tipos de comunidades nitidamente separados é uma enorme simplificação, à luz da qual os proponentes não podem nem mesmo compreender movimentos tais como o da Perestroika como algo além de não científicos, confusos e mal-intencionados. Argumentarei à frente que é melhor examinarmos continuamente as maneiras como as características das comunidades política e científica resistem a uma separação analítica tão incisiva.

Mas se a nova conjunção de pretensões mais modestas impõe desafios às autoconcepções dos teóricos da escolha racional, ela também impõe aos perestroikeanos desafios comparáveis. Assim que a hegemonia foi perseguida em nome da ciência preditiva e universalista, os anti-hegemônicos tiveram um alvo claro e monolítico contra o qual um tipo de solidariedade negativa era tudo o que parecia necessário. Mas, se o caráter do alvo mudou, então esse tipo de solidariedade negativa – ao menos como ela se expressa teoricamente – pode começar a parecer um pouco quixotesca: agora o dragão pode ser um moinho.

Eu gostaria de sugerir que é nesse contexto que os anti-hegemônicos fariam melhor ao se dedicarem mais explicitamente às fontes pragmáticas, à medida que enfrentam a tarefa de esboçar uma explicação afirmativa da ciência social. Embora o pragmatismo não tenha tido um papel central nos debates metodológicos – nem recentemente, e nem nos anos sessenta e setenta – é certamente verdade afirmar que, ao longo das últimas décadas, um interesse maior pelo pragmatismo emergiu na ciência política.¹⁰ Mas esse interesse tem sido relativamente difuso e irregular. Parte do problema,

---

⁹ Morris Fiorina, "Rational Choice, Empirical Contribution, and the Scientific Enterprise", em *Critical Review*, 9; Russel Hardin, "Whither political science?", em *PS: Political Science and Politcs*, 35, 2002, p. 185.

¹⁰ Ver Paul Diesing, *How Social Science Works*. Pittsburgh: University of Pittsburg Press, 1991, cap. 4; Donald Green e Ian Shapiro, "Reflections on Our Critics", em *Critical Review*, 9:270; e a seção especial de artigos sobre o pragmatismo no *American Journal of Political Science*, 43, 1999.

provavelmente, resulta do simples fato de que é notoriamente difícil afirmar o que o pragmatismo significa. Ainda que se queira aderir ao pragmatismo, não é fácil determinar o que se deve fazer para alcançá-lo. Além disso, a interpretação do pragmatismo que causou o maior impacto nos últimos anos – a de Richard Rorty – não é uma interpretação que os cientistas políticos, quer hegemônicos ou perestroikeanos, acharam muito sagaz.[11] Os primeiros o ignoraram amplamente; os últimos acharam que ele era muito desinteressado pelas questões de poder.

Estamos, assim, frente a uma situação na qual muitos críticos da concepção hegemônica da ciência política fazem implícita ou explicitamente referência às fontes pragmáticas, mas esse apelo permaneceu relativamente incipiente. Minha suspeita é que, ao tentar reforçar tal apelo, haverá pouco sucesso nos esforços que se voltarem simplesmente para o que os pragmáticos clássicos tinham a dizer. O pragmatismo é, provavelmente, melhor concebido como nos fornecendo um *ethos* para reconceitualizar a ciência social; isto é, direção e sensibilidade mínimas.[12] Mas essa orientação mínima provavelmente deve estar *unida a alguma tradição de pesquisa existente*, para que qualquer reconceitualização tenha a qualidade necessária para ser estabelecida como uma abordagem adequada.

Ainda que se deseje falar apenas inspirado por um *"ethos* pragmático" geral, resta ainda a questão de saber quais elementos desse *ethos* serão mais fortemente utilizados. Desejo me concentrar no seguinte: a inevitabilidade de uma pluralidade de perspectivas; o caráter social do eu e da investigação científica; e a imbricação final do público científico ou da comunidade de pesquisadores com o público mais amplo da sociedade como um todo.[13] Para aqueles que são encorajados por tal *ethos*, a maior parte da ciência so-

---

[11] Para uma boa crítica das concepções de Rorty sobre o pragmatismo, ver Keith Topper, "In Defense of Disunity: Pragmatism, Hermeneutics, and the Social Science", em *Political Theory*, 28, August, 2000; e *Sciences of Uncertainty: Perspectives on Naturalism, Politics and Power*, Cambridge, Mass.: Harvard University Press, 2004.

[12] Para a ideia de um *"ethos* pragmático", ver Richard Bernstein, *"Pragmatism. Pluralism, and the Healing of Wounds"*, em *Pragmatism: a Reader*, L. Menand (ed.) New York: Vintage, 1994. p. 383ss.

[13] Estou selecionando e modificando um pouco a lista que Bernstein oferece na referência apresentada na nota anterior.

cial contemporânea parecerá, como colocaram Ian Shapiro e Donald Green, muito "teoricamente orientada" ou "metodologicamente orientada", quando deveria ser "problematicamente orientada".[14]

A noção de que a ciência social deve concentrar-se em problemas importantes da sociedade é retoricamente bastante atrativa. A crítica dos perestroikeanos parece nos exortar a considerar mais seriamente as preocupações concretas e efetivas das pessoas comuns, um chamado que ressoa com bons valores democráticos. Mas essa navalha retórica corta dos dois lados. Embora os valores democráticos pareçam implicados pelo pragmatismo, acontece também que essa invocação tem frequentemente sido operacionalizada de maneiras que decididamente *não* suspeitam das estruturas do poder.[15] Nessa interpretação, o pragmatismo é visto como o imperativo para se atentar à atividade real da solução de problemas públicos: a elaboração de modelos intitucionais práticos e soluções incrementalistas.[16] O pragmatismo, nesse modelo, tem estado, com frequência, relativamente desinteressado pelo poder, seja o poder originário das estruturas econômicas, seja o originário das alegações de conhecimento especializado por parte de cientistas e outros.[17] Isso não é, contudo, um destino necessário. Pode-se manter a questão do poder na linha de frente e fazer isso de uma maneira que seja fiel ao *ethos* pragmático. Mas isso significa empregar recursos conceituais que permitam avaliar sistematicamente o processo da constituição do problema. Tudo isso significa que a exigência de querer lidar com os "importantes problemas sociais" deve ser articulada de tal maneira que não implique que tais problemas caiam, inocentemente, como a maçã de Newton, diante dos nossos olhos.

---

[14] Green e Shapiro, *Pathologies of Rational Choice*; Ian Shapiro, "Problems, Methods, and Theories in the Study of Politics; or What's Wrong with Political Science and What to do about it", em *Political Theory*, 30, 2002, p. 589-590.

[15] "Os pragmáticos nunca, de fato, desenvolveram um discurso adequado para tratar das intricadas questões de classe, raça e gênero". Richard Bernstein, "The Resurgence of Pragmatism", em *Social Research*, 59, 1992, p. 829-830.

[16] David Braybrook e Charles Lindbloom, *A Strategy of Decision: Policy Evaluation as a Social Process*. New York: Free Press, 1963; ver também a discussão de James Farr sobre Braybrook e Lindbloon em "John Dewey and American Political Science", em *American Journal of Political Science*, 43, 1999, p. 521-541.

[17] Sobre a última questão ver, em especial, Bohman, "Democracy as Inquiry".

Se o esboço anterior do estado contemporâneo da ciência política norte-americana é plausível, então talvez faça sentido pensar mais sistematicamente sobre o tipo de tradição de pesquisa com que o pragmatismo poderia proveitosamente se unir, mantendo-se o foco especialmente nas difíceis questões de poder e da constituição dos problemas. É aqui que uma abertura à Teoria Crítica é garantida. Mas para se ter alguma convicção real de que esse é um movimento coerente, é necessário considerar como as coisas são vistas do ponto de vista da tradição de Frankfurt. Existe alguma afinidade geral com o pragmatismo, que possa tornar essa união amistosa?

POR QUE UMA ABERTURA PRAGMÁTICA NÃO É FORÇADA

O modelo comunicativo de ação e racionalidade

Venho me referindo à Teoria Crítica como uma "tradição de pesquisa", seguindo grosseiramente – ao menos para começar – o significado dado a esse termo por Larry Laudan, que, por sua vez, partiu da noção de Imre Lakatos de um "programa de pesquisa".[18] Essa tradição inclui um conjunto de teorias unidas por uma "ontologia" comum.[19] Lakatos se refere aos tipos de entidades básicas, processos e relações que são assumidos no interior da tradição e sobre os quais as teorias são constituídas. Na ciência social, essa ontologia envolverá certos compromissos normativos mínimos.[20]

---

[18] Larry Laudan, *Progress and its Problems: Towards a Theory of Scientific Growth*. Berkeley: University of California Press, 1977; e Imre Lakatos, "Falsification and the Methodology of Scientific Research Programs", em *Criticism and the Growth of Knowledge*, I. Lakatos e A. Musgrave (eds.), Cambridge: Cambridge University Press, 1970.

[19] Laudan, *Progress and its Problems*, p. 79. Como logo indicarei, considero que o entendimento de Laudan acerca do progresso na ciência social ainda esteja muito atrelado a um modelo naturalista.

[20] J. Donald Moon, "The logic of political inquiry: a synthesis of opposed perspectives", em *Handbook of political science*, F. Greesntein e N. Polsby (eds.), Reading, Mass: Addison-Weslwu, 1975, (vol. I); Brian Fay e J. Donald Moon, "What Would an Adequate Philosophy of Social Science Look Like?", em *Philosophy of the Social Sciences*, 7, 1977, p. 209-227; Terence Ball, "Is there Progress in Political Science?", em *Idioms of inquiry*, T. Ball (ed.), New York: SUNY Press, 1987.

Desde seus primórdios nos anos trinta, a Escola de Frankfurt via a si mesma de maneira não muito diferente, isto é, como uma abordagem que unia uma orientação interdisciplinar de investigação social com um compromisso normativo (*TCA* II, 378-379). Mas ela também oferecia uma compreensão da ciência normal e de sua própria normatividade, que são hoje impossíveis de serem defendidas. Muitas de suas alegações sobre o que ela chamou de "cientificismo" podem ter tido algum sentido nos dias de glória do positivismo lógico, mas elas não são muito notáveis como críticas da filosofia da ciência contemporânea. Além disso, as afirmações normativas feitas pelos primeiros teóricos críticos estavam baseadas em uma filosofia da história que atribuía um status especial à promessa de uma "sociedade racional" (*CT* 188-252). Mais tarde, obviamente, essa filosofia e sua noção do proletariado como agente privilegiado da emancipação foram progressivamente abandonados pela Escola de Frankfurt. No final dos anos sessenta, contudo, Habermas ainda desejava falar de um "interesse emancipador" "antropológica e profundamente enraizado" e do objetivo de uma "sociedade racional". Ele pensava a Teoria Crítica como mantenedora de seu papel terapêutico de ajudar os agentes a entender seus reais interesses em descartar as estruturas de dominação. De acordo com isso, em seus trabalhos tais como *Conhecimento e Interesse Humano* e *Para uma Sociedade Racional*, a relação do teórico social com o público-alvo de sua teoria era, às vezes, semelhante àquela entre psicanalista e paciente.

Com sua virada comunicativa nos anos setenta, Habermas certamente não abandonou a ideia de uma ciência social crítica, mas começou silenciosamente a deixar para trás muitas das figuras de pensamento anteriores. A normatividade da Teoria Crítica seria agora atrelada ao que está implícito às alegações linguísticas que os agentes produzem durante a "ação comunicativa" permanente. O resgate de tais alegações, quando questionadas por outros, é um processo que pode ser avaliado pela ideia de se atingir um acordo não coercitivo no "discurso prático" entre todos os envolvidos na contestação. E essa orientação resulta em última instância – e fundamentalmente – do fato de que "Alcançar o entendimento é o *telos* inerente da fala humana" (*TCA* I, 287; *PD* 311). Além disso, Habermas conhecidamente revelou a ideia do entendimento ao incorporar o esboço de uma "situação ideal de fala" (*TCA* I, 42).

Chegamos agora à melhor parte de um quarto de século da crítica dessa virada em direção à "racionalidade comunicativa". Por um lado, poucos hoje consideram convincente o argumento fundacionista de Habermas sobre a linguagem. Por outro lado, a ideia da racionalidade comunicativa provou ser bastante útil em muitos casos. Isso é especialmente verdadeiro em relação à discussão sobre justiça, democracia deliberativa e sociedade civil. Mas, como essa influência sobre a teoria política normativa se expandiu nos anos noventa – sem dúvida ajudada pelo surgimento, em 1992, de *Entre Fatos e Normas* – houve pouco no sentido de um esforço concomitante para dar sentido ao que uma ciência social crítica poderia se tornar após a virada comunicativa.[21]

Antes de abordar essa questão, será proveitoso considerar a questão mais ampla sobre o que exatamente permite que uma abordagem qualquer seja rotulada de pesquisa social *crítica*. Dois compromissos parecem minimamente necessários. Em primeiro lugar, a abordagem deve constituir aquilo que Paul Ricoeur notoriamente chamou de "suspeita hermenêutica". Em segundo lugar, essa suspeita deve ser do tipo que coloca em questão as estruturas sociais da desigualdade; em outras palavras, ela deve colocá-las, ao menos inicialmente, *no papel de* estruturas de poder. Sobre esse critério, uma variedade de abordagens poderia ser qualificada como "crítica". Isso inclui não apenas aquelas que se encaixam na corrente marxista, mas também no pensamento político feminista e negro. A maior parte dessas correntes de pensamento experimentaram uma dificuldade crescente em sua habilidade para especificar o interesse efetivo e fundamental da categoria de atores oprimidos. Isso ficou expressamente visível no final dos anos oitenta, quando as feministas negras, bem como aquelas fora do mundo desenvolvido, industrializado, começaram a questionar o quanto os interesses reais das mulheres estavam sendo interpretados pelas feministas da classe-média predominantemente branca dos Estados Unidos. Fato similar está acontecendo agora no pensamento político negro, no qual o argumento baseia-se no fato de não se poder legitimamente postular uma identidade negra monolítica que defina os interesses reais.[22] O que tudo isso reflete, eu sugeriria,

---

[21] Citei algumas exceções na nota 5.

[22] Tommie Shelby, "Foundations of black solidarity: collective identity or common oppression", *Ethics*, 2001 (III), p. 14-15.

é simplesmente o efeito de uma crescente consciência de quão profundamente o "fato do pluralismo" se estende na vida moderna atual. Hoje, qualquer teoria social que elabore desde o início uma concepção específica substancial dos interesses reais de qualquer categoria ampla de atores será simplesmente muito restritiva em termos tanto do que os atores podem estabelecer como problemas quanto do que eles podem escolher como soluções legítimas daqueles problemas. Uma ciência social crítica cuja ontologia é elaborada em torno da noção de racionalidade comunicativa produz, por outro lado, uma projeção menos contestável dos interesses reais, e ainda satisfaz os dois critérios mínimos de uma teoria crítica.

Pode-se concordar que a posição de Habermas implica uma projeção menos contestável dos interesses reais e, no entanto, pode-se contra-argumentar que essa ainda é uma projeção muito forte. Tal afirmação receberia apoio do compromisso teleológico de Habermas, segundo o qual a linguagem, intrinsecamente, nos direciona para acordos sociais que corporificam o critério de uma situação ideal de fala.

Será que essa desconfiança do modelo comunicativo é garantida? Em última instância, penso que a resposta é não, mas aceitar tal resposta exige um claro afastamento em relação a Habermas. Isso envolve reduzir a força da alegação ontológica sobre a essência ou o *telos* da linguagem. Como afirmei anteriormente, pouquíssimos especialistas, até entre aqueles que admiram o trabalho de Habermas, aceitaram essa alegação; no entanto, eles continuaram a usufruir da estrutura conceitual comunicativa sem o compromisso fundacionista. Se tal bagagem é simplesmente abandonada, então resta ainda a problemática questão da projeção da situação ideal de fala como uma forma possível de vida futura. Mesmo que esta carga ainda esteja presente em relação à situação ideal de fala, Habermas de fato deixou claro, há muitos anos, que esta não é uma interpretação válida daquela idéia.[23] A situação ideal de fala não é um ideal substantivo mas, ao contrário, um ideal procedimental que pode, na melhor das hipóteses, servir para lançar dúvidas sobre algumas deliberações práticas e inspirar uma confiança experimental acerca de outras.

---

[23] Ver minha discussão em *The Recent Work of Jürgen Habermas*, Cambridge: Cambridge University Press, 1988, p. 71, 75-76, 88-89.

Quando a racionalidade comunicativa é entendida como não abrigando uma importante normatividade fortemente projetiva, a força de suas alegações sobre os interesses reais é decididamente enfraquecida. De fato, alguém pode argumentar que elas são muito fracas para constituir uma Teoria Crítica efetiva.[24] Tentarei mostrar na próxima seção que essa acusação não procede. Para o momento, entretanto, quero tentar delinear mais claramente algumas das maneiras segundo as quais a racionalidade comunicativa possui afinidades naturais com o pragmatismo.

Concentrar-se excessivamente nos critérios do discurso prático, mesmo quando são entendidos num sentido procedural, em vez de linguístico, tende a desviar a atenção de um elemento crucial da explicação de Habermas sobre a emergência do momento discursivo fora da interação. Para Habermas, a vida social repousa constitutivamente na existência da interação cooperativa, um fenômeno que ele revela com seu conceito da "ação comunicativa" permanente. A ação comunicativa íntegra implica uma aceitação (ao menos tácita e recíproca), por parte dos atores, de três afirmações de validade imanentes a seus atos de fala: afirmações de verdade, de correção e de sinceridade (*TCA* I, 1-42). Em poucas palavras, a ação comunicativa permanente é a explicação de Habermas da interação social não problemática. O que é importante, no momento, para os nossos propósitos, é que o sentido da justificação discursiva, tanto cognitiva quanto normativa, está constitutivamente relacionado ao evento de essa ligação intersubjetiva se tornar problemática de algum modo. Em outras palavras, a racionalidade comunicativa deve ser finalmente entendida como uma prática de *lidar* com a emergência dos *problemas em um contexto de intersubjetividade*.

Quando essa qualidade profundamente pragmática da razão comunicativa é conduzida à linha de frente, ela nos ajuda a pensar de modo ligeiramente diferente sobre as implicações normativas de se assumir uma atitude discursiva. Frequentemente, as considerações dessas implicações gravitaram em torno da questão de quais consequências determinadas emergem quando os critérios do discurso prático são aplicados em uma dada situação; isto é,

---

[24] Stephen Leonard, *Critical Theory in Political Practice*, Princeton: Princeton University Press, 1990, Introdução e capítulo 2.

que solução do problema seria considerada certa ou justa? Embora não exista nada errado com essa abordagem, em si mesma, ela tende a afastar a atenção do fato de que os julgamentos sobre a *solução de problemas* estão sempre entrelaçados com a questão original da *constituição do problema*. É crucial atentar cuidadosamente para essa dimensão da constituição do problema, para se entender o valor do modelo comunicativo para uma ciência social crítica.

Quando se pensa na interrupção da ação comunicativa permanente, no sentido de alguma exigência de validade tornar-se problemática, é fácil imaginar o fenômeno como uma interrupção – semelhante à parada de um automóvel causada por um pneu furado. Mas, como sugeri antes, os problemas sociais e políticos não são desse tipo. Na base da discussão, normalmente, estão questões tais como se x é *de fato* um problema e, se é, *de quem* é esse problema; ou qual é a caracterização própria de x. Por exemplo, x é um problema de moradores descontentes que estão mal informados sobre as necessidades de energia da comunidade ou é um problema de uma companhia de eletricidade tentando forçar a construção de uma linha de energia com apoio insuficiente da população? Se a interrupção da ação comunicativa contínua é pensada como causadora de complexas questões de constituição de problemas, então se começa a vislumbrar um rico papel heurístico para a racionalidade comunicativa, com base no qual os pesquisadores elaboram, para os atores envolvidos com um dado problema, questões que refletem sobre a maneira como as relações de poder nas práticas e instituições podem limitar a maneira como o problema surgiu e se desenvolveu.

Solucionando o problema dos interesses reais

Eu gostaria agora de voltar a considerar mais detalhadamente o problema dos interesses reais que mencionei anteriormente. Esse conceito é crucial para qualquer coisa que se autodenomine uma ciência social crítica; contudo, ele tornou-se profundamente problemático. A solução de tal problema conceitual é um importante sinal de saúde de uma tradição de pesquisa. Assim, será de grande ajuda, no meu caso, para uma interpretação habermasiana pragmática da Teoria Crítica, se eu puder mostrar que ela fornece uma solução plausível para a questão dos interesses reais. Essa questão é central para a Teoria Crítica porque é apenas em relação à postulação dos interesses reais dos atores, tomada como pano de fundo, que se gera uma hermenêutica suspeita. A noção de interesses reais sempre recorre a alguma concepção de prosperidade humana que o cientista social crítico vê como possivelmente limitada pelas relações de poder.

Tradicionalmente, desde Marx, a Teoria Crítica concebeu os atores como tendo um interesse real na emancipação das estruturas de dominação e opressão. Mas como a ideia do que exatamente constitui a emancipação passou a ser mais contestada, e como o papel da Teoria Crítica como terapeuta pareceu mais incerto, o projeto geral da Teoria Crítica pareceu tornar-se incerto. O modelo tradicional ainda parece ter alguma força nos casos de extrema dominação, por exemplo, os camponeses no Brasil, com os quais Paulo Freire trabalhou; os pobres mineiros de carvão no Vale de Appalachia; ou as mulheres em Bangladesh.[25] Em tais casos, as estruturas de poder e o silêncio imposto ao oprimido são tão obviamente injustos que a ideia de emancipação e o forte papel educativo da Teoria Crítica continuam a fazer sentido.

Mas mesmo nessas situações extremas, em que o modelo tradicional da Teoria Crítica parece se encaixar razoavelmente bem, tem havido algum progresso crucial nas modificações conceituais. Em sua clássica análise de 1980 sobre os mineiros de carvão no Vale de Appalachia, John Gaventa separou o modelo da problemática noção da falsa consciência. Os teóricos, segundo Gaventa, não deveriam jamais afirmar que os interesses expressos pelos atores relevantes representam uma falsa consciência, mas, ao contrário, apenas afirmar que as estruturas sociais circunstanciais são de tal tipo que é justificável suspeitar que o imobilismo reflete um "falso consenso". De fato, ele está argumentando que o campo intersubjetivo da constituição do problema – o que deve ser ou não tomado como um problema – é tão distorcido pelas relações de poder que os interesses reais dos atores, quaisquer *que eles possam ser*, não estão sendo expressos.[26]

---

[25] Ver ibid., capítulo 5; John Gaventa, *Power and Powerlessness: Quiescence and Rebellion in an Appalachian Valley*, Urbana: University of Illinois Press, 1980; Brooke Ackerly, *Political Theory and Feminist Social Criticism*, Cambridge: Cambridge University Press, 2000.

[26] Gaventa, *Power and Powerlessness: Quiescence and Rebellion in an Appalachian Valley*, p. 29-30.

A mudança conceitual de Gaventa pode ser tomada como um passo inicial útil para se repensar a Teoria Crítica. Isso pode se visto mais claramente se situarmos tal mudança no contexto da obra posterior de Habermas sobre a racionalidade comunicativa. O progresso conquistado é normativo e empírico. Normativamente, tem-se agora uma concepção mais modesta, indeterminada, dos interesses reais, uma concepção que não recai imediatamente na antiga assunção behaviorista de que interesses expressos são simplesmente equivalentes aos interesses reais. No novo modelo da Teoria Crítica, os interesses reais se igualam a um presumido interesse pela autonomia individual e política ou pela autogestão.[27] O que está de acordo com estes interesses em qualquer situação social dada é sempre uma questão de interpretação, tanto para o ator quanto para o teórico. Normativamente, essa mudança tem duas consequências. Na primeira, a atenção dos teóricos críticos se afasta amplamente da consideração *da consciência* e se aproxima da análise das *estruturas intersubjetivas*, especialmente no que diz respeito ao modo como elas aumentam ou diminuem a partir da constituição dos problemas sociais, de uma maneira que seja congruente com as expectativas de autonomia. Na segunda, embora possa ser justificada a significativa desconfiança inicial dos jurados, expressa em termos de uma hipótese sobre o caráter opressor de algumas práticas ou instituições em uma dada situação, os considerados julgamentos dos atores ocupam um papel muito mais legítimo para corrigir potencialmente aquelas hipóteses do que no caso das formas anteriores da Teoria Crítica. Se, por exemplo, um teórico crítico for sistematicamente expor uma variedade de práticas e procedimentos institucionais que tenham influenciado a maneira como uma proposta para instalar uma maciça rede elétrica em uma comunidade particular está sendo compreendida, ele deve estar aberto ao fato de que essa comunidade pode rejeitar o esforço "desmascarador". Obviamente, o cientista social crítico continua livre para exercer sua desconfiança ainda mais; mas, assim que o faz, o ônus da prova se afasta enormemente da interpretação dominante do problema social particular e se aproxima mais da interpretação crítica.

---

[27] Cf. a explicação da democracia baseada em Habermas de Mark Warren, em *Democracy and Association*, Princeton: Princeton University Press, 2001.

Esse modelo modificado tem também uma abrangência empírica maior. Ele pode ser aplicado plausivelmente em situações menos extremas, não problemáticas, de injustiça. Isso o torna mais relevante para analisar as sociedades ocidentais modernas atuais que são altamente complexas e relativamente prósperas economicamente. Em termos pragmáticos gerais, o modelo não torna obrigatório que todos os problemas se encaixem em uma estrutura explicativa geral; a saber, o capitalismo e sua extinção. Mas certamente não impede que se investiguem padrões suspeitos de constituição de problemas e questões prementes acerca dos efeitos do poder irrestrito do capital. Outra maneira de afirmar isso é que a Teoria Crítica pragmática retém a preocupação tradicional com o poder, mas leva a uma maior indeterminação na identificação de casos específicos. Entendo isso em dois sentidos. Dada a natureza pluralista, complexa, das modernas sociedades ocidentais atuais, algumas vezes é difícil discernir quem é o responsável pelos efeitos do poder em uma dada situação. As atribuições de responsabilidade podem identificar múltiplos agentes na economia e em vários níveis do Estado, e nenhum deles parece ser integralmente soberano como os antigos capitalistas da teoria de Marx. Nessa perspectiva, é interessante notar que Habermas se referiu positivamente ao efeito causado por Foucault ao nos obrigar a pensar de uma maneira mais nova e descentralizada sobre o poder. Mas a descentralização, a complexidade, a dependência para com o contexto e a falibilidade das reflexões sobre como o poder limita a constituição de problemas não nos livra da necessidade de um "pano de fundo teórico generalizante".[28] E este é fornecido pelo referencial da racionalidade comunicativa, com sua expectativa da voz autônoma.

Os argumentos que apresentei até agora sobre a reformulação do conceito de interesses reais ainda enfrentam uma importante questão que se torna cada vez mais premente, que mostra como a nossa compreensão da vida política mudou nos anos recentes. Essa questão diz respeito à maneira como a Teoria Crítica irá enfrentar as questões do reconhecimento e da identidade. A dificuldade – colocada de forma simples – é que a noção de interesses

---

[28] Jürgen Habermas, "Nach Dreißig Jahren: Bermerkungen zu *Erkenntnis und Interesse*", em *Das Interesse der Vernunft*, S. Müller-Doohm (ed.) Frankfurt am Main: Suhrkamp, 1999, p. 15.

reais tem suas raízes em uma concepção materialista acerca dos interesses que estão em jogo. No marxismo clássico (ao menos em uma de suas interpretações), os interesses reais não são simbólicos, apenas materiais.

Que implicações tem isso para as perspectivas futuras acerca dos esforços de reestruturação de Habermas? As noções de ação e racionalidade comunicativas não necessariamente, eu sugeriria, predispõem a ciência social a tomar quer os fatores materiais quer os simbólicos como mais fundamentais. A estrutura comunicativa é simplesmente vaga acerca dessa questão. Se isso significa que o modelo comunicativo não é incompatível com o fato de se tomarem as questões de reconhecimento e identidade seriamente, deve também ser admitido que ele não contribui muito para nos esclarecer sobre elas. O trabalho de Axel Honneth sobre "a luta pelo reconhecimento" oferece, entretanto, uma elaboração posterior da Teoria Crítica que permite uma melhor compreensão de tais tópicos. Esse trabalho esboça uma explicação da prosperidade humana que expande aquilo que foi dito por Habermas e assim nos oferece um alcance maior para a "suspeita" acerca da dimensão de poder das estruturas intersubjetivas e para as expectativas acerca de *quando* os atores podem ser motivados a verbalizar a insatisfação – ou se sentir tão enfraquecidos a ponto de fugirem sistematicamente de um desafio.[29] Com o acréscimo de Honneth, então, podemos falar de um interesse real pelo reconhecimento, bem como pela autonomia.

Ainda que se aceitem minhas afirmações feitas até agora nesta seção em relação ao modo como a reformulação de Habermas constitui uma mudança progressiva ao lidar com o problema conceitual dos interesses reais *no interior* da tradição de pesquisa da Teoria Crítica, pode-se ainda objetar que a ideia completa dos interesses reais é justamente por demais carregada de perigos para garantir que ela seja aceitável como parte central do aparato conceitual da pesquisa social. Uma resposta plena a esse ceticismo não é possível aqui. Minha posição, de uma maneira geral, é que a única coisa pior do que uma ciência social com o conceito de interesses reais é uma ciência social sem ele. Permitam-me um breve comentário em nome desta posição que é especificamente relevante para a questão do pragmatismo.

---

[29] Axel Honneth, *The Struggle for Recognition: The Moral Grammar of Social Conflicts*, Trad. de J. Anderson, Cambridge: Polity, 1995.

Aqueles que procuram fontes pragmáticas para repensar a teoria política e a pesquisa social frequentemente voltaram-se para Dewey. Ele é especialmente útil para enfatizar a dimensão deliberativa da democracia. Falando francamente, a ideia central aqui é a de que a saúde da democracia não é determinada apenas pelo fato de os arranjos eleitorais geralmente levarem a maioria a ditar regras, mas, em vez disso, pela qualidade geral da deliberação em todos os tipos de espaços públicos. Em Dewey, contudo, o único critério normativo que temos é a quantidade em relação à deliberação. O ponto crítico aqui não é que isso seja um critério ruim, mas ele é insuficiente, algo para o qual os críticos da democracia deliberativa têm chamado atenção de várias maneiras. Uma ciência social crítica do tipo que eu venho esboçando pode resolver melhor essa falha, porque emprega as noções relacionadas de interesses reais e de "comunicação sistematicamente distorcida". Tais conceitos permitem a identificação de certos casos de conflito nos quais os processos ou as estruturas ajudaram a constituir a situação-problema de tal maneira que a simples recomendação de "mais deliberação" não é uma resposta adequada; de fato, ela pode funcionar de maneira a mascarar o fenômeno do qual se poderia estar corretamente desconfiado.

Ciência social, ontologia e progresso

Ao longo deste capítulo, venho utilizando o termo *tradição de pesquisa* para descrever a Teoria Crítica. Uma vez que pelo menos alguns dos proponentes da escolha racional também descrevem a si mesmos em tais termos, minha opinião é a de que invocar esta noção desde o início não será considerado, de nenhum modo significativo, um prejuízo para a minha discussão.[30] Embora um apelo geral à noção de tradição de pesquisa não seja imediatamente controverso, não fica inteiramente claro o que tal apelo implica exatamente, dado o recuo recente do universalismo e do preditivismo na

---

[30] Para os defensores da escolha racional que se apoiam em Lakatos e Laudan, ver, por exemplo, os ensaios de Fiorina e Zatz na *Critical Review*, 9; e James Johnson, "How not to Criticize Rational Choice Theory", em *Philosophy of the Social Sciences* 26, 1996, p. 77-91.

ciência política. Se nossa noção do caráter da pesquisa social está se afastando ainda mais daquela da investigação em ciências naturais, então necessitamos repensar em que medida desejamos reter muitos dos compromissos tradicionais da noção padrão de tradição de pesquisa. Lakatos e Laudan, ao introduzirem sua terminologia, estavam, é claro, pensando pricipalmente nas ciências naturais. E Lakatos, especialmente, estava tentando revitalizar a ideia de progresso científico, na esteira do aparente abandono por parte de Thomas Kuhn, em *A estrutura das revoluções científicas*, de qualquer critério claro para medir tal progresso. Hoje, claramente, poderíamos refletir melhor e mais cuidadosamente sobre as maneiras pelas quais a própria ideia de uma tradição de pesquisa em ciência social pode ser repensada.

As questões que surgem aqui são densas e complexas. A seguir quero apenas indicar algum sentido de onde a Teoria Crítica pragmática pode colocar-nos nesse terreno incerto, e como essa posição se apresenta quando diante de outras tradições de pesquisa. Para atingir esse fim, em primeiro lugar, exploro brevemente a busca pela precisão na explicação científica social. Em seguida, então, retorno ao modo, em um mundo de pesquisa social pós-universalista e pós-preditivista, as questões relacionadas com as afirmações comparativas sobre as implicações normativas dos compromissos ontológicos impulsionam a si mesmas de novas maneiras.

Explicando criticamente a ação

Quando todo o tópico da explicação na ciência social se afasta da âncora da predição, a questão daquilo que constitui uma boa explicação obviamente se torna mais controversa. Nos dias de hoje, os teóricos da escolha racional tipicamente delineiam sua superioridade sobre todo tipo de concorrentes – desde aqueles que meramente buscam correlações em estudos estatísticos de grandes amostras, até os teóricos críticos – com referência ao fato de que suas explicações são formuladas em termos de um mecanismo causal: cálculos estratégicos por parte do ator. Isso, alega-se, concede às explicações da escolha racional um tipo de sistematicidade e precisão possíveis que não é visível nos concorrentes.

Nesse contexto, James Johnson fez a útil sugestão de que podemos de fato compreender a teoria de Habermas como postulando seu próprio mecanismo causal característico: a comunicação; ou, mais especificamente, uma certa "força sem força" que é possuída pelos argumentos convincentes.[31] A versão comunicativa da Teoria Crítica afirma que a força de ligação do discurso de ação "institucionalmente ilimitado" pode motivar a ação (*CES* 38-40, 60ss). Nos assuntos da ação coletiva, isso equivale à afirmação de que os atores podem, às vezes, ser capazes de cooperar mesmo quando a pura reflexão estratégica a respeito de seus interesses não produziria tal consequência. O mecanismo comunicativo aqui opera através da suscetibilidade que os atores têm em relação às pretensões universalizantes de algo como a justiça, a honestidade e a correção.

Os teóricos críticos apelam a esse mecanismo para ajudar a explicar o que poderia ser, de outra forma, uma inexplicável iniciação da ação coletiva e também para fornecer as bases para uma melhor investigação heurística das estruturas de poder. Do ponto de vista da teoria da escolha racional, obviamente, tal mecanismo parecerá muito suspeito, uma vez que as questões do exatamente "quando" e do exatamente "como" acerca de suas operações não possuem respostas precisas. Talvez algum aumento de precisão possa ser esperado no futuro, mas minha opinião é que ele será muito limitado. O número das variáveis relacionadas com o contexto e com os atores específicos, variáveis que influenciam como aqueles atores virão ou não a problematizar uma situação em termos do universalismo normativo da racionalidade comunicativa, é bastante assustador.

Quando a essa impressão persistente é acrescentado o fato de que o número dos atores que podem estar motivados predominantemente por tais considerações é extremamente pequeno, pode-se notar que o modelo comunicativo cai imediatamente sob uma pesada acusação. Para uma ciência social em busca de leis universais e de poder preditivo, isso sem dúvida seria verdadeiro; mas no caso da ciência social que temos no momento – e que provavelmente continuaremos a ter –, talvez esse julgamento seja menos garantido. Isso se torna especialmente verdadeiro quando levamos em consideração o que tem sido admitido pelos teóricos da escolha racional; que ainda que tal moralidade da ação motivada seja comparativamente rara, ela pode

---

[31] James Johnson, "Is Talk Really Cheap? Prompting Conversation between Critical Theory and Rational Choice", em *American Political Science Review*, 87, 1993, p. 80ss.

ser "crucial para estimular a ação coletiva".³² Em suma, embora a estrutura comunicativa possa concentrar a nossa atenção em uma motivação que opera de maneira imprecisa e que raramente surge em sua forma pura, a *desproporcional importância de seu* poder de iniciação de eventos políticos importantes pode fazer a investigação contínua de tais fenômenos indisciplinados parecer mais justificável.

Ainda que seja assim, resta um outro problema. Até aqui, assumi que a única alternativa para substituir uma explicação racional-estratégica é uma explicação racional-comunicativa. Mas, obviamente, isso ignora as explicações expressas em termos de adequação às expectativas de normas ou identidades. Assim como com a racionalidade estratégica, sempre será difícil desemaranhar empiricamente a racionalidade comunicativa de tal racionalidade expressiva guiada pela norma. Conceitualmente, a diferença entre a razão norma-expressiva e a razão comunicativa repousa na maneira como a primeira imagina os atores como possuindo apenas uma reflexividade limitada ao enfrentarem novas afirmações e situações. A razão comunicativa imagina os atores como possuindo uma capacidade para negociar tal novidade, com respostas normativas mais criativas e inclusivas. Isso é parte de sua "competência comunicativa" – para usar o próprio termo de Habermas –, uma competência universalmente disponível, aprendida juntamente com as linguagens naturais, cuja criatividade e força motivadora são evocadas pelos atos de fala "institucionalmente ilimitados" (*CES* 26-29).

Dado o papel central dessa competência, é importante indicar que a minha interpretação dela difere em certo grau da de Habermas. Lembremos que antes rejeitei a tese forte de Habermas de que o "entendimento" – com todo o peso normativo universalista que Habermas lhe dá – é o "*telos* da linguagem". Segundo Habermas, é essa tese que fundamenta a noção de que a competência comunicativa é universal. Se abandonamos tal tese, imediatamente colocamos em dúvida a universalidade da competência comunicativa. O que sobra, eu diria, é a noção de uma competência – ou talvez melhor,

---

[32] Dennis Chong, *Rational Lives: Norms and Values in Politics and Society*, Chicago: University of Chicago Press, 2000, p. 226-227. Ele está se referindo especialmente a sua análise do movimento dos direito humanos nos Estados Unidos.

uma capacidade culturalmente aprendida – que é parte daquilo que somos enquanto seres humanos *modernos*. Com efeito, a ontologia da Teoria Crítica deveria estar finalmente enraizada não em qualquer exigência fundacional forte acerca da linguagem em si mesma, mas em suposições sobre a impregnação em nós de certas interpretações profundas do mundo moderno, que causam a ocorrência de ações que não são de outra maneira explicáveis. Esse é, em última instância, o núcleo da aposta, normativa e empiricamente, de uma Teoria Crítica defensável.

A referência anterior à racionalidade norma-expressiva levanta uma questão final com relação à explicação. Até aqui, falei de dois mecanismos causais, o cálculo estratégico e a comunicação no sentido específico discutido por Habermas. Mas qualquer ciência social plausível deve incluir um terceiro mecanismo, algo que se deve apenas denominar "busca do significado", a tendência para buscar coerência e sentido nas normas e em outras estruturas simbólicas (práticas, instituições, identidades, crenças, culturas etc.) por meio das quais se vive. Habermas consistentemente afirmou que a racionalidade comunicativa é "mais completa" do que a razão norma-expressiva ou a razão estratégica (*TCA* I, 10, 14). O ponto dessa afirmação é que a primeira imagina um mundo com três mecanismos que causam a ação e com atores que possuem a capacidade reflexiva de dispor sobre todos os três.

Racionalidade, progresso e sociedade

Há uma longa tradição na ciência social no sentido de desviar o criticismo em relação às suposições fundamentais que um programa ou uma tradição de pesquisa faz a respeito dos seres humanos. De Milton Friedman a Lakatos, a máxima principal tem sido ignorar as questões centradas nessas assunções ontológicas básicas e ater-se somente às teorias derivadas daquelas assunções e ao quão bem as teorias podem fazer previsões.[33] Aqui, novamente, no contexto contemporâneo da dúvida sobre o universalismo e o preditivismo, somos confrontados com a necessidade de repensar essa máxima.

---

[33] Lakatos, "Falsification", p. 132-134; Milton Friedman, "The Methodology of Positive Economics", em *Essays in Positive Economics*, Chicago: University of Chicago Press, 1953.

Mais especificamente, parece não haver agora uma clara razão por que várias questões levantadas pelo caráter particular dos compromissos ontológicos de uma dada tradição de pesquisa não são partes perfeitamente adequadas da mescla de considerações que alguém leva em conta em uma avaliação completa das tradições concorrentes.

A seguir, eu gostaria de me concentrar em uma dessas questões: de que maneira somos forçados à avaliação comparativa das implicações normativas dos compromissos ontológicos como um resultado do enfrentamento da questão do progresso nas ciências sociais? Aqui, parto do esforço profundamente iluminador de John Dryzek para repensar de um modo pragmático e crítico o progresso nas ciências sociais. Lakatos e Laudan entendem o progresso de um programa ou de uma tradição de pesquisa como uma questão de capacidade de solução de problemas; o que constitui um problema é categoricamente uma questão a ser decidida pela comunidade de investigadores. Dryzek sugere que, enquanto isso pode fazer sentido em algumas das ciências naturais, nas ciências sociais a constituição dos problemas empíricos é "socialmente mediada".[34] O progresso na ciência social, então, não pode ser divorciado daquilo que a maioria das pessoas consideram como problemas. Em poucas palavras, nossa avaliação de uma dada tradição de pesquisa será sempre, em certa medida, dependente de sua eficácia para esclarecer o que a sociedade em sua totalidade considera serem seus problemas.

Embora essa relação de dependência poderia parecer eliminar qualquer sentido real da ideia de progresso na ciência social, na verdade, ela apenas exige que repensemos o significado do progresso. Uma disciplina tal como a ciência política pode progredir, afirma Dryzek,

> na medida em que sua habilidade para lidar com a contingência do caráter de seus problemas empíricos (escassez ou abundância, estabilidade ou revolução, etc.) cresce com o tempo (...). Essa capacidade adaptativa aumenta até o ponto em que um grande número de tradições de pesquisa potencialmente úteis exista. Metaforicamente, pode-se afirmar que a ciência política progride horizontalmente, ao invés de verticalmente.[35]

---

[34] Dryzec, *Discursive Democracy*, p. 198.
[35] Ibid., p. 206.

Quando entendemos o progresso de modo pragmático, necessariamente uma outra questão recai sobre o cientista social. Agora que a questão da constituição dos problemas não é mais uma questão estritamente interna à comunidade de investigadores, a racionalidade cognitiva da ciência social está envolvida com questões de avaliação da conveniência dos procedimentos por meio dos quais, e as condições sob as quais, a sociedade constitui seus problemas. Em suma, a racionalidade cognitiva da nossa avaliação de a ciência política que fazemos ser ou não progressiva é, ela própria, parcialmente dependente dos julgamentos da "racionalidade prática", no sentido de como avaliamos a maneira como a sociedade permite que seus problemas sejam definidos. Como uma consequência disso, Dryzek argumenta que o critério de progresso necessariamente e em última instância nos força a endossar a tradição da pesquisa crítica, com a racionalidade comunicativa no centro de sua ontologia: "[Se] a ciência social é verdadeira para com o seus fundamentos (cognitivamente) racionais, ela *deve* criticar quaisquer agentes desvirtuantes na sociedade e na política"[36] (isto é, desvirtuante da racionalidade comunicativa). Com essa suposição, entretanto, penso que Dryzek se afastou rápido demais de sua correta percepção do entrelaçamento das racionalidades cognitiva e prática, chegando a um endosso não qualificado da tradição da pesquisa crítica. Tudo que sua percepção necessariamente implica, me parece, é que a noção de progresso nas ciências sociais não pode ser claramente separada de *algum* compromisso normativo em relação às condições e procedimentos para a constituição do problema social; essa percepção, em si mesma, não requer que afirmemos *uma* explicação qualquer daqueles compromissos. Uma outra maneira de abordar esse ponto seria afirmar que Dryzek, de fato, mapeou uma parte importante do terreno a partir do qual devemos comparativamente julgar as implicações normativas da ontologia de uma tradição de pesquisa, mas não é por esse motivo que sabemos exatamente onde devemos nos localizar nesse terreno.

Em relação a essa última questão, quero concluir esboçando um rápido contraste entre a teoria da escolha racional e a Teoria Crítica. Normativamente, ambas se recomendam a nós como teorias da modernidade; mais

---

[36] Ibid., p. 211.

precisamente, como interpretações profundas daquilo que se tornou cada vez mais disponível para nós no mundo moderno, enquanto recurso para a reflexão humana acerca de como a sociedade deveria lidar com seus problemas. Vistos sob esse prisma, os compromissos ontológicos da escolha racional implicam uma afirmação dos benefícios de longo prazo de se ter um entendimento da sociedade em si mesma e de seus problemas de acordo com opadrão de bem-estar de cada indivíduo, medido por um autointeresse declarado. Essa compreensão do "núcleo normativo" da teoria da escolha racional, como coloca Russel Hardin, é talvez melhor entendida como um caminho para aprofundar essa reivindicação moderna característica: cada um conta como um e não mais do que um.[37] A essência da afirmação, aqui, é

---

[37] Russel Hardin, "The normative core of Rational Choice Theory", em *The Economic World View*, U. Maki (ed.) Cambridge: Cambridge University Press, 2001. A noção "cada um vale por um" é de Jeremy Bentham. Uma boa ideia de como a ontologia da teoria da escolha racional nos dá uma explicação de como a sociedade deveria constituir seus problemas pode ser obtida no *Rational Lives*, de Chong. Em certo sentido, esse trabalho é um esforço de usar a escolha racional para explicar certos tipos de ação coletiva. Chong cai no interior do grupo que eu mencionei no início deste capítulo, que expressa uma consciência de que seus modelos estratégicos não são capazes de explicar todas as tradições – ou o comportamento guiado pela identidade. E, contudo, ele propõe que alguns desses comportamentos podem ser explicados quando situados no referencial da escolha racional. O que parece ser simplesmente a ação guiada pela tradição pode, de fato, argumenta Chong, estar enraizada em um cálculo economicamente explicável, feito pelo indivíduo, da alternação entre investimentos perdidos e ganhos passados que, por sua vez, motivam uma orientação permanente para a manutenção daquela tradição. Para os propósitos atuais, estou menos interessado nas afirmações explanatórias de Chong do que na afirmação normativa que ele associa com a redescrição de tal comportamento. Na vida política, ao menos, Chong nos exorta a redescrever o nosso comportamento e reimaginar a nós mesmos nesses termos. Ele nos exorta a isso porque a ação expressiva é sempre profundamente ligada ao preconceito e à rígida hostilidade para com aqueles cuja identidade é diferente. Pensem no racista. Se nós utilizarmos a racionalidade econômica mais conscientemente para apoiar nossas próprias reflexões sobre os problemas políticos, nos tornaremos mais provavelmente destinados a arrefecer tais disposições negativas. Igualmente, nosso uso dessa estrutura conceitual para compreender o comportamento dos outros pode nos ajudar a humanizá-los aos nossos próprios olhos, da mesma forma que tentamos vê-los como possuindo para suas ações razões que não são tão diferentes das nossas. Ambos respondem aos estímulos e procuram consequências benéficas. Num sentido geral, então, a concepção de ser humano no centro da ontologia da escolha racional pode ser vista como aquela

que uma sociedade com esse autoentendimento é mais perceptiva e justa do que uma na qual o apelo à tradição, aos princípios abstratos e identidades possui força substancial. E há um sentido implícito em que esta última tende principalmente a mascarar as maneiras nas quais fracassa em cuidar adequadamente dos interesses e do bem estar de todos os seus membros.

Juntamente com essa afirmação de que cada um conta como um, existe a confiança que surge do fato de se ter uma métrica em termos da qual se pode fazer a contagem. Mas na tradição da escolha racional há uma indiferença em relação àquele "um" que faz a contagem. O cálculo apropriado pode ser imaginado com confiança pelo cientista social e projetado nos esquemas da ação coordenada. A vantagem dessa abordagem, obviamente, é que ela continuamente chama a atenção para possíveis projetos racionais de práticas e instituições. Na minha discussão anterior dos mecanismos causais, enfatizei como o modelo de Habermas nos permite pensar a comunicação como um facilitador adicional da coordenação. Mas uma concentração muito grande nessa dimensão fornece uma impressão unilateral, embora essa tendência interpretativa tenha sido, em certo grau, induzida pela fala de Habermas sobre um *telos* da linguagem. Há, no entanto, outro lado do modelo comunicativo. E enquanto ele está claramente presente na obra de Habermas, sua importância tende a ser obscurecida pela imagem da *fala-que-visa-o-consenso*.

que promove "o desenvolvimento de uma grande tolerância para com aqueles que são diferentes de nós mesmos" (p. 230-232).

Assim, Chong está, em última instância, insistindo sobre a maior justiça de uma sociedade que tenta continuamente afastar seus cidadãos e suas práticas de constituição de problemas das disposições e modelos guiados pela tradição e pela identidade, conduzindo-os em direção àquelas mais economicamente racionais. Esse tipo de apelo ao efeito humanizante da disseminação da racionalidade econômica no mundo moderno tem de fato uma longa herança. Seu ancestral oitocentista é a ideia do "*le doux commerce*". Ver a discussão desse conceito em Albert Hirschmann, *The Passions and the Interests: Political Arguments FOR Capitalism before its Triumph*, Princeton: Princeton University Press, 1977, p. 56-63.

Os argumentos de Chong me impressionam pela perspicácia e, justamente, por serem tipo de afirmação normativa e argumento que necessitam se tornar parte do repertório aceito dessa permanente tradição de pesquisa.

Veremos esse outro lado se lembrarmos que a noção de ação comunicativa é concebida em torno não apenas da ideia de entendimento ou concordância, mas em torno das *declarações* individuais e de sua capacidade para *interromper* modelos não problemáticos de coordenação da ação em curso, quer eles sejam estratégica ou normativamente estruturados. A dependência parcial da reprodução de tais modelos para com as afirmações de validade transportadas pela interação comunicativa significa que elas estão sempre potencialmente em risco por causa da capacidade dos indivíduos de questioná-las: dizer "não" com uma convicção de legitimidade que ultrapassa, de uma maneira mais abrangente, o modelo existente (*TCA* I, 306). Resumidamente, as declarações carregam uma força racional que perturba, assim como lubrifica os projetos. A implicação normativa disso para o investigador é que ela garante uma sensibilidade, maior do que é evidente na teoria da escolha racional, à qualidade potencialmente imperial das projeções racionais de coordenação (quer seja por mãos visíveis ou invisíveis). Num sentido mais amplo, essa sensibilidade esgota a si mesma na Teoria Crítica como a disposição para ser suspeita; para escutar, e até mesmo antecipar, as vozes do distúrbio.

Se os meus argumentos de que nossa compreensão geral das tradições de pesquisa deve prosseguir de modo diferente do que tem sido sob a orientação fornecida por Lakatos e Laudan, então, talvez, os compromissos da Teoria Crítica na tradição frankfurtiana não pareçam totalmente implausíveis como pareciam no início deste capítulo. Com efeito, todas as tradições devem entender que possuem uma dimensão crítica inevitável que precisa ser afirmada e engajada na luta da avaliação comparativa.[38] E sendo assim, nós desejaríamos reconsiderar o que foi apontado no início deste capítulo sobre embarcar numa "aventura de risco". Nada do que eu disse torna essa aventura menos perigosa; mas, talvez, eu tenha tido sucesso em mostrar que riscos similares serão encontrados hoje por qualquer um que reflita seriamente sobre o caráter da ciência social.[39]

---

[38] O reconhecimento de tal dimensão crítica mínima, em todas as tradições de pesquisa, não significa, obviamente, que todas elas se tornem, por isso, teorias críticas no sentido forte, específico, que eu venho tentando articular.

[39] Gostaria de agradecer àqueles que leram e comentaram extensivamente este capítulo: Jim Bohman, Bil Connolly, Axel Honneth, Jim Johnson, Don Moon, Ian Shapiro, Keith Topper, David Waldner e a minha audiência nas aulas das Universidades de Birmingham, Bristol e Johns Hopkins.

13 Uma patologia social da razão: Sobre o legado intelectual da Teoria Crítica

Axel Honneth

Com o início do novo século, a Teoria Crítica parece ter se tornado um artefato intelectual. Esse ponto divisório superficial parece por si só aumentar a distância intelectual que nos separa das origens teóricas da Escola de Frankfurt. Do mesmo modo que os *nomes* dos autores vividamente presentes a seus fundadores, aqueles desafios teóricos a partir dos quais os membros da escola haviam obtido seus *insights* também arriscam-se a cair no esquecimento. Atualmente, uma geração mais jovem continua o trabalho de crítica social, mesmo sem possuir muito mais que uma memória nostálgica dos anos heroicos do marxismo ocidental. De fato, já faz mais de 30 anos desde que as obras de Marcuse e de Horkheimer foram lidas como obras contemporâneas. Existe uma atmosfera do obsoleto e do antiquado, do irreparavelmente perdido, que cerca as principais ideias histórico-filosóficas da Teoria Crítica, ideias para as quais já não parece existir qualquer espécie de ressonância no interior da experiência da acelerada atualidade. O profundo abismo que nos separa de nossos predecessores é comparável àquele que separa "a primeira geração do telefone e do cinema" em relação aos últimos representantes do idealismo alemão. O mesmo espanto perplexo com que um Benjamim ou um Kracauer podem ter observado uma fotografia do velho Schelling deve ocorrer atualmente a um jovem estudante que encontra por acaso, em seu computador, uma fotografia do jovem Horkheimer posando no interior de um cômodo burguês da época do Império.

A Teoria Crítica, cujo horizonte intelectual foi decisivamente formado na apropriação da história intelectual europeia, de Hegel a Freud, ainda confia na possibilidade de considerar a história como guiada pela razão. Todavia, nada pode ser mais entranho à geração atual, que cresceu consciente da pluralidade cultural e do fim das "Grandes Narrativas", do que a crítica social fundada sobre esse tipo de filosofia da história. A ideia de uma razão historicamente efetiva, a qual todos os representantes da Escola de Frankfurt, de Horkheimer a Habermas, firmemente endossaram, torna-se incompreensível se não se puder reconhecer a unidade de uma única racionalidade na diversidade das convicções estabelecidas. E a ideia recorrente de que o progresso da razão é bloqueado ou interrompido pela organização capitalista da sociedade não provoca apenas surpresa, uma vez que o capitalismo já não pode mais ser visto como um sistema unificado de racionalidade social. Há 35, partindo da ideia de um "interesse emancipatório", Habermas tentou basear na história da espécie a ideia da emancipação em relação à dominação e à opressão, embora atualmente ele admita que "tal forma de argumentação pertence 'indubitavelmente' ao passado".[1]

As mudanças políticas das últimas décadas não deixaram de influenciar a condição da crítica social. A consciência sobre uma pluralidade de culturas e a experiência de uma variedade de diferentes movimentos sociais emancipatórios diminuíram significativamente as expectativas sobre o que a crítica deve ser e do que ela é capaz. De modo geral, prevalece atualmente uma concepção liberal de justiça que utiliza critérios para a identificação normativa da injustiça social, sem o desejo de explicar mais extensamente a estrutura institucional da injustiça como a implantando no interior de um tipo particular de sociedade. Onde tal procedimento é percebido como insuficiente, recorre-se a modelos de crítica social construídos no espírito do método genealógico de Michel Foucault ou no estilo da hermenêutica crítica de Michael Walzer.[2] Em

---

[1] Jürgen Habermas, "Nach Dreißig Jahren: Bemerkungen zu *Erkenntnis und Interesse*", em *Das Interesse der Vernunft*, ed. S. Müller-Doohm, Frankfurt am Main: Suhrkamp, 1999, p. 12.

[2] Para um trabalho exemplar de crítica social no sentido de Foucault, ver James Tully, "Political Philosophy as Critical Activity", *Political Theory* 30, 2002, p. 533-555. Sobre Michael Walzer, ver seu *Tanner Lectures*, publicado como *Interpretation and Social Criticism*, Cambridge, Mass.: Harvard University Press, 1987. Tentei desenvolver uma crítica desse modelo de crítica social em meu "Idiosynkrasie als Erkenntnismittel. Gesellschaftskritik im Zeitalter des normalisierten Intellektuellen", em *Der kritische Blick*, ed. U. J. Wenzel, Frankfurt am Main: Suhrkamp, 2002, p. 61-79.

todos esses casos, entretanto, não se concebe mais a crítica como uma forma reflexiva de racionalidade que deve ancorar-se no próprio processo histórico. Por sua vez, a Teoria Crítica insiste, de um modo singular, em uma mediação entre a teoria e a história por meio de um conceito de uma racionalidade socialmente eficaz. Ou seja, o passado histórico deveria ser, de um ponto de vista prático, entendido como um processo de desenvolvimento cuja deformação patológica pelo capitalismo somente pode ser superada por meio da instauração de um processo de esclarecimento entre aqueles que estão envolvidos. É esse modelo de relação entre teoria e história que fundamenta a unidade da Teoria Crítica, não obstante suas diversas vozes. Seja em sua forma positiva, com o jovem Horkheimer, e com Marcuse ou Habermas, seja em sua forma negativa, com Adorno ou Benjamim, encontra-se a mesma ideia que constitui o pano de fundo de cada um dos diferentes projetos: que as relações sociais deformam de tal modo o processo de desenvolvimento histórico que somente de modo prático isso poderia ser reparado. Apontar o legado da Teoria Crítica para o novo século envolve necessariamente a recuperação da carga explosiva, que ainda atualmente pode ser detonada, da ideia de uma patologia social da razão. Contra a tendência de reduzir a crítica social a um projeto normativo, situacional ou de posição localizada, o contexto no qual a crítica social está situada em relação às demandas de uma razão historicamente desenvolvida deve ser elucidado. No que segue, pretendo dar um primeiro passo nessa direção. Em primeiro lugar, pretendo detalhar o núcleo ético contido na ideia que a Teoria Crítica tem acerca de uma racionalidade socialmente deficiente. Em segundo lugar, tentarei esboçar o sentido em que o capitalismo pode ser entendido como uma causa de tal deformação da racionalidade social. Por fim, em terceiro lugar, tentarei estabelecer a conexão com a prática, que pode ser vista no objetivo de superar o sofrimento social causado pela racionalidade deficiente. Cada uma dessas três etapas envolve a procura de uma nova linguagem que possa tornar mais claro, em termos atuais, aquilo que, no passado, a Teoria Crítica pretendia. De todo modo, estarei bastante satisfeito em sugerir linhas de pensamento que possam ser continuadas a fim de tornar atuais os argumentos iniciais da Teoria Crítica.

I

Ainda que seja difícil encontrar uma unidade sistemática nas diversas formas de Teoria Crítica, tomar seu negativismo teórico-social como nosso ponto de partida servirá para estabelecermos um primeiro ponto de interesse comum.[3] Tanto os membros do círculo interno quanto aqueles na periferia do Instituto de Pesquisa Social[4] percebem a situação social – a qual eles desejam influenciar – como se encontrando em uma condição de negatividade social. Além disso, existe um entendimento geral de que o conceito de negatividade não deveria restringir-se estreitamente às ofensas cometidas contra os princípios da justiça social, mas que deveria ser estendido mais amplamente até as violações das condições para uma vida boa ou bem-sucedida.[5] Todas as expressões que os membros do círculo utilizam para caracterizar a dada condição da sociedade emergem a partir de um vocabulário teórico-social fundamentado na distinção básica entre relações "patológicas" e relações "intactas, não patológicas". Horkheimer fala inicialmente sobre a "organização irracional" da sociedade (*CT* 188-243; *HGS* IV, 162-216), Adorno, posteriormente, sobre o "mundo administrado" (*P* 17-34; *AGS* XI.1, 11-30). Marcuse utiliza conceitos tais como "sociedade unidimensional" e "tolerância repressiva" (*MS* VII, 136-166). Habermas, por fim, utiliza a fórmula da "colonização do mundo-de-vida social" (*TCA* II, cap. 8). Tais formulações sempre pressupõem normativamente um estado "intato" de relações sociais, no qual todos os membros são providos com uma oportunidade para a autorealização bem-sucedida. Todavia, o que essa terminologia particularmente

---

[3] Sobre o conceito de "negatividade" e sobretudo acerca da distinção entre negativismo metodológico e de conteúdo, ver Michael Theunissen, *Das Selbst auf dem Grund der Verzweiflung: Kierkegaards negativistische Methode*, Berlin: Hain, 1999, e seu "Negativität bei Adorno", in *Adorno-Konferenz 1983*, ed. L. von Friedeburg e J. Habermas, Frankfurt am Main: Suhrkamp, 1983, p. 41-65.

[4] Sobre a distinção entre o centro e a periferia da Teoria Crítica, ver meu "Critical Theory", em *Social Theory Today*, eds. A. Giddens e J. Turner, Stanford: Stanford University Press, 1987, p. 347-382.

[5] Sobre essa distinção, ver meu "Pathologien des Sozialen. Tradition und Aktualität der Sozialphilosophie", em *Das Andere der Gerechtigkeit*, Frankfurt am Main: Suhrkamp, 2000, p. 11-87.

significa não é explicado de modo suficiente por um simples contraste com a linguagem da injustiça social na filosofia moral. Antes, a clareza das expressões torna-se manifesta somente quando se esclarece a obscura conexão entre patologia social e racionalidade deficiente. Todos os autores mencionados acima assumem que a causa do estado negativo da sociedade deve encontrar-se em uma deficiência na racionalidade social. Eles sustentam uma conexão interna entre as relações patológicas e a condição da racionalidade social, o que explica o interesse que mantêm no processo histórico de realização da razão. Qualquer tentativa para tornar a tradição da Teoria Crítica novamente frutífera para a atualidade deve começar, pois, com a tarefa de tornar atual essa conexão conceitual.

A tese de que as patologias sociais devem ser entendidas como resultado da racionalidade deficiente é tributária basicamente da filosofia política de Hegel. Ele começa sua *Filosofia do Direito* com a suposição de que um vasto número de tendências em direção à perda de sentido estava se manifestando em seu tempo, e que tais tendências somente poderiam ser elucidadas por meio da apropriação insuficiente de uma razão já "objetivamente" possível.[6] Subjacente ao diagnóstico que Hegel faz de seu tempo, situa-se uma concepção abrangente de razão na qual ele estabelece uma conexão entre progresso histórico e ética. A razão desdobra-se no processo histórico de modo a recriar instituições "éticas" universais em todas as etapas. Assim, levando em conta tais instituições, os indivíduos são capazes de projetar suas vidas de acordo com objetivos socialmente reconhecidos e, com isso, experimentar a vida com sentido. Por sua vez, quem quer que não permita que tais finalidades objetivas da razão influenciem sua vida sofrerá as consequências da "indeterminação" e desenvolverá sintomas de desorientação. Se esse juízo ético for transferido para a estrutura dos processos sociais da sociedade como um todo, o diagnóstico de Hegel, fundamental para sua *Filosofia do Direito*, emerge em forma de esboço. Hegel percebeu em sua própria sociedade o surgimento desses sistemas dominantes de pensamento e dessas ideologias que, por im-

---

[6] Ver meu *Leiden an Unbestimmtheit. Eine Reaktualisierung der Hegelschen Rechtsphilosophie*, Stuttgart: Reclam, 2001; Michael Theunissen, *Selbstverwirklichung und Allgemeinheit. Zur Kritik des gegenwärtigen Bewusstseins*, Berlim: de Gruyter, 1982.

pedirem os sujeitos de perceberem uma vida ética que já estava estabelecida, deram origem a amplos sintomas de perda de sentido. Ele estava convencido de que as patologias sociais deveriam ser entendidas como o resultado da inabilidade da sociedade para expressar apropriadamente o potencial racional já inerente em suas instituições, práticas e rotinas cotidianas.

Quando essa concepção de Hegel é separada do contexto particular na qual está inserida, ela equivale à tese geral de que toda forma bem-sucedida de sociedade só é possível por meio da manutenção de seus padrões mais altamente desenvolvidos de racionalidade, pois apenas instâncias individuais do universal racional podem prover aos membros da sociedade a orientação de acordo com a qual eles podem conduzir suas vidas com sentido. E quando, apesar de suas diferentes considerações, todos os teóricos críticos afirmam que é uma deficiência de racionalidade social que provoca a patologia da sociedade capitalista, tal convicção fundamental deve ainda ser trabalhada. Sem essa suposição ética, já implícita em Hegel, não se pode justificadamente estabelecer tal conexão. Os membros da sociedade devem concordar que a condução conjunta de uma vida bem-sucedida, não deformada, somente é possível se todos se orientarem de acordo com princípios ou instituições que eles são capazes de entender como fins racionais para sua autorrealização. Qualquer desvio em relação à ideia aqui esboçada deve conduzir à patologia social, na medida em que sujeitos estão reconhecidamente sofrendo de uma perda de objetivos comuns, universais.

Não obstante, esse núcleo ético da hipótese inicial, comum aos vários projetos de Teoria Crítica, permanece, na maioria das vezes, oculto por trás de premissas antropológicas. O universal racional que se supõe garantir uma forma "intacta" de vida social é entendido como o potencial para um modo invariante de atividade humana. O pensamento de Horkheimer contém um elemento desse tipo em sua concepção do trabalho, de acordo com a qual o controle humano sobre a natureza é guiado "de modo imanente" em direção ao objetivo de uma condição social na qual as contribuições individuais, de modo transparente e mútuo, sejam complementares entre si (*CT* 213ss.; *HGS* IV, 186ss.). Poder-se-ia dizer, com Marx, que o surgimento da patologia social depende, pois, de a organização efetiva da sociedade permanecer atrasada em relação aos padrões de racionalidade que já estão incorporados nas forças produtivas. No caso de Marcuse, a autoridade de um universal racional é crescentemente transferida, em seus últimos escritos, para a esfera de uma práxis estética que aparece como o meio de integração social na qual sujeitos podem satisfazer suas necessidades em cooperação não coagida (*L passim*; *EC* 20-49). Aqui, então, a patologia social se estabelece no momento em que a organização da sociedade começa a reprimir o potencial racional que provém do poder da imaginação ancorada no mundo-de-vida. Por fim, Habermas conserva a ideia hegeliana de um universal racional por meio do conceito de acordo comunicativo, cujas pressuposições idealizadoras, supõe-se, satisfazem a condição de que o potencial de racionalidade discursiva alcance aceitação universal em todos os estágios do desenvolvimento social. Podemos falar, portanto, de uma patologia social tão logo a reprodução simbólica da sociedade não seja mais submetida àqueles padrões de racionalidade que são inerentes às formas altamente desenvolvidas de acordo linguístico (*TCA* II, cap. 6.1).[7] Em todas essas abordagens da Teoria Crítica, a mesma ideia hegeliana – que um universal racional é sempre requerido para a possibilidade da completa autorrealização efetiva no interior da sociedade – é continuamente incorporada, ainda que em diferentes caracterizações da originária práxis humana da ação. Do mesmo modo que o conceito de Horkheimer de trabalho humano ou a ideia de Marcuse de uma vida estética, o conceito habermasiano de acordo comunicativo serve, antes de tudo, ao objetivo de fixar a forma da razão, cuja conformação desenvolvida provê o meio para uma integração não somente racional mas também satisfatória da sociedade. É com referência a tal autoridade da práxis racional que os teóricos críticos são capazes de analisar a sociedade de acordo com uma teoria da razão *enquanto* diagnóstico de patologias sociais. Os desvios em relação ao ideal que deveria ser alcançado com a realização social do universal racional poderiam ser descritos como patologias sociais, uma vez que deveriam acompanhar uma perda lamentável das expectativas de autorrealização intersubjetiva.

No percurso do desenvolvimento intelectual de Horkheimer a Habermas, a ideia de um universal racional mudou evidentemente não apenas

---

[7] Ver, também, Maeve Cook, *Language and Reason: A Study of Habermas's Pragmatics*, Cambridge, Mass.: MIT Press, 1994, especialmente o capítulo 5.

em relação a seu conteúdo, mas também em relação a sua forma metodológica. Enquanto Horkheimer associa seu conceito de trabalho com a noção de um potencial racional, o qual convém diretamente aos sujeitos enquanto um objetivo de autorrealização cooperativa em uma "comunidade de seres humanos livres" (*CT* 217; *HGS* IV, 191), Habermas entende a ideia do acordo comunicativo não mais como um objetivo racional, mas unicamente como forma racional de um modo bem-sucedido de socialização. Em Habermas, a ideia de que somente uma racionalidade completamente realizada garante uma comunidade bem-sucedida é radicalmente procedimentalizada à medida que a racionalidade que dá origem à ação orientada para o acordo supõe-se garantir agora apenas as condições de sua autorrealização autônoma, mas não as de sua efetivação.[8] Contudo, essa formulação não pode obscurecer o fato de que uma ideia ética esconde-se por trás dos modos antropológicos de falar acerca de um modo original de ação humana. O conceito de ação comunicativa, cuja racionalidade impõe aos seres humanos uma limitação invariante, ainda contém indiretamente a ideia, que se pode encontrar diretamente no conceito horkheimeriano de trabalho e no conceito marcusiano de práxis estética, de uma vida social bem-sucedida. Os representantes da Teoria Crítica sustentam, com Hegel, a convicção de que a autorrealização do indivíduo só é bem-sucedida quando entrelaçada em seus desígnios, por meio de princípios ou fins geralmente aceitos, com a autorrealização de todos os outros membros da sociedade. Com efeito, pode-se até mesmo afirmar que a ideia de um universal racional contém o conceito de um bem-comum sobre o qual os membros da sociedade devem racionalmente concordar de modo a serem capazes de se relacionar cooperativamente entre si com suas liberdades individuais. Os diferentes modelos de prática que Horkheimer, Marcuse e Habermas oferecem são, todos eles, representativos daquela única idéia segundo a qual a socialização dos seres humanos pode ser bem-sucedida apenas sob as condições da liberdade cooperativa. Quaisquer que possam ser os detalhes das idéias antropológicas, eles basicamente mantêm a idéia ética que atribui o

---

[8] Esse propósito de procedimentalizar a idéia hegeliana de um universal racional é particularmente claro em Habermas, cf. "On Social Identity," *Telos* 19, 1974, p. 91-103.

máximo valor a uma forma de práxis comum na qual os sujeitos podem alcançar essa autorrealização cooperativa.⁹

Mesmo a obra que parece ter mais se afastado das ideias éticas fundamentais da Teoria Crítica reflete essa primeira premissa básica. Em seu *Minima Moralia*, Adorno nega de modo veemente qualquer possibilidade de uma teoria moral universal, argumentando que os "danos" da vida social já conduziram a tal fragmentação da conduta individual que a orientação em termos de princípios abrangentes não é mais, de modo geral, possível. Em vez disso, suas "reflexões" são destinadas a revelar apenas em casos particulares, aforísticos, quais são as virtudes éticas e intelectuais remanescentes que poderiam resistir às demandas instrumentais por meio de uma insistência obstinada sobre a atividade não proposital. Porém, os padrões segundo os quais Adorno afere os danos provocados à forma de interação social denunciam a retenção do ideal de uma autorrealização cooperativa em que a liberdade de cada um torna possível a dos outros. Em várias passagens do texto, ele explica até mesmo a gênese histórica do dano social por referência direta à perda de um "bom universal" (*MM* 31-32, 35-37; *AGS* IV, 33-34, 38-41). Além disso, Adorno toma como básico um conceito de práxis que, seguindo o exemplo de Hegel, vincula princípios éticos ao pressuposto de racionalidade. A questão de uma forma bem-sucedida de socialização surge unicamente onde existem modos comuns de ação estabelecidos, que os indivíduos podem aceitar como fins racionais da autorrealização. O fato de que Adorno tem em mente, ao mesmo tempo e acima de tudo, o modelo da comunicação "não proposital" ou "desinteressada" – para o qual ele toma o amor ou a caridade puros e altruístas como seus exemplos paradigmáticos (*MM* 31-32, 35, 42-43, 172; *AGS* IV, 33-34, 38, 46-47, 193-194)¹⁰ – segue-

---

[9] É essa perspectiva ética que considero apresentar certo ponto de contato entre a Teoria Crítica e o pragmatismo americano. Como as reações da primeira geração ao pragmatismo vão essencialmente desde o ceticismo até a franca desaprovação, é ainda mais surpreendente que uma recepção produtiva do pragmatismo comece apenas com Habermas. Sobre a história dessa recepção, ver Hans Joas, "An Underestimated Alternative: America and the Limits of 'Critical Theory'", em *Pragmatism and Social Theory*, Chicago: University of Chicago Press, 1993, p. 79-93.

[10] Sobre esses temas, ver Martin Steel, "Adornos kontemplative Ethik. Philosophie. Eine Kolumne", *Merkur* 638, 2002, p. 512ss.

se da premissa quase-estética que ele compartilha com Marcuse: as formas de ação mútua mais apropriadas para a autorrealização são aquelas nas quais a natureza humana alcança uma expressão não-coagida a fim de satisfazer necessidades sensuais por meio da interação com os outros.

A ideia do universal racional da autorrealização cooperativa, a qual todos os membros da Escola de Frankfurt fundamentalmente compartilham, é tão crítica em relação ao liberalismo quanto em relação a qualquer tradição intelectual atual que possa ser chamada de "comunitarismo". Embora uma certa aproximação a doutrinas liberais possa ser encontrada no recente trabalho de Habermas, em razão do crescente peso atribuído à autonomia legal dos indivíduos, ele não vai tão longe a ponto de dizer que não existe diferença alguma entre as premissas sócio-ontológicas do liberalismo e as da Teoria Crítica. Em vez disso, ele continua a sustentar a convicção – como fizeram Marcuse, Horkheimer e Adorno – de que a realização da liberdade individual é vinculada à suposição de uma práxis comum, a qual é mais que meramente o resultado de uma coordenação de interesses individuais. Todos os conceitos de uma práxis racional que encontram aplicação na Teoria Crítica são elaborados de acordo com a intenção de um uso em vista de ações cuja implementação requer um grau mais alto de acordo intersubjetivo do que o liberalismo permite. De modo a ser capaz de cooperar em base de igualdade, de interagir esteticamente ou de alcançar acordos de maneira não coagida, requer-se uma convicção compartilhada de que cada uma dessas atividades é de uma importância que justifica, eventualmente, a inobservância de interesses individuais. Em relação a isso, a Teoria Crítica pressupõe um ideal normativo de sociedade que é incompatível com as premissas individualistas da tradição liberal. A orientação em termos da ideia de autorrealização cooperativa inclui, por sua vez, a noção de que os sujeitos não são capazes de alcançar uma vida social bem-sucedida enquanto não reconhecerem o núcleo comum de perspectivas valorativas que subjaz a seus respectivos interesses individuais. A ideia de uma "comunidade de seres humanos livres", que Horkheimer já havia formulado em seu ensaio "Teoria Tradicional e Teoria Crítica" (*CT* 217; *HGS* IV, 191), constitui o *leitmotif* normativo da Teoria Crítica, em que o conceito de comunidade é evitado estritamente em razão de seu abuso ideológico.

Se continuássemos essa linha de pensamento, poder-se-ia facilmente dar a impressão de que o interesse normativo da Teoria Crítica coincide com o do "comunitarismo".[11] Mas da mesma maneira que ela diverge do liberalismo em sua orientação em direção a um "universal" da autorrealização, a Teoria Crítica diverge do comunitarismo em termos da articulação entre esse universal e a razão. Nenhum teórico crítico jamais abandonou a ideia hegeliana de que a práxis cooperativa, juntamente com os valores a ela associados, deve possuir um caráter racional. De fato, é precisamente a perspectiva de a Teoria Crítica perceber a autorrealização individual como vinculada à suposição de que existe uma práxis comum, uma práxis que somente pode ser o resultado de uma realização da razão. Longe de entender a conexão com os valores predominantes como um fim em si mesmo, o teórico crítico concebe o estabelecimento de um contexto cooperativo como cumprindo a função de aumentar a racionalidade social. De outro modo, não ficaria claro o porquê de as formas identificadas de práxis sempre deverem ser, em cada caso, o resultado de uma racionalização social, ou por que o estado negativo do presente deveria ser sempre uma expressão da racionalidade deficiente. Em contraste com o comunitarismo, a Teoria Crítica sujeita a universalidade – que deveria ser incorporada e realizada por meio da cooperação social – aos padrões da justificação racional. Embora possam existir diversas concepções de razão na Teoria Crítica de Horkheimer a Habermas, todos chegam basicamente à mesma ideia: que a virada em direção a uma práxis de cooperação libertadora não seria o resultado de relações afetivas, de sentimentos de comunidade ou de acordo, mas de entendimento racional.

A tradição da Teoria Crítica difere, então, tanto do liberalismo como do comunitarismo em virtude de um tipo particular de perfeccionismo ético. Com efeito, diferentemente da tradição liberal, a Teoria Crítica sustenta que o objetivo normativo da sociedade deveria consistir em tornar a autorrealização reciprocamente possível. Porém, ao mesmo tempo, ela entende sua recomendação desse objetivo como o resultado bem estabelecido de uma certa análise do processo humano de desenvolvimento. Como já é o caso com

---

[11] Sobre o comunitarismo, ver *Kommunitarianismus. Eine Debatte über die moralischen Grundlagen moderner Gesellschaften*, ed. A. Honneth, Frankfurt am Main: Campus, 1993.

Hegel, parece que os limites entre descrição, por um lado, e prescrição e fundamento normativo, por outro, são também confundidos aqui. A explicação das circunstâncias que têm bloqueado ou deformado o processo de realização da razão deveria possuir, em si e por si mesma, a força racional para convencer os sujeitos a criarem uma práxis social de cooperação. O aperfeiçoamento da sociedade imaginado por todos os filiados à Teoria Crítica deveria ser, de acordo com sua concepção comum, o resultado do esclarecimento por meio da análise. A interpretação explicativa que eles oferecem para esse objetivo, contudo, já não é mais escrita no idioma da filosofia do espírito de Hegel. Antes, existe um consenso geral acerca de que uma "sociologização" definitiva do quadro de referência categorial é uma condição necessária para tal análise. A segunda característica definidora da Teoria Crítica consiste, pois, na tentativa de explicar sociologicamente a deformação patológica da razão. E isso merece um lugar no legado da Teoria Crítica para a atualidade porquanto justamente consente com a ideia de autorrealização cooperativa.

II

Há atualmente uma crescente tendência a praticar-se a crítica social sem qualquer componente de explicação sociológica. Esse desenvolvimento surge do fato de que se considera suficiente, na maioria das vezes, expor certas injustiças na sociedade com base em normas ou valores bem-estabelecidos. O porquê de aqueles que são afetados não problematizarem ou atacarem eles mesmos tais males morais não é mais visto como incidindo no interior da jurisdição da crítica social como tal. A divisão que se estabelece como um resultado disso é, entretanto, abalada tão logo uma conexão causal seja produzida entre a existência de injustiças sociais e a ausência de qualquer reação pública. A injustiça social deveria ser vista, então, como possuindo, entre outras coisas, a propriedade de causar diretamente e por si própria o silêncio ou a apatia expressado pela ausência de reação pública.

Uma suposição desse tipo serve como base para a maioria das abordagens da Teoria Crítica. Por mais fortemente influenciados por Marx que possam ser em suas peculiaridades, quase todas as abordagens da Teoria Crítica compartilham uma premissa operativa central em sua análise do capitalismo, concernente a esse ponto singular: as circunstâncias sociais que constituem a patologia das sociedades capitalistas têm a característica estrutural peculiar de encobrirem precisamente aquelas circunstâncias que deveriam de outro modo prover de maneira particular os fundamentos indispensáveis para a crítica pública. Do mesmo modo que se pode encontrar a suposição esboçada acima na consideração de Marx acerca do "fetichismo" ou em sua teoria da "reificação",[12] ela está presente na Teoria Crítica em conceitos tais como "falsa consciência", "unidimensionalidade" ou "positivismo" (ver, de modo geral, *DE, O,* Introdução ao *PDGS* e *TRS* 81-121). Tais conceitos são meios para caracterizar um sistema de convicções e práticas que têm a qualidade paradoxal de esquivarem-se ao exame das próprias condições sociais que produzem estruturalmente esse sistema. Para o tipo de crítica social que a Teoria Crítica pratica, essa observação conduz à ampliação das tarefas que devem ser levadas a cabo. Em contraste com as abordagens que atualmente têm alcançado predominância, a Teoria Crítica deve associar a crítica da injustiça social com uma explicação dos processos que obscurecem tal injustiça, pois a ilegitimidade dessas condições somente poderá ser demonstrada publicamente com alguma expectativa de aceitação quando for possível convencer os destinatários por meio de uma análise explicativa concernente à possibilidade de que estejam iludidos sobre o caráter real de suas condições sociais. Quanto a isso, uma vez que se assume prevalecer uma relação de causa e efeito entre a injustiça social e a ausência de qualquer reação negativa a esta, a crítica normativa na Teoria Crítica deve ser complementada por um elemento de explicação histórica. Um processo histórico de deformação da razão deve explicar causalmente a deficiência de um universal racional, uma deficiência que constitui a patologia social do presente. Essa explicação deve, ao mesmo tempo, tornar inteligível a destematização das injustiças sociais na discussão pública.

---

[12] Marx, *Capital I*, em *The Marx-Engels Reader*, ed. R. Tucker, New York: Norton, 1978, p. 319-329. Para uma excelente análise, ver Georg Lohmann, *Indifferenz und Gesellschaft. Eine kritische Auseinandersetzung mit Marx*, Frankfurt am Main: Campus, 1991, especialmente o capítulo 5.

No interior da Teoria Crítica, sempre existiu um acordo sobre a ideia de que o processo histórico de uma deformação da razão somente pode ser explicado a partir de um quadro de referência sociológico. Embora a intuição ética por detrás do empreendimento como um todo se apóie basicamente na ideia hegeliana de um universal racional, seus proponentes são, ao mesmo tempo, de tal modo herdeiros dos pensadores clássicos da sociologia que eles não são mais capazes de apoiar-se no conceito idealista de razão para explicar os desvios em relação àquela universalidade. Em vez disso, os processos de deformação que têm contribuído para uma falta de racionalidade social – para o estabelecimento de uma "racionalidade particular" (*P* 24; *AGS* X.1, 17) – passaram a ser analisados no interior de um quadro de referência, que emerge de Horkheimer a Habermas, no qual existe uma síntese teórica entre Marx e Max Weber. Com efeito, Marx já havia sustentado o conceito hegeliano de razão "de cabeça para baixo" quando vinculou a expansão do conhecimento justificado à realização de uma práxis social em virtude da qual os sujeitos poderiam aperfeiçoar, passo a passo, as condições de sua reprodução material. Não seria mais a compulsão interna do espírito, mas antes os desafios externos da natureza que deveriam conduzir a um processo de aprendizagem de acordo com uma ciência da experiência, o que justifica falar de uma realização da razão. Mas a epistemologia antropológica de Marx era insuficiente para os teóricos críticos fornecerem uma explicação verdadeiramente sociológica do processo histórico que Hegel havia descrito em sua filosofia como o autodesdobramento do espírito. O quadro torna-se completo, pelo menos à medida que a conexão entre qualquer processo de aprendizagem vinculado à práxis e à institucionalização social seja significativamente esclarecida, somente quando são admitidos conceitos fundamentais de Max Weber – cuja recepção inicial foi muitas vezes influenciada pela leitura não convencional de Lukács.[13] Misturando Weber com Marx, os membros da Escola de Frankfurt alcançam a convicção compartilhada de que o potencial

---

[13] Georg Lukács, "Reification and the Consciousness of the Proletariat", em seu *História e Consciência de Classe* (*History and Class Consciousness*. Cambridge, Mass.: MIT Press, 1971, p. 83-221). Sobre a importância da análise lukácsiana da reificação para a Teoria Crítica inicial, ver *TCA* I, cap. 6.

da razão humana desdobra-se em um processo histórico de aprendizagem no qual as soluções racionais para os problemas estão inextricavelmente vinculadas aos conflitos relativos à monopolização do conhecimento. Os sujeitos respondem aos desafios objetivos colocados a todo o momento – tanto pela natureza quanto pela organização social – ao aperfeiçoarem constantemente seu conhecimento da ação; mesmo que esse conhecimento seja tão profundamente incorporado nos conflitos sociais em relação ao poder e à dominação a ponto de alcançar, muitas vezes, uma forma duradoura em instituições apenas com o objetivo de excluir outros grupos determinados. Para a Teoria Crítica, permanece fora de dúvida que a realização hegeliana da razão deve ser entendida como conflituosa, ou seja, como um processo de aprendizagem de múltiplas camadas no qual o conhecimento que pode ser generalizado é alcançado apenas gradualmente por meio de soluções aperfeiçoadas a problemas e contra grupos adversários no poder.

É evidente que essa ideia fundamental na história da Teoria Crítica também tem sofrido constante revisão. Inicialmente, Horkheimer relaciona esse processo conflituoso de aprendizagem apenas à atuação sobre a natureza, o que torna difícil imaginar como os aperfeiçoamentos racionais também ocorrem supostamente na organização da vida social (*CT* 188-243; *HGS* IV, 162-216).[14] Na esteira da sociologia weberiana da música, Adorno amplia o espectro, reconhecendo uma racionalização no arranjo do material artístico, uma racionalização que serve ao objetivo de estender a soberania calculadora para a práxis estética (*SF* 1-14; *AGS* XVI, 9-23). No trabalho de Marcuse, encontram-se indicações que parecem justificar a suposição de um processo de aprendizado coletivo com seus respectivos retrocessos, os quais resultam de formações de poder, mesmo na aquisição da natureza interior (*EC* 117-126). Habermas foi o primeiro a alcançar uma desconstrução sistemática dos vários processos de aprendizado, uma análise que ele baseia na variedade dos modos como os seres humanos se relacionam com o mundo por meio da práxis linguística. Ele está convencido de que podemos esperar que o potencial racional humano se desenvolva ao longo de pelo menos dois caminhos: um voltado para um aumento no conhecimento do mundo objetivo, o outro para

---

[14] Ver meu *The Critique of Power: Reflective Stages in a Critical Social Theory*, Cambridge, Mass.: MIT Press, 1991, cap. 1.

uma solução mais justa dos conflitos de interação (*TRS* 81-121; *TCA* II, cap. 6). Mas o ganho em diferenciação, entretanto, vem ao custo de não ser mais possível reconhecer o crescimento histórico da racionalidade conjuntamente com aqueles conflitos sociais que, seguindo a sociologia weberiana da dominação, eram mais claramente presentes para os primeiros teóricos críticos. No trabalho de Habermas, encontramos um abismo entre (a) a dimensão que, por exemplo, Bourdieu investiga nos processos da formação cultural de monopólios[15] e (b) os processos racionais de aprendizagem – um abismo cuja presença é fundamentalmente incompatível com as preocupações originais da tradição da Teoria Crítica. Todavia, uma vez que a Teoria Crítica requer uma versão pós-idealista da tese que Hegel esboçou em sua concepção da realização da razão, ela não pode prescindir do grau de diferenciação que a concepção habermasiana da racionalidade apresenta. A fim de se entenderem os modos como o conhecimento socialmente institucionalizado tem se racionalizado – ou seja, de que modo ele exibe um grau crescente de reflexividade na superação de problemas sociais –, devem-se distinguir tantos aspectos da racionalidade quantos são os desafios socialmente perceptíveis envolvidos na reprodução das sociedades que dependem do acordo. Em contraste com a abordagem de Habermas, que efetua uma diferenciação com base nas particularidades estruturais da linguagem humana, é possível tomar em consideração uma concepção superior que vincula mais de perto os aspectos da racionalização social (no sentido de um realismo interno mais forte) à habilidade dos valores socialmente estabelecidos para resolver problemas. Nesse caso, os valores invariantes da comunicação linguística não revelariam a direção na qual a racionalização do conhecimento social deve prosseguir. Antes, os valores historicamente produzidos que estão presentes nas esferas sociais de significação fariam esse papel. Além disso, o conceito de razão com o qual a Teoria Crítica tenta compreender o crescimento da racionalidade na história humana está sujeito à pressão de incorporar pontos de vista novos e estranhos, particularmente não europeus. Por isso, não é de surpreender que o conceito de racionalidade social também deva assumir um significado mais extenso e diferenciado, de

---

[15] Ver Pierre Bourdieu & Jean-Claude Passeron, *La Reproduction: éléments d'une théorie du système d'enseignement*, Paris: Minuit, 1970.

modo a ser capaz de levar em conta a natureza multifacetada dos processos de aprendizagem. Em todo caso, é uma versão pós-idealista da noção hegeliana da realização da razão que provê agora o pano de fundo necessário para a ideia que pode perfeitamente formar o núcleo fundamental de toda a tradição da Teoria Crítica, de Horkheimer a Habermas. De acordo com essa tradição, o processo de racionalização social por intermédio da estrutura social própria do capitalismo foi interrompido ou deformado, de modo a tornar inevitáveis as patologias que acompanham a perda de um universal racional.

A chave para essa tese – na qual se reúnem todos os elementos tratados separadamente até agora – encontra-se em um conceito de capitalismo fortalecido por meio de uma teoria da racionalidade. Não é difícil perceber que a Teoria Crítica alcançou esse conceito não tanto por uma recepção das obras de Marx quanto pelo ímpeto dado pela teoria inicial de Lukács. É com *História e Consciência de Classe* que se torna possível, pela primeira vez, vislumbrar na realidade institucional do capitalismo moderno uma forma organizacional de sociedade estruturalmente associada a um determinado estado de racionalidade. Para Lukács, admitidamente influenciado por Weber e Georg Simmel, o traço característico dessa forma de racionalidade consiste no fato de que seus sujeitos são obrigados a um tipo de prática que os torna "espectadores sem influência",[16] divorciados de suas necessidades e intenções. O trabalho parcial mecanizado e a troca de bens demandam uma forma de percepção em que todos os outros seres humanos parecem ser objetos, entidades insensíveis, de modo que a interação social é privada de qualquer atenção àquelas qualidades valiosas por si mesmas. Se descrevêssemos, em uma terminologia mais próxima às ideias contemporâneas, o resultado da análise de Lukács, poderíamos dizer que uma certa forma de práxis dominante no capitalismo compele à indiferença em relação aos aspectos valiosos de outros seres humanos. Em vez de se relacionarem entre si com reconhecimento mútuo, os sujeitos percebem a si mesmos como objetos que são identificados unicamente de acordo com os interesses de cada um. Em todo caso,[17] esse

---

[16] Lukács, *History and Class Consciousness*, p. 90-91.

[17] Ver meu "Invisibility: On the Epistemology of 'Recognition'", *Proceedings of the Aristotelian Society*, suplemento (2001), p. 111-126.

diagnóstico de Lukács provê a Teoria Crítica com um quadro referencial no interior do qual se pode falar de uma interrupção ou de uma deformação do processo de realização da razão. Com o processo histórico de aprendizagem, as forças estruturais da sociedade, que Lukács revela no capitalismo moderno, apresentam-se como obstáculos, no início da modernidade, para uma racionalidade socialmente latente. A forma organizacional das relações sociais no capitalismo impede a aplicação à vida prática daqueles princípios racionais que, em relação a nosso potencial cognitivo, já estão à disposição.

É evidente que devemos qualificar esse esquema explicativo de acordo com as várias pressuposições relativas ao modo e ao curso do processo histórico de racionalização que estão operando em cada caso da Teoria Crítica. Em Horkheimer, por exemplo, encontra-se a tese de que a organização capitalista da produção traz consigo uma oposição de interesses individuais que impede a "aplicação da totalidade dos meios espirituais e físicos de dominação da natureza" (*CT* 213; *HGS* IV, 187). Horkheimer amplia ulteriormente suas reflexões, em concordância com Adorno, por meio da hipótese um tanto implausível de que existe uma racionalidade emocional, inerente à forma de interação entre as famílias burguesas do século dezenove, cujo potencial não poderia ser desconsiderado em razão da crescente tensão introduzida pela competição e pela monopolização (*CT* 47-128; *HGS* III, 336-417).[18] A obra de Adorno, em particular seu *Minima Moralia*, está repleta de especulações que inevitavelmente tomam a forma de um diagnóstico sobre a crescente impossibilidade de um tipo de amor que, na família, era capaz de reconciliar, sem coação, interesses individuais e gerais. No capitalismo, o privilégio social de atitudes utilitárias, racionalmente intencionadas, impede o desenvolvimento de um modo não legalista de racionalidade universal que seja inerente à estrutura dos relacionamentos privados na forma de afeição e perdão mútuo (*MM* 30-32, 167-169, 172; *AGS* IV, 32-33, 188-190, 193-194). Orientando-se vagamente de acordo com sua breve consideração acerca das *Cartas sobre a educação estética da humanidade* de Schiller, Marcuse descreve o processo de melhoramento da sensibilidade estética como chegando ao fim no ca-

---

[18] Horkheimer desenvolve o mesmo tema com claros tons religiosos em seu "Die verwaltete Welt kennt keine Liebe, Gespräch mit Janko Muselin", em *HGS* VII, 358-367.

pitalismo moderno – uma forma de sociedade que ele, como Lukács (embora também com um ar de Heidegger), descreve como um complexo de conhecimentos generalizados à disposição do indivíduo (*EC* 117-126).[19] Por fim, encontra-se em Habermas a ideia de que não se pode separar o potencial de racionalidade comunicativa das condições capitalistas, uma vez que o imperativo da exploração econômica penetra igualmente a esfera da vida social. Mesmo que a família e o público político tenham, desde muito, se emancipado de suas bases tradicionais de legitimação, os princípios da comunicação racional não podem obter aceitação nesses ambientes, uma vez que são crescentemente infiltrados por mecanismos de administração sistemática (*TCA* II, cap. 8). Por mais diferentes que tais tentativas de explicação possam ser, o esquema básico da crítica do capitalismo que subjaz a cada uma delas permanece o mesmo. Os teóricos críticos, de modo não diferente de Lukács (embora de uma maneira mais sofisticada e sem a excessiva ênfase histórica no proletariado), percebem o capitalismo como uma forma social de organização em que prevalecem práticas e modos de pensamento que impedem a utilização social de uma racionalidade que já se tornou possível pela história. E, ao mesmo tempo, essa obstrução histórica apresenta um desafio moral ou ético, porquanto impede a possibilidade de alguém se orientar em termos de um universal racional, para o qual o ímpeto somente poderia proceder de uma racionalidade completamente realizada. É certamente uma questão aberta se o conceito de capitalismo, baseado em uma teoria da racionalidade e subjacente à interpretação da história aqui esboçada, pode ser atualmente mais uma vez emendado. As possibilidades de se organizar a atividade de uma economia capitalista parecem bastante variadas, bem como muito misturadas com outros padrões não racionalmente propositais de atividade social, para se reduzirem as atitudes dos atores envolvidos a um único padrão de racionalidade instrumental. Estudos mais recentes também sugerem, entretanto, que nas sociedades capitalistas as atitudes ou orientações mais recompensadas com sucesso social são aquelas cuja fixação sobre vantagens individuais requer

---

[19] Ver, também, Johann Arnason, *Von Marcuse zu Marx*, Neuwied e Berlim: Luchterhand, 1971, especialmente o capítulo 5.

simplesmente associações estratégicas consigo mesmo e com os outros sujeitos.[20] Como resultado, não podemos excluir a possibilidade de ainda interpretar o capitalismo como o resultado institucional de um estilo de vida cultural ou de um produto da imaginação social[21] em que um certo tipo de racionalidade restritiva, "reificante", é a práxis hegemônica.

Mas as características comuns no interior da Teoria Crítica transcendem esse ponto. Seus representantes centrais compartilham não apenas o mesmo esquema formal de diagnóstico do capitalismo, como um conjunto de relações sociais de racionalidade bloqueada ou deformada, mas também a mesma ideia sobre o método apropriado de terapia. Supõe-se que as forças que contribuem para a superação da patologia social provenham precisamente daquela razão cuja realização é impedida pela forma de organização presente na sociedade capitalista. Do mesmo modo que com os outros elementos da teoria, uma figura clássica do pensamento moderno desempenha uma função formativa também aqui: Freud possui a mesma importância para o conteúdo central da Teoria Crítica quanto Hegel, Marx, Weber e Lukács. É a partir de sua teoria psicanalítica que a Teoria Crítica toma a ideia de que as patologias sociais devem sempre se expressar em um tipo de sofrimento que mantém vivo o interesse no poder emancipatório da razão.

III

Atualmente, até mesmo a questão de como, de modo prático, as injustiças poderiam ser superadas já não mais incide, de modo geral, no interior do domínio da crítica social. Com exceção das abordagens modeladas em Foucault, que tomam a transformação da relação do indivíduo consigo mes-

---

[20] Ver, por exemplo, Anthony Giddens, *Modernity and Self-Identity: Self and Society in the Late Modern Age*, Stanford: Stanford University Press, 1991, p. 196 e ss.

[21] Ver Wilhelm Hennis, *Max Webers Fragestellung*, Tübingen: Mohr, 1987 e Cornelius Castoriadis, *Gesellschaft als imaginäre Institution*, Frankfurt am Main: Suhrkamp, 1984. Para um estudo mais recente, ver Luc Boltanski & Eva Chiapello, *Le Nouvel esprit du capitalisme*, Paris: Gallimard, 1999.

mo como uma condição da crítica,²² a questão acerca da relação entre teoria e práxis permanece excluída da consideração contemporânea. Considera-se que a explicação das causas que poderiam ser responsáveis pela ocultação da anomalia social não pertence à atividade da crítica, assim como tampouco a determinação perspectivista da transformação do conhecimento em práxis. Tal perspectiva necessita de uma teoria sociopsicológica do sujeito que possa explicar por que indivíduos que são condicionados por um modo particular de pensamento e de práxis deveriam ser mais responsivos ao conteúdo racional da teoria; ela deve explicar de onde podem vir as forças subjetivas que – apesar de toda a desilusão, unidimensionalidade e fragmentação – poderiam ainda oferecer uma oportunidade para a transformação do conhecimento em práxis. Por mais heterogêneo que o campo da crítica social possa atualmente ser, uma característica é típica: raramente existe alguma abordagem que entende que tal caracterização faça parte de seu próprio exercício. A questão concernente ao estado motivacional dos sujeitos, que deve ser o foco de atenção aqui, é deixada de lado, porquanto não mais se espera que a reflexão sobre as condições da transformação em práxis faça parte da crítica.

Contudo, a Teoria Crítica, desde seu início, tem sido de tal modo devedora da tradição da esquerda hegeliana que ela considera que a iniciação de uma práxis crítica que poderia contribuir para a superação da patologia social deve ser parte essencial de sua tarefa (*PD*, cap. 3).²³ Mesmo onde predomina o ceticismo concernente à possibilidade de esclarecimento prático (ver, por exemplo, *CM* 289-294; *AGS* X.2, 794-799), o drama que envolve a questão do esclarecimento emerge meramente da pressuposta necessidade de uma conexão interna entre teoria e práxis. Entretanto, a Teoria Crítica não mais entende a determinação dessa mediação como uma tarefa que poderia ser empreendida unicamente por meio da reflexão filosófica. Em vez de recorrer a uma filosofia especulativa da história, o que para um Marx ou para um Lukács era inteiramente autoevidente, a Teoria Crítica confia no novo instrumento da pesquisa social empírica para informar-se sobre a disposição crítica do

---

[22] Exemplar em relação a isso é Judith Butler, *The Psychic Life of Power: Theories in Subjection*, Stanford: Stanford University Press, 1997, cap. 2-4.

[23] Ver, também, Karl Löwith, *From Hegel to Nietzsche: The Revolution in Nineteenth-Century Thought*, trad. de D. Green, New York: Columbia University Press, 1964, parte I, cap. 2.

público.²⁴ O resultado dessa reorientação metodológica, que constitui uma característica adicional distintiva da Teoria Crítica, é uma apreciação sensata do estado de consciência do proletariado. Ao contrário do que se assume na facção marxista da esquerda hegeliana, a classe trabalhadora não desenvolve automaticamente uma disposição revolucionária para converter o conteúdo crítico da teoria em uma práxis de transformação social, como um resultado da consumação do trabalho parcial mecanizado.²⁵ A ideia de que a Teoria Crítica poderia prover a continuidade entre teoria e práxis meramente por meio do apelo a um certo destinatário predeterminado é, pois, descartada; todas as considerações que tomam seu lugar frustram a expectativa de que a conversão em práxis seja efetuada precisamente por aquela racionalidade que a patologia social deformou, ainda que não a tenha completamente eliminado. No lugar do proletariado, cuja condição social havia sido anteriormente considerada a garantidora da responsividade ao conteúdo crítico da teoria, deve reemergir uma capacidade racional anteriormente submersa para a qual todos os sujeitos, em princípio, possuem a mesma aptidão motivacional.

Esse tipo de mudança de perspectiva exige reconhecidamente uma linha suplementar de pensamento, pois, à primeira vista, não está claro por que se deve esperar que a motivação da práxis crítica tenha origem na mesma racionalidade que, de acordo com a teoria, está bastante deformada. Ou seja, como os teóricos críticos podem ter a esperança de que irão encontrar uma medida necessária de disposição racional para a conversão em práxis, se a racionalidade socialmente praticada tornou-se patologicamente rompida ou deformada? A resposta a essa questão incide no interior de um domínio da Teoria Crítica que é baseado em um contínuo entre a psicanálise e a psicologia moral. Sua tarefa ininterrupta é a de descobrir as raízes motivacionais que sustentam a disposição para o discernimento moral em sujeitos individuais, não obstante qualquer impedimento racional. É conveniente distinguir aqui entre dois passos do argumento, mesmo que tal distinção nem sempre seja feita de modo claro pelos teóricos críticos. Do

---

²⁴ Ver Erich Fromm, *The Working Class in Weimar Germany: A Psychological and Sociological Study*, trad. de B. Weinberger, Cambridge, Mass.: Harvard University Press, 1984.

²⁵ Ver Helmut Dubiel, *Theory and Politics: Studies in the Development of Critical Theory*, trad. de B. Gregg, Cambridge, Mass.: MIT Press, 1985, parte A, cap. 5.

fato de que uma deficiência na racionalidade social conduz a sintomas de uma patologia social infere-se, antes de tudo, que os sujeitos padecem pela condição da sociedade. Nenhum indivíduo pode evitar perceber a si mesmo como impedido pelas consequências de uma deformação da razão (ou ser assim descrito), porque, com a perda de um universal racional, as chances de uma autorrealização bem-sucedida, que dependem da cooperação mútua, também diminuem. A Teoria Crítica indubitavelmente toma a psicanálise freudiana como seu modelo metodológico para a maneira como ela estabelece uma conexão entre a racionalidade defeituosa e o sofrimento individual. Uma conexão semelhante certamente já se encontra na crítica de Hegel ao romantismo, o que não poderia ter deixado de influenciar a Escola de Frankfurt; mas o ímpeto para conectar a categoria de "sofrimento" com as próprias patologias da racionalidade social encontra provavelmente sua origem na ideia freudiana de que cada doença neurótica surge de um impedimento do ego racional e deve conduzir a um caso individual de estresse por causa do sofrimento. A aplicação metodológica dessa ideia fundamental da psicanálise no campo da análise social não é apenas um movimento teórico introduzido por Habermas na Teoria Crítica (*KHI*, cap. 12). Em seus ensaios iniciais, Horkheimer já descreve a irracionalidade social segundo conceitos que tomam por modelo a teoria de Freud, à medida à que medem o grau de patologia social pela intensidade do efeito das forças estranhas ao ego (*BPSS* 111-128; *KT* 9-30). Ademais, em todas as passagens que Adorno fala do sofrimento individual ou social, podem-se ouvir ecos da suposição freudiana de que os sujeitos devem sofrer por causa da restrição neurótica de suas capacidades genuinamente racionais. Por isso, lê-se na *Dialética Negativa* que todo sofrimento possui uma "forma intrínseca de reflexão": "o momento do corpo anuncia o conhecimento de que o sofrimento não deve existir, de que as coisas devem ser diferentes" (*ND* 203; *AGS* VI, 203). O emprego desse conceito de sofrimento – que emerge aqui como um exemplo da experiência da interação entre forças espirituais e físicas – infelizmente permanece, até o momento, em grande medida inexplorado no interior da recepção da Teoria Crítica.[26] Uma análise mais precisa provavelmente mostrará que, de acordo com Freud, o sofri-

---

[26] Para uma exceção a essa generalização, ver Josef Früchtl, *Mimesis. Konstellation eines Zentralbegriffs bei Adorno,* Würzburg: Königshausen & Neumann, 1986, cap. 3.2.

mento manifesta o sentimento de não ser capaz de suportar a "perda (das capacidades) do ego" (*AGS* VIII, 437). De Horkheimer a Habermas, a Teoria Crítica tem se orientado pela ideia de que a patologia da racionalidade social conduz a casos de impedância que frequentemente se manifestam na dolorosa experiência da perda das capacidades racionais. Ao final, essa ideia se reduz à forte e francamente antropológica tese de que os sujeitos humanos não podem ser indiferentes a respeito da restrição de suas capacidades racionais. Uma vez que sua autorrealização vincula-se ao pressuposto de uma atividade racional cooperativa, eles não podem evitar o sofrimento psicológico concernente a sua deformação. Talvez esse entendimento – de que deve existir uma conexão interna entre a integridade psicológica e a racionalidade não deformada – seja o impulso mais forte que a Teoria Crítica recebeu de Freud; e isso é apoiado por toda investigação conduzida atualmente (ainda que com métodos melhorados).

Mas é apenas dando um segundo passo, efetuado somente de modo tácito pela Teoria Crítica, que se pode extrair dessa tese um meio pelo qual as relações rompidas com a práxis possam ser intelectualmente restabelecidas. E é Freud, mais uma vez, que fornece a sugestão decisiva: o estresse do sofrimento impele em direção à cura, por meio das mesmas capacidades racionais cuja função a patologia impede. Uma assunção sobre o que deve contar, em geral, como uma condição autoevidente para o ingresso no tratamento psicanalítico também acompanha essa sugestão, a saber, que o indivíduo que sofre subjetivamente de uma doença neurótica também deseja livrar-se desse sofrimento. Na Teoria Crítica, nem sempre é claro se o estresse do sofrimento, que aspira a sua própria cura, diz respeito unicamente à experiência subjetiva ou também a um evento "objetivo". Enquanto Adorno, que fala do sofrimento como um "impulso subjetivo", parece ter a primeira alternativa em mente, Horkheimer frequentemente utiliza formulações nas quais o sofrimento social é considerado como uma magnitude de sentimento objetivamente atribuível. No caso de Habermas, há evidências suficientes, particularmente em seu *Teoria da Ação Comunicativa*, para sugerir a alternativa "subjetiva"; e podem ser encontradas ambas as alternativas na obra de Marcuse.[27]

---

[27] Ver, por exemplo, as reflexões sobre Marx em Habermas, *TCA* II, cap. 8. Habermas hesita aqui, entretanto, entre um uso relacionado ao mundo-de-vida e um uso meramente funcional da ideia de uma patologia social.

Em todo caso, a Teoria Crítica pressupõe que esse sofrimento objetivamente atribuível aos membros da sociedade, ou subjetivamente experienciado por eles, deve conduzir àquele mesmo desejo de cura e de libertação em relação aos males sociais, o qual o analista deve imputar a seus pacientes. Além disso, supõe-se que o interesse de alguém por sua própria recuperação seja, em cada caso, evidenciado pela disposição para reativar, contra qualquer resistência, aquelas capacidades racionais que a patologia individual ou social deformou. Todos os pensadores que pertencem ao círculo mais interno da Teoria Crítica esperam de seus destinatários um interesse latente pela interpretação ou explicação racional, visto que somente a recuperação de uma racionalidade integral pode satisfazer o desejo de emancipação do sofrimento. É essa perigosa suposição que permite uma conexão da teoria com a práxis diferente daquela que a tradição marxista oferece. Os teóricos críticos não compartilham com sua audiência nem um escopo de objetivos comuns nem de projetos políticos, mas antes um espaço de razões potencialmente comuns que mantém o presente patológico aberto à possibilidade de transformação por meio do exame racional. Aqui, também, as diferenças de opinião predominantes entre os membros individuais da Escola devem ser consideradas. Tais diferenças podem ser apreciadas por meio de um exame das assunções sociopsicológicas ou antropológicas que substanciam a tese de que uma responsividade individual a argumentos racionais permanece possível no interior de qualquer deformação da vida social. Retornando a Horkheimer nesse ponto, encontramos a ideia de que a memória da segurança emocional da primeira infância sustenta o interesse em superar aquela forma de racionalidade comprometida apenas com a disposição instrumental. Entretanto, não é claro de que modo tal impulso psicológico deve ser direcionado, ao mesmo tempo, para a obtenção de uma capacidade racional "intacta", não diminuída. Se reunirmos as esparsas reflexões de Adorno sobre o tópico, há algo a ser dito quando se percebe no "sentido mimético" mais do que simplesmente um impulso para assimilar o objeto ameaçador. Também deveríamos ver nisso o vestígio inexaurível de um desejo de apreender intelectualmente o outro de uma maneira que deixa ao outro sua existência singular.[28] Podemos encontrar tais caracterizações em

---

[28] Ver, Früchtl, *Mimesis*, cap. 5.3.

Marcuse, como se sabe, em uma teoria que envolve impulsos eróticos de uma vida impetuosa cuja realização estética requer um "esforço consciente de racionalidade livre" (*EC* 204). Entretanto, tem-se frequentemente questionado se esse projeto garante suficientemente um conceito expandido de racionalidade social.[29] Por fim, Habermas havia inicialmente assumido, em sua versão de uma antropologia do conhecimento da espécie humana, um "interesse emancipatório" que se concentra na experiência de uma práxis discursiva que está estruturalmente presente em um estado de não coação e igualdade (*KHI*, cap. 3). Essa concepção inicial logo proporcionou uma teoria do discurso que já não faz mais asserções antropológicas, embora ainda mantenha a suposição de que a práxis do discurso argumentativo sempre permite que o indivíduo seja receptivo a razões melhores (*TJ* 277-292). Todas essas reflexões apresentam respostas para a questão de quais experiências, práticas ou necessidades permitem que um interesse pela completa realização racional continue a existir nos seres humanos, apesar da deformação ou da unilateralização da racionalidade social. Somente enquanto a teoria puder contar com tal impulso racional como constituinte de seus fundamentos, ela será capaz de se relacionar reflexivamente com uma práxis potencial em que a explicação fornecida seja implementada com o propósito da libertação em relação ao sofrimento. A Teoria Crítica somente será capaz de continuar na forma em que se desenvolveu, de Horkheimer a Habermas, se não renunciar à evidência de interesses desse tipo. Sem um conceito realista de "interesse emancipatório", que coloque em seu centro a ideia de um núcleo indestrutível de responsividade racional por parte dos sujeitos, esse projeto teórico não pode ter futuro.

Com essa última ideia, o desenvolvimento das razões que constituem o conteúdo central do legado da Teoria Crítica alcançou uma conclusão realista. A sequência das ideias sistemáticas desenvolvidas acima constitui uma unidade da qual nenhuma parte individual pode ser omitida sem consequências. Enquanto não abandonarmos o objetivo de entender a Teoria Crítica como uma forma de reflexão pertencente a uma razão historicamente efetiva, não será fácil abandonar a ideia normativa de um universal racional,

---

[29] Ver *Gespräche mit Herbert Marcuse*, eds. J. Habermas, S. Bovenschen, *et al.*, Frankfurt am Main: Suhrkamp, 1978.

a ideia de uma patologia social da razão e o conceito de interesse emancipatório. Contudo, parece também que nenhum desses três elementos de pensamento pode ainda ser mantido atualmente na forma teórica desenvolvida inicialmente pelos membros da Escola de Frankfurt. Todos eles necessitam de uma reformulação conceitual e da mediação do estado presente de nosso conhecimento, se for para que cumpram ainda a função para a qual foram destinados. Com isso, o campo de tarefas está esboçado – tarefas que são agora deixadas para os herdeiros da Teoria Crítica no século XXI.

Bibliografia

Esta bibliografia propõe-se a fornecer ao leitor de língua inglesa as referências aos mais importantes trabalhos individuais dos membros da Escola de Frankfurt e, também, ser fonte da literatura secundária mais relevante. Assim, a seleção de materiais secundários foi enfatizada em inglês; e somente fontes essenciais em alemão foram incluídas. Para uma bibliografia mais aprofundada sobre os autores, os leitores podem consultar os volumes da série *Companions to Philosophy* dedicados a Adorno e Habermas. Uma excelente bibliografia geral pode ser encontrada em Rolf Wiggershaus, *The Frankfurt School: Its History, Theories, and Political Significance*, M. Robertson (trad.), Cambridge, Mass.: MIT Press, 1994 (Rolf Wiggershaus, *A Escola de Frankfurt*, Rio de Janeiro: Difeel, 2002). Bibliografias mais exaustivas podem ser encontradas nas seguintes referências:

Goertzen, René. *Jürgen Habermas: Eine Bibliographie seiner Schriften und der Sekundärliteratur 1952-1981*. Frankfurt am Main: Suhrkamp, 1982.

_____. "Theodor Adorno. Vorläufige Bibliographie seiner Schriften und der Sekundärliteratur", em *Adorno-Konfernz 1983*. Ludwig von Friedeburg e Jürgen Habermas (ed.), Frankfurt am Main: Suhrkamp, 1983, p. 404-471.

Nordquist, Joan. *Herbert Marcuse (II): A Bibliography*. Social Theory: A Bibliographic Series, n. 58. Santa Cruz, Calif.: Reference and Research Services, 2000.

Tiedemann, Rolf. "Bibliographie der Erstdrucke von Benjamins Schriften". em *Zur Aktualität Walter Beniamins*. Siegfried Unself (ed.), Frankfurt am Main: Suhrkamp, 1972, p. 227-297.

As obras mais importantes de Teoria Crítica em alemão

Adorno

Gesammelte Schriften. Rolf Tiedemann (ed.), Frankfurt am Main: Suhrkamp, 1970-1997.
Nachgelassene Schriften. C. Gödde, T. Schröder, R. Tiedemann *et al*. (eds.), Frankfurt am Main: Suhrkamp, 1993.

Benjamin

Gesammelte Schriften, Rolf Tiedemann e Herbert Schweppenhäuser (eds.), Frankfurt am Main: Suhrkamp, 1972-1989.

Habermas

Der philosophische Diskurs der Moderne. Zwölf Vorlesungen, Frankfurt am Main: Suhrkamp, 1985.
Erkenntnis und Interesse, Frankfurt am Main: Suhrkamp, 1968.
Erläuterungen zur Diskursethik, Frankfurt am Main: Suhrkamp, 1991.
Faktizität und Geltung, Frankfurt am Main: Suhrkamp, 1992.
Kleine politische Schriften, Frankfurt am Main: Suhrkamp, vol. I-IV, 1981.
Legitimationsprobleme im Spätkapitalismus, Frankfurt am Main: Suhrkamp, 1971.
Moralbewußtsein und kommunikatives Handeln, Frankfurt am Main: Suhrkamp, 1983.
Nachmetaphysisches Denken. Philosophische Aufsätze, Frankfurt am Main: Suhrkamp, 1988.
Philosophisch-politische Profile, Frankfurt am Main: Suhrkamp, 1971.
Strukturwandel der Öffentlichkeit, Frankfurt am Main: Suhrkamp, 1962.

Technik und Wissenschaft als "Ideologie", Frankfurt am Main: Suhrkamp, 1968.

Theorie der Gesellschaft oder Sozialtechnologie. Was leistet die Systemforschung?, e Niklas Luhmann, Frankfurt am Main: Suhrkamp, 1971.

Theorie des kommunikativen Handelns, Frankfurt am Main: Suhrkamp, vol. I-ll, 1981.

Theorie und Praxis. Sozialphilosophische Studien, Frankfurt am Main: Suhrkamp, 1963.

Vorstudien und Ergänzungen zur Theorie des Kommunikativen Handelns, Frankfurt am Main: Suhrkamp, 1984.

Wahrheit und Rechtfertigung. Philosophische Aufsätze, Frankfurt am Main: Suhrkamp, 1999.

Zur Rekonstruktion des Historischen Materialismus, Frankfurt am Main: Suhrkamp, 1976.

Horkheimer

Gesammelte Schriften, G. Schmid-Noerr e A. Schmidt (eds.), Frankfurt am Main: Fischer, 1987–.

Kritische Theorie, Frankfurt am Main: Fischer, 2 vol., 1968.

Marcuse

Nachgelassene Schriften, P.-E. Jansen (ed.), Frankfurt am Main: Klampen, 1999–.

Schriften, Frankfurt am Main: Suhrkamp, 1978-1989.

Neumann

Demokratischer und autoritärer Staat. Beiträge zur Soziologie der Politik, Amsterdam: European Press, 1971.

Pollock

Stadien des Kapitalismus, H. Dubiel (ed.), Munich: C. H. Beck, 1985.

As obras mais importantes de teoria crítica em inglês ou traduzidas para o inglês

Antologias de vários autores

G. Adey e D. Frisby (trad.), *The Positivism Dispute in German Sociology*, London: Heinemann, 1969.

Andrew Arato e Eike Gebhardt (ed.), *The Essential Frankfurt School Reader*, New York: Continuum, 1978.

S. E. Bronner e D. Kellner (ed.), *Critical Theory and* Society, New York e London: Routledge, 1990.

Fredric Jameson (ed.), *Aesthetics and Politics,* London: Verso, 1977.

Adorno

Aesthetic Theory, R. Hullot-Kentor (trad.), Minneapolis: University of Minnesota Press, 1998.

Against Epistemology: A Metacritique, W. Domingo (trad.), Cambridge, Mass.: MIT Press, 1983.

The Authoritarian Personality, com Else Frenkel-Brunswik, Daniel Levinson *et al.*, New York: Norton, 1969.

Dialectic of Enlightenment, com Horkheimer, E. F. N. Jephcott (trad.), Stanford: Stanford University Press, 2002.

Essays on Music, R. Leppert (ed.) e S. Gillespie (trad.), Berkeley: University of California Press, 2002.

Hegel: Three Studies, S. W. Nicholson (trad.), Cambridge, Mass.: MIT Press, 1994.

In Search of Wagner, R. Livingstone (trad.), London: New Left Books, 1981.

Introduction to the Sociology of Music, E. B. Ashton (trad.), New York: Seabury, 1976.

The Jargon of Authenticity, K. Tarnowski e F. Will (trad.), Chicago: Northwestern University Press, 1973.

Kierkegaard: Construction of the Aesthetic, R. Hullot-Kentor (trad.), Minneapolis: University of Minnesota Press, 1989.

Mahler: A Musical Physiognomy, E. F. N. Jephcott (trad.), Chicago: University of Chicago Press, 1988.

Minima Moralia, E. F. N. Jephcott (trad.), New York e London: Verso, 1978. (*Minima Moralia.* São Paulo: Ática, 1993).

Negative Dialectics, E. B. Ashton (trad.), London: Routledge, 1973.

Notes to Literature, S. W. Nicholson (trad.), New York: Columbia University Press, vol. I, 1991. (*Notas de Literatura I.* Trad. Jorge de Almeida. São Paulo: Duas Cidades/Ed. 34, 2003).

Notes to Literature, S. W. Nicholson (trad.), New York: Columbia University Press, vol. II, 1992.

The Philosophy of Modern Music, A. Mitchell e W. Blomster (trad.), New York: Seabury, 1973.

The Positivist Dispute in German Sociology, G. Adley e D. Frisby (trad.), London: Heinemann, 1976.

Prisms, Samuel Weber e Sherry Weber (trad.), Cambridge, Mass.: MIT Press, 1983. (*Prismas – Crítica Cultural e Sociedade.* Trad. Augustin Wernet e Jorge de Almeida. São Paulo: Ática, 2001).

Quasi una Fantasia, R. Livingstone (trad.), New York: Continuum, 1992.

Benjamin

The Arcades Project, H. Eiland e K. McLaughlin (trad.), Cambridge, Mass.: Harvard Belknap Press, 1999. (*Passagens,* W. Bolle (org.), São Paulo: IMESP, 2006).

The Origin of German Tragic Drama, J. Osborne (trad.), New York e London: Verso, 1998. (*Origem do drama Barroco alemão,* Sérgio Paulo Rouanet (trad. e pref.), São Paulo: Brasiliense, 1984).

Selected Writings 1913-1926, M. W. Jennings, M. Jenning, e M. P. Bullock (ed.), Cambridge, Mass.: Harvard Belknap Press, 1996. (*Obras escolhidas*: *Magia e técnica, arte e política,* Rouanet (trad.), São Paulo: Brasiliense, v. I, 1985).

Selected Writings 1927-1934, M. W. Jennings, H. Eiland, M. P. Bullock (ed.) *et al.,* Cambridge, Mass.: Harvard Belknap Press, 1999. (*Obras escolhidas: Rua de mão única,* R.R. Torres Filho e J.C.M. Barbosa (trad.), São Paulo: Brasiliense, v. II, 1987).

Selected Writings: 1935-1938, M. W. Jennings, H. Eiland, M. P. Bullock (ed.) *et al.*, Cambridge, Mass.: Harvard Belknap Press, 2002. (*Obras escolhidas: Charles Baudelaire, um lírico no auge do capitalismo,* J.C.M. Barbosa e H.A. Baptista (trad.), São Paulo: Brasiliense, v. III, 1989).

Fromm

Escape from Freedom, New York: Farrar & Rinehart, 1941.
Marx's Concept of Man, New York: Continuum, 1961.

Habermas

Between Facts and Norms, W. Rehg (trad.), Cambridge, Mass.: MIT Press, 1998.
Communication and the Evolution of Society, T. McCarthy (trad.), Boston: Beacon Press, 1979.
Knowledge and Human Interests, J. Shapiro (trad.), Boston: Beacon Press, 1971.
Legitimization Crisis, T. McCarthy (trad.), Boston: Beacon Press, 1975.
Moral Consciousness and Communicative Action, C. Lenhardt e S. W. Nicholson (trad.), Cambridge, Mass.: MIT Press, 1991. *(Consciência moral e agir comunicativo.* Rio de Janeiro: Tempo Brasileiro, 1989).
On the Logic of the Social Sciences, S. W. Nicholson (trad.), Cambridge, Mass.: MIT Press, 1988.
The Philosophical Discourse of Modernity, F. Lawrence (trad.), Cambridge, Mass.: MIT Press, 1990. (*O discurso filosófico da modernidade.* São Paulo: Martins Fontes, 2000).
Postmetaphysical Thinking, W. M. Hohengarten (trad.), Cambridge, Mass.: MIT Press, 1992. *(Pensamento pós-metafísico.* Rio de Janeiro: Tempo Brasileiro, 1990).
The Structural Transformation of the Public Sphere, T. Burger e F. Lawrence (trad.), Cambridge, Mass.: MIT Press, 1991. (*Mudança estrutural da esfera pública.* Rio de Janeiro: Tempo Brasileiro, 1989).
Theory and Praxis, J. Viertal (trad.), Boston: Beacon Press, 1973.
Theory of Communicative Action, T. McCarthy (trad.), Boston: Beacon Press, vol. I, 1984.

Theory of Communicative Action, T. McCarthy (trad.), Boston: Beacon Press, vol. II, 1987.

Towards a Rational Society, J. Shapiro (trad.), Boston: Beacon Press, 1971.

Horkheimer

Between Philosophy and Social Science, G. F. Hunter, M. Kramer, e J. Torpey (trad.), Cambridge, Mass.: MIT Press, 1995.

Critical Theory, M. O'Connell (trad.), New York: Continuum, 1975. (*Teoria Crítica, I.* São Paulo: Perspectiva, 1990).

The Critique of Instrumental Reason: Lectures and Essays Since the End of World War II, M. O'Conhell (trad.), New York: Continuum, 1974.

Dialectic of Enlightenment, com Adorno, E.F.N. Jephcott (trad.), Stanford: Stanford University Press, 2002. (*Dialética do Esclarecimento*, Guido de Almeida (trad.), Rio de Janeiro: Jorge Zahar, 1988).

Eclipse of Reason, New York: Continuum, 1974. (*Eclipse da Razão*. São Paulo: Centauro, 2000).

Marcuse

The Aesthetic Dimension: Towards a Critique of Marxist Aesthetics, Boston: Beacon Press, 1978.

Counterrevolution and Revolt, Boston: Beacon Press, 1972. (*Contra-revolução e revolução*, Rio de Janeiro: Zahar, 1973).

Eros and Civilization: A Philosophical Inquiry into Freud, Boston: Beacon Press, 1955. (*Eros e Civilização*, Álvaro Cabral (trad.), Rio de Janeiro: LTC, 1999).

An Essay on Liberation. Boston: Beacon Press, 1969.

Five Lectures, Boston: Beacon Press, 1970.

Negations, J. Shapiro (trad.), Boston: Beacon Press, 1968.

One Dimensional Man, Boston: Beacon Press, 1964. (*Ideologia da Sociedade Industrial. O Homem Unidimensional*, Giasone Rebuá (trad.), Rio de Janeiro: Jorge Zahar, 1978).

Reason and Revolution: Hegel and the Rise of Social Theory, Oxford: Oxford University Press, 1941. (*Razão e revolução*, Rio de Janeiro: Paz e Terra).

Soviet Marxism, New York: Columbia University Press, 1985.

Technology, War and Fascism: Collected Papers I, D. Kellner (ed.), London: Routledge, 2001. (*Tecnologia, Guerra e Fascismo*. São Paulo: Ed. Unesp, 1999).

Towards a Critical Theory of Society: Collected Papers II, D. Kellner (ed.), London: Routledge, 2001. (*Ideias sobre uma Teoria Crítica da Sociedade*, Rio de Janeiro: Zahar Editores).

Neumann

Behemoth. The Structure and Practice of National Socialism 1933-1944, Oxford: Oxford University Press, 1944.

Obras de teoria crítica após Habermas

Brunkhorst, Hauke, *Der Intellektuelle im Land der Mandarine,* Frankfurt am Main: Suhrkamp, 1987.

_____, *Demokratie und Differenz: vom klassischen zum modernen Begriff des Politischen,* Frankfurt am Main: Fischer, 1994.

Forst, Rainer, *Kontexte der Gerechtigkeit: Politische Philosophie jenseits von Liberalismus und Kommunitarismus,* Frankfurt am Main: Suhrkamp, 1994.

Honneth, Axel, *Das Andere der Gerechtigkeit. Aufsätze zur praktischen Philosophie,* Frankfurt am Main: Suhrkamp, 2000.

_____, *Desintegration. Bruchstücke einer soziologischen Zeitdiagnose,* Frankfurt am Main: Fischer, 1994.

_____, *Kampf um Anerkennung,* Frankfurt am Main: Suhrkamp, 1992. (*Luta por reconhecimento,* São Paulo, Editora 34, 2003).

_____, *Kritik der Macht,* Frankfurt am Main: Suhrkamp, 1985.

_____, *Leiden an Unbestimmtheit. Eine Reaktualisierung der Hegelschen Rechtsphilosophie,* Stuttgart: Reclam, 2001.

_____, *Umverteilung oder Anerkennung? Eine politisch-philosophische Kontroverse,* com Nancy Fraser, Frankfurt am Main: Suhrkamp, 2003.

_____, *Unsichtbarkeit. Stationen einer Theorie der Intersubjektivität,* Frankfurt am Main: Suhrkamp, 2003.

_____, *Die zerrissene Welt des Sozialen: Sozialphilosophische Ausätze,* Frankfurt am Main: Suhrkamp, 1990.

Joas, Hans, *The Creativity of Action,* J. Gaines e P. Keast (trad.), Cambridge: Polity, 1996.

_____, *G. H. Mead: A Contemporary Reexamination of his Thought,* Raymond Meyer (trad.), Cambridge, Mass.: MIT Press, 1997.

_____, *Pragmatism and Social Theory,* Chicago: University of Chicago Press, 1993.

Menke, Christoph, *The Sovereignty of Art: Aesthetic Negativity in Adorno and Derrida,* Neil Solomon (trad.), Cambridge, Mass.: MIT Press, 1998.

_____, *Tragödie im Sittlichen: Gerechtigkeit und Freiheit nach Hegel,* Frankfurt am Main: Suhrkamp, 1996.

Seel, Martin, *Die Kunst der Entzweiung: zum Begriff der ästhetischen Rationalität,* Frankfurt am Main: Suhrkamp, 1985.

OBRAS ESCOLHIDAS SOBRE A TEORIA CRÍTICA EM GERAL, INCLUINDO SUA HISTÓRIA

Benhabib, Seyla, *Critique. Norm and Utopia: A Study of the Foundations of Critical Theory,* New York: Columbia University Press, 1986.

Bernstein, J. M., (ed.), *The Frankfurt School: Critical Assessments,* London: Routledge, 6 vol., 1994.

Bottomore, Tom, *The Frankfurt School,* London: Tavistock, 1984.

Bubner, Rudiger, *Modern German Philosophy,* E. Matthews (trad.), Cambridge: Cambridge University Press, 1981.

Dahms, Hans-Joachim, *Positivismusstreit: Die Auseinandersetzung der Frankfurter Schule mit dem logischen Positivismus, dem amerikanishen Pragmatismus und dem kritischen Rationalismus,* Frankfurt am Main: Suhrkamp, 1994.

Dews, Peter, *Logics of Disintegration: Post-Structuralist Thought and the Claims of Critical Theory,* London e New York: Verso, 1987.

Dubiel, Helmut, *Theory and Politics: Studies in the Development of Critical Theory,* Benjamin Gregg (trad.), Cambridge, Mass.: MIT Press, 1985.

Geuss, Raymond, *The Idea of a Critical Theory: Habermas and the Frankfurt School*, Cambridge: Cambridge University Press, 1981.

Hanssen, Beatrice, *Critique of Violence: Between Poststructuralism and Critical Theory*, London: Routledge, 2000.

Held, David, *Introduction to Critical Theory: Horkheimer to Habermas*, Berkeley: University of California Press, 1980.

Jay, Martin, *The Dialectical Imagination: A History of the Frankfurt School and the Institute of Social Research. 1923-1950*, New York: Little, Brown, 1973.

Kelly, Michael (ed.), *Hermeneutics and Critical Theory in Ethics and Politics*, Cambridge, Mass.: MIT Press, 1990.

Kolakowski, Leszek, *Main Currents of Marxism*, P. S. Falla (trad.), Oxford: Oxford University Press, vol. III, 1978.

Postone, Moishe, *Time, Labor, and Social Domination*, Cambridge: Cambridge University Press, 1993.

Rasmussen, David (ed.), *The Handbook to Critical Theory*, Oxford: Blackwell, 1996.

Rosen, Michael, *On Voluntary Servitude: False Consciousness and the Theory of Ideology*, Cambridge, Mass.: Harvard University Press, 1996.

Schmid Noerr, Gunzelin, *Das Eingedenkell der Natur im Subjekt: Zur Dialektik von Vernunft und Natur in der Kritischen Theorie Horkheimers. Adornos und Marcuses*, Darmstadt: Wissenschaftliche Buchgesellschaft, 1990.

Theunissen, Michael, *Gesellschaft und Geschichte: Zur Kritik der Kritischen Theorie*, Berlin: de Gruyter, 1969.

Whitebook, Joel, *Perversion and Utopia: A Study in Psychoanalysis and Critical Theory*, Cambridge, Mass.: MIT Press, 1995.

Wiggershaus, Rolf, *The Frankfurt School: Its History, Theories, and Political Significance*, M. Robertson (trad.), Cambridge, Mass.: MIT Press, 1994. (Rolf Wiggershaus, *A Escola de Frankfurt*, Rio de Janeiro: Difeel, 2002).

Literatura secundária mais especializada

Adorno

Bernstein, J. M, *Adorno: Disenchantment and Ethics,* Cambridge: Cambridge University Press, 2001.

_____, *The Fate of Art: Aesthetic Alienation from Kant to Derrida and Adorno,* University Park: Pennsylvania State University Press, 1992.

Buck-Morss, Susan, *The Origin of Negative Dialectics: Theodor W. Adorno, Walter Benjamin, and the Frankfurt Institute,* New York: Free Press, 1977.

Dalhaus, Carl, "Adornos Begriff des Musikalishen Materials." In *Zur Termoinologie der Musik des 20. Jahrhunderts: Bericht über das zweite Kolloquium,* H. H. Eggebrecht (ed.), Stuttgart: Musikwissenschaftliche Verlags-Gesellschaft, 1974.

Honneth, Axel. "Foucault and Adorno: Two Forms of the Critique of Modernity." *Thesis Eleven* 15 (1985): 48-59.

Huhn, Tom e Zuidervaart, Lambert (ed.), *The Semblance of Subjectivity: Essays in Adorno's Aesthetics,* Cambridge, Mass.: MIT Press, 1997.

Jarvis, Simon, *Adorno: A Critical Introduction.* London: Routledge, 1998.

Jay, Martin, *Adorno.* London: Fontana, 1984.

Paddison, Max, *Adorno's Aesthetics of Music,* Cambridge: Cambridge University Press, 1993.

Rosen, Michael, *Hegel's Dialectic and its Criticism,* Cambridge: Cambridge University Press, 1982.

Von Friedeburg, Ludwig e Habermas, Jürgen (ed.), *Adorno-Konfernz 1983,* Frankfurt am Main: Suhrkamp, 1983.

Zuidervaart, Lambert, *Adorno's Aesthetic Theory: The Redemption of Illusion,* Cambridge, Mass.: MIT Press, 1991.

Benjamin

Adorno, Theodor, *Über Walter Benjamin,* Frankfurt am Main: Suhrkamp, 1970.

Buck-Morss, Susan, *The Dialectics of Seeing: Walter Benjamin and the Arcades Project,* Cambridge, Mass.: MIT Press, 1991.

Hanssen, Beatrice, *Walter Benjamin's Other History: Of Stones, Animals, Human Beings, and Angels,* Berkeley: University of California Press, 1998.

Hanssen, Beatrice (ed.), *Walter Benjamin and Romanticism,* New York: Continuum, 2003.

Menninghaus, Winfried, *Walter Benjamins Theorie der Sprachmagie,* Frankfurt am Main: Suhrkamp, 1980.

Pensky, Max, *Melancholy Dialectics: Walter Benjamin and the Play of Mourning,* Amherst: University of Massachussetts Press, 1993.

Roberts, Julian, *Walter Benjamin,* London: Macmillan, 1982.

Rosen, Charles, "The Ruins of Walter Benjamin." In *Romantic Poets, Critics, and Other Madmen,* Cambridge, Mass.: Harvard University Press, 1998.

Wolin, Richard, *Walter Benjamin: An Aesthetic of Redemption,* Berkeley: University of California Press, 1994.

Habermas

Baynes, Kenneth, *The Normative Grounds of Social Criticism: Kant, Rawls and Habermas,* Albany, N.Y.: SUNY Press, 1992.

Bernstein, J. M., *Recovering Ethical Life: Jürgen Habermas and the Future of Critical Theory,* London: Routledge, 1995.

Chambers, Simone, *Reasonable Democracy: Jürgen Habermas and the Politics of Discourse,* Ithaca: Cornell University Press, 1996.

Cooke, Maeve, *Language and Reason: A Study of Habermas' Pragmatics,* Cambridge, Mass.: MIT Press, 1994.

Dews, Peter (ed.), *Habermas: A Critical Reader,* Oxford: Blackwell, 1999.

Honneth, Axel, McCarthy, Thomas e Wellmer, Albrecht (ed.), *Cultural Political Interventions in the Unfinished Project of the Enlightenment,* Cambridge, Mass.: MIT Press, 1992.

Ingram, David, *Habermas and the Dialectic of Reason,* New Haven: Yale University Press, 1987.

Kelly, Michael (ed.), *Critique and Power: Recasting the Foucault/Habermas Debate,* Cambridge, Mass.: MIT Press, 1994.

McCarthy, Thomas, *The Critical Theory of Jürgen Habermas* (ed. rev.), Cambridge, Mass.: MIT Press, 1982.

White, Stephen, *The Recent Work of Jürgen Habermas: Reason, Justice and Modernity*, Cambridge: Cambridge University Press, 1988.

Horkheimer

Benhabib, Seyla, Bonß, Wolfgang e McCole, John (ed.), *On Max Horkheimer: New Perspectives*, Cambridge, Mass.: MIT Press, 1993.
Schmidt, Alfred e Altwicker, Norbert (ed.), *Max Horkheimer heute: Werk und Wirkung*, Frankfurt am Main: Fischer, 1986.

Marcuse

Dubiel, Helmut (ed.), *Kritik und Utopie im Werk von Herbert Marcuse*, Frankfurt am Main.: Suhrkamp, 1992.
Kellner, Douglas, *Herbert Marcuse and the Crisis of Marxism*, Berkeley: University of California Press, 1984
MacIntyre, Alasdair, *Marcuse*, London: Fontana, 1970.
Pippin, Robert, Feenberg, Andrew e Webel, Charles (ed.), *Marcuse: Critical Theory and the Promise of Utopia*, Westport, Conn.: Greenwood, 1987.

Índice remissivo

ação comunicativa 125-133, 240-262, 321-328, 329-341, 345, 361-364, 369-388, 396, 406-407, 412

Adorno, Theodor 25, 27, 28, 32, 33, 50, 53, 59-66, 67, 69-71, 75, 77, 79-84, 85-86, 88, 89, 92-94, 96-102, 105-117, 121, 125-127, 279, 284, 289, 296-302, 304-324, 326, 328-330, 332, 334, 343, 346, 350, 354, 391, 392, 397, 398, 403, 406, 411-413, 417

Agostinho de Hipona 316

Albrecht, Clemens 271

alienação 42, 48, 49, 58, 87, 88, 93, 95, 155, 299, 339, 340

Allison, Henry 245, 251

Althusser, Louis 307

Always, Joan 263

Anderson, Joel 286, 378

Anderson, Perry 137, 203

Arato, Andrew 203, 208

Arendt, Hannah 299, 325, 340, 346

Aristóteles 321

Arnason, Johann 407

arte 28, 65, 66, 69, 75-83, 88, 101, 102, 113, 116, 136, 148, 169-171, 175-202, 267, 268, 273, 296-298, 302, 304, 312, 314, 318-320, 323, 338-343, 347, 350-352, 355

aura 67-84, 296, 297, 342

autoconhecimento 95-98

autorrealização 145, 167, 177, 287, 339, 355, 394-400, 411, 412

Bacon, Francis 274

Badiou, Alain 139

Ball, Terence 138, 369

Bataille, Georges 342, 344

Baudelaire, Charles 81, 102, 182, 329, 340, 354, 357, 423

Bayle, Pierre 53

Baynes, Kenneth 9, 28, 125, 132, 235, 276, 307, 362, 429

Beckett, Samuel 113, 175, 182

Benhabib, Seyla 203, 289-294, 426, 430

Benjamin, Walter 10, 15, 16, 20, 27, 29, 33, 64-66, 67-84, 107, 137, 175, 185, 228, 269, 296, 297, 301, 302, 312, 314, 320, 340, 357, 358, 428

Bentham, Jeremy 386

Berg, Alban 60, 182

Bergson, Henri 37, 52

Berkeley, George 37

Bernfeld, Siegfried 106

Bernstein, J. M. 9, 28, 175

Bernstein, Richard 359, 362, 367, 368

Bloch, Ernst 15, 300

Bloom, Leopold 169

Bohman, James 236, 253, 282, 363, 368

Bonaparte, Luís 297, 304, 305

Borchardt, Rudolf 86

Bottomore, Tom 203

Bourdieu, Pierre 10, 404

Brandom, Robert 237, 238, 240, 244, 248, 254, 258-262

Bratman, Michael 252

Braybrook, David 368

Brecht, Bertolt 17, 69, 70, 77, 185, 301, 307

Brunkhorst, Hauke 9, 29, 295, 425

Buda 169

Burge, Tyler 22, 242, 423

Butler, Judith 307, 308, 315, 409

capitalismo 46, 51, 53, 54, 58, 76, 85, 87, 91, 119, 120, 146, 147, 149, 150, 156, 162, 164, 171, 172, 174, 204-233, 268, 269, 273, 279, 300, 307, 308, 326, 334, 358, 377, 390, 391, 400, 405-408, 423

crítica do 58, 86-88, 90-95, 117, 119

capitalismo de Estado 28, 207, 208, 213-219, 222, 224, 226-229, 231

Carlyle, Thomas 49

Carnap, Rudolf 43, 49, 157

Castoriadis, Cornelius 110, 114, 408

Celan, Paul 194-196, 198, 199

Cézanne, Paul 136, 182

Chambers, Simone 9, 29, 263, 429

Chaplin, Charlie 102

Chong, Dennis 365, 382, 386, 387

Círculo de Viena 31, 37, 49-51

Cohen, G. A. 145

Coleridge, Samuel Taylor 49, 78, 79

Comte, Augusto 49, 157

comunismo 118-120, 297, 303, 314

Condorcet, Jean-Antoine de 330, 337

Connolly, Bill 388

Cook, Maeve 247, 395, 429

cultura de massa 26, 29, 95, 297-303, 307-309, 311, 313, 316, 319, 320, 322-324, 326, 327

Dahms, Hans-Joachim 50

Danto, Arthur 177

Darwin, Charles 83

Davidson, Donald 237, 238, 243, 256, 257, 359

Deleuze, Gilles 349

democracia 29, 85, 125, 132, 146, 149, 206, 276, 278-287, 290, 292, 294, 296, 316, 323-327, 371, 376, 379

Dennett, Daniel 243, 244, 246, 256, 257

Derrida, Jacques 132, 133, 319, 329, 334, 342, 358, 426, 428

Descartes, René 37, 224, 331, 347

Dews, Peter 121, 239, 279, 332, 426, 429

Dewey, John 296, 321, 326, 362, 368, 379

dialética 28, 34, 35, 36, 44-46, 52, 54, 56, 60, 66, 70, 85, 117, 123, 135-174, 180, 197, 210, 223, 225, 233, 236, 269, 303, 310-312, 317, 331, 352

dialética do esclarecimento 17, 27, 33, 85-103, 108, 109, 112-114, 116-120, 123, 125, 126, 181, 232, 233, 263, 266, 298, 300, 304, 305, 311, 324, 325, 330, 332, 337-339, 341-343, 424

dialética e revolução 28, 29, 138

dialética hegeliana 66, 229, 312

dialética marxista 27, 47, 48, 180, 210, 331

dialética negativa 17, 66, 80, 112, 114, 266, 310, 312, 316, 332, 411

Diesing, Paul 366

Diggins, John Patrick 362

Dilthey, Wilhelm 37, 39, 40, 52

Dobb, Maurice 209, 221

Dreyfus, Hubert 345, 352

Dryzek, John 280, 282-284, 384, 385

Dubiel, Helmut 203, 263, 269, 410, 420, 426, 430

Dunn, John 138

Durkheim, Emile 240, 309, 321

Eichel, Christine 320

empirismo lógico 31, 37, 49, 50, 157

Engels, Friedrich 35, 48, 67, 270, 295-297, 299, 303, 304, 401

epistemologia 39, 41, 42, 50, 51, 87, 164, 229, 231, 235, 351, 402

Espinosa 39

estética 11, 18, 26, 28, 33, 42, 60, 62, 63, 65, 77-81, 113, 167, 172, 175-202, 263, 298, 317, 321, 329, 331, 335, 336, 339-341, 343, 344, 354-357, 359, 395-397, 403, 406, 414

falsa consciência 54, 129, 179, 186, 197, 310, 311, 314, 319, 331, 375, 401

Farr, James 138, 368

fascismo 29, 53, 88, 98, 111, 114, 134, 203, 207, 226, 269, 316, 330, 425

crítica do 86, 87

Fay, Brian 369

Federn, Paul 106

Fenomenologia 25, 31, 37, 43, 52, 61, 62, 264, 265, 347, 351, 357

Ferejohn, John 365

Festenstein, Matthew 362

Feuerbach, Ludwig 35, 117, 134, 270, 296

Feyerabend, Paul 41

Fiorina, Morris 365, 366, 379

Foucault, Michel 29, 114, 133, 292, 307, 327-360, 377, 390, 408, 428, 429

fundacionismo 52, 127, 331

antifundacionismo 28, 347

fragmentos 65, 70, 87, 174, 200, 202, 312, 328, 358

Frankfurt, Harry 251-254

Fraser, Nancy 288, 289, 293

Frege, Gottlob 102

Freud, Anna 106

Freud, Sigmund 11, 73, 74, 105-134, 389, 408, 411-412

Frederico II, rei da Prússia 324

Friedman, Milton 383

Fromm, Eric 106, 137, 410

Früchtl, Josef 313, 411, 413

Gadamer, Hans-George 131, 249

Gamble, Andrew 221

Gaventa, John 375

Gay, Peter 105

Gehlen, Arnold 326

Geuss, Raymond 9, 361

Giddens, Anthony 392, 408

Goethe, Johann Wolfgang von 78

Gombrich, Ernst 72

Green, Donald 365, 367, 368

Griewank, Karl 138

Habermas, Jurgen 9, 11, 17, 18, 21, 25, 29, 32, 53, 62, 107, 125, 126-133, 176, 177, 203, 212, 235-263, 270, 272-274, 297, 303, 311, 313, 315, 317, 319, 320-327, 329-417, 419, 423

Hansen, Miriam 320

Hanson, Norbert 41

Hanssen, Beatrice 10, 329

Hardin, Russell 366, 386

Hartmann, Heinz 113

Hegel, G. W. 37-39, 42-46, 48, 49, 52, 54, 55, 57, 59, 60, 62, 63, 66, 68, 72, 78, 79, 82, 84, 85, 105, 116, 152, 155, 157-162, 168, 189, 190, 198, 229, 236, 248, 248, 279, 286, 312, 317, 322, 329-331, 337-339, 351, 389, 393-400, 402-405, 408, 409-411

Heidegger, Martin 31, 37, 52, 56-58, 61-63, 102, 111, 125, 132, 157, 299, 309, 316, 342, 343, 357, 359, 407

Held, David 203

Heller, Agnes 164

Hennis, Wilhelm 408

Henrich, Dieter 237, 239, 247

Herman, Barbara 252

hic et nunc 28, 88, 97

Hilferding, Rudolf 222

Hirschmann, Albert 387

Hitler, Adolf 99, 107, 306

Hobbes, Thomas 94

Hölderlin, Friedrich 102

Honneth, Axel 10, 25, 26, 29, 114, 132, 133, 263, 286-288, 289, 307, 361, 378, 388, 389

Hook, Sidney 48

Horkheimer, Max 15-17, 22, 25-27, 31, 61, 62, 64, 85, 86, 88, 89, 92-94, 96-100, 103, 106-115, 117, 121, 123, 125, 126, 137, 181, 204-206, 208, 209, 211, 214, 223-226, 227-233, 263-268, 271, 274, 275, 279, 284, 298, 300-304, 306, 308, 310-314

Humboldt, Wilhelm von 102

Hume, David 37, 238, 252

Husserl, Edmund 56, 61-62

Idealismo 36-39, 42, 47, 50, 52, 54, 57, 61-63, 72, 80, 81, 189, 195,

235, 236, 249, 264-266, 330, 331, 336, 389

identidade (reflexão sobre) 291, 311, 313-319

indústria cultural 28, 87, 101, 226, 298-302, 304-307, 309, 310, 312, 318, 322, 324, 325

Instituto de Pesquisa Social 10, 15, 31, 33, 70, 105, 106, 137, 306, 392

irracionalismo 37, 38, 47, 50, 52-54, 108, 330

Jarvis, Simon 187

Jay, Martin 48, 105, 106, 112, 137, 204, 208, 263, 270, 272, 275

Joas, Hans 397

Johnson, James 379, 380, 381

Joyce, James 182

Kandinsky, Wassily 136

Kafka, Franz 68

Kant, Immanuel 11, 27, 28, 31, 35-37, 39, 40, 45-47, 59-61, 64, 65, 71, 95, 98, 101, 132, 176, 177, 182, 189, 235-262, 276, 277, 330, 335, 337, 340, 346, 347, 348, 350, 352-354

Kantismo 27, 28, 31, 52, 64, 65, 84, 276

Kellner, Douglas 204, 271

Kiekegaard, Søren 62-63, 65, 66, 335, 356

Kirchheimer, Otto 204-206

Klages, Ludwig 37, 52, 86, 89, 102

Koch, Gertrud 320

Kohlberg, Lawrence 132, 133

Kolakowski, Leszek 263

Korsgaard, Christine 237, 244, 246, 251, 253, 255

Korsch, Karl 48

Koselleck, Reinhart 138

Kracauer, Siegfried 64, 306, 320, 389

Kuhn, Thomas 41, 380

Lacan, Jacques 111, 119, 128, 342

Lacis, Asja 68

Lakatos, Imre 369, 379, 380, 383, 384, 388

Laplanche, Jean 122

Laudan, Larry 369, 379, 380, 384, 388

Lear, Jonathan 131, 243

Leibniz, G. W. 37, 92, 315

Lenin, Vladimir 148, 171

Leonard, Stephen 373

liberalismo 28, 133, 206, 302, 323, 324, 398, 399

liberdade 38, 55, 59, 94, 101, 108, 110-113, 116, 119, 141, 143, 144, 171, 177, 178, 190, 206, 211, 218, 221, 223, 227, 228, 238, 242, 245, 247, 250, 262

Lincoln, Abraham 324

Lindbloom, Charles 368

linguagem 67, 69, 74, 82, 127, 128, 130, 131, 160-162, 192-196, 248, 249, 300, 325, 330, 333, 347, 371, 372, 382, 383, 387, 391, 393, 404

Locke, John 37, 84

Loewald, Hans 111, 114-116, 127

Lohman, Georg 401

Lorenzer, Alfred 107

Luís XVI (Rei da França) 135

Löwenthal, Leo 137, 301

Löwith, Karl 409

Luhmann, Niklas 309, 321, 337

Lukács, Georg/György 15, 31, 37, 48, 49, 63, 83-86, 90, 155, 175, 402-409

Lyotard, Jean-François 280, 329, 334

MacDonald, Cynthia 254

Mach, Ernst 49

Maquiavel, Nicolau 94

Mallarmé, Stéphane 136, 182

Mandelbaum, Gerhard 212

Mandeville, Bernard 94

Marcuse, Herbert 25-28, 32, 50, 56-60, 62, 106, 110, 117-123, 125, 126, 137, 172, 173, 175, 205, 206, 214, 263, 268-275, 300, 302, 306, 308, 311, 313, 315, 322, 323, 326, 332, 340, 355, 389, 391, 392-398, 403, 406, 412-414, 417

Marx, Karl 27-29, 34, 47-48, 54, 59, 60, 65, 67, 72, 73, 75, 83, 85, 90, 105, 106, 119, 120, 132, 141, 145, 146, 150, 164, 169, 170, 171, 186, 209, 210, 216-218, 221, 222, 224, 225, 240, 295, 296, 297-301, 303-306, 308, 310-314, 320, 322, 323, 324, 327, 329, 331, 338, 339, 355, 375, 377, 394, 400-402, 405, 408-410, 412

marxismo 27, 47, 48, 51, 52, 62, 67-70, 72, 73, 75, 82-84, 118, 123, 145, 148, 157, 175, 178-180, 208, 209, 211, 212, 220-225, 229, 232, 233, 296, 306, 330, 378, 389

marxismo humanista (ou humanismo marxista) 31, 48, 54

materialismo 27, 37, 38, 47, 49, 52, 54, 60, 67, 68, 80, 119, 178, 179, 310, 321, 358

Matisse, Henri 191, 196

McCarthy, Thomas 126, 236

McDowell, John 238, 248

Mead, George Herbert 262, 326, 362

Meek, Ronald 209

Meerbote, Ralph 238

Merton, Robert 153

Meyer, Gerhard 212

Miller, Karl 270

mimese 95, 96, 110, 319

mito 27, 72, 87, 93, 109, 342

Mitscherlich, Alexander 107

Mondrian, Piet 182

Montaigne, M. 53, 357

Moon, J. Donald 369, 388

Moran, Richard 242

Mouffe, Chantal 280, 283-285, 291, 292

Mozart, Wolfgang Amadeus 298

música 60, 102, 113, 146, 171, 309, 318, 319, 327, 403

nacional-socialismo 143, 144, 208, 225, 330

natureza 38, 40-42, 48, 96-98, 108-111, 114, 188-201, 204, 206,

208, 221, 223, 224, 225, 227, 228, 232, 237, 250, 252, 265, 266, 272, 277, 291, 302, 311, 317, 318, 332, 333, 337, 339, 345, 353, 377, 394, 398, 402, 403, 405, 406

necessidades 25, 28, 118, 162, 268, 269, 272, 273, 307, 308, 315, 405

neokantismo 31, 39, 52, 61, 322

Neumann, Franz 16, 17, 23, 28, 137, 204-208, 220, 313, 411, 420, 425

Neurath, Otto 43, 49, 50, 51

Nicolaus, Martin 221, 298

Nietzsche, Friedrich 52, 55, 86, 94, 102, 106, 108, 132, 176-178, 182, 301, 329, 331, 336, 340-349, 356, 359, 409

Nock, A. D. 139

Nordquist, Joan 417

Novalis (Friedrich von Hardenberg) 74

Odisseia 87, 93

Olson, Macur 142

O'Neill, Onora 237, 251, 276

Paddison, Max 200, 428

Parmênides 92

Parsons, Talcott 180, 240, 309, 321

Passeron, Jean-Claude 404

Piaget, Jean 132

Picasso, Pablo 182, 298

Pierce, Charles Sanders 362

Pirro 53

Platão, platonismo 85, 102, 158, 159, 176, 179

Plekhanov, Georgi 48

política 25, 26, 27, 29, 31, 34, 35, 42, 48, 50, 51, 55, 56, 61, 68, 76, 82, 85, 102, 105, 106, 111, 112, 118-120, 124, 126, 135, 136, 141, 143-145, 148-150, 154, 165, 170-174, 176, 180, 183, 186, 203-210, 212-217, 221-227, 232, 233, 252, 253, 263-294, 296, 299, 304, 311, 313, 322, 324, 325, 327, 329-331, 333, 336, 338-342, 344, 354, 356, 358, 359, 363-368, 371, 376-379, 384-386, 390, 393

Pollock, Friedrich 15, 25, 28, 182

Pollock, Jackson 182

Pontalis, J.-B. 122

Popper, Karl 85, 86

pós-estruturalismo 25, 26, 29, 111, 121, 230, 328, 329-360

positivismo 38, 48-51, 61, 75, 156, 157, 161-164, 166, 170, 264-266, 312, 348, 370, 401

Postone, Moishe 10, 28, 203, 427

pragmática 28, 42, 48, 200, 235-262, 264, 291, 296, 312, 321, 326, 329, 331-334, 336, 361-388, 397

práxis 42, 57, 62, 200, 201, 229, 313, 321, 330, 338, 339, 358, 395-400, 402, 403, 405, 408-414

psicanálise 27, 105-134, 250, 408, 410-415

Putnam, Hilary 237

Quine, W. 43

Rabinbach, Anson 107, 108

Rabinow, Paul 328, 345, 346, 349, 352, 353

racionalismo 37, 52, 53

Raulet, Gérard 352

Rawls, John 237, 276, 280, 281, 290, 429

Reagan, Ronald 132

razão 42, 57-60, 108-110, 113, 132, 133, 153, 160, 172, 173, 175-183, 189-200, 202, 204, 223-225, 232, 242-266, 268, 275, 290, 310, 312, 321, 322, 329-357, 365, 373, 382, 383, 389-415

Kant acerca da 35, 40, 235-240

reconciliação 89, 94, 96, 98, 99, 101, 113, 189, 197, 261, 337

reconhecimento 18, 29, 41, 50, 111, 145, 193, 239, 248, 260, 285-290, 292, 293, 335, 377, 378, 388, 405

reflexão 79, 80, 93, 98, 99, 101, 137, 144, 152, 157, 239, 246, 248, 251, 254, 255, 330, 333, 335, 336, 338, 339, 347, 353, 381, 386, 409, 411, 414, 433

Reichelt, Helmut 222

Reichenbach, Hans 49

revolução 28, 29, 48, 117, 118, 125, 135-174, 203, 229, 266, 269, 272-275, 295-311, 313, 410

Rickert, Heinrich 39, 40, 52

Ricoeur, Paul 124, 127, 128, 130, 371

Rimbaud, Artur 136

Roberts, David 297

Roberts, Julian 10, 27, 42, 85, 154, 429

Rorty, Richard 237, 247, 362, 367

Rosen, Michael 10, 27, 67, 427, 428

Rousseau, Jean-Jacques 136

Rush, Fred 11, 25, 31, 108, 137, 362

Russell, Bertrand 92, 102

Rychner, Max 67

Ryle, Gilbert 314

Sachs, Hans 106

Sade, Marquês de 87, 93-95

Sartre, Jean-Paul 315

Satz, Debra 365

Scanlon, Timothy 252

Scharoun, H. B. 319

Schelling, F. W. J. 78, 157, 389

Schelsky, Helmut 326

Scheuerman, William 279, 280

Schiller, Friedrich 341, 406

Schlick, Moritz 49

Schmitt, Carl 323, 324, 327, 344

Schnädelbach, Herbert 313

Schofield, Norman 365

Scholem, Gershom 65, 67, 69, 71-73

Schoenberg, Arnold 77, 113, 136, 182, 298

Schopenhauer, Arthur 42, 357

Seel, Martin 320

Sellars, Wilfred 238, 242

Shapiro, Ian 365, 366-368, 388

Shelby, Tommie 371

Shepsle, Kenneth 365

Shusterman, Richard 320

Simmel, Georg 405

Smith, Rogers 364

Sócrates 158, 159, 267, 268, 356

Steel, Marton 397

Stendhall (Marie-Henri Beyle) 340

Stichweh, Rudolf 296

Strawson, P. F. 236, 247

Sweezy, Paul 209

Taylor, Charles 253

Taylor, Michael 365

teoria tradicional 40, 42, 43, 46, 48, 54, 218, 219, 230-232, 331

Thatcher, Margaret 132

Therborn, Goran 203

Theunissen, Michael 317, 392, 393

Thyen, Anke 313

Tiedemann, Rolf 77

Tolstoi, Leo 139

Topper, Keith 367, 388

totalitarismo 214, 269, 311

trabalho 28, 48, 55-59, 80-82, 89-95, 146, 153, 173, 203-233, 336, 338-346

Tully, James 390

Ulisses 93, 94, 105, 108, 109

utopia, utopismo 15, 60, 117, 124, 167-170, 188, 315-320, 341

Veblen, Thorstein 314

verdade 44-46, 55, 56, 62, 65, 78, 174, 196-201, 241, 267, 311, 314, 316, 320, 335, 337, 343, 347-359, 373

Voltaire 136

Wagner, Richard 60, 81, 136

Waldner, David 388

Walton, Paul 221

Walzer, Michael 390

Warren, Mark 282, 376

Weber, Max 105, 123, 125, 177, 180, 240, 321, 336, 340, 346, 402-405, 408

Webern, Anton 182

Wellmer, Albrecht 113, 200, 276, 313, 320

White, Stephen 11, 26, 29, 361, 362

Whitebook, Joel 11, 27, 105

Wiggershaus, Rolf 106, 108, 137, 204, 208, 271, 272, 417

Wilamowitz-Moellendorff, Ulrich von 86

Windelband, Wilhelm 39

Winnicott, D. W. 111

Wittgenstein, Ludwig 31, 74

Young, Iris Marion 288

Esta obra foi composta em CTcP
Capa: Supremo 250g – Miolo: Pólen Soft 70g
Impressão e acabamento
Gráfica e Editora Santuário